江苏高淳吴语语音研究

侯 超 著

南京大学出版社

目 录

第1章 绪 论 ·· 001
 1.1 地理概况及历史沿革 ·· 001
 1.2 高淳吴语的分区及内部差异 ································ 002
 1.3 研究概况、材料、方法和本书体例 ························ 006
  1.3.1 研究概况 ·· 006
  1.3.2 研究材料 ·· 006
  1.3.3 研究方法 ·· 007
  1.3.4 本书体例 ·· 008

第2章 语音声学实验分析 ·· 009
 2.1 声母的实验分析 ·· 009
  2.1.1 理论和方法 ·· 009
  2.1.2 浊塞音声母 ·· 011
  2.1.3 浊擦音声母 ·· 014
  2.1.4 浊塞擦音声母 ······································· 018
  2.1.5 强气流辅音声母 ····································· 019
  2.1.6 唇颤音声母 ·· 024
 2.2 韵母的实验分析 ·· 026
  2.2.1 理论和方法 ·· 026
  2.2.2 记音分歧韵母的实验分析 ························· 027
  2.2.3 其他韵母的实验分析 ······························ 033
  2.2.4 单元音的声学空间分布 ··························· 041
 2.3 声调的实验分析 ·· 045
  2.3.1 理论和方法 ·· 045
  2.3.2 分点声调实验 ······································· 052

第3章 音系、音韵比较及语流音变 ···························· 078
 3.1 代表点音系 ·· 078
  3.1.1 淳溪方言音系 ······································· 078
  3.1.2 砖墙方言音系 ······································· 092

3.1.3　桠溪方言音系 ································· 106
　3.2　语音比较 ··· 119
　　3.2.1　内部比较 ····································· 119
　　3.2.2　外部比较 ····································· 124
　　3.2.3　与中古音的比较 ······························· 144
　3.3　语流音变 ··· 151
　　3.3.1　同化 ··· 151
　　3.3.2　弱化 ··· 151
　　3.3.3　脱落 ··· 152
　　3.3.4　连读变调 ····································· 152

第4章　高淳吴语的语音演变 ······························ 160
　4.1　声母的读音演变 ··································· 160
　　4.1.1　古浊声母的读音演变 ··························· 160
　　4.1.2　古清声母的读音演变 ··························· 177
　4.2　韵母的读音演变 ··································· 180
　　4.2.1　果摄的读音演变 ······························· 181
　　4.2.2　假摄的读音演变 ······························· 182
　　4.2.3　遇摄的读音演变 ······························· 184
　　4.2.4　蟹止摄的读音演变 ····························· 187
　　4.2.5　流摄的读音演变 ······························· 191
　　4.2.6　咸山摄的读音演变 ····························· 195
　　4.2.7　深臻曾梗摄和通摄的读音演变 ···················· 201
　　4.2.8　宕江摄的读音演变 ····························· 205
　4.3　声调的发展演变 ··································· 207
　　4.3.1　声调系统 ······································ 207
　　4.3.2　声调的演变 ···································· 208

第5章　高淳吴语特征分布图 ······························· 214

第6章　结语 ··· 227

参考文献 ·· 234
附　录 ··· 243
　附录一　字音对照表 ··································· 243
　附录二　主要发音人信息表 ····························· 276

第 1 章

绪 论

1.1 地理概况及历史沿革

高淳原为江苏省南京市的一个郊县，2013年2月行政区划调整，高淳撤县设区。高淳区位于南京市的最南端，被看作南京市的南大门。高淳区东临常州市溧阳市，西接安徽省马鞍山市当涂县，北靠南京市溧水区，南与安徽省宣城市、郎溪县相接。区内南北相距29公里，东西相距49公里，全境面积约801平方公里，总人口40余万[1]。高淳区下辖1个省级经济开发区、8个镇、84个社区居委会、60个行政村，区政府驻淳溪镇镇兴路228号。高淳是连接苏皖南部的交通要道，溧芜高速、芜太公路贯穿东西，宁宣高速、宁宣公路、高望公路横贯南北。

高淳地势东高西低，可分为圩区和山区两部分：西部为圩区，多水系，有石臼湖、固城湖、水阳江等湖泊、河道；东部为山区，多丘陵山脉，茅山、天目山余脉在此交汇，境内山脉从东北部的荆山、种桃山、西山、苦竹山经大小游山等向南部偏西方向延伸至大小花山、九龙山。高淳东部方言（以桠溪镇为代表）属吴语太湖片的毗陵小片；高淳西部方言（以淳溪镇、砖墙镇为代表）属宣州吴语太高小片和铜泾小片。高淳地区属北亚热带南部季风气候区，四季分明，降水丰沛，日照充足，无霜期长。

高淳地区历史悠久，1997年石臼湖南岸薛城遗址的发现，表明距今5500至6300年前，这里已经有人类活动，后经专家论证，该遗址被确定为"南京原始人发源地"（高淳县地方志编纂委员会2010：3）。据司马迁《史记·吴太伯世家》记载，吴地的始祖为太伯，当时周太王古公亶父想传位给季历之子昌，太伯察觉后就带着二弟仲雍逃奔到荆蛮之地，文身断发，自号句吴，后有归附者千余家，立为吴

---

[1] 位置、面积、人口信息参考《高淳县志（1986—2005）》（2010）中的相关资料。

太伯。周武王灭商后实行分封制,他派人找到仲雍的后人周章,正式册封周章为吴国君主,这一时期高淳属吴国故地。距今3500年前,商周势力已至高淳境内,周景王四年(前541)吴王筑固城为"濑渚邑"。历史上高淳地处"吴头楚尾",是吴楚争战的前沿地带。吴楚交战,"陆战一般在淮河两岸;水战则多数在今当涂的东西梁山、采石矶、小丹阳之望横(石臼湖北)一带"(高淳县地方志编纂委员会2010:3)。周景王十年,楚攻克固城,楚平王于固城修建行都。周敬王十四年(前506),吴王阖闾用伍子胥主持开凿胥溪河,攻克楚兵,高淳又属吴地。公元前221年,秦始皇统一中国后设置溧阳县,辖今溧阳、溧水、高淳三地,固城成为县治所在。西汉时期,高淳地区为鄣郡所辖,后鄣郡废,置丹阳郡,郡治在宛陵(今宣城),高淳仍属溧阳县治。东汉末年,有北人避乱南迁,定居于高淳地区。三国时期,高淳属于孙吴势力范围,吴在溧阳设屯田都尉,开发此地。隋文帝开皇十一年(591),高淳地属溧水,历经唐、宋、元各代,直至明弘治四年(1491)始设高淳,沿袭至今。高淳地区历代沿革简况见表1-1。

表1-1　高淳历代沿革简表[1]

	先秦	秦	西汉	东汉	三国	西晋	东晋	南朝陈
地名	吴越楚	丹阳	溧阳	溧阳	丹阳	丹阳	溧阳	
属地		会稽-鄣郡	丹阳郡	丹阳郡	丹阳郡	丹阳郡	淮南郡	宣城郡
	隋	唐	北宋	南宋	元	明		清
地名	溧水	溧阳	溧阳	溧阳	溧水州	高淳		高淳
属地	丹阳郡	宣州	江宁府	建康府	集庆路	应天府/南直隶		江宁府/江苏

1.2　高淳吴语的分区及内部差异

自赵元任(1928)以来,吴语的主要特点被界定为古帮滂并、端透定、见溪群等塞音、塞擦音三分。从语音特征上看,高淳方言属于吴语,表现为两点:

(1)古全浊音声母今读浊音,与清音声母形成对立。

(2)有六至七个调类,且入声分阴阳。

根据新版《中国语言地图集》(中国社会科学院民族学与人类学研究所、香港城市大学语言资讯科学研究中心2012,下称《地图集》),高淳方言分属宣州吴语太高小片和太湖吴语毗陵小片,西部圩区属前者,东部山区属后者。皖南地区的宣州吴语与江淮官话交错分布,十分复杂,高淳方言相对单纯,境内基本都说吴语。《地图集》指出,宣州吴语铜泾小片的特点是古全浊声母在其他吴语中读浊塞音的,本片多读闪音、滚音、通音或浊擦音,也有读清塞音的。高淳西南部砖墙地区

---

[1] 此表参考谭其骧主编(1982)《中国历史地图集》中的相关资料编制。

的方言并母和定母都属于典型的强气流辅音，我们将其划归铜泾小片。

据《地图集》，宣州吴语太高小片的特点有两条：（1）古全浊声母在其他吴语中读浊塞音的，本片也读浊塞音；（2）奉母、微母保留重唇音，读[b]，如宁国南极：饭bɛ⁶、问bəŋ⁶。第一条可用来和宣州吴语铜泾小片相区别，第二条则用来和太湖吴语毗陵小片相区别。就高淳方言而言，第二条特征需要修订，因为它的"奉、微"母不是"保留"重唇音[b]，而是一种晚期的创新型音变，即奉母、微母的读音早期是跟毗陵小片一致的[v]（详见本书4.1.1）。太高小片的第二条特征应该修改为"奉母、微母读[b]的比例较高"。高淳桠溪地区方言的奉母基本都读[f]、微母则以读零声母和重唇音[m]为主，没有读[b]的现象，这种读音类型的前身是太湖吴语。桠溪地区的方言和毗陵小片的吴语也存在一定的差别，如来自仄声的古浊音声母字因具有高调值特征，声母清化；匣母有增生擦音的现象，只残留少数字读[ɦ]；覃韵以读[ei]为主，不读[ɤ]或[ʊ]；"靴"读[sua¹]，不读[ɕio¹/çio¹]；宕摄开口三等（庄组除外）读[ie]。这些差别反映了交界地区方言的过渡特征和个性特征。

高淳方言内部有比较明显的地域差异，据当地人的感性认识，区内有十多种不同的地方口音。我们依据古并母、定母的今读，古澄母的今读，宕摄开口三等字（庄组除外）的今读等，将高淳方言划分为三片，分别以淳溪、桠溪、砖墙三镇的方言为代表，这三个方言点分别对应宣州吴语太高小片、太湖吴语毗陵小片和宣州吴语铜泾小片，语音特征的具体表现是：

（1）并母、定母。淳溪片保留浊塞音读法；桠溪片平声保留浊塞音读法，仄声读清塞音；砖墙片读强气流擦音和闪音。

（2）奉母、微母。淳溪片读[b]的比例高，桠溪片没有读[b]的现象，砖墙片读[βʰ]的比例高。

（3）澄母。淳溪片、砖墙片今读浊擦音，桠溪片今读浊塞擦音或清塞擦音。

（4）宕摄开口三等字。淳溪片、砖墙片今读[ã]或[ɑŋ]，桠溪今读[iɛ]。

以"牌、败、桃、稻、饭、蚊、陈、阵、唱"为例，以上几条特征在淳溪、桠溪和砖墙方言中的具体表现见表1-2。

表1-2 高淳方言分区特征例字读音

	牌并	败并	桃定	稻定	饭奉	蚊微	陈澄	阵澄	唱宕开三
淳溪	bɛ²²	bɛ¹⁴	dɔ²²	dɔ¹⁴	biɛ¹⁴	bəŋ²²	zəŋ²²	zəŋ¹⁴	tsʰã³⁵
桠溪	bɛ²¹³	pɛ⁵²	dɔ²²	tɔ⁵²	fɛ⁵²	fəŋ²¹³	dzən²²	dzən¹⁴	tɕʰiɛ³²
砖墙	βʰɛ³¹	βʰɛ²⁴	rʰɔ³¹	rʰɔ²⁴	βʰie²⁴/ʐye²⁴	βʰəŋ³¹	zəŋ³¹	zəŋ²⁴	tsʰaŋ⁴³⁵

根据上述四条特征将高淳方言分为三片：淳溪片（属宣州吴语太高小片），辖淳溪、阳江、古柏、漆桥、固城、东坝六镇；桠溪片（属太湖吴语毗陵小片），辖桠溪镇和原定埠镇；砖墙片（属宣州吴语铜泾小片），辖砖墙镇。漆桥镇和东坝镇

处于淳溪片和桠溪片的过渡区域，其方言具有一定过渡性特征，比如个别澄母字读塞擦音等，但都不成系统，从总体上看，这两镇的方言具有更多的淳溪片特征，因此划入淳溪片。高淳方言的分区示意图见图1-1[1]。

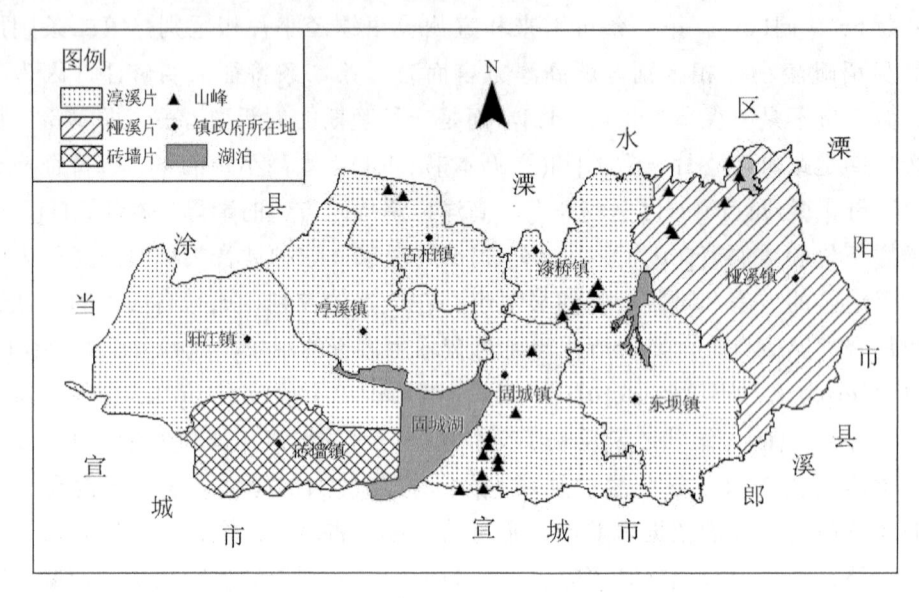

图1-1　高淳方言分区示意图

高淳三片方言之中，淳溪片和砖墙片具有更多的共同特征，砖墙片是在淳溪片的基础上发展出来的，这两片本属同一片区，只是砖墙片由于直接跟宣州吴语铜泾小片相接，在语音特征上具有了一些铜泾小片的典型特征。处于高淳西部的淳溪片、砖墙片和东部的桠溪片之间具有比较明显的差异，除上述四条特征外，还有以下比较明显的区别（以代表点为例）：

（1）凡、元韵非组部分字，淳溪、砖墙方言中读舌面擦音或双唇擦音声母，桠溪读唇齿擦音，如"烦"，淳溪读[ʑye²²]，砖墙读[βʰie³¹/ʑye³¹]，桠溪读[fɛ²¹³]。

（2）"靴"字在淳溪、砖墙方言中读[ɕya⁵⁵]，在桠溪方言中读[sua⁴⁵]。

（3）咸山开口一二等部分字，淳溪、砖墙读[ie]韵，桠溪读[ɛ]韵。如"潭"，淳溪读[die²²]，砖墙读[rʰie³¹]，桠溪读[dɛ²¹³]。

（4）深臻曾梗四摄，淳溪、砖墙收后鼻音韵尾[ŋ]，桠溪收前鼻音韵尾[n]。如"灯"在淳溪、砖墙方言中读[təŋ⁵⁵]，在桠溪方言中读[tən⁴⁵]；"冰"在淳溪、砖墙方言中读[piŋ⁵⁵]，在桠溪方言中读[pin⁴⁵]。

（5）通摄非见系字，淳溪、砖墙读[əŋ]，桠溪读[oŋ]。如"东"在淳溪、砖墙方言中读[təŋ⁵⁵]，在桠溪方言中读[toŋ⁴⁵]。

---

[1] 该图基于ARCGIS10.0软件制作，底图数据由南京师范大学地理科学学院胡迪老师提供，分区大致以行政区划为依据，具体到方言边界地区的村可能在归属上有所不同。

砖墙片与淳溪片相比，除古浊音声母读音不同外，还有少量特殊语音现象，如：

（1）止摄开口三等部分字读[ʐy]/[ɕy]，如砖墙：彼ɕy⁴³⁵|币ʐy²⁴|皮ʐy³¹|备ʐy²⁴。

（2）阴入为时长短促的高降调，调值52，阳入为时长短促的低降调，调值31。

过渡地带的漆桥、东坝总体上跟淳溪片一致，但有一些桠溪片特征，如：

（1）有少量字读浊塞擦音声母[ʥ]、[dʑ]，如漆桥：惩ʥən²¹|群dʑyn²¹；东坝：竞dʑin²⁴。

（2）"靴"字读[suaˡ]，"关、惯"分别读[kuɛˡ]、[kuɛ⁵]。

（3）山摄合口二三等知系、见系多数字读[uei]韵，如漆桥方言的"船"读[zuei²¹]。

古柏、固城也残留个别东部方言特征，严格来说，可以算作二级过渡区，但两地包含东部方言的特征比漆桥和东坝少得多。

桠溪片内部也有一些细微差别，位于桠溪镇南部的原定埠镇的方言有一些独特的个性特征，表现在：

（1）咸山摄一二等主体层的主元音为鼻化韵[æ̃]，不读[ie]、[ɛ]，如：三sæ̃⁴⁵。

（2）止摄端系部分字读合口呼韵母[uei]，如：累luei³²|泪luei³²|翠tsʰuei³²。

（3）宕摄开口三等除庄组外，一般读[iæ̃]。如：让niæ̃⁵⁵|凉liæ̃³²⁴。

高淳西部方言近年来受到官话方言和东邻太湖吴语毗陵小片的影响，发生了一些比较明显的变化，这是导致当地方言产生年龄差异的主要因素，以淳溪方言为例，新老差异具体表现在：

（1）新派方言古浊音声母出现比较明显的清化趋势。如奉、微二母老派读浊塞音[b]的字明显多于新派。在新派口语中，一些老派读[b]声母的奉、微母字变成唇齿清擦音声母或零声母，如"肥"，老派读[bei²²]，新派读[fei²²]；"微"，老派读[bei²²]，新派读[uei²²]。

（2）老派来母细音读入泥母，新派泥、来母不混，如"邻"，老派读[niŋ²²]，新派读[liŋ²²]；"律"，老派读[niɛ¹³]，新派读[liɛ¹³]。

（3）新派疑母、影母读[ŋ]声母的字减少，如"熬"，老派读[ŋɔ²²]，新派读[ɔ²²]；"欧"，老派读[ŋei²²]，新派读[ei²²]；"牙"，老派多读[ŋa²²]，新派多读[ia²²]。

（4）自成音节的[l̩]，新派有不少已改读[li]，如"李"，老派多读[l̩⁵⁵]，新派多读[li⁵⁵]；"梨"，老派多读[l̩²²]，新派多读[li²²]。

（5）部分老派读[ɤ]韵的字，新派读[ei]韵，如"偷"，老派读[tʰɤ⁵⁵]，新派读[tʰei⁵⁵]；"男"，老派多读[nɤ²²]，新派多读[nei²²]。

1.3 研究概况、材料、方法和本书体例

1.3.1 研究概况

自赵元任（1928）《现代吴语的研究》出版以来，吴语研究始终是汉语方言研究的热点之一，学人辈出，成果斐然，此不赘述。从地域分布上看，现代吴语的研究主要集中在上海、苏南和浙江，边界地区的吴语研究明显不足。

高淳地处苏皖交界地区，是吴语和江淮官话接触的前沿地带，高淳方言很有特色，历来受到学界和社会关注。颜逸明（1983）首先对高淳方言的声韵调系统、地域差异等做了比较详细的描写。叶祥苓（1984）曾到高淳、郎溪等地做过短时调查，他的调查成果《苏浙皖三省交界处的方言》发表于《方言》杂志。1988年出版的《高淳县志》归纳了高淳方言的音系和同音字汇，2010年出版的《高淳县志（1986—2005）》在前志的基础上对一些语音项目做了社会语言学的调查。谢留文（2018）出版的专著《江苏高淳（古柏）方言》提供了高淳方言研究较为全面的材料。张薇（2018）对高淳方言古全浊音声母的读音及演变做了较为系统的分析。我们自2008年开始调查高淳方言，利用实地调查的材料陆续发表了4篇研究论文，这些材料和论文为本书的相关研究奠定了基础。近年来高淳方言还得到地方政府的重视，曾申请"世界非物质遗产"，可惜未果。从总体上来看，有关高淳方言的研究还比较薄弱，尚有较大的开拓空间。

由于受到官话方言的强烈冲击，高淳方言变化较快，全面描写高淳方言的语音现状，对保存高淳方言的历史资料、深化学界对整个吴语系统的认识具有迫切的现实意义。高淳处在吴语的边缘地带，探讨高淳方言的音变问题，对边界地区方言的语音接触与演变研究具有典型意义。高淳方言语音层次丰富，考察该区吴语语音的历史演变，揭示这一地区吴语和北部吴语之间的历史关系，分析其音变事实、过程、机制等，能够进一步丰富音变研究的内容，检验现有的音变理论。

1.3.2 研究材料

本书以高淳地区的方言语音为研究对象，着重描写高淳方言的语音现状，分析其语音层次及历史演变。本书的研究材料以实际调查为主，从2008年起，我们对高淳地区9个乡镇（含已撤并的定埠镇）的方言做了重点调查，涉及语音、词汇和语

法。近年来，我们又陆续对近20个乡村方言点做了语音、词汇、语法的特征调查，其中重点调查的是桠溪镇和砖墙镇的部分乡村。为确保调查材料准确可靠，很多方言点的调查不止一次。方言田野调查工作耗费了大量的时间和精力，也为本书的研究奠定了较为坚实的基础。本书的调查对象以老年男性为主，发音人能够说比较流利的土著吴语，无长期外出生活经历。发音人的具体情况见本书附录二。

1.3.3 研究方法

本书的研究方法主要包括调查描写法、语音实验法、历史比较法和地理空间差异比较法。

调查描写是方言研究的核心方法。自现代方言学产生以来，汉语方言的调查描写始终是方言学界的主要任务，国内大批的方言研究成果很多都是纯描写性的或者是以描写为基础的。截至目前，高淳方言的描写性材料尚不多见，因此本书的研究材料以实地调查为主。我们将调查材料整理汇总，制成语音标注数据库，根据数据库的材料描写方言语音，进行方音比较。传统方言调查以口说耳辨为基础，这种方法贵在快捷，但往往不可验证，因为语音一发即逝，离开现场后往往只能凭借原始记录进行分析。随着现代语音学的发展，人们已经能够非常方便地利用录音技术将原始语音记录下来并作永久保存。保存下来的语音资料一方面能够反复验证原始记录，另一方面如果录音效果较好的话，还可以用来做各种语音实验分析。语音实验在确定语音音质、语音变异形式甚至语音的发展演变方面都具有非常重要的意义。目前，语音实验设备在汉语方言研究中的应用已经越来越普遍，多数方言学者在调查方言时已经开始普遍采用多媒体记录的方式采集语料。随着免费语音分析软件Praat的诞生，语音实验对于普通研究者来说也已经不像早期那样遥不可及。本书充分利用现代技术手段，将传统方言调查和现代技术相结合，一方面基于口语做手工记录，另一方面利用现代设备进行录音和实验分析。本书采集了不同方言点的30多位发音人的语音资料，利用这些语音资料做成数据库，在Excel表中标注国际音标。语音数据库是后续语音描写、语音实验研究的重要基础。

自十九世纪历史比较语言学诞生以来，历史比较法就成为语言研究的重要方法。历史比较法主要用来研究历史音变，格里姆、格拉斯曼、维尔纳的音变"定律"和新语法学派的规则音变论奠定了早期历史音变研究的理论基础。二十世纪中后期，王士元等人（1969、1975、1977）提出了"词汇扩散理论"，Uriel Weinreich等人（1953/1968）则将社会因素引入音变研究，William Labov（1994、2001、2011）继续开拓，出版了三卷本巨著《语言变化原理》。二十世纪七十年代，以John Jerome Ohala为代表的实验语音学家重视听者在音变过程中的作用，试图在实验室里重现语音的历史演变。国内学者在历史比较法的基础上,结合汉语特点进行了不懈探索,提出了一些新的研究理论和方法,如潘悟云(2004)、王福堂(2005)、陈忠敏(2005/2013)、王洪君(2006)等人提出的层次分析法。本书的研究通过方言内部比较和方言之间的比较揭示方言语音异同,在此基础上结合文献资料梳理一些语音现象的历史层次及其先后关系,探讨方言语音的历史演变过程。

地理语言学以语言特征的地理分布和描写研究为基础,兴起于十九世纪的欧洲,以语言地图集的出版为标志,如《法国语言地图集》(J. Gilliéron和Ch. E. Edmont,1902—1910)、《德国语言地图集》(V. G. Wenker,1926—1956)、《新英格兰方言地图集》(H. Kurath等,1939—1943)等。Labov等人从二十世纪六十年代开始将社会语言学和实验语音学的方法综合应用于语言地图,并于2007年出版了《北美语言地图集》,相较之前,Labov等人将音变特征、声学参数通过地图表现出来,具有开创性意义,这也是今后语言地理学的重要发展方向。日本学者桥本万太郎(1985)把"横"的区域跟"纵"的历史有机结合考察语言项目的地理变异,岩田礼(2009)以地理差异推测方言历史、重视方言地图的解释,他们的研究具有重要的启示意义。二十世纪四十年代比利时神父贺登崧把地理语言学引入汉语研究,但并未引起重视,直到二十世纪末才由国内外合作出版覆盖全国的语言地图集。二十一世纪初有关于地理语言学的着力介绍和相关专题研究(如石汝杰2003、项梦冰2005、曹志耘2006)使得地理语言学逐渐兴起,成为目前汉语方言研究的一个重要分支。贯穿本书研究的一条重要线索就是方言语音特征的地理分布,本书利用ArcGIS软件绘制了方言分区和方言语音特征分布图,这些分布图展示了方言语音的空间差异,对方言分区研究、方言语音变异研究和方言的历史演变研究具有重要作用。

1.3.4 本书体例

(1)高淳方言属于吴语系统,为突出其吴语地位,本书的书名和各级大标题以"高淳吴语"称说,正文中一般按照传统,以"高淳方言"称说。

(2)根据新的行政区划,高淳不少乡镇已改为街道,本书仍沿用旧镇名称称说。

(3)调值在音节的右上角用数字表示,如:天$tʰʅ^{55}$。短调在数字下加下划线,如:足$tsəʔ^{\underline{32}}$。调类在音节的右上角标代码,1阴平、2阳平、3阴上、4阳上、5阴去、6阳去、7阴入、8阳入,如:天$tʰʅ^{1}$。

(4)国际音标中的送气符号采用上标的h,如:苦$kʰu^{33}$。

(5)国际音标一般放在方括号([ ])中,有时为了方便也省略方括号。

(6)其他符号随文交代。

第 2 章 语音声学实验分析

语音实验大体上有声学实验、生理实验和感知实验三种。随着计算机技术的飞速发展，语音声学实验分析已经比较容易实现，因此它也成为语音学界及方言学界常用的研究方法之一。2008—2019年期间我们多次赴高淳实地调查方言，并利用现代录音技术采集了大量的方言有声语料。本书调查所用的电脑品牌为戴尔和联想，所用的外置声卡包TASCAM US144MK-Ⅱ、M-AUDIO FIRE WIRE SOLO、M-AUDIO M-TRACK Ⅱ、NI KOMPLETE AUDIO 6，所用录音话筒包括AKG C544L、AKG-C420和RODE NT1 KIT，所用数字录音机为ZOOM H5，录音的采样率为44KHz，单声道，16位，录音场地选择安静的宾馆或家中，录音时尽量降低环境噪音。本章主要利用实地采集的语音信号对高淳方言的声母、韵母和声调做声学实验分析。

2.1 声母的实验分析

2.1.1 理论和方法

声母一般由辅音充任。声学上经常利用语图、VOT、时长、音轨等区别不同类型的辅音。辅音的语图特征可以从浊音杠、冲直条、噪音乱纹等方面加以区别，如浊辅音在语图上表现为浊音杠，塞音往往有冲直条，擦音常常有强频集中区等。"VOT"（voice onset time）是指嗓音起始时间，即塞音爆破到声带振动开始的时间。不同类型辅音的VOT值差异明显，如浊塞音的VOT为负值，清塞音的VOT接近零。由于辅音本身比较复杂,且不少辅音为瞬时发音,难以捕捉,所以有时候确定辅音的特征还需要借助于后接元音的声学表现。元辅音交接处的特征称为过渡音征,过渡音征"对辅音的调音部位,特别是对暂音的部位在听辨上有决定性作用"(鲍怀翘、林茂灿[主编]2014:140)。过渡音征通常用来区分不同发音部位的塞音声母,如"ba"的F2为"升渡","da"的F2为"降渡"等,但过渡音征在区别发音方法相同、发音部位比较接近的辅音时作用有限。时长也是区别不同辅音的重要参数,一般是测量从持阻到元音起始处的时间。此外,有的辅音还可以从音强特征等方面加以区别。

尽管上述方法可以将大部分的辅音区别开来,但是仍有一些特殊的辅音难以直接利用其本身声学特征加以区分,吴语的"清音浊流"就是一个典型的例子,为了弄清吴语清音浊流的性质,学界做了比较广泛的讨论,其中从语音实验角度进行分析的有曹剑芬(1982、1987)、石锋(1983)、陈忠敏(2010)等人。判断清音浊流的常用方法是对语图进行频谱分析,即测量第一谐波(H1)和第二谐波(H2)的振幅,通过其差值或比值判定发声类型,通常情况下H1-H2的差值越大,则嗓音高频能量越小,表现为声带松或漏气,反之,则声带越紧(孔江平2001:23-27),但谐波差值容易受到个人因素的影响,且有时候不够稳定,因此需要结合其他声学特征进行综合判断。目前,学界比较一致的认识是,吴语的浊音实质上是一种"气嗓声"(breathy voice)。这种语音在语图上与对应的清音声母没有多少实质性区别,但在后接元音上的发声类型上与清声母有别。陈忠敏(2010)指出,吴语清音浊流型声母的音节韵母前段有三个显著特征:(1)在功率谱振动的上下幅度上,气声发声明显小于对应的正常浊音发声;(2)气声发声所产生的噪音明显大于正常浊音发声;(3)气声发声高频处的振幅会比正常浊音小,功率谱上从低频到高频有明显的频谱倾斜坡度。除了上述三个方面,我们在实验中发现,噪谐比也能在一定程度上反映气嗓音程度。

本节主要通过声学实验探讨高淳方言中浊音声母及其他特殊声母的音质。高淳方言的主体属于宣州吴语太高小片,该小片吴语的主要特点是古浊塞音声母基本保持或部分保持浊塞音读法(郑张尚芳1986)。前人整理的高淳方言音系的声母大体分为三类,第一类有[b]、[d]、[z]、[ʑ]四个全浊音声母,以颜逸明(1983)、《高淳县志》(1988)为代表;第二类有[b]、[d]、[ʑ]、[ɦ]、[ɦ]五个全浊音声母,以《江苏省志·方言志》(1998)为代表;第三类只有[b]、[d]两个全浊音声母,以谢留文(2016、2018)为代表。以上几种音系的分歧在于有没有[z]、[ʑ]、[ɦ]、[ɦ]四个浊音声母。高淳西南部的砖墙方言属于宣州吴语铜泾小片,该小片方言的主要特点是古浊音声母今读强气流辅音,目前学界对这类辅音的认识还存有争议。除了"清音浊流"型声母和"强气流"型声母之外,高淳方言还有唇颤音声母,本节也将涉及这类辅音声母的特点。

2.1.2 浊塞音声母

前人整理的高淳方言音系均含浊塞音声母[b]、[d]，这两个声母在北部吴语中，属于清音浊流型（亦可简称"浊流型"）声母。高淳方言的[b]主要来自古并、奉、微母，[d]则来自定母。高淳方言[b]、[d]的性质跟北部吴语相同，也属清音浊流型的塞音声母，以下以[b]声母为例，从声学语音角度分析高淳方言浊塞音声母的音质。[b]声母分布在淳溪片和桠溪片，图2-1是淳溪镇一位成年男性发音人念"抱bɔ¹⁴"和"包pɔ⁵⁵"的声波图和宽带语图。

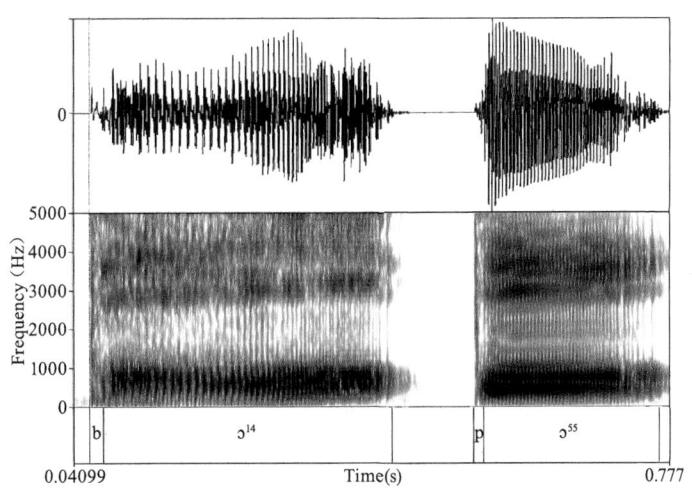

图2-1 淳溪方言"抱"（左）、"包"（右）的声波图和宽带语图

图2-1显示，"抱"和"包"的声波图和宽带语图均有比较明显的区别：（1）"抱"的韵母声波振幅相对比较弱，且有毛刺成分，尤其是在韵母前1/2段，"包"的韵母声波振幅较大，语图清晰；（2）"抱"的韵母前段语图较淡，高频显示有噪音成分，F3及F3以上的共振峰相对模糊，"包"的韵母语图表现稳定，共振峰清晰。图2-2是"抱"和"包"在韵母前1/4时刻点的功率谱和LPC。

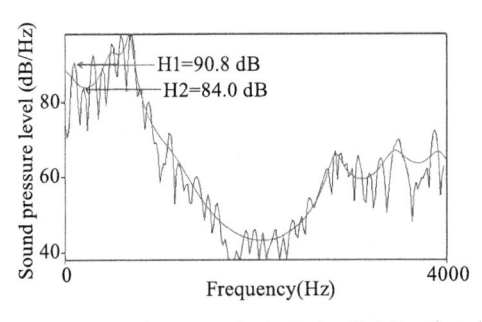

图2-2 淳溪方言"抱"（左）、"包"（右）的功率谱和LPC

图2-2显示，"抱"在韵母前1/4时刻点的功率谱振幅较小，LPC对共振峰的预测性较差，H1明显大于H2，差值为5.2 dB，"包"在韵母前1/4时刻点的功率谱振幅较大，LPC对共振峰的预测性较好，H1明显小于H2，差值为-14.8 dB。此外，经Praat测定的"抱"的后接韵母前1/4段的噪谐比均值为0.164，"包"为0.006，说明"抱"的韵母前段有明显噪音成分。语音实验表明："抱"的韵母前段为气嗓音，"包"为正常嗓音。

H1-H2的差值能够反映嗓音的发声类型，表2-1是除淳溪外高淳主要方言点[b]和[p]的对比字的后接元音前1/4时刻点的H1-H2值。

表2-1 高淳各方言[b]和[p]后接元音的H1、H2和韵母前1/4段的噪谐比[1]

	H1	H2	H1-H2	噪谐比	类型
阳江"爬ba22"	94.4 dB	86.3 dB	8.1 dB	0.305	气嗓音
阳江"坝pa35"	95.8 dB	92.3 dB	3.5 dB	0.209	正常嗓音
固城"败bɛ25"	102.2 dB	88.6 dB	13.6 dB	0.302	气嗓音
固城"拜pɛ45"	99.9 dB	96.0 dB	3.9 dB	0.099	正常嗓音
古柏"培bei21"	112.0 dB	103.5 dB	8.5 dB	0.135	气嗓音
古柏"杯pei55"	114.3 dB	113.3 dB	1.0 dB	0.129	正常嗓音
漆桥"爬ba21"	92.2 dB	84.1 dB	8.1 dB	0.191	气嗓音
漆桥"坝pa45"	91.8 dB	88.2 dB	3.6 dB	0.167	正常嗓音
东坝"稗ba21"	88.6 dB	81.9 dB	6.7 dB	0.557	气嗓音
东坝"坝pa435"	91.0 dB	89.1 dB	1.9 dB	0.227	正常嗓音
桠溪"排bɛ213"	89.7 dB	82.2 dB	7.5 dB	0.627	气嗓音
桠溪"班pɛ45"	98.6 dB	96.2 dB	2.4 dB	0.129	正常嗓音

表2-1显示：高淳各方言点浊声母和清声母后接元音前1/4时刻点的H1-H2的值均为正值，但是相比之下，浊声母后H1-H2的值均明显大于对应的清声母；噪谐比方面，各方言点浊声母的值大于对应的清声母。声学数据表明，浊声母后接元音有气嗓音现象，清声母后接元音则为正常嗓音。

北部吴语的声调存在阴高阳低现象，阴声调对应清声母，调值较高；阳声调对应浊声母，调值较低。我们在确定调值高低时，对于非曲折调，主要看起点，对于曲折调，主要看折点，如调值[14]起点为1，看作低调，调值[324]折点为2，也看作低调。从声调特征来看，高淳西部圩乡（砖墙地区除外）的阳调类对应低调，而东部山乡大多只有阳平字对应低调，仄声则对应高调。从听感上来说，东部古浊声母来源的仄声字已失去浊流，变成清音声母，以桠溪方言"败pɛ52"、"白pəʔ42"为

---

[1] 衡量谐波能量强度可用声压级和声强级，两者的单位均为dB，但声压级（sound pressure level）是将待测声压有效值与参考声压的比值取常用对数后，乘以20；声强级（sound intensity level）则是将某处的声强与参考声强的比值取常用对数后，乘以10。本书衡量谐波能量采用声压级。

例，声学表现见图2-3。

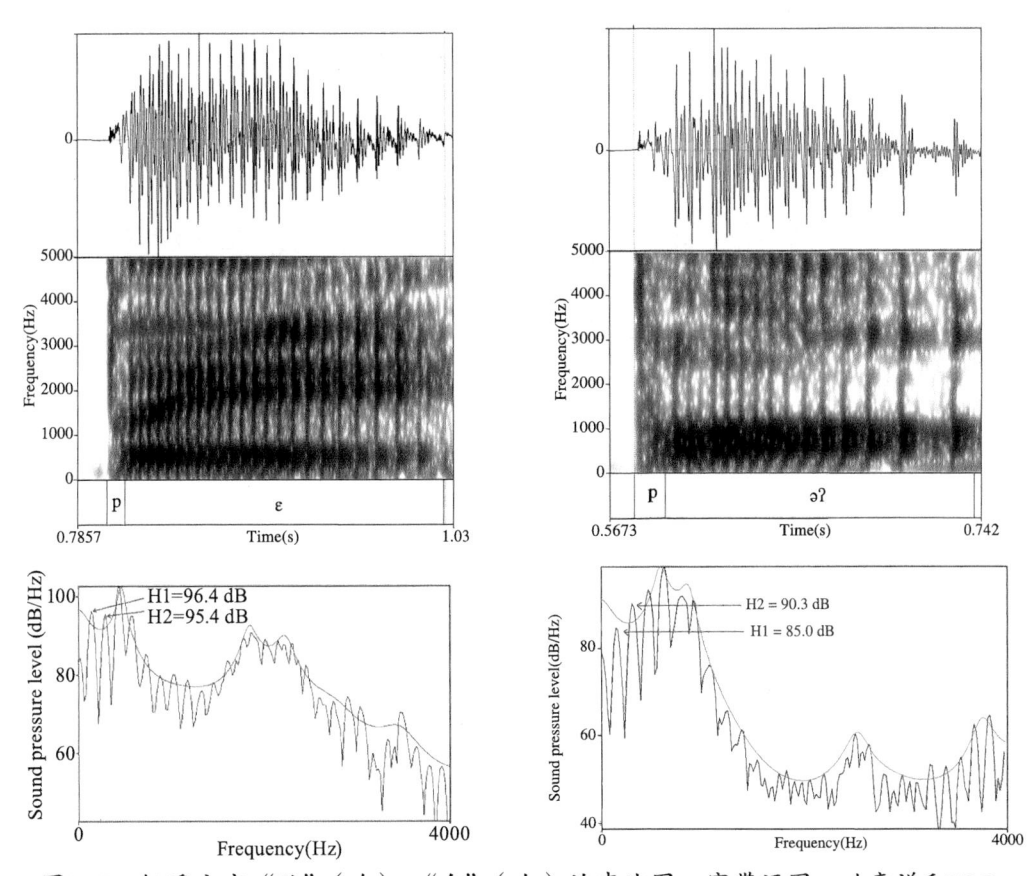

图2-3 桠溪方言"败"（左）、"白"（右）的声波图、宽带语图、功率谱和LPC

图2-3的声波图和宽带语图均显示，桠溪方言"败"、"白"没有明显的气嗓音表现，韵母前1/4时刻点的功率谱、H1-H2值（败为1 dB、白为-4.7 dB）、LPC分析也和正常嗓音一致。声学特征表明桠溪方言仄声字"败"、"白"的声母是纯粹的清辅音。

淳溪镇有的发音人並母发音时偶有强气流特征，但发音人自我感觉不到强弱气流之别，两种发音自由变换，不区别意义，如淳溪镇一位老年发音人"倍"有时读[bei¹⁴]，有时读[bʰei¹⁴]，两种读法的声波图和宽带语图见图2-4。

从图2-4的声波图来看，左图一开始有很强的气流释放，接着是相对较长的气流段，右图没有这种现象。测量得知，左图的声母VOT值为42毫秒，占整个音节时长的13%，右图的声母VOT值为17毫秒，占整个音节时长的5%。高淳方言这种强气流塞音可能是宣州吴语铜泾小片强气流辅音的前身。

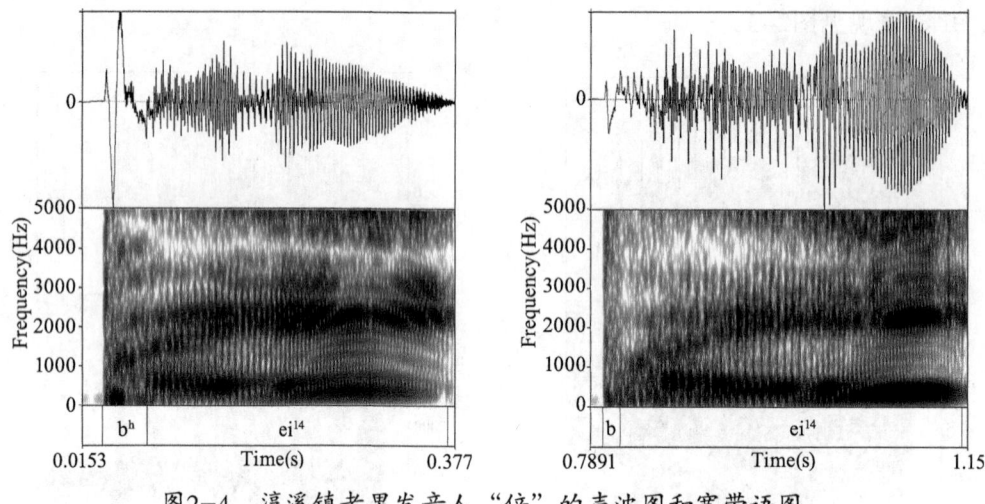

图2-4　淳溪镇老男发音人"倍"的声波图和宽带语图

2.1.3　浊擦音声母

中古"从邪澄船禅崇"六母中,"从dz、崇dʒ、船dʑ"为浊塞擦音,"邪z、禅ʑ"为浊擦音,"澄ɖ"为浊塞音。官话方言中,"从崇船澄"演变为舌尖清塞擦音声母,"邪禅"演变为清擦音声母。上述六个声母在高淳西部方言中基本上都读擦音声母,问题在于这些擦音声母的清浊存有争议。颜逸明(1983)、《高淳县志》(1988)有[z]、[ʑ],《江苏省志·方言志》有[z],没有[ʑ],谢留文(2016、2018)没有浊擦音声母。我们的语音声学实验证明,高淳方言仍有浊擦音声母[z]、[ʑ],图2-5是淳溪方言"才zɛ²²"、"腮sɛ⁵⁵"的声波图、宽带语图、韵母前1/4时刻点的功率谱和LPC分析。

宽带语图显示,"才"的韵母前段有高频噪音成分,F3不清晰,F3以上的共振峰不能显示。韵母前1/4时刻点的功率谱显示,"才"的振幅弱于"腮",H1明显大于H2,差值为8.9 dB,"腮"的H1小于H2,差值为-8.6 dB。此外,经Praat计算的"才"的韵母前1/4段的噪谐比均值为0.134,"腮"为0.024,前者噪音程度大于后者。实验表明"才"发音时有气嗓音现象,"腮"为正常嗓音。

除淳溪外,高淳地区其他方言点[z]声母和[s]声母对比字的H1、H2、H1-H2和韵母前1/4段的噪谐比数据见表2-2。

表2-2显示,各方言点的对比字中,声母[z]的后接元音前1/4时刻点的H1-H2值均大于声母[s]后接元音的H1-H2值;韵母前1/4段噪谐比均值也是[z]大于[s]。实验表明,[z]声母后的韵母前段有气嗓音现象,而[s]声母后的韵母前段为正常嗓音。有的方言[s]后韵母的H1也大于H2,如固城、古柏,这可能跟发音人的声带状况有关,这些发音人多为教师,长期用嗓,可能存在一些声带问题,但这种情况并不影

响本书的结论，因为我们比较的是相对数据。

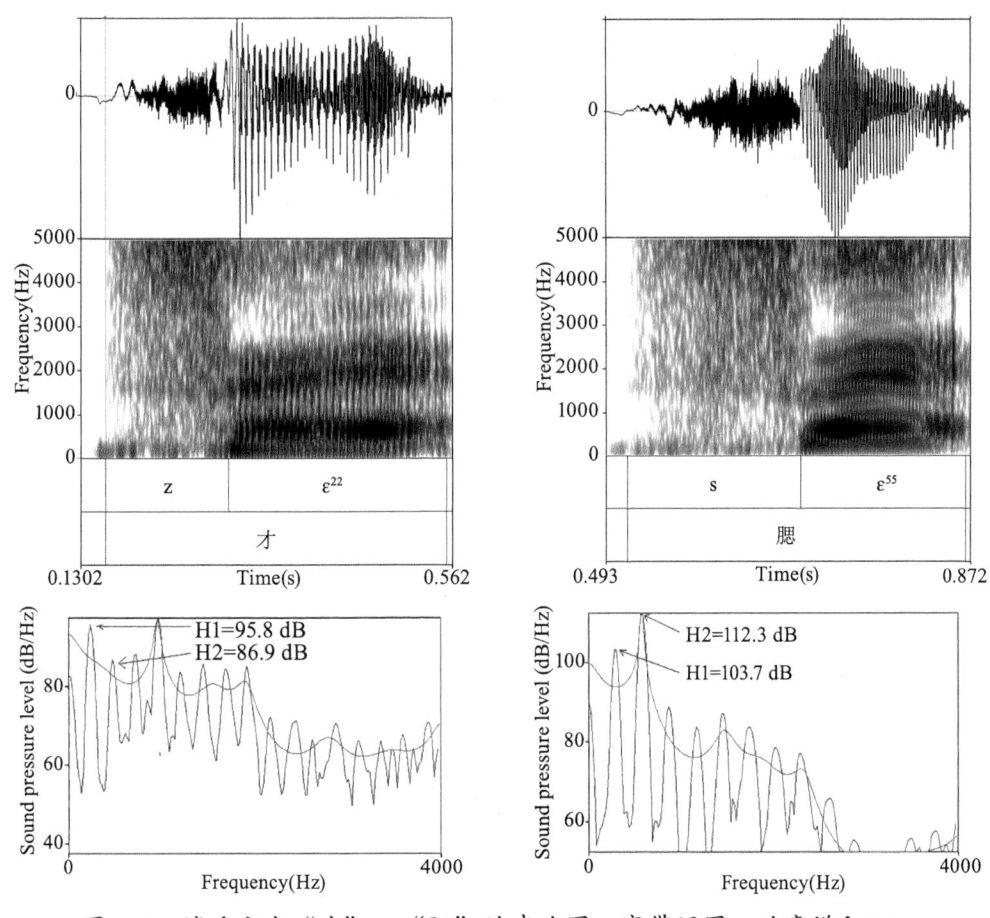

图2-5 淳溪方言"才"、"腮"的声波图、宽带语图、功率谱和LPC

表2-2 高淳方言[z]和[s]后接元音的H1、H2、H1-H2和噪谐比

	H1	H2	H1-H2	噪谐比	类型
阳江"茶za^{22}"	91.7 dB	85.3 dB	6.4 dB	0.908	清音浊流
阳江"沙sa^{55}"	98.9 dB	95.2 dB	3.7 dB	0.039	清音
固城"茶za^{21}"	96.6 dB	81.6 dB	15.0 dB	0.310	清音浊流
固城"沙sa^{55}"	102.0 dB	95.0 dB	7.0 dB	0.061	清音
古柏"柴zɛ^{21}"	112.7 dB	105 dB	7.7 dB	0.210	清音浊流
古柏"腮sɛ^{55}"	113.1 dB	107.4 dB	5.7 dB	0.051	清音
东坝"赵zɔ^{21}"	96.9 dB	80.3 dB	16.6 dB	0.336	清音浊流
东坝"烧sɔ^{55}"	100.2 dB	109.4 dB	-9.2 dB	0.009	清音
桠溪"蛇za^{213}"	82.4 dB	71.3 dB	11.1 dB	0.774	清音浊流
桠溪"洒sa^{55}"	95.5 dB	93.7 dB	1.8 dB	0.054	清音

[ʑ]是舌面浊擦音，在高淳方言中只跟前高元音或者以前高元音为介音的韵母（齐齿呼、撮口呼韵母，如[i]、[y]、[ɪ]、[ʏ]、[ia]、[ye]等）相配。前文分析了浊擦音声母[z]的声学表现，从声学角度证明[z]是"清音浊流"型声母，但要通过语音声学实验来证明齐齿呼、撮口呼前面的擦音声母[ʑ]是否属于"清音浊流"，则有一定难度，原因有二：一是高元音的谐波容易受到共振峰的影响，导致谐波差值的计算不准确；二是擦音声母的中噪音成分容易延伸到韵母起始部分，而且高淳方言韵母[i]、[y]本身就带有强摩擦色彩，这种摩擦容易造成韵母起始段的高频乱纹现象。为尽量减少高元音及摩擦成分的影响，我们选择韵母为[ia]的二合元音作声学实验，功率谱及LPC取[a]段。图2-6是固城方言"卸ɕia⁴⁵"、"斜ʑia²¹"的声波图、宽带语图和韵母[a]段的中点的功率谱和LPC分析。

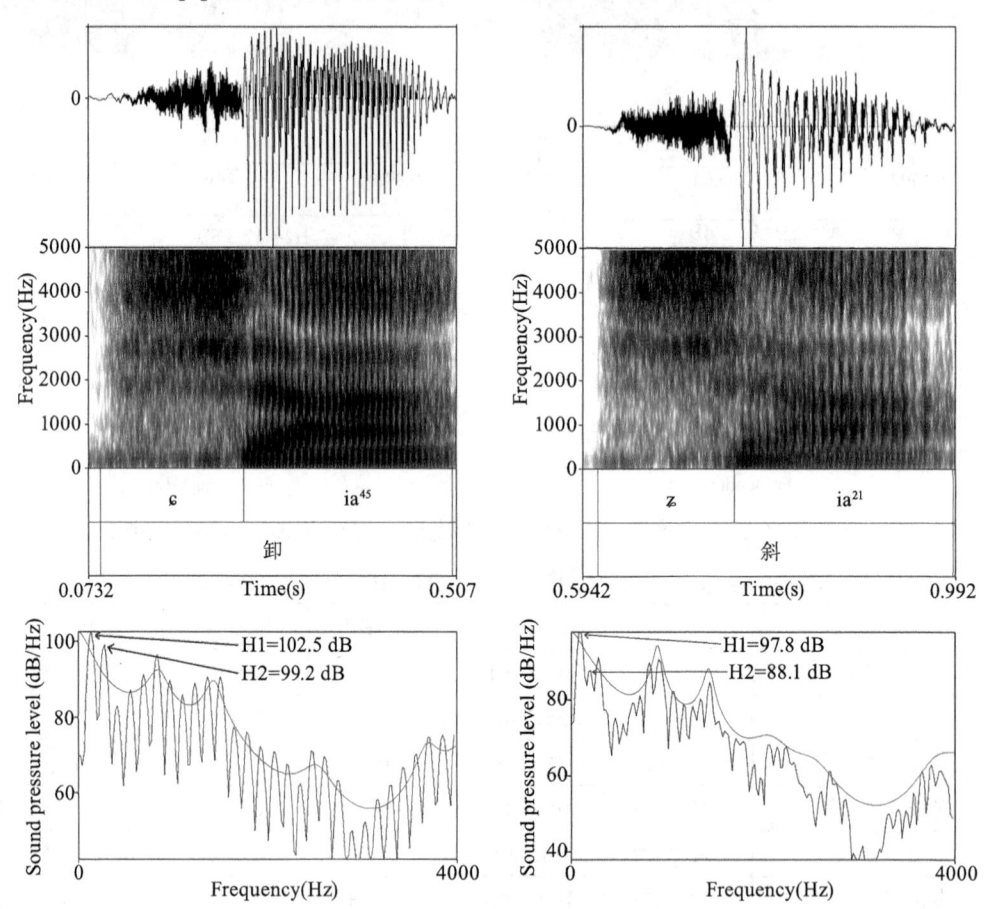

图2-6　固城方言"卸"、"斜"的声波图、宽带语图、[a]段中点的功率谱及LPC

图2-6的声波图显示，固城方言"斜"的韵母后段振幅小，且有毛刺成分；宽带语图显示"斜"的韵母段语图较淡，F3、F4不清晰；[a]段中心点的功率谱显示，"斜"的规律性差，振幅小，LPC对F3、F4的预测性差；"卸"和"斜"的H1都大

于H2，但"斜"的H1-H2值（9.7 dB）明显大于"卸"（3.3 dB）。此外，"卸"在[a]前段的噪谐比均值为0.078，"斜"为0.288，前者明显小于后者。声学特征表明，"斜"的韵母[a]段有气嗓音现象，"卸"的韵母[a]段为正常嗓音。需要指出的是，[ʑ]只跟前高元音相配，因此它的气嗓音程度一般是比较弱的，很容易发展成纯粹的清擦音声母，吴语所谓"清音浊流"型声母在很大程度上跟低调和低元音两个因素相关。

高淳方言的浊擦音除了[z]、[ʑ]外，还包括清音浊流型的[hɦ]，其中[h]代表清喉擦音，[ɦ]代表后接元音有气嗓音现象。高淳方言[hɦ]与[h]有清浊之别，以淳溪方言"鞋hɦɛ²²"、"海hɛ³³"为例，声学表现见图2-7。

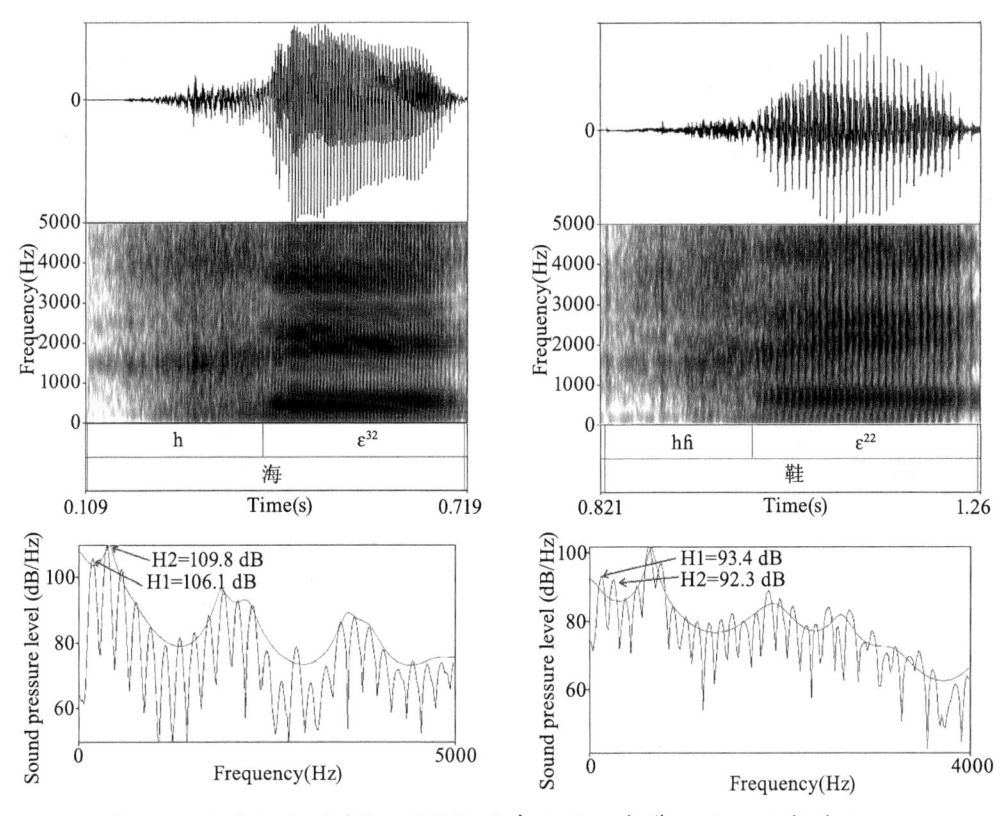

图2-7 淳溪方言"海"、"鞋"的声波图、宽带语图、功率谱及LPC

从图2-7的声波图、宽带语图来看，"鞋"与"海"相比，韵母前部声波振动幅度较小，宽带语图上的高频部分有噪音成分。从韵母前1/4时刻点的功率谱来看，"鞋"的能量弱于"海"，H1-H2值（1.1 dB）大于"海"（-3.7 dB）。声学实验表明，"鞋"的韵母前段有一定程度的气嗓音现象，"海"则为正常嗓音。跟前文的浊塞音声母和舌尖前浊擦音声母相比，"浊流型"喉擦音[hɦ]的气嗓音程度非常弱，已经十分接近清擦音，因此，如果我们把高淳方言的[hɦ]记为[h]也是可以的。

2.1.4　浊塞擦音声母

高淳东部桠溪地区的方言属于太湖吴语毗陵小片，该小片方言残留浊塞擦音声母[ʥ]、[ʤ]，主要来自中古的"从崇澄群"等声母。下文以桠溪（观圩）方言澄母字"茶ʥa²⁴"、群母字"桥ʥio²⁴"为例分析这类声母的声学特征，二字的波形图、宽带语图、功率谱及LPC分析见图2-8。

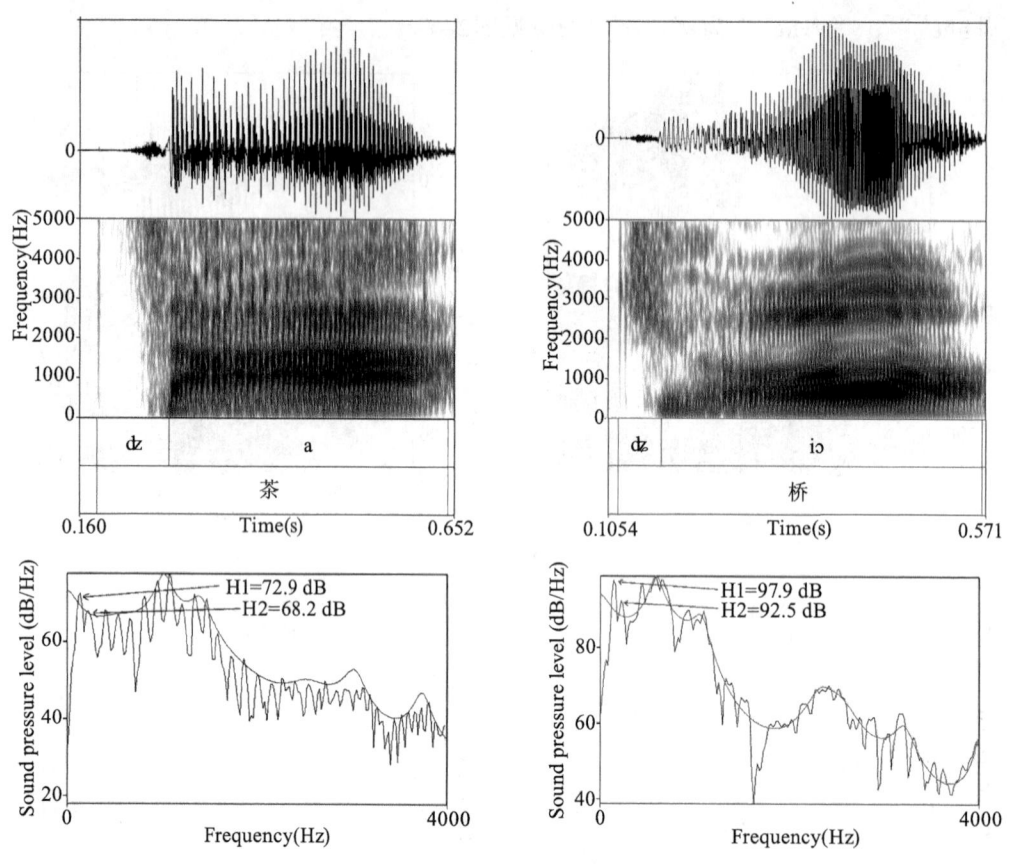

图2-8　桠溪（观圩）方言"茶、桥"的波形图、宽带语图、功率谱及LPC

图2-8中的波形图和宽带语图均显示"茶"、"桥"的声母为清塞擦音，宽带语图上有冲直条和乱纹。此外，二字的韵母前段有明显的噪音成分，声波振幅较弱，语图较淡，F3及F3以上的共振峰不清晰。功率谱的测量数据显示，"茶"（图2-8左下）的韵母前1/4时刻点的H1-H2值为4.2 dB，"桥"（图2-8右下）为5.4 dB，均为H1大于H2。声学实验表明，桠溪（观圩）方言"茶"、"桥"的声母为清塞擦音，同时韵母前段存在气嗓音现象，按传统方法分别记为浊塞擦音声母[ʥ]、[ʤ]。

桠溪方言的仄声字读高调，与仄声字相配的古浊音声母都变成清音声母，韵母

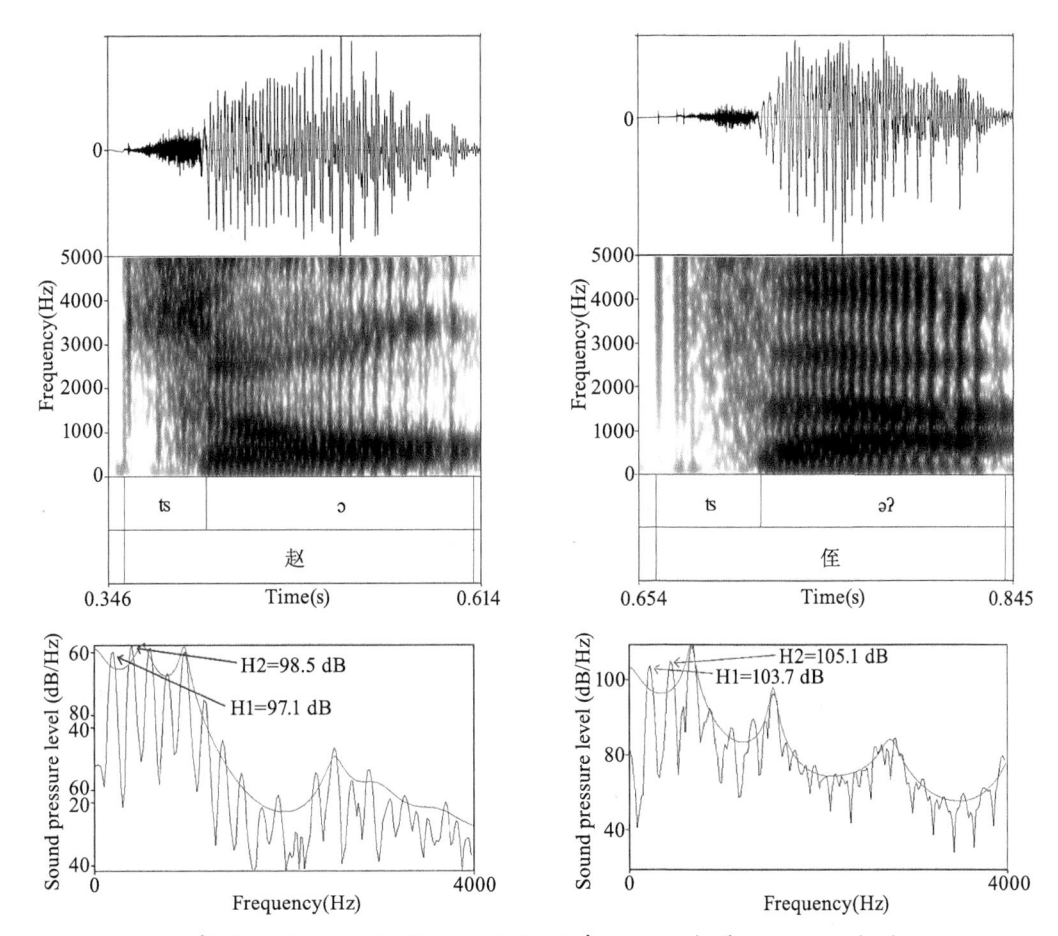

图2-9　高淳桠溪方言"赵"、"侄"的声波图、宽带语图、功率谱和LPC

前段没有气嗓音现象。以桠溪镇方言"赵tsɔ⁵²"、"侄tsəʔ⁴²"二字为例，波形图、宽带语图和韵母前1/4时刻点的功率谱、LPC见图2-9。

图2-9的波形图和宽带语图显示，桠溪方言"赵"、"侄"的声母有明显的冲直条，冲直条之后送气成分表现为清塞擦音。"赵"和"侄"韵母部分的声波图和宽带语图没有明显气嗓音表现，韵母1/4时刻点的功率谱比较规则，LPC对共振峰的预测比较清晰，计算所得两者的H1-H2值均为-1.4 dB，也表现为正常嗓音。

2.1.5　强气流辅音声母

宣州吴语铜泾小片古浊声母的读音类型跟主流吴语不同，学界的描写有"送气清音"（方进1966）、"通音化/气音化"（郑张尚芳1986）、"送气化擦音"（孟庆惠1997）、"强送气声母"（郑张尚芳2016），本书统称为"强气流辅音"。高淳西南部地区的方言属于宣州吴语铜泾小片，最突出的特点是浊音声母有强气流现象，分为强气流擦音和强气流闪音（颤音）两种。以下以砖墙（木樨）方言为例，分析其声学表现。

（1）强气流擦音

砖墙方言的古並母和奉母、微母（部分字）读强气流型的唇擦音[β^h]，这种辅音发音时实际为唇部清擦音，"浊"实现为韵母前段发音时的气嗓音现象，与清音浊流型辅音不同的是，这类辅音发音时伴有强弱不等的气流。以砖墙方言"培β^{h}əi^{31}"、"罚β^{h}aʔ^{31}"为例，声波图、宽带语图、韵母前1/4时刻点的功率谱和LPC见图2-10。

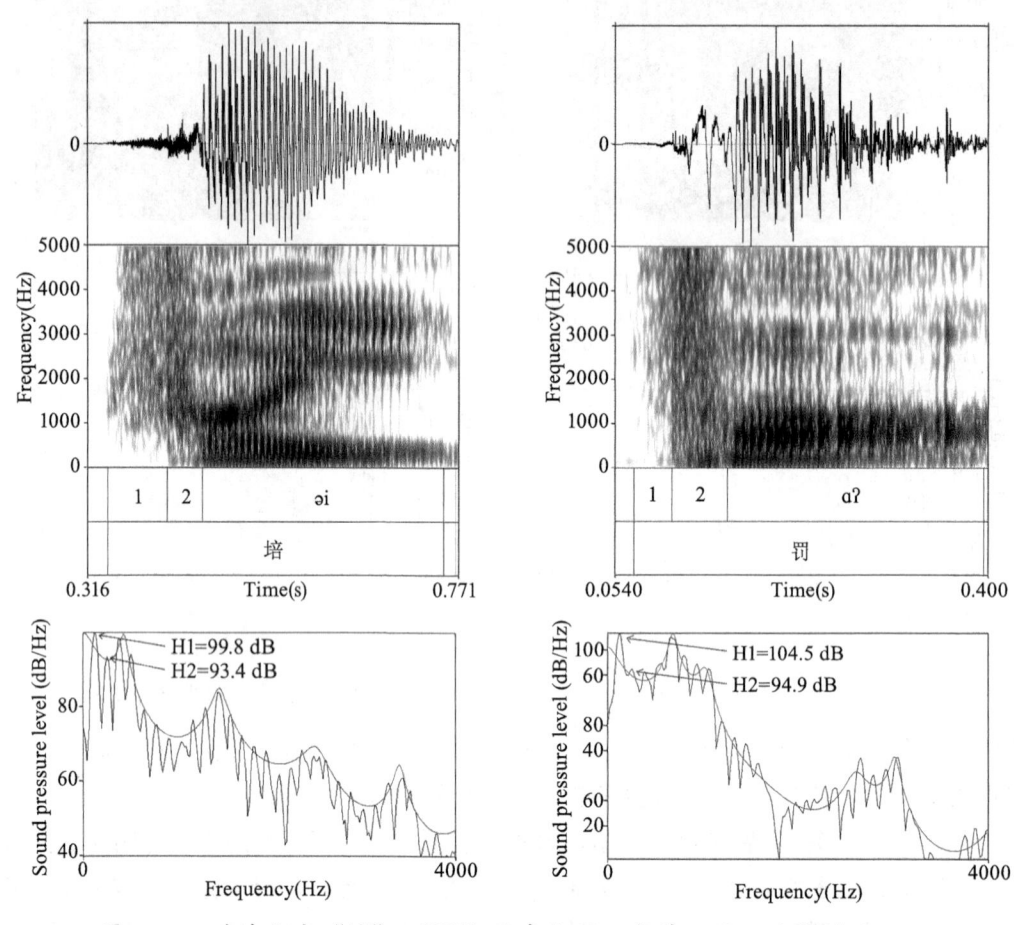

图2-10　砖墙方言"培"、"罚"的声波图、宽带语图、功率谱及LPC

图2-10中的声波图和宽带语图显示，砖墙方言"培"和"罚"的声母可分为两段，第一段（图中标"1"处）的能量弱，宽带语图显示低频部分有空白，第二段（图中标"2"处）能量强，声波图显示有波动，宽带语图显示从高频到低频均有能量分布，显然，这一段有强气流特征。宽带语图显示，砖墙方言"培"的韵母前部高频部分语图较淡，共振峰不清晰，"罚"的整个韵母部分的高频区域的语图都比较淡，这种特征是气嗓音的表现。另外，"培"和"罚"的韵母前1/4时刻点的H1-H2分别为6.4 dB和9.6 dB，也呈现出气嗓音特征。声学实验表明砖墙方言"培"和"罚"的声母是具有强气流特征的清擦音，且韵母前段具有气嗓音特征。

需要指出的是，砖墙方言[βʰ]声母的语音特征并不稳定，发音时气流强弱程度不等，当气流较弱时接近[ɸ]或[f]，但韵母段大都保留气嗓音成分，下文音系处理时一律记作[βʰ]。砖墙方言的[βʰ]和[f]比较接近，但大多数情况下，它们在声学表现上还是有一些差异，以"旁βʰɑŋ³¹"和"慌fɑŋ⁵⁵"为例，二者的声波图、宽带语图见图2-11。

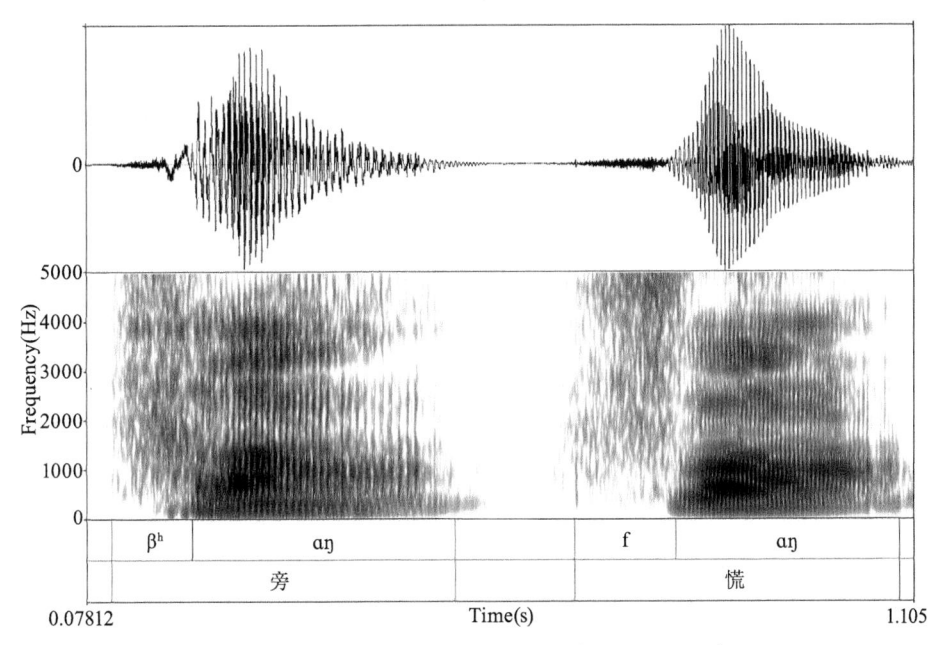

图2-11 砖墙方言"旁"、"慌"的声波图和宽带语图

图2-11显示，"旁"的声母后段有强气流特征，韵母起始部分有气嗓音特征，"慌"的声母、韵母则属于正常语音表现。除了声波图和宽带语图，"旁"、"慌"二字在声母时长方面也有差异，"旁"的声母时长101毫秒，占整个音节时长的24%，"慌"的声母时长126毫秒，占整个音节时长的31%。统计发现，砖墙大多数[βʰ]占音节时长的比值都小于对应的清擦音[f]，如表2-3。

表2-3 砖墙方言部分[βʰ]、[f]声母的时长统计

对比字	房-放	肥-飞	冯-分	浮-付	罚-法	服-福
读音	βʰɑŋ³¹-fɑŋ⁴³⁵	βʰəi³¹-fəi⁵⁵	βʰəŋ³¹-fəŋ⁵⁵	βʰu³¹-fu⁴³⁵	βʰaʔ³¹-faʔ⁵²	βʰəʔ³¹-fəʔ⁵²
时长	123—176	66—162	139—191	122—192	177—212	120—154
占比	29%—34%	36%—17%	31%—45%	29%—38%	43%—53%	36%—41%

注：表中"时长"指声母时长，"占比"指声母时长占音节时长的比值。

表2-3显示，[βʰ]声母的时长均短于对应[f]声母，[βʰ]声母占整个音节时长的比值也小于对应的[f]声母。从发音的角度来说，口腔中积聚气流如果在较短的时间内释放，那么单位时间内的气流量就会比较大，从而造成听感上的强气流特征。需要

指出的是，强气流擦音本身的音质不稳定，它和普通清擦音的区别主要还是气流强弱，时长只能作为参考。

（2）强气流颤音

颜逸明（1983：225）在描写淳溪镇方言声母[d]时指出，"快读时部位后移成滚音r，如'晚头'（晚上）：ˈmieˤreɪ，'学堂'（学校）：ʑyaʔ˦ˌraŋ。'木头、锄头、里头、外头、额头、墙头'的'头'也经常读滚音，'黄豆、青豆'的'豆'也经常读滚音"。我们调查的淳溪发音人没有此类发音现象。蒋冰冰（2003）曾指出宣州吴语袁公方言古定母今为舌尖前浊颤音[r]，发音时舌尖连续颤抖，形成一连串小的爆发音。蒋氏又指出"宣州吴语不仅有[r-]声母，还有[r-]的多种清化形式，其中之一便是[ɾ-]。如广阳话[ɾ-]声母就是舌尖前浊闪音。发音时，舌尖只颤动一次，听起来像一个很软滑的小爆破塞音。"（蒋冰冰2003：37）由此可见，前人对宣州吴语铜泾小片定母音质的描写不尽一致，有"滚音r、颤音r、闪音r、闪音ɾ"多种。国际音标的[r]是一个舌尖龈颤音，[ɾ]是舌尖龈闪音或拍音。国外有的学者区分闪音和拍音，国内学者多不区分，合称闪拍音。从实际音质来看，前人描写的宣州吴语的"滚音"（意指舌头打滚的动作）实际上应该是一种颤音或者闪音。据Peter Ladefoged（2011），颤音[r]是气流冲击舌尖颤动产生的音，闪拍音则是由肌肉的简单收缩而导致的一个调音器官被抛向另一个调音器官所产生的音。高淳砖墙地区的方言中，定母发音时有强气流现象，强气流推动舌尖形成若干次颤动。从实际读音来看，砖墙方言的定母实际上是一种颤音和闪音的自由变体，发音时有的有多次舌尖颤动，有的只有一次。一般而言，舌尖颤动次数的多少与口中集聚气流强弱有关，气流越强，颤动的次数相对就会较多，反之较少，有时甚至不能引起颤动，只是舌尖一闪而过，因为单念时多数情况下是闪音，而且闪音和颤音不区别意义，所以我们在音系处理时记为闪音[ɾʰ]。图2-12是砖墙方言"逃rʰɔ³¹"、"达rʰaʔ³¹"（此处按实读颤音记音）的声波图和宽带语图。

图2-12的声波图显示，砖墙方言"逃"和"达"的声母部分均有一些能量波动处，在宽带语图上有类似冲直条与之对应。声波图上两者声母的后部都有很强的能量释放，宽带语图上显示1800 Hz左右有能量集中区。从韵母前段来看，F3及其以上的共振峰不明显，语图较淡，有一定的气嗓音表现（"逃"和"达"韵母前1/4时刻点的H1-H2值分别为5.3 dB和4.9 dB）。声学特征表明，砖墙方言"逃"和"达"的声母是具有强送气特征的颤音。由于气流强弱不同，多数情况下，定母表现为闪音[ɾʰ]，如图2-13（左）的"稻ɾʰɔ²⁴"。

图2-13显示，砖墙方言"稻"的声母有一次小爆破，能量较弱，宽带语图显示有冲直条。"套"的声母是送气爆发音，声波振幅较大，气流很强。两者的明显区别还体现在VOT值方面，"套"为74毫秒，占整个音节时长的24%，"稻"为50毫

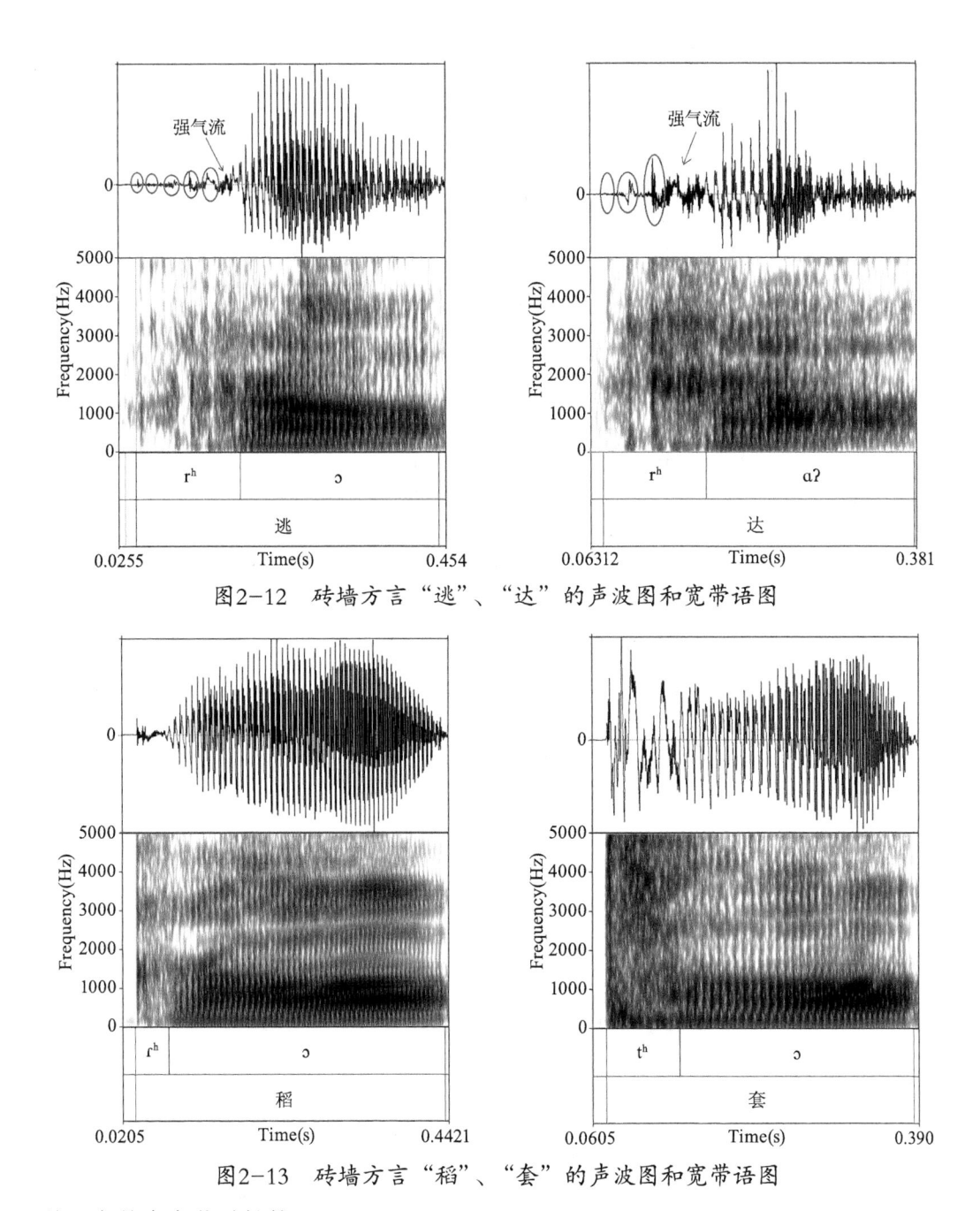

图2-12 砖墙方言"逃"、"达"的声波图和宽带语图

图2-13 砖墙方言"稻"、"套"的声波图和宽带语图

秒,占整个音节时长的13%。

定母字作为后字时,其颤音色彩有的比较明显,以砖墙方言"木头 məʔ²¹rʰəi²⁴"、"锄头sʮ²¹rʰəi⁵⁵"为例,慢读和快读的声波图、宽带语图(截取中间部分)如图2-14所示。

图2-14显示,"木头、锄头"中的"头"慢读(上)、快读(下)时均有颤动现象。声波图和宽带语图显示"木头"、"锄头"慢读时有1次颤动,快读时有3次

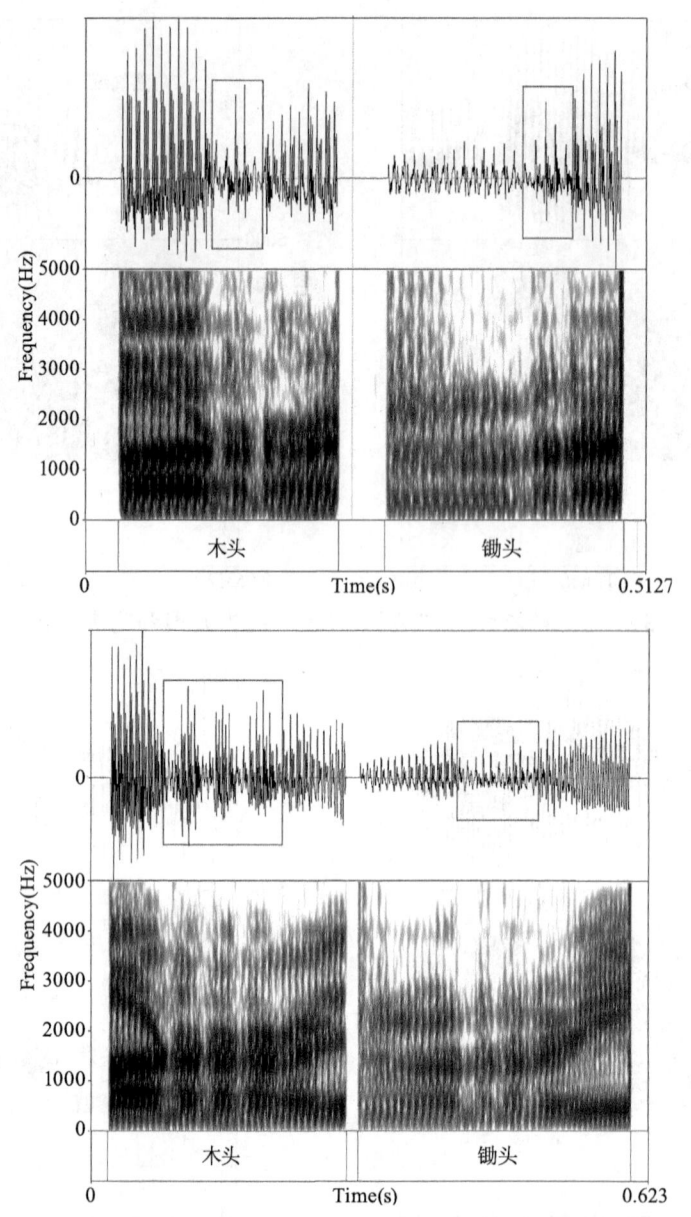

图2-14 砖墙方言"木头"、"锄头"的声波图和宽带语图

颤动。声学实验表明,砖墙方言舌尖颤音的颤动次数不等,颤动程度不同,这跟发音人发音时的气流强度、语速快慢等有关。

2.1.6 唇颤音声母

颜逸明(1983)指出高淳方言舌尖前清塞擦音[ts]、[tsʰ]和[u]相拼时有的人读成舌叶音,如"猪、蛛、鼠、兔"等。《高淳县志》(1988)也指出[ts]组声母与

[u]相拼时读成舌叶音[tʃ]组,伴有双唇颤动现象。在我们的调查材料中,淳溪镇的发音人有的[u]韵字跟[ts]组声母相拼时,伴有双唇颤动现象,以"朱tsu^{55}"、"粗tsʰu^{55}"为例,声波图、宽带语图见图2-15。

图2-15 淳溪方言"朱"、"粗"的声波图和宽带语图

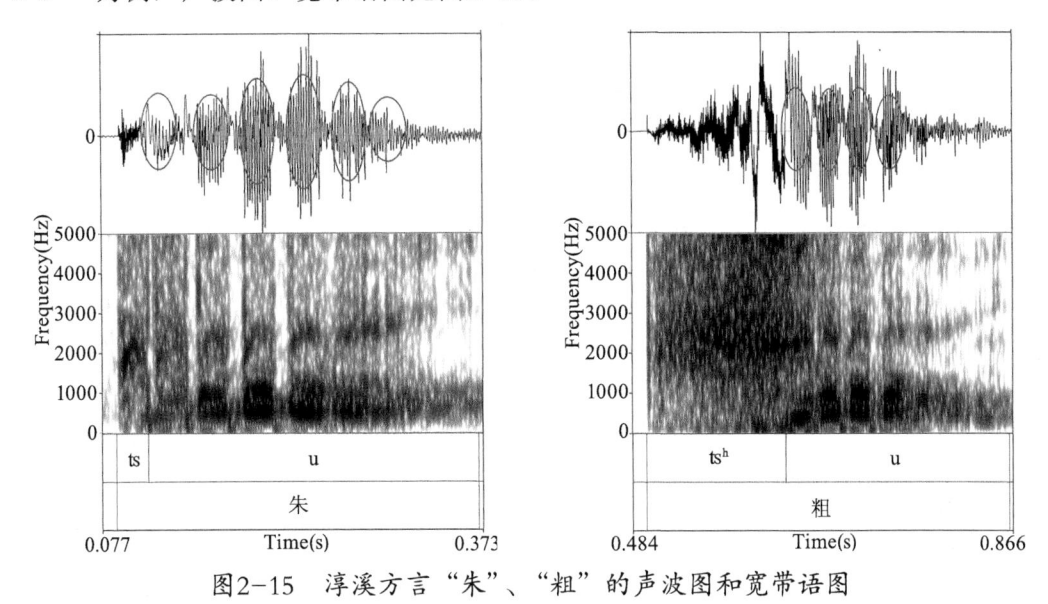

图2-15的声波图显示,淳溪方言"朱"、"粗"的唇颤均出现在韵母段,前者有6次颤动,后者有4次明显颤动和3次较弱的颤动。宽带语图显示"朱"、"粗"的韵母部分均有明显的断裂显现,这种断裂显然是由唇颤引起的。有些方言点韵母[ʮ]与[ts]组声母相配时也有唇颤现象,此时[ts]组声母实际音质为[tʃ]组舌叶音。以古柏镇的发音"朱"、"拘"为例,声波图和宽带语图见图2-16。

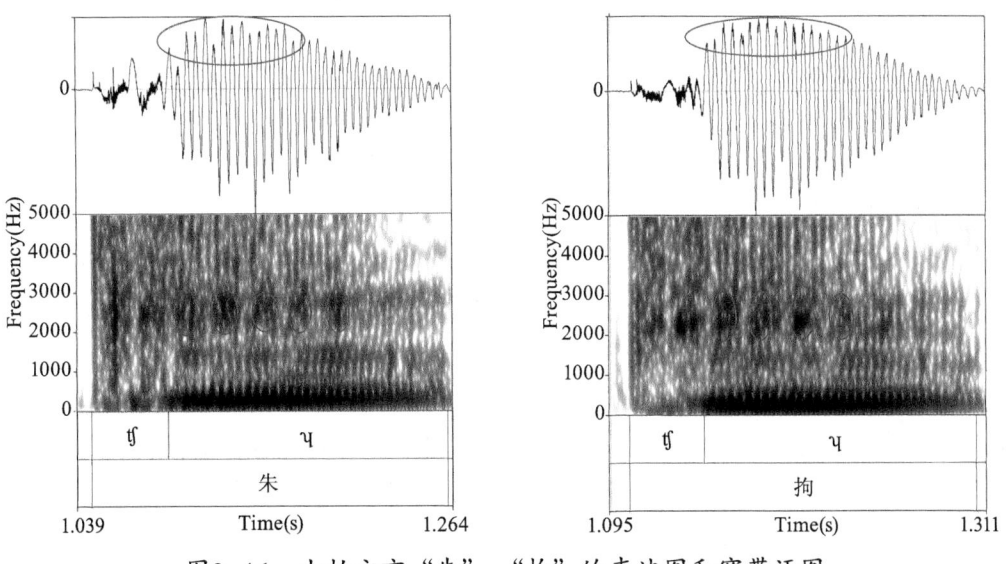

图2-16 古柏方言"朱"、"拘"的声波图和宽带语图

图2-16的声波显示，虽然古柏方言"朱"、"拘"不像图2-15中淳溪方言"朱"、"粗"那样有明显中断的迹象，但是声波振幅很不规则，有高低起伏的现象，这是颤音的表现，宽带语图则显示，古柏方言"朱"、"拘"的韵母部分第三共振峰处有间断性表现，这也是颤音所引起的。

　　高淳方言唇颤音的出现有两个条件：（1）声母为[ts]组；（2）韵母为[u]。高淳方言[u]发音时唇形不圆，气流通道非常窄，有时双唇接近闭合，而[ts]、[tsʰ]、[s]又是舌尖部位的塞擦音和擦音，有较强的气流特征，当急速的气流经过接近闭合的唇部时，就会引起唇颤现象，气流越强，通道越窄，颤动的次数越多。有的发音人[ts]组声母与[u]拼合时，实际音质接近[tʃɥ]、[tʃʰɥ]、[ʃɥ]，这是音变的结果。淳溪方言中，有的舌尖中音声母在跟[u]相拼时也有轻微的颤动，如"堵"、"兔"等，此时它们声母实际上已经接近[ts]、[tsʰ]，这也是一种条件音变，是由于韵母[u]的通道过窄引起的。

2.2　韵母的实验分析

2.2.1　理论和方法

　　汉语方言的韵母可以由单元音、复元音、鼻化元音以及带鼻音韵尾的元音构成，考察一个方言的韵母系统通常要归纳出该方言的单元音音位系统，在此基础上再考察二合元音、三合元音以及鼻化元音、带鼻音韵尾元音的特点。

　　元音的实验分析也可以从生理、声学、感知三个角度进行。早期元音生理分析通常是观察舌唇的动作，比较舌位高低、唇形圆展等，先进的仪器已经可以观察到发音器官的内部情况，例如利用X光技术拍摄发音器官的运动方式、利用喉镜观察声带在发音时的开闭状态、利用动态腭位仪观察舌腭的接触情况等。语音感知涉及声学特征与听觉印象之间的关系，通常要借助心理学的相关研究理论和方法，目前语音感知中的很多问题尚未解决，需要跨学科的学者共同努力。元音的感知实验跟语音声学研究密切相关，大部分的元音感知实验需要调整元音的声学参数，其中前两个共振峰对元音音色有决定性影响。

　　从声学角度对元音进行研究，涉及数学理论和模型。数学上可以利用模型将声源波和声道抽象化，利用傅立叶变换将经过声腔调节的频域信号转换成频谱，语图仪实际上就是一种语音信号的时域-频域信号分析装置。语音信号的声学要素包括音强、音长、音高和音质四个方面，跟元音最直接、最重要的声学相关物是共振峰，通常认为第一共振峰与舌位高低成反比例关系，第二共振峰与舌位前后成正比例关系，但唇形圆展、鼻化等因素也会对共振峰产生一定影响。早期元音声学研究的仪器有示波器、语图仪、音强计等。语图仪功能强大，可以用来分析元音共振峰、音高、能量等，缺点是价格昂贵，普及性差。目前已经可以利用一些计算机软件进行元音实验研究，如Praat、Speech Analyzer、桌上语音工作系统等。Praat软件的功能十分强大，又可以免费使用，目前已经基本取代了语图仪，成为语音分析的必备工具。当前元音的声学分析最主要、最基础的是语图分析，语图一般有宽带语图和窄带语图两种，前者可以用来分析元音共振峰，后者可以用来分析谐波。宽带语图上的共振峰具有直观性特点，但要进行更精细的分析需要提取共振峰的相关数据。共振峰有绝对频率和相对频率，元音共振峰的绝对频率往往因人而异，即使是同一个发音人，在不同的发音状态下，发同一个元音的共振峰数据也会出现随机误差，但总体而言，正常状态下发音误差不是特别大，而且我们可以通过测量多样本的平均值这种简单的标准化处理方法来消除随机误差。如果要在不同的人之间进行共振峰数据的比较，那就必须对共振峰数据进行比较复杂的归一化处理。要对一个语言（方言）的元音系统进行声学空间分布情况的分析，还需要绘制声学元音图。声学元音图是二维平面图，由两个坐标构成，横轴表示F1，纵轴表示F2，F1、F2可用声学标度（单位Hz），也可用听感标度（单位Bark）。不同的标度和表示法是为了更好地揭示元音声学数据跟舌位之间的对应关系。

本节主要做两方面的工作，一是分析一些音近的韵母在声学特征上的差异，二是绘制代表性方言点的单元音声学分布图并加以分析。

2.2.2 记音分歧韵母的实验分析

前人从传统方言学的角度对高淳方言韵母系统进行描写的主要有四家，其中颜逸明（1983）、《高淳县志》（1988）、《江苏省志·方言志》（1998，下文简称《方言志》）描写的是高淳政府所在地淳溪镇方言的韵母系统，谢留文（2018）描写的古柏镇方言的韵母系统，四家的韵母系统详见表2-4。

表2-4 传统方言学描写的高淳方言韵母系统

	开口呼	齐齿呼	合口呼	撮口呼	声化韵	总数
颜逸明 （1983）	ɿ a o ɔ ei aŋ əŋ ãʔ əʔ	i ɪ ia iɔ ie iaŋ iŋ iaʔ iəʔ	u ua uɛ uei uaŋ uəŋ uaʔ uəʔ	y ʏ ya ye yəŋ yaʔ yəʔ	m̩ n̩ ŋ̍ l̩	38
县志 （1988）	ɿ a o ɔ ei aŋ əŋ ãʔ əʔ	i ɪ ia iɔ ie iai i ɪ iaʔ iəʔ	u u au uɛ uei uaŋ uəŋ uaʔ uəʔ	y ʏ ya ye yŋ yaʔ yəʔ	m̩ n̩ ŋ̍ l̩	38
方言志 （1998）	ɿ a o ɔ ɜ ei ã əʔ ãʔ ɴ ne	i ɪ ia iɔ ie iã in iaʔ iəʔ	u ua uɛ uei uã uən uaʔ uəʔ	y ʏ ya ye yn yaʔ yəʔ	m̩ n̩ ŋ̍ l̩	38

续表2-4

	开口呼	齐齿呼	合口呼	撮口呼	声化韵	总数
谢留文（2018）	ɿ a o ɔ ə ɑ ei aŋ əŋ ɑʔ ɔʔ ɑ	i ia iɔ ie ei iɑ iəŋ iŋ iɑʔ iəʔ	u ua uɛ uɑ uə uei uaŋ uən uɑʔ uəʔ	y ɥ ya ye ay yə yŋ yɑʔ yəʔ	m̩ n̩ ŋ̍	45

　　1988年出版的《高淳县志》中的方言部分和1998年出版的《方言志》均由鲍明炜主持编写，两本著作中高淳方言韵母的总数相同，但对一些韵母的韵尾进行了调整，具体是：（1）[eɪ]→[ei]，[ueɪ]→[uei]；（2）[əŋ]→[ən]，[uəŋ]→[uən]，[yŋ]→[yn]；（3）[aŋ]→[ã]，[iaŋ]→[iã]，[uaŋ]→[uã]。从时间先后上看，《方言志》应该是作者对《高淳县志》的修正。谢留文（2018）描写了高淳古柏方言的韵母系统，他的描写比其他学者描写的淳溪镇方言多了8个来自古入声韵的韵母，分别是[ə]、[ɑ]、[iə]、[ia]、[ua]、[uə]、[yə]、[yə]，这几个韵母来自中古浊声母的入声韵，显然作者认为该方言的古浊入已跟去声合并，相应地，促声韵变成舒声韵，排除古柏方言这几个入声来源的韵母，再将《方言志》和颜逸明、谢留文三家的韵母相对照，不同之处见表2-5。

表2-5　鲍明炜、颜逸明、谢留文韵母的差异

	开口呼					齐齿呼			合口呼					撮口呼		
方言志	ɛ	ei	ã	ən	aʔ	ɪ	iã	in	iaʔ	uɛ	uei	uã	uən	uaʔ	ʏ	yn	yaʔ
颜逸明	ɛɪ	ei	aŋ	əŋ	aʔ	ɪ	iaŋ	iŋ	iaʔ	uɛɪ	uei	uaŋ	uəŋ	uaʔ	ʏ	yəŋ	yaʔ
谢留文	ɛ	ei	ɑŋ	əŋ	ɑʔ	i	iaŋ	iŋ	iɑʔ	uɛ	uei	uaŋ	uəŋ	uɑʔ	y	yŋ	yɑʔ

　　表2-5中，谢留文描写的古柏方言的[i]跟其他两家的[ɪ]对应，这是因为其他方言的[i]在古柏方言中已经舌尖化为[ɿ]，相应地，[ɪ]就上升到[i]位置，同样，古柏方言的[y]跟其他方言[ʏ]对应，应为其他方言的[y]在古柏方言中舌尖化为[ɥ]，相应地，[ʏ]上升到[y]位置。颜逸明的[eɪ]、[ueɪ]，其他学者记为[ei]、[uei]，没有实质性的差别。除了以上几种情况外，三家韵母的差异有四类：（1）[ɛ]-[ɛɪ]，[uɛ]-[uɛɪ]；（2）[ã]-[aŋ]-[ɑŋ]，[iã]-[iaŋ]-[iaŋ]，[uã]-[uaŋ]-[uaŋ]；（3）[ən]-[əŋ]，[in]-[iŋ]，[uən]-[uəŋ]，[yn]-[yəŋ]-[yŋ]；（4）[aʔ]-[ɑʔ]，[iaʔ]-[iɑʔ]，[yaʔ]-[yɑʔ]。以下从声学实验角度对四组韵母分别加以分析。

　　（1）[ɛ]-[ɛɪ]，[uɛ]-[uɛɪ]

　　该组韵母的差异是有无[ɪ]韵尾，颜逸明指出淳溪方言的[ɛɪ]是前响后轻、前开后闭、前紧后松的复元音韵母。谢留文认为古柏方言的[ɛ]舌位略低，在见系中为单元音，在其他组声母后略带动程，实际读音接近[ɜe]。为考察这组韵母的实际音质，我们选择见母、溪母的阴平字（调值55）"该、开"和並母、来母的阳平字（调值22）"牌、来"作声学实验分析。图2-17、2-18分别是淳溪镇老男和青男

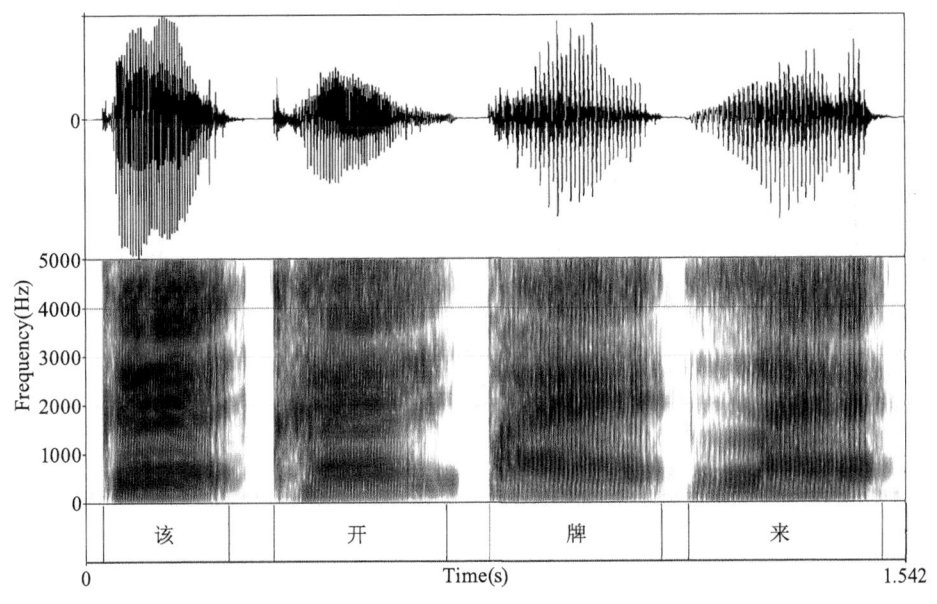

图2-17 淳溪镇老男发音人"该、开、牌、来"的声波图和宽带语图

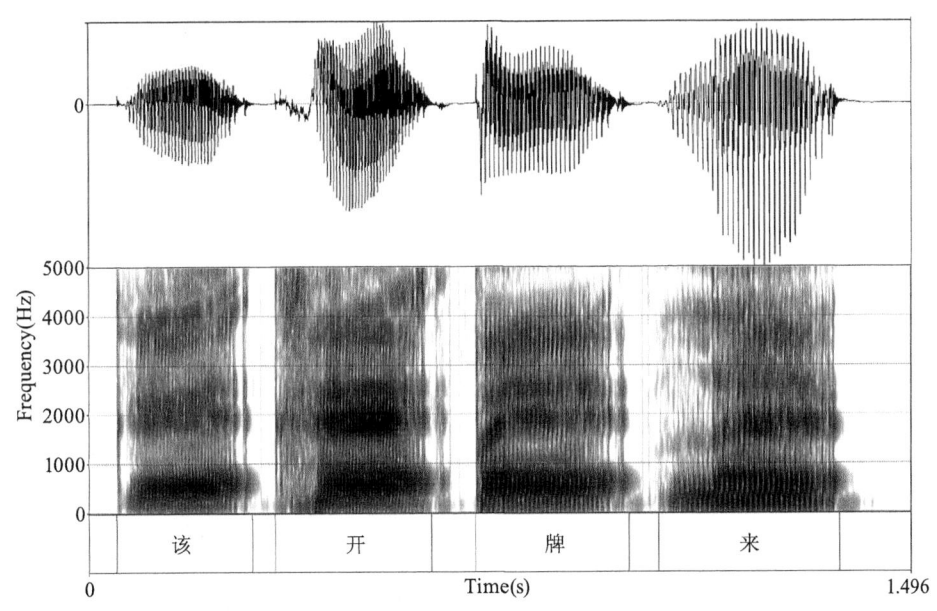

图2-18 淳溪镇青男发音人"该、开、牌、来"的声波图和宽带语图

"该、开、牌、来"的声波图和宽带语图。

图2-17显示,老男"该、开、牌、来"四字的第一和第二共振模式缺乏一致性,"该、开"的韵母后部有比较明显的韵母滑动迹象,"牌、来"则相对比较平稳。"该、开"分别为见母、溪母字,"牌、来"分别为帮母、来母字,这说明淳溪老男发音人部分[ɛ]/[ɛɪ]韵的字确有复元音倾向,但并非以声母为条件进行分化。

图2-18显示,青男发音人"该、开、牌、来"四字的第一、第二共振峰都比较平

稳，无明显动程，这四个字应视为单元音。更多的语音实验表明，淳溪方言[ɛ]/[ɛɪ]韵以读单元音为主，只有老男发音人部分字有复元音倾向。从另一个角度来说，正常单元音的尾部也会有不稳定的倾向，因此，我们倾向于将淳溪方言的[ɛ]/[ɛɪ]处理为单元音[ɛ]，相应地，[uɛ]/[uɛɪ]处理为二合元音[ɜu]，但[ɛ]、[uɛ]分别存在二合元音和三合元音的变体。

（2）[ã]-[aŋ]-[ɑŋ]，[iã]-[iaŋ]-[iɑŋ]，[uã]-[uaŋ]-[uɑŋ]

本组韵母有两项区别：一是鼻化和非鼻化，二是前元音和后元音。我们以ã-aŋ-ɑŋ为例，分析这一组韵母的实际音质。关于鼻化元音的声学特征，前人进行过许多探索，如Fant（1960），Peter Ladefoged（2003），方强、李爱军（2003），孙锐欣（2004），鲍怀翘、林茂灿（2014）等，但到目前为止仍未取得完全一致性的意见。高淳方言中有带鼻音韵尾的韵母[əŋ]/[ən]，以下通过这类带真鼻音韵尾韵母和待确定的是否带鼻音韵尾韵母的语图对比分析来确定本组韵母的音质。图2-19是淳溪镇老男、青男所发"铜"的声波图和宽带语图，图2-20是淳溪镇老男所发"党[t*32]"[1]、"打[ta32]"和青男所发"绑[p*32]"、"把[pa32]"的声波图和宽带语图。

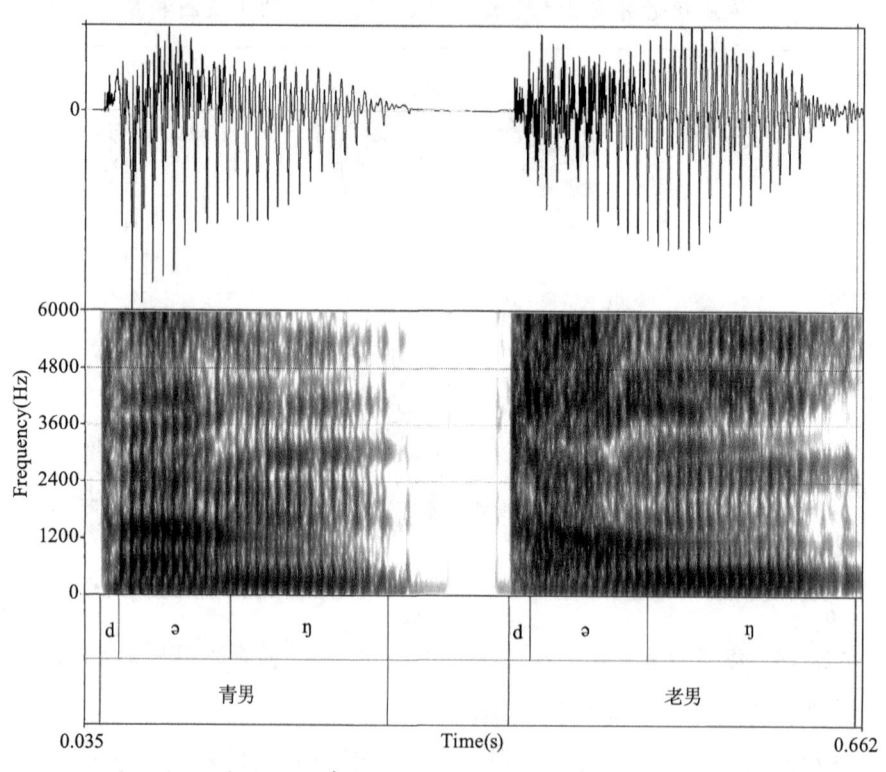

图2-19　淳溪方言青男、老男"铜"的声波图和宽带语图

图2-19显示，老男和青男"铜"的声波图和宽带语图都明显分为两部分，前一部分能量较强，后一部分能量较弱。从宽带语图上看，"铜"的前一部分能够显示

---

[1]　"*"表示待定音素，下同。

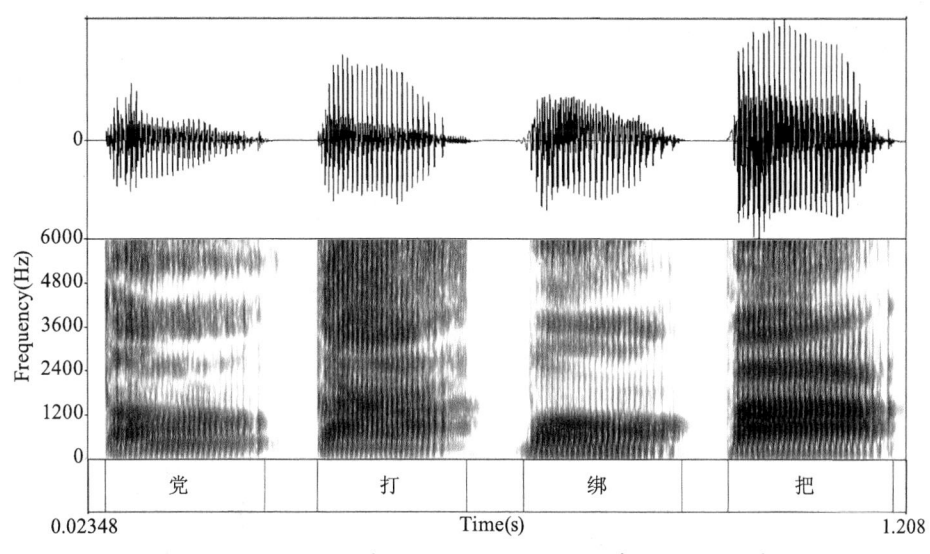

图2-20 淳溪方言"党、打、绑、把"的声波图和宽带语图

较多数量的共振峰(至少F1、F2比较清楚),但后一部分只有F1比较清晰,F2很淡,难以确定具体位置。以上分析表明,"铜"是带鼻音韵尾的韵母,测量得知,"铜"的韵尾中点的F1在350Hz左右,结合听感,这个鼻音韵尾是软腭鼻音[ŋ]。

图2-20的宽带语图显示,"党、打、绑、把"韵母段没有明显分段现象,共振峰没有没有明显断层现象,这说明它们均无单独的鼻音韵尾。四字宽带语图的差异表现在:①"党、绑"的语图比对应的"打、把"要淡得多;②"党、绑"的韵母共振峰之间有空白区域,"打、把"则不明显;③"党、绑"的前两个共振峰均低于对应的"打、把";④"党、绑"的F1和F2贴合较紧,难以分开,"打、把"的F1和F2尚有一定间隔。声学特征表明,"党、绑"为鼻化元音,"打、把"为非鼻化元音。从宽带语图来看,虽然"党、绑"没有明显的前后段,但它们前面较短的一段跟后面较长的一段还是有一些区别的,这说明前后的鼻化程度是不同的,前面较短一段鼻化程度弱,后面较长的一段鼻化程度重。Fant(1960)认为元音鼻化会导致F1的能量降低,图2-20"党、绑"的F1能量确实比较弱,其他共振峰的能量也有减弱趋势。方强、李爱军(2003)及鲍怀翘、林茂灿(2014)指出,鼻化元音[ã]/[ɑ̃]在250 Hz附近会出现一个新峰,就是鼻音的共振峰,但图2-20"党、绑"的宽带语图中在250 Hz附近没有发现明显的鼻音共振峰。测量得知,老男"党"鼻化程度较弱的前段中点的F1为677 Hz,F2为1126 Hz,老男"打"的韵母中点F1为862 Hz,F2为1381 Hz;青男"绑"鼻化程度较弱的前段中点的F1为535 Hz,F2为895 Hz,青男"把"的韵母中点F1为842 Hz,F2为1351 Hz。数据显示,鼻化的"党"、"绑"的F1、F2均明显低于非鼻化的"打"、"把"的F1、F2,前者的共振峰数据接近[ɑ],后者的共振峰数据接近[a]。综合以上分析,我们把"党"、"绑"的韵母记为[ɑ̃]。

（4）[aʔ]-[ɑʔ]，[iaʔ]-[iɑʔ]，[yaʔ]-[yɑʔ]

本组韵母的区别是元音舌位前后之别。声学特征上，第二共振峰跟舌位前后密切相关，舌位越靠前，F2的频率值越高，反之越低。高淳方言中有前元音[a]作韵母的情况，我们只要将[a]的共振峰数据和本组韵母主要的数据做一比较，大体上就可以知道该组韵母主元音的具体音质。高淳方言入声分为阴入、阳入两类，阴入是个短促调，有喉塞尾，阳入为低升调，无喉塞尾，已变成舒声韵。以下选择跟[a]韵更为接近的阳入字进行声学特征的对比分析，以淳溪老年男性发音人"骂ma35"、"末m*13"为例，声波图和宽带语图见图2-21。

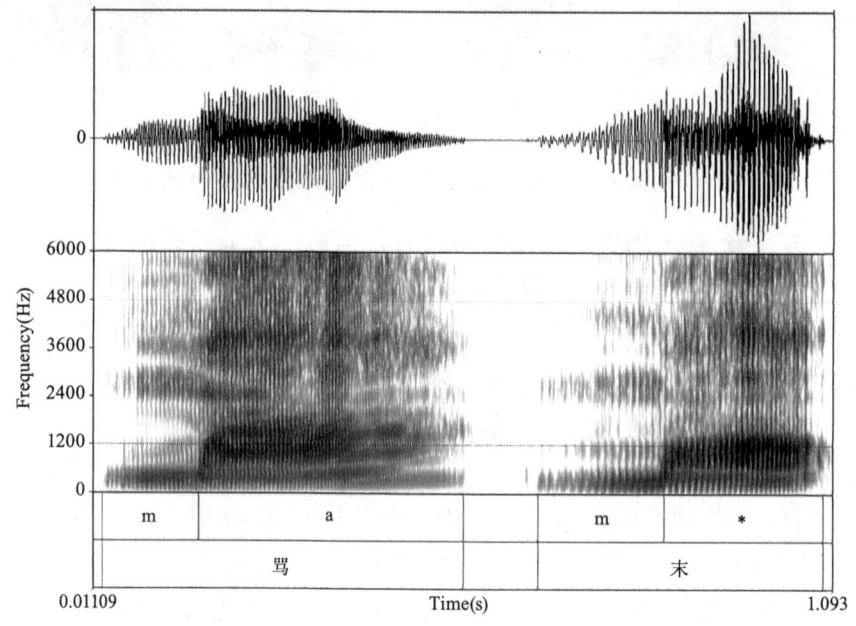

图2-21　淳溪老男方言"骂、末"的声波图和宽带语图

图2-21的宽带语图显示，"骂"和"末"的共振峰有比较明显的差异，测量二者韵母稳定段中点的共振峰数据，可得"骂"的F1为1003 Hz，F2为1523 Hz，"末"的F1为875 Hz，F2为1128 Hz。数据显示，"末"的F1、F2明显小于"骂"，因为F2的大小跟舌位前后是一种正比例关系，即F2越大越靠前，因此"骂"的韵母应处理为前低元音[a]，"末"的韵母则应处理为后低元音[ɑ]，表2-6中高淳西部更多的方言点声学数据也支持这种处理方法。

表2-6　高淳方言[a]、[ɑ]的F1、F2数据（单位：Hz）

		淳溪	固城	阳江	古柏	漆桥	砖墙	东坝
a	F1	875	787	831	988	868	864	874
	F2	1466	1335	1209	1591	1401	1390	1499
ɑ	F1	763	616	667	762	703	705	777
	F2	1119	1052	993	1082	1097	1122	1087

表2-6显示[a]的F1在780 Hz以上，而[ɑ]的F1则在780 Hz以下，各方言点[ɑ]的F1均小于[a]的F1。[a]的F2在1200 Hz以上，而[ɑ]的F2则在1000 Hz左右，各方言点[ɑ]的F2值均小于[a]的F2，说明[ɑ]的舌位比[a]靠后。综合以上声学实验数据，本组韵母或韵母的主元音应处理为[ɑ]。

2.2.3 其他韵母的实验分析

本小节对一些音质相近的韵母或者凭听感难以确定的韵母做实验分析，以揭示其音质特征。

（1）韵母[i]、[ɪ]、[ɿ]的实验分析

高淳方言有[i]、[ɪ]两个前高元音韵母和一个舌尖元音韵母[ɿ]。高淳方言的[i]舌尖带有较强的摩擦色彩，跟舌尖元音[ɿ]比较接近，有的方言点部分[i]韵来源的字已经演变成舌尖元音[ɿ]。高淳方言的[ɪ]是没有明显摩擦色彩的前高元音，它的实际音质跟普通话的[i]接近，只是为了和带强摩擦色彩的元音[i]相区别，音系上处理为[ɪ]。[i]、[ɪ]、[ɿ]的声学表现不同，以阳江镇发音人"使sɿ³²、喜ɕi³²、险ɕɪ³²"三字为例，声波图和宽带语图见图2-22。

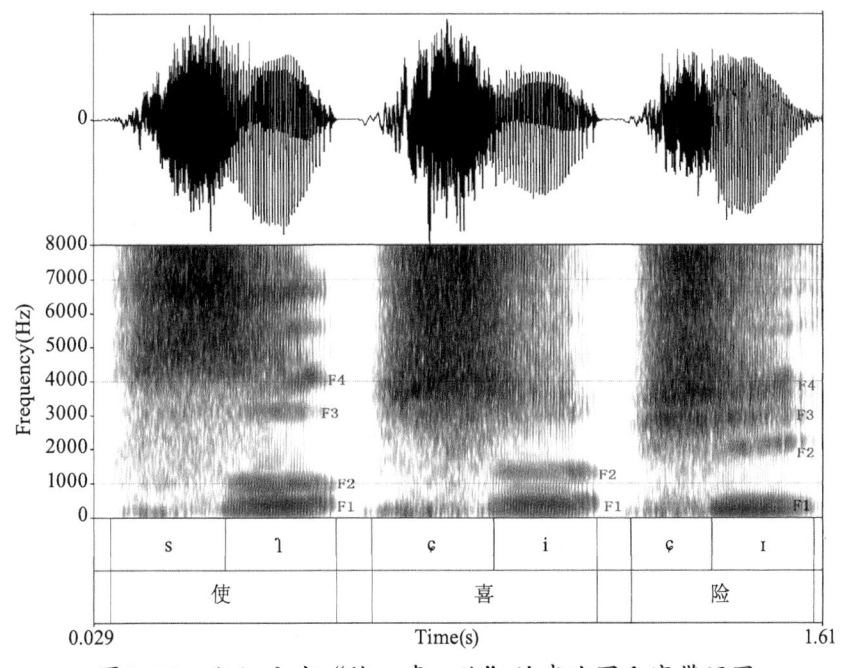

图2-22 阳江方言"使、喜、险"的声波图和宽带语图

图2-22的宽带语图显示"使、喜、险"三字的共振模式存在明显差异，"使"的F1和F2的间距最小，"喜"的F1、F2间距居中，"险"的F1、F2间距最大，语图

上三字的韵母显然是三个不同的元音。宽带语图显示,"险"的F2有轻微的动程,表明它有一定的复合元音倾向,但这个轻微的动程不足以认定为复合元音。高淳方言[ɿ],北部吴语与之对应的韵母记为[iɿ],可见它们之间有一定的渊源关系。除此以外,上述三字的声学差异还表现在:(1)"喜"只能显示两个共振峰,"险、使"能显示四个共振峰,"使"的韵母后半部分甚至能显示出F5和F6;(2)"喜"在3000 Hz以上表现为噪音乱纹,"险"在4000 Hz以上显示有弱的噪音乱纹,"使"只在韵母前段4000 Hz以上有噪音乱纹。高元音的摩擦特性在声波图上表现为毛刺,图2-23是"使、喜、险"三字韵母的局部放大图。

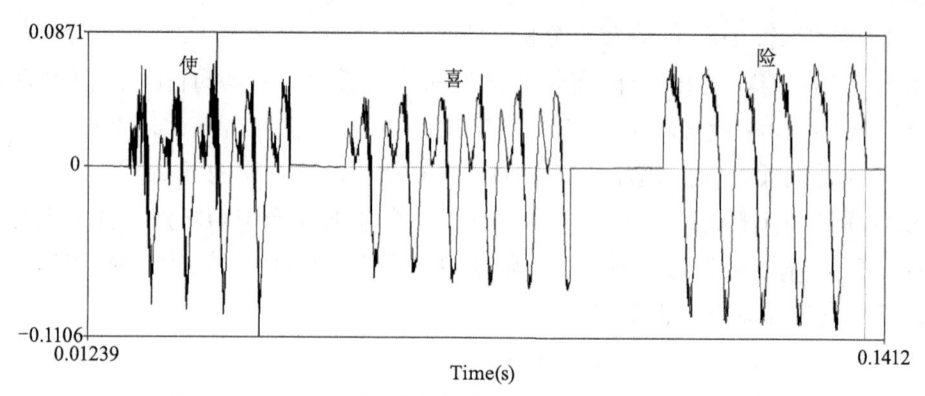

图2-23 阳江方言"使、喜、险"韵母局部放大图

图2-23显示,三字韵母声波图的局部放大部分均不平滑,都有程度不等的毛刺,"使"的韵母前部有很重的毛刺成分,其次为"喜","险"的韵母部分也有一定的毛刺,不过它跟"喜"存在不同,"喜"上部有双峰现象,"使"也有类似倾向,"险"则为单峰。

为进一步考察高淳方言[i]、[ɿ]、[ʅ]三个元音的音质差异,我们测量了它们的前两个共振峰(F1、F2)的数据,每个元音的共振峰数据是根据10个左右的样本数据计算出来的平均值。以[i]为例,先选取10个左右韵母为[i]的语音样本(尽量选取声母、声调不同的字),然后测量每个样本元音稳定段中心点的F1、F2数据,最后根据所有样本的F1、F2数据计算平均值。

高淳方言的[i]带有较强的摩擦色彩,有的已经开始向[ʅ]发展,表2-7是各方言点[i]、[ʅ]的F1、F2相关数据。

表2-7 高淳方言[i]、[ʅ]的F1、F2、F2-F1数据(单位:Hz)

		淳溪	固城	东坝	古柏	漆桥	阳江	砖墙	桠溪	定埠
[ʅ]	F1	341	339	344	296	415	331	404	341	346
[i]	F1	295	294	310	292	325	301	356	292	317
	差值	46	45	34	4	90	30	48	49	29

续表2-7

		淳溪	固城	东坝	古柏	漆桥	阳江	砖墙	桠溪	定埠
[ɿ]	F2	1037	1306	1295	1325	1313	1090	1160	1323	1497
[i]	F2	1825	1481	1669	1759	1791	1695	1593	2006	1694
差值		−788	−175	−374	−324	−478	−605	−323	−573	−197
[ɿ]	F2−F1	696	967	951	1029	898	759	756	1092	1151
[i]	F2−F1	1530	1187	1359	1467	1466	1394	1237	1714	1377
差值		−834	−220	−408	−328	−568	−635	−481	−622	−226

说明：第一行的差值是[ɿ]的"F1"与[i]的"F1"差，第二行的差值是[ɿ]的"F2"与[i]的"F2"差，最后一行的差值是[ɿ]的"F2−F1"与[i]的"F2−F1"差。

表2-7显示，从[ɿ]和[i]的F1差值来看，漆桥差异最大，其次是桠溪、砖墙、淳溪、固城、东坝、阳江、定埠，差异最小的是古柏，只有4Hz，基本上可以忽略不计；从F2和F2−F1的差值来看，淳溪差异最大，其次是阳江、桠溪、漆桥、砖墙、古柏、东坝，差异较小的是固城和定埠。综合这组统计数据来看，桠溪、漆桥的[i]和[ɿ]差异比较明显，其次是阳江、桠溪。虽然古柏的F1差值较小，但F2数据拉开了两个元音之间的差距，致使[i]和[ɿ]的F2−F1数据有比较明显的差异。从三组数据来看，定埠的[i]和[ɿ]差距较小，说明它们的音质有接近的趋势，这印证了我们在听感上有时难以分别[i]、[ɿ]的现象。就固城来说，它的F2和F2−F1数据差距较小，说明固城的[i]和[ɿ]也有接近的趋势，这印证了一部分固城方言中[i]韵字已经读成[ɿ]的现象，不同方言点的声学数据差异反映了高淳方言[i]＞[ɿ]发展的趋势。

高淳方言[i]、[ɿ]的音质比较接近，听感上的主要差异是摩擦程度的轻重，表2-8是各方言点[i]、[ɿ]的F1、F2相关数据。

表2-8 高淳方言[i]、[ɿ]的F1、F2、F2−F1数据（单位：Hz）

		淳溪	固城	东坝	古柏	漆桥	阳江	砖墙	桠溪	定埠
[i]	F1	295	294	310	292	325	301	301	292	317
[ɿ]	F1	262	257	291	236	285	232	270	262	306
差值		33	37	19	56	40	58	31	30	11
[i]	F2	1825	1481	1669	1759	1791	1695	1593	2006	1694
[ɿ]	F2	2084	2021	2180	2350	2180	2140	2300	2042	2407
差值		−259	−540	−511	−591	−389	−445	−707	−36	−713
[i]	F2−F1	1530	1187	1359	1467	1466	1394	1237	1714	1377
[ɿ]	F2−F1	1822	1764	1889	2114	1895	1897	2030	1780	2101
差值		−292	−577	−530	−647	−429	−503	−793	−66	−724

表2-8显示，从[i]和[ɿ]的F1差值来看，阳江、古柏差异最大，其次是漆桥、

固城、淳溪、砖墙、桠溪、东坝，差异最小的是定埠，只有11 Hz，基本上可以忽略；从F2和F2-F1来看，砖墙、定埠、古柏、固城、东坝差异最大，其次是阳江、漆桥，再次是淳溪，差异最小的是桠溪，只有37 Hz。综合统计数据来看，砖墙、古柏、固城、阳江、漆桥的[i]和[ɿ]差异比较明显，其次是淳溪。虽然东坝、定埠的F1差值较小，但F2的差异拉开了两个元音之间的距离，两地[i]和[ɿ]的F2-F1差值分别达到530 Hz和724 Hz。从三组数据来看，桠溪的[i]和[ɿ]差距较小，说明它们的音质有接近的趋势，两者在听感上有时颇难分辨。

表2-7和表2-8的F1、F2相关统计数据说明，淳溪、漆桥、阳江、砖墙、东坝五地的[i]、[ɿ]、[ʅ]有比较明显的差异，听感上较容易分辨，而固城、定埠的[i]和[ʅ]有接近趋势，桠溪的[i]和[ɿ]也有接近趋势，听感上有时难以分辨。此外，古柏的[i]和[ʅ]也有一定的靠近趋势，两者的F1几乎没有差异，有一部分[i]韵来源的字已经变成[ʅ]韵母。

（2）韵母[ʮ]、[y]、[ɤ]的实验分析

高淳方言[ʮ]、[y]、[ɤ]几个单元音韵母比较接近，这几个韵母在各方言中的分布情况不同：淳溪方言有[y]、[ɤ]，有的发音人有少数字读[ʮ]，属于进行中的变化；固城、东坝、阳江、漆桥、定埠有[ʮ]、[ɤ]两韵，遇摄鱼虞韵字和模韵精组字（"做、错"除外，下同）都读[ʮ]（阳江、漆桥的模韵端组字大多也读[ʮ]，如"兔tsʰʮ³⁵"），砖墙多数地区有[ʮ]、[y]、[ɤ]三韵（木樨村的发音人读[ʮ]）。桠溪镇只有[y]韵，包括遇摄鱼虞韵字和模韵精组字，桠溪方言没有[ɤ]韵，其他方言点读[ɤ]的流摄尤韵字桠溪方言基本上都读[iu]（老派个别字有读[y]的倾向，但还不稳定，属于进行中的变化），以桠溪老派方言"周tɕiu⁴⁵"为例，声波图和宽带语图见图2-24。

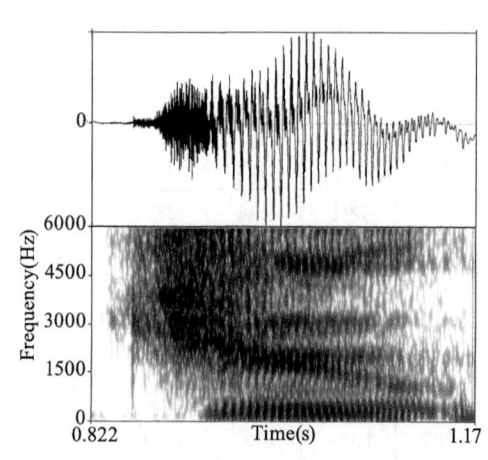

图2-24 桠溪老男发音人"周"的声波图和宽带语图

图2-24显示，"周"的F2在后半程呈现比较明显的下降趋势，可见它是一个复合元音。"周"前段F1在230 Hz左右，F2在1860 Hz左右，跟[i]表现一致，后段F1

在320 Hz左右，F2在1060 Hz左右，跟[u]的表现接近。

[ɿ]、[y]、[ʮ]声学表现有别，以砖墙(大涵村)发音人的"粗tsʰɿ⁵⁵、驱tɕʰy⁵⁵、秋tɕʰʮ⁵⁵"为例，声波图和宽带语图见图2-25。

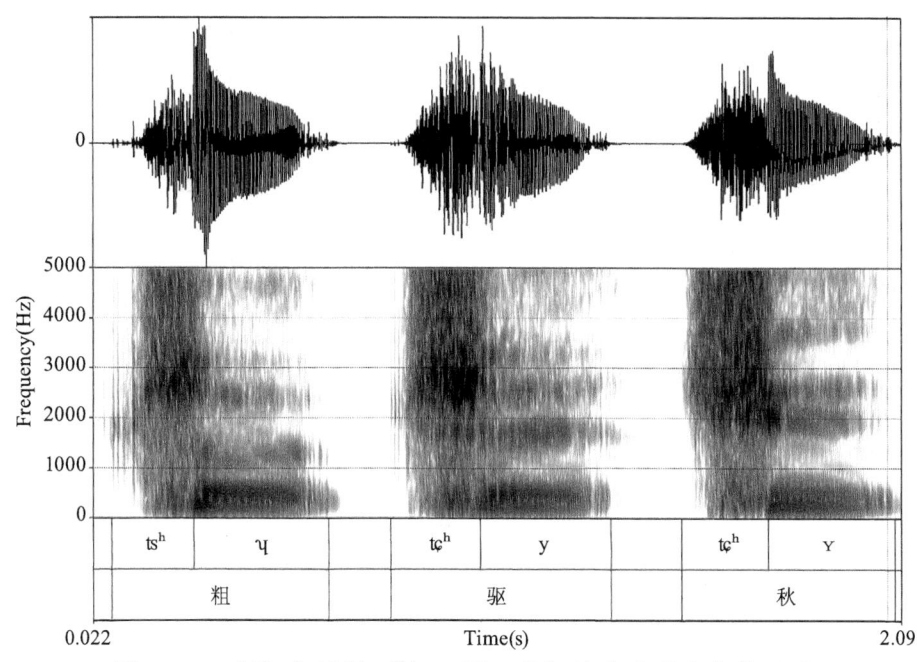

图2-25　砖墙(大涵村)"粗、驱、秋"的声波图和宽带语图

图2-25的宽带语图显示，"粗、驱、秋"三字的F2差异明显，"粗"的F2最低，"驱"的F2居中，"秋"的F2最高。上述三字的F1、F2测量数据见表2-9。

表2-9　砖墙(大涵村)"粗、驱、秋"的F1、F2数据（单位：Hz）

	粗	驱	秋
F1	397	345	349
F2	1073	1702	1924

表2-9显示，"驱"和"秋"的F1数据非常接近，但F2有比较明显的差距，"秋"的F2比"驱"的F2大222 Hz，听感上[y]和[ʮ]的主要差别是前者带有较强摩擦色彩，这种摩擦使得F2的数据有所降低。"粗"和"驱"、"秋"的差别表现在F1、F2两个方面，前者的F1略高于后二者，F2则比后二者低得多，"粗"的F1、F2数据显示出高顶出位元音的特征。

表2-10是更多的方言点[ɿ]/[ʅ]、[y]、[ʮ]的F1和F2数据（数据的获取方法同表2-7），其中砖墙的数据为木樨村发音人数据，别的方言点读[ɿ]的韵母，该村发音人读[ʅ]韵母。表中[ɿ/ʅ]组韵母除砖墙为[ʅ]外，其余均为[ɿ]。

表2-10　高淳方言[ʮ]/[ɿ]、[y]、[ʏ]的F1、F2数据（单位：Hz）

		淳溪	固城	东坝	古柏	漆桥	阳江	砖墙	桠溪	定埠
ɿ/ʮ	F1		313	358	313	358	321	421		354
	F2		1197	1305	1226	1470	1152	1112		1412
	F2-F1		884	947	913	1112	831	691		1058
y	F1	245						338	324	
	F2	1609						1625	1824	
	F2-F1	1364						1287	1500	
ʏ	F1	258	259	271	260	295	254	242		288
	F2	1929	1907	1876	1921	2024	1853	1909		1631
	F2-F1	1671	1648	1605	1661	1729	1599	1710		1332

表2-10显示，砖墙方言[ʮ]、[y]、[ʏ]三韵的F1、F2数值有明显差异，F1数据的大小顺序为[ʮ]>[y]>[ʏ]，其中[ʏ]比[y]小96 Hz，[y]比[ʮ]小83 Hz；F2数据的大小顺序为[ʏ]>[y]>[ʮ]，其中[ʮ]比[y]小513 Hz，[y]比[ʏ]小341 Hz，跟F1相比，[ʏ]和[ʮ]的位置正好发生了调换。数据表明砖墙方言[ʮ]、[y]、[ʏ]是三个具有明显区别的不同音位。除砖墙外，固城、东坝、漆桥、定埠[ɿ]和[ʏ]的F1、F2也存在明显差异，从具体数据来看，[ɿ]的F1普遍大于[ʏ]的F1，且差值在50 Hz以上，鉴于F1的基数较小，这种差异足以视为不同的音位了。除定埠外，各方言F2的差值和F2-F1的差值均在500 Hz以上。定埠[ɿ]和[ʏ]的F2差值相对最小，只有219 Hz，这主要是因为定埠[ʏ]的F2数值较低，舌位相对靠后。淳溪方言的[y]和[ʏ]的F1、F2也存在明显差异，属于两个不同的音位。此外，砖墙方言[ʮ]的F1明显高于其他方言点[ɿ]的F1，F2则小于其他方言点，这跟[ʮ]的圆唇色彩有关。桠溪方言只有[y]韵，发音时双唇间缝隙较小，与[ɕ]相拼时往往产生类似吹口哨的声音，以"苏ɕy⁴⁵"为例，其声波图、宽带语图见图2-26。

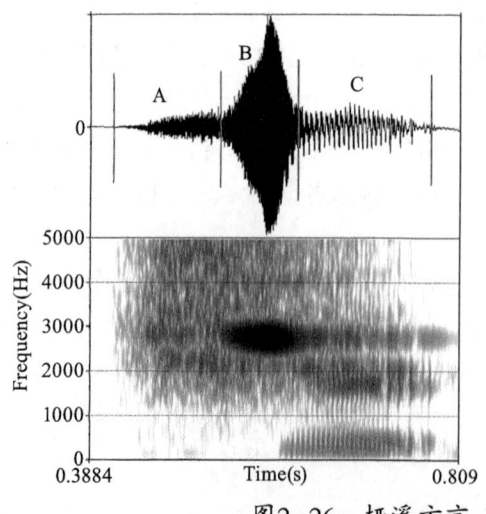

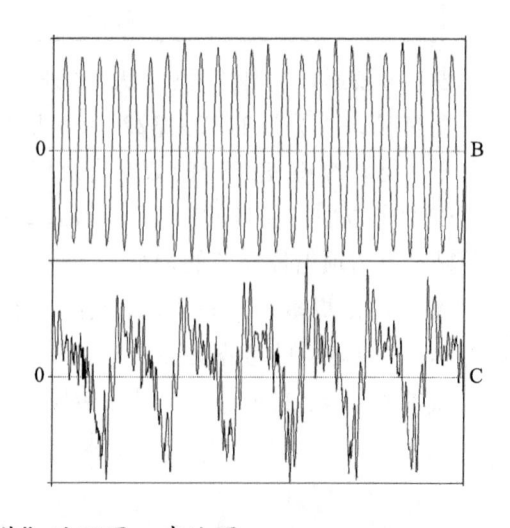

图2-26　桠溪方言"苏"的语图、声波图

图2-26左上角"苏"的声波图和宽带语图可分为A、B、C三个部分，A部分是声母[ɕ]，B部分是类似口哨声，C部分则是正常韵母[y]。B部分的宽带语图中间有一道黑的粗杠，但语图没有共振峰信息，右图上部是其声波的局部放大，该部分显示为有规律的单纯波的波形。C部分的宽带语图显示有三个共振峰，高频部分有乱纹，右图下部是其声波的局部放大，显示为有规律的复合波的波形，波形图上有明显的毛刺成分，属于摩擦成分的声学表现。

（3）韵母[u]、[ʊ]的实验分析

[u]、[ʊ]是高淳方言中的两个单元音韵母，[u]韵主要来自遇摄模韵和鱼虞韵部分字，[ʊ]韵主要来自果摄字、山摄合口一等字、遇摄和流摄明母字。[ʊ]韵前人记为[o]，我们认为它的舌位实际上接近[u]，记作[ʊ]。在高淳方言中，[ʊ]和[u]是一组对立音位，如"果kʊ³≠古ku³"、"课kʰʊ⁵≠库kʰu⁵"。图2-27是淳溪镇老男发音人"果、古"的声波图和宽带语图。

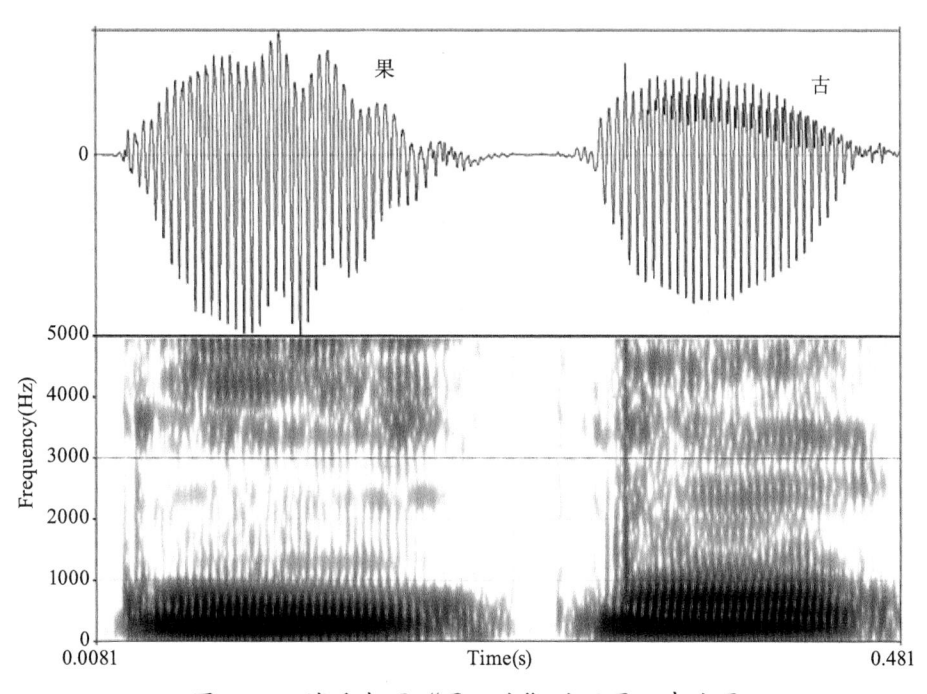

图2-27 淳溪老男"果、古"的语图、声波图

由于[u]、[ʊ]都是后高元音，它们的F1、F2均处于低位，宽带语图上非常接近。观察图2-27"果"、"古"的宽带语图，很难发现它们的F1存在差异，但语图上"古"的F2略高于"果"。测量得"古"的F1、F2值分别为309 Hz和655 Hz，"果"的F1、F2值分别为258 Hz和522 Hz，"果"的F1、F2均小于"古"。表2-11是高淳各方言点[u]、[ʊ]的F1、F2均值数据（数据获取方法同表2-7）。

表2-11 高淳方言[u]、[ʊ]的F1、F2数据（单位：Hz）

		淳溪	固城	东坝	古柏	漆桥	阳江	砖墙	桠溪	定埠
[u]	F1	323	299	402	303	394	332	407	405	358
[ʊ]	F1	277	293	350	307	399	314	358	364	334
	差值	46	6	52	-4	-5	18	49	41	24
[u]	F2	744	882	876	828	864	756	830	826	783
[ʊ]	F2	582	713	642	645	706	660	725	692	728
	差值	162	169	234	183	158	96	105	134	55
[u]	F2-F1	421	583	474	525	470	424	423	421	425
[ʊ]	F2-F1	305	420	292	338	307	346	367	328	394
	差值	116	163	182	187	163	78	56	93	31

表2-11显示，所有方言点[u]的F2均大于[ʊ]，除古柏、漆桥外，各地[u]的F1均大于[ʊ]。F1跟舌位高低呈反比例相关，单从数据上来看，[ʊ]的舌位比[u]还高或者相当。F2跟舌位前后呈正比例相关，从数据上看，[ʊ]的舌位比[u]靠前。据Peter Ladefoged和Keith Johnson（2015）的研究，美式英语[u]的F1、F2数值分别为310 Hz、870 Hz，[ʊ]的F1、F2数值分别450 Hz、1030 Hz，[u]的F1、F2均小于[ʊ]，符合标准元音高低前后的舌位特征。高淳方言[u]和[ʊ]共振峰数据为何跟标准元音的位置顺序相反，这很可能跟该方言[u]的发音特征有关，高淳方言的[u]发音时唇形不圆，而且气流通道非常窄，经常导致它跟[ts]组声母相拼时产生唇颤现象（见本书2.1.6的分析），这种发音特征显然会对共振峰数据产生重要影响，导致F1、F2偏离标准位置。后高元音的F1、F2间距非常小，语图上经常重合在一起，根据表2-11，高淳方言[ʊ]的F1、F2间距小于[u]，实际上该方言的[ʊ]更接近标准元音[u]，而该方言的[u]由于展唇特征和通道过窄，反而偏离标准元音的位置，这种发音特点很容易导致[u]变成摩擦色彩更重的[ʮ]。

（4）声化韵[l̩]的实验分析

高淳方言中的声化韵（辅音自成音节的韵母）数量较多，不仅有三个为鼻音声化韵[m̩]、[n̩]、[ŋ̍]，还有一个边音声化韵[l̩]。鼻音声化韵在汉语方言中比较常见，但边音声化韵却很少见。高淳方言的[l̩]来自蟹摄开口来母祭齐韵字和止摄开口三等来母、日母字，虽然高淳各方言点的上述来源的字都读成声化韵，但听感上音质并不完全一致。有的发音人带有一定的动程，边音前还有个弱的滑音[ə]，如淳溪、古柏、桠溪、定埠；有的发音人是比较单纯的边音声化韵，大部略带卷舌色彩，如阳江、漆桥、古柏、东坝、砖墙，个别方言点发音时舌头比较平直，如固城。以固城、阳江、桠溪方言的"里"字为例，声波图和宽带语图见图2-28。

图2-28中的宽带语图显示，固城、阳江"里"的F1、F2比较平坦，显示为单纯的边音[l̩]，但两者的F3差距明显，阳江"里"的F3明显低于固城，且不够稳定。

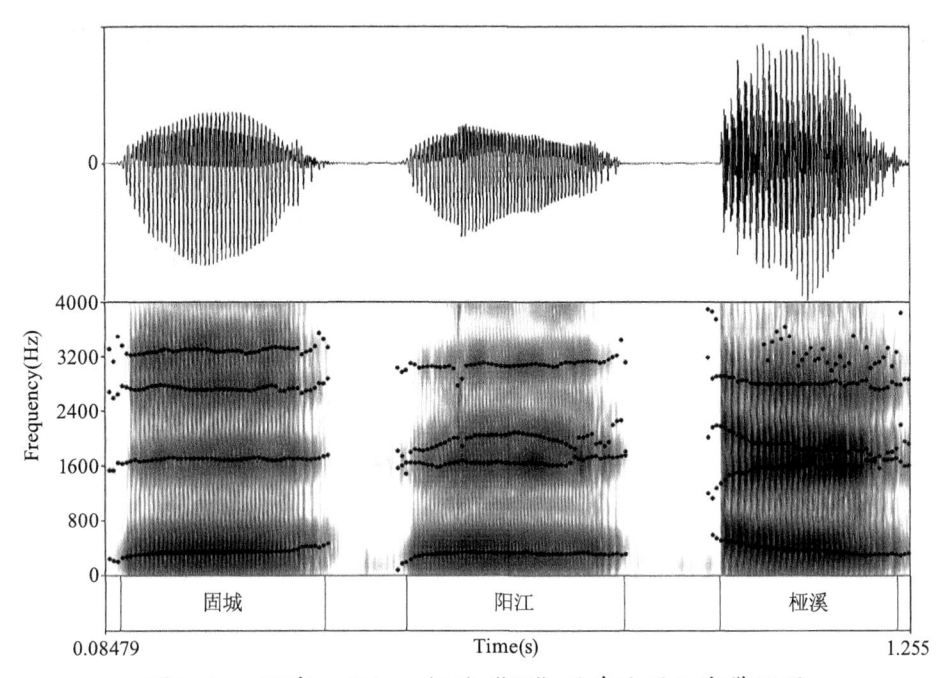

图2-28 固城、阳江、桠溪"里"的声波图和宽带语图

桠溪"里"跟固城、阳江均不同，它的F1、F2前部有比较明显的动程。王理嘉、贺宁基（1985）援引Kopp和Green（1947）的研究指出，卷舌元音最重要的声谱特点是F3大幅度下降，贴近F2。F2、F3贴得越近，听感上的卷舌色彩也就越重。鲍怀翘、林茂灿（2014）进一步指出，舌尖上翘使F3降低，上翘所形成的收紧点越窄则F3降得越低，F3与F2也就越接近。从宽带语图上看，阳江、桠溪"里"的F3跟F2贴得很近，而固城"里"的F3和F2距离很远，这说明固城是比较单纯的边音声化韵，阳江、桠溪则带有比较明显的卷舌色彩。综合以上声学分析，固城"里"的实际音质为[l]，阳江"里"的实际音质为[ɭ]，桠溪"里"的实际音质为[ɻl]。

2.2.4 单元音的声学空间分布

元音的声学空间分布可用声学元音图来表示，这种图将一个语言的元音系统放置在一个由F1、F2作为坐标的二维空间里。声学元音图是一种非常有用的工具，能够比较清晰地展示各方言点的元音在声学空间上的分布关系，通过相对位置关系的比较，不仅能够为音位确定提供参考，还能说明一些正在进行中的语音演变现象。有时，我们还可以根据元音在声学空间上的分布特点来推测一个音素的重要特征，如圆唇、摩擦、高化等。

为考察高淳方言的元音空间分布，我们将各方言点的单元音韵母制成声学元音图，用F1作为纵坐标，用F2作为横坐标，均为线性标度。表2-12是高淳各方言点单元音韵母的F1、F2数据（每个元音的共振峰数据取10个左右语音样本的平均值，各方言点的选字基本相同）。

表2-12　高淳各方言单元音的F1、F2数据

		淳溪	固城	东坝	古柏	漆桥	阳江	砖墙	桠溪	定埠
ɿ	F1	341	339	344	296	415	331	404	341	346
ɿ	F2	1037	1306	1295	1325	1313	1090	1160	1323	1497
ʮ/ʯ	F1		313	358	313	358	321	421		354
ʮ/ʯ	F2		1197	1305	1226	1470	1152	1112		1412
i	F1	295	294	310	292	325	301	328	292	317
i	F2	1825	1481	1669	1759	1791	1695	1662	2006	1694
ɪ	F1	262	257	291	236	285	232	270	262	306
ɪ	F2	2084	2021	2180	2350	2180	2140	2300	2042	2407
y	F1	245						338	324	
y	F2	1609						1625	1824	
ɤ	F1	258	259	271	260	295	254	242		288
ɤ	F2	1929	1907	1876	1921	2024	1853	1909		1631
ɛ	F1	620	549	480	683	530	512	614	491	540
ɛ	F2	1799	1677	1908	2059	1904	1763	1588	1867	1835
ə	F1	650	536	581	529	618	500	505	599	563
ə	F2	1101	1150	1036	1161	1119	1104	1349	1110	1334
a	F1	875	787	874	988	868	831	864	816	803
a	F2	1466	1335	1499	1591	1401	1209	1390	1242	1306
ɑ	F1	763	616	777	762	703	667	705		
ɑ	F2	1119	1052	1087	1082	1097	993	1122		
u	F1	323	299	402	303	394	332	407	405	358
u	F2	744	882	876	828	864	756	830	826	783
ʊ	F1	277	293	350	307	399	314	358	364	334
ʊ	F2	582	713	642	645	706	660	725	692	728
ɔ	F1	458	509	460	519	525	424	549	475	486
ɔ	F2	703	889	733	823	833	731	884	718	854

依据表2-12中各方言点元音共振峰数据所作的声学元音图见图2-29。

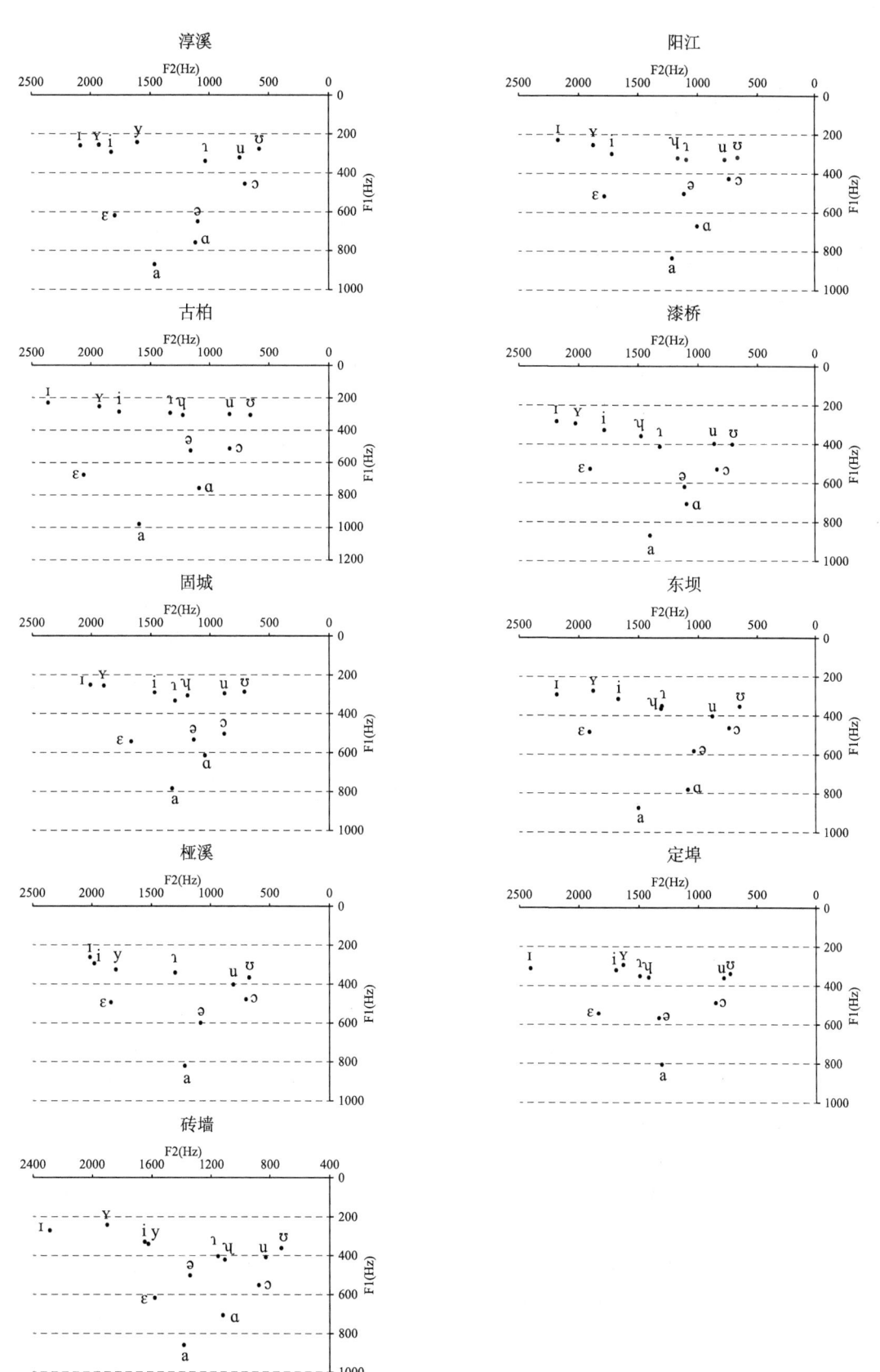

图2-29 高淳各方言点声学元音图

从总体上来看，各方言点的声学元音图都呈现倒三角形分布。从各个音素的具体分布位置来看，有如下特点：

（1）就多数方言点而言，[ɪ]、[ʏ]普遍位于前高的位置。在有[i]、[ɪ]对立的方言中，[ɪ]的位置普遍比[i]靠前；在有[y]、[ʏ]对立的方言中，[ʏ]的位置普遍比[y]靠前。这种现象说明高淳方言的[ɪ]、[ʏ]实际上跟普通话[i]、[y]的地位相当。此外，高淳方言的[i]、[y]带有摩擦色彩，有的方言点已经发生出位音变，分别演变成[ɿ]、[ʮ/ʯ]。从[i]的空间分布来看，它在各方言中位置不尽一致，与舌尖元音[ɿ]的距离远近不等，从大到小的顺序大体上是：淳溪＞阳江＞桠溪＞漆桥＞古柏/砖墙＞东坝＞定埠＞固城，[i]和[ɿ]在声学元音图上的接近程度反映了前者向后者演变的过程，与[ɿ]的距离越近，说明越接近[ɿ]，如定埠、固城的[i]、[ɿ]位置非常接近，[i]韵字已经舌尖化或者接近舌尖化了。[ʏ]跟[ɪ]相对，在多数方言点中处于前高圆唇元音的位置，但定埠方言比较特殊，该方言的[ʏ]跟[i]的位置相对较近，但跟[ɪ]的距离较远。根据听感，定埠方言的[ʏ]很不稳定，跟淳溪方言带摩擦的[y]相当，有的进一步发展成舌尖化的[ʮ]，可见，定埠方言的[ʏ]有向[ʮ]演变的趋势。

（2）通常情况下，舌尖元音[ɿ]的在声学元音图上的位置要比[ʮ/ʯ]靠前一些，因为圆唇动作会降低F2，如古柏、固城、定埠。但[ɿ]和[ʮ/ʯ]的相对位置还可能受到其他因素的影响，如摩擦强度、卷舌程度等，图2-29中阳江、漆桥、东坝等即是如此。

（3）[ʊ]韵在各方言中一般处于后高的位置，固城、古柏、漆桥、阳江四地[u]、[ʊ]大体处于同一水平线，但[ʊ]的F2要低一些。实际上，高淳方言[u]的圆唇度很弱，发音时气流通道很窄，具有较强的摩擦性，而高淳的[ʊ]则是一个圆唇元音，它的音质实际上跟普通话的[u]相当，高淳[u]、[ʊ]的上述发音特点，表现在声学元音图上就是[u]比[ʊ]的位置靠前。

（4）各方言点[ɔ]的位置普遍偏高，说明这个元音实际上非常接近[o]的发音，如果记作[o]也是没有问题的。

（5）图2-29中的[ɑ]来源于入声字，在淳溪、阳江、古柏、漆桥、固城、东坝方言中的共振峰数据取自阳入字，这些方言的阳入字已失去喉塞尾，变成舒声韵。砖墙方言的阳入还带有短促特征，因此它的[ɑ]实际上是带[ʔ]的，但这个喉塞特征对[ɑ]的稳定段的共振峰没有明显的影响，因此也可以看成跟其他方言点的[ɑ]对等的音素。从声学空间分布图来看，高淳各方言点的[ɑ]在位置上并非与[a]完全对等，它的实际位置偏高，接近[ɔ]，听感上有时难以判定是[ɑ]还是[ɔ]。高淳方言中读[ɑ]韵的入声字在太湖吴语毗陵小片的常州方言中读[ɔʔ]，苏州方言读成[oʔ]，可见，它们之间是有一定的渊源关系的。

（6）[ə]的来源情况跟[ɑ]相同，也源于入声。从声学元音图来看，高淳方言的[ə]是一个不太稳定的元音，砖墙、桠溪、定埠方言位置偏央，其他方言点位置偏后。

（7）[ɛ]和[a]的位置相对比较稳定，特别是[a]，在各方言点中都是一个比较标准的低元音。[ɛ]在东坝、漆桥、桠溪方言中的位置略高，实际上位于[e]和[ɛ]之间，接近[E]。

2.3 声调的实验分析

2.3.1 理论和方法

调类、调值的描写主要有两种方法：一是传统的口说耳辨法，这种方法快速便捷，但需要较高的听辨能力，而且听辨结果往往因人而异；二是现代语音声学实验法，这种方法客观、精细，但需要处理数据，而且若不采取一定的策略，归纳出来的调类、调值有时不太符合人耳的听感或者不能反映声调的实际情况。早期学界已开始采用实验手段确定声调系统（如刘复1924），当时尚未涉及基频数据的归一化处理。廖荣蓉（1983）在苏州话声调实验中率先将基频数据换算成百分比值，再确定五度值。石锋（1986）又进一步提出了声调归一的T值法。沈炯（1985）在北京话声调和语调研究中，采用D值法处理实验数据。朱晓农（2005）讨论了六种基频归一化方法，最后确定使用LZ法处理声调实验数据。刘俐李等（2007）在15个方言点的声调实验的基础上详细讨论了基频归一和调系规整的方法，认为T值法更具优势，并提出调系规整的"界域"、"斜差"策略，这是对声调实验数据处理和调型、调值归纳的有益探索，为声调实验描写的科学性和可操作性打下了基础。我们近年来在方言声调语音实验中发现"界域"、"斜差"策略仍然不能完全满足调系规整的需要，尤其在根据实验数据确定调值时，仍会面临一些棘手的问题，下文将在前贤研究的基础上进一步讨论基于声调实验数据的调系归纳的方法和原则。

（一）声调承载段

我们对声调承载段的确定主要依据林茂灿（1995、1996）的研究结果，即"声调的承载段是音节的主要元音及其过渡段"[1]。原则确定之后，在语音标注实践中，声调承载段的切分是重点，也是难点，因为承载段的边界有时难以确定，特别是"过渡段"切到哪里，常常因人而异，我们确定的标注原则如下：(1) 单元音韵母没有过渡段的问题，但存在弯头降尾，通常认为弯头约占5%，降尾约占10%；(2) 复元音韵母和带鼻音尾的韵母存在韵头或韵尾的过渡段的问题，处理这类问题时一般将韵头、

---

[1] 林茂灿, 北京话声调分布区的知觉研究. 声学学报, 1995（6）: 438-445; 林茂灿, 普通话两音节间F0过渡及其感知. 中国社会科学. 1996（4）: 159-174。

韵尾切去1/4左右，保留3/4，这种做法的主要目的是使声调时长的统计更加客观。

（二）声调实验样本的选取

对于声调实验来说，理想的实验样本是韵母为单元音的音节（不包括零声母音节），理由有二：一是因为单元音韵母比较稳定，二是因为可以尽量避免关于声调承载段的争议。本书选择的声调实验样本80%以上都是单元音韵母的音节，少量是二合元音韵母的音节，基本没有带鼻音尾韵母的音节。每个声调选择15至18个表现形式比较一致的语音样本，以避免产生较大的误差。

（三）基频数据处理

每个语音样本按等距提取20个采样点的基频数据，调型、调值归纳时去掉一个起点（5%），两个尾点（10%），以剩余的17个采样点的数据绘制声调格局图。为实现实验数据和传统的五度的对接，本书采用T值法进行归一化处理，公式为：

$$T = 5\frac{(lgx-lgb)}{lga-lgb}$$

x、a、b分别为测点值、最大值、最小值。

（四）调长处理

调长是指声调的时长，它是声调的重要特征之一，有时两个声调在调型上没有本质区别，但调长有明显差异，理应归为两个不同的调类，如汉语方言促声调和舒声调的差异通常就表现为调长不同。调长可分为绝对调长和相对调长，绝对调长是指一个声调时长的确切数值，单位为毫秒。相对调长实质是绝对调长的归一化处理，有利于消除一些个体差异，其计算公式为：

$$ND_i = \frac{D_i}{m_D} = \frac{D_i}{\frac{1}{n}\sum_{i=1}^{n}D_i}$$

其中D_i是绝对时长值，m_D是所有调类时长的均值。把绝对时长值除以所有调类时长的均值即为相对时长值ND_i。

（五）调系规则策略

1. "界域"、"斜差"策略

"界域"、"斜差"是刘俐李等（2007）提出的依据T值数据归纳调值的方法，该方法使得同一调系规整后的单字调相同率得到明显提高（达61%）。T值法首先将原始基频数据转换为对数值，然后再将对数值转换为五度值。对数值转换为五度值时，人为设定了五度区间：1（0—1）、2（1—2）、3（2—3）、4（3—4）、5（4—5）。刘俐李等（2007）认为1—5度每个边界的分界不是刚性的"界限"，而是柔性的"界域"。"界限"是固定的，小于1的就在1度之下，即便是0.99；"界域"则具有一定的灵活性，允许数据在0.1的范围内浮动。"界域"策略使我们在确定五度分界线附近的调值时具有了一定的灵活性，但后来的声调实验证明，0.1的浮动率仍然不能完全解决问题，有时需要将浮动范围适当扩大至0.2或0.3。如本书高淳区淳溪镇的方言有7个声调：阴平、阳平、阴上、阴去、阳去、阴入、阳入。其中阳平的17个采样点的五度值实验数据见表2-13[1]。

表2-13　高淳淳溪镇方言阳平调五度值实验数据

采样点	P1	P2	P3	P4	P5	P6	P7	P8	P9
五度值	0.8	0.9	0.9	0.9	1.0	1.0	1.1	1.1	1.1
采样点	P10	P11	P12	P13	P14	P15	P16	P17	
五度值	1.1	1.1	1.1	1.1	1.1	1.1	1.0	1.0	

说明："p1"（point1）表示第1采样点，"p2"表示第2采样点，余此类推，后文同。

表2-13显示，阳平最低点的五度值为0.8，最高点的五度值为1.1，斜差只有0.3，按"斜差"策略，显然是个平调（差值在0.5以下），也就是说此时"界域"需要扩展到0.2。那么这个平调的调值该如何确定，若按"界域"策略，阳平起点五度值为0.8，在2度线下，与2度线差0.2，起点应定为1；高点五度值1.1，在2度线上，与2度线差值只有0.1，按"界域"原则，终点也应定为1。综合起点、终点五度值，调值定为11。那么调值定为11是否合适呢？我们认为不够精确，因为在1度之下的T值点只有4个（P1—P4），而在1度之上的点有9个（P7—P15），综合来看，调值应定为22，因为多数五度值的点在2度线以上。我们将这种处理声调调值的方式称为"样点优势"策略，即在处理跨区平拱的调值时，落在哪个音区的五度值点数目占优势，调值就定在哪个音区。

"斜差"策略主要用来处理声调曲拱。"斜差（k）"计算一个声调高点和低点的五度值之差，当声调曲线为凸凹角拱时，以凸点、凹点和拐点为界分割计算。通过计算平拱和凹凸拱五度值斜差，得出|0.5|为平拱和凹凸拱的临界值。斜差的数值来源于经过处理的五度值，而五度值源于对数值，对数值又来源于基频值。基频值转换为对数值本来是为了降低人际差异，而对数值最终转换为五度值则是为了方便归纳调值。但这种转化有时会淹没原始基频数据之间的实际差异，因为每个人的调域是不同的，而转化五度值采用的却是统一标准，也就是说五度值可能会人为地拉大一些数据之间的差异，这样我们计算出来的斜差实际上是不等值的，比如有两个人的阳平调都是降调，基频高点都是160 Hz，低点都是100 Hz，高低点的基频差是一样的，但如果两个人的调域不同，那么根据五度值计算出来的斜差就会不同。也就是说完全根据斜差确定调型、调值具有一定的局限性，忽视了原始基频数据的实际差异，而这种原始基频数值的差异是人耳最敏感的对应物。

---

[1]　原始采样点为20个，去除调头（约占5%）、调尾（约占10%），保留17个采样点的数据，后文同。

2. "基频差值"策略

"斜差"策略为我们确定一个声调是凹拱、凸拱还是角拱提供了参考的临界值,但是这个临界值只是一个参考值,而且受制于原始基频数据。"斜差"策略还规定声调曲线在相邻音区的五度边界,斜差在|0.5|以内定为平拱(刘俐李等2007),但0.5的斜差能否作为平拱和升拱、降拱的临界值,还缺乏科学的论证。我们知道,如果一个声调曲线在同一个音区内,且比较平稳时(斜差<0.5),通常处理为平拱,但斜差≥0.5时如何处理,"斜差"策略尚未做出明确规定。以高淳区淳溪镇的阴上为例,其17个采样点的实验五度值见表2-14。

表2-14 高淳淳溪镇方言阴上调五度值实验数据

采样点	P1	P2	P3	P4	P5	P6	P7	P8	P9
五度值	2.4	2.4	2.3	2.3	2.3	2.2	2.2	2.2	2.2
采样点	P10	P11	P12	P13	P14	P15	P16	P17	
五度值	2.2	2.2	2.1	2.1	2.0	2.0	2.0	1.9	

表2-14显示,阴上最高点五度值2.4,位于起点,且在3度音区内,最低点五度值为1.9,位于尾点,与2度线差0.1。阴上跨越2个音区,且高低点的斜差正好为临界值0.5,那么是定为平调呢,还是定为降调呢?按照"斜差"策略,定为平调或降调似乎都可以。另据刘俐李等(2007),江淮方言有7个"平调"的斜差超过0.5,见表2-15。

表2-15 江淮方言部分方言点"平调"的五度值斜差

方言点	性别	调类	五度值斜差	拟定调值
南京	男	上声	0.61	11
南京	男	去声	0.51	44
孝感	男	阳去	0.62	44
淮阴	男	去声	0.77	55
扬州	男	去声	0.64	55
扬州	女	去声	0.81	55
南通	女	上声	0.59	55

说明:本表根据刘俐李等(2007)整理,原表见该书23页表1.3-7。

表2-15中声调都在同一个音区之内,斜差均超过0.5,各方言声调的具体斜差数据有所不同,这些声调是否都是真正的平调尚需作进一步的证实。平调和升、降调的界限如何,是否直接跟斜差相关,还是有其他因素的制约,这依赖于听感实验。为考察斜差、调域和调型的关系,我们做了一个初步的听辨实验,实验选择8组已经计算出相关数据的听辨材料,每组材料为同一调类的实读语音刺激样本,含有20—36个同一调型的语音刺激。选择五位听辨人对听辨材料做出声调调型的判断,听辨人均是方言专业的研究者,具备较好的听辨能力。听辨人事先不知道声调

的类型，也不借助语图等实验手段，完全依据听感确定调型，实验结果见表2-16。

表2-16 八组样本声调调型听辨实验结果表

	S1	S2	S3	S4	S5	综合	斜差	基频差	调域
组1	升	升	升	升	升	升	0.81	31	141
组2	平	平	平	平	平	平	0.77	15	79
组3	平	降	平	降	平	平	0.74	24	127
组4	升	升	升	升	升	升	0.68	20	123
组5	升	升	升	升	升	升	0.62	20	130
组6	平	平	平	平	升		0.61	10	122
组7	平	平	平	平	平	平	0.51	12	122
组8	平	平	平	降	平	平	0.50	10	130

说明：（1）组1—8的8组实验材料，来自江淮官话和吴语；（2）S1—S5代表五位听辨人；（3）斜差是指样本五度值的高低点差值；（4）基频差是指样本基频数据的高低点差值，单位Hz；（5）调域是指发音人所有声调语音样本（包括所有调类）基频最低值到最高值的差值（基频上限与下限的差值），即基频跨度，单位Hz；（6）"综合"是指根据五位受试者给出结果进行的综合判断，即哪一种调型占优势，S5未对组6的调型做出判断，认为调型难以确定。

听辨结果表明，对同一组语音材料，听辨人之间确实存在差异，如"组3"，有3平2降。但听辨人对8组声调的听辨结果总体趋势还是比较一致的。听辨实验表明：在同一音区之内，斜差与调型之间并不存在绝对的对应关系，有的斜差大反而判定为平调（如组2），有的斜差小反而判定为升调（如组5）。但斜差在调型判定上仍具有一定作用，我们可以依据斜差对调型做出大体的判断：0.8以上为升调或降调的可能性大，0.6以下为平调的可能性大，但处于0.6—0.8之间的无法依据斜差做出具体判断。为什么斜差与调型之间没有绝对的对应关系呢？这是因为斜差计算依据的是经过转化的五度值数据，而五度值转换是一种强制转换，这种转换忽略了原始基频数据之间的差异，例如组2的斜差为0.77，它的高低点的基频差为15 Hz，组3的斜差为0.74，但它的高低基频差却为24 Hz，按理说高低点基频差值大的斜差就大，但事实相反，基频差值为24 Hz的斜差反而小于基频差值为15 Hz的斜差。造成这种结果的一个主要原因是个人调域有别，同等条件下，调域宽，计算出来的斜差相对就小，调域窄，计算出来的斜差相对就大，如组2的调域为79 Hz，组3的调域却有127 Hz，这种调域差造成了组2、组3调型与斜差的背离。

事实表明，依据五度值计算出来的斜差有时呈现给我们一种假象，要做出更精细的判断，必须依靠其他声学参数。表2-16的实验结果表明，高低点的基频差与调型之间存在相关关系，大体上是高低点基频相差20 Hz以上被感知为斜调（本书指升调和降调，下同），20 Hz以下被感知为平调。凌锋、李葆怡（2009）对粤语22调和21调的感知实验研究表明两者的感知界限大概在起点基频为102 Hz、尾点基频为83 Hz时，此时首尾基频差值为19 Hz，这与我们的听感实验结果基本一致。结合凌锋、李葆怡的听感实验，我们认为20 Hz上下大体是平调和斜调的感知界限，当然，更精确的基频数值依赖于更加详细的感知实验，我们将在后续的研究中进一步讨论。表2-16中组3的情况比较特殊，高低点基频差为24 Hz，有3人感知为平调，2人感知为降调，这说明人们对平调和降调的感知界限可能是不同的。

这个初步的听辨实验至少能够说明：（1）平调和斜调的感知界限不能完全依靠五度值计算的斜差确定，而主要应该依据高低点的基频差值，可称为"基频差值"策略；（2）平调和斜调的感知与发音人的声调调域之间存在一定的相关性。

3."音区跨度"策略

根据实验结果确定调值还有一种情况值得注意：一个斜调的五度值跨3个或3个以上的音区，这种斜调如何确定具体的调值，如江苏高淳桠溪镇的阴平调，其五度值的具体数据见表2-17。

表2-17　高淳桠溪镇方言阴平调五度值实验数据

采样点	P1	P2	P3	P4	P5	P6	P7	P8	P9
五度值	2.8	2.8	2.9	2.9	3.0	3.0	3.1	3.2	3.3
采样点	P10	P11	P12	P13	P14	P15	P16	P17	
五度值	3.4	3.6	3.7	3.9	4.0	4.2	4.3	4.3	

单从数据来看，桠溪镇发音人阴平调五度值（2.8—4.3）跨3、4、5三个音区，起点五度值2.8，尾点五度值4.3，起点低于3度音区线0.2，高点高于5度音区线0.3，高低点与音区线的差值均超过0.1，若依"界域"、"斜差"策略应将其调值定为35。但这不符合语言事实，因为起点和尾点虽然都是跨音区的，但超过音区线的距离不大，高低点的斜差只有1.5，基频差值也只有37 Hz（起点基频134，尾点基频171），不能对应感知上的3个音区，就是说它的斜差数据和基频差值数据实际上是跨两个音区的，所以调值应该定为34或者45。那么调值是定为34还是45呢？这里还需要考虑音区界限差，起点的音区界限差为0.2，尾点的音区界限差为0.3，采取就高原则（延伸到哪个音区的数据大，就以哪个为主），调值应定为45。

总的来说，对于一个跨3个以上音区的斜调，我们在确定其调值时，应当考虑其实际的音区跨度，而不能仅仅依据五度值数据来确定其具体调值。判断实际音区跨度时应考虑两点：一是斜差，通常情况下，如果一个声调跨3个以上音区，其斜差应大于1.5（即3×0.5）；二是基频差值，据上文讨论，跨2音区斜调的感知界限大体为高低点基频差值20 Hz以上，以此推测，跨3个音区的斜调高低点的基频差值应在40 Hz以上，跨4音区的在60 Hz以上，跨5音区的在80 Hz以上，实际的语音实验结果也显示这种推测大体上是正确的，如表2-18。

表2-18 跨3音区以上的调类高低点基频差值举例

方言点	性别	调类	拟定调值	基频差(Hz)	跨音区数
南京	男	阳平	24	57	3
盐城	男	去声	24	43	
泰州	男	阴平	31	44	
合肥	女	阴平	31	49	
扬州	女	阳平	24	40	
盐城	女	去声	24	48	
南京	男	阴平	41	75	4
芜湖	男	阴平	41	62	
盐城	男	阴平	41	68	
扬州	女	阴平	41	76	
合肥	女	去声	52	99	
九江	女	阴平	41	99	
淮阴	男	阴平	51	70	5
澄江（新派）	男	阴平	51	102	
顾山	男	阴平	51	96	
盐城	女	阴平	51	89	
淮阴	女	阴平	51	103	

说明：表中江淮官话方言点的数据取自《江淮方言声调实验研究和折度分析》（刘俐李等2007）的支撑数据库。跨3、4两类音区的各六例，三男三女，跨5音区的三男两女，因江淮官话男性跨5音区的调类不足，用江阴市澄江、顾山镇的实验数据补充，这两个点属于吴语，数据取自《江阴方言新探》的支撑数据库（刘俐李、侯超2013）。

表2-18中实验数据显示，各方言点跨3音区的基频高低点差值大于或等于40 Hz，跨4音区的基频高低点差值大于60 Hz，跨5音区的基频高低点差值大都大于等于80 Hz，与上文的推测基本一致，淮阴男性发音阴平基频高低点差值为70 Hz，其实际调值也可以拟为52。需要注意的是40 Hz、60 Hz、80 Hz，只是判定跨3、4、5个音区的大体数值，具体的数据还需要更精细的感知实验加以证明。

上述这种根据斜调基频的实际音区跨度确定具体调值的办法可称为"音区跨度"策略，这种策略可作为判定跨3个以上音区的声调调值的参考标准。

4．"系统综合"策略

根据实验数据确定调值，有时还需要考虑到整个声调系统的格局及声调演变规律。例如高淳阳江镇的全浊上和全浊去，它们的五度值数据见表2-19。

表2-19　高淳阳江方言全上、全去五度值实验数据

采样点	P1	P2	P3	P4	P5	P6	P7	P8	P9
全浊上	0.0	0.0	0.1	0.2	0.4	0.7	1.0	1.4	1.8
全浊去	0.2	0.2	0.2	0.4	0.5	0.7	1.0	1.4	1.8
采样点	P10	P11	P12	P13	P14	P15	P16	P17	
全浊上	2.2	2.7	3.0	3.3	3.7	4.0	4.2	4.3	
全浊去	2.2	2.6	2.8	3.2	3.4	3.7	3.8	3.8	

根据表2-19，阳江镇全浊去声字的调值比较容易确定，可定为14。全浊上的调值则比较棘手，它的五度值斜差为4.3，跨5个音区，按"界域"、"斜差"策略，调值可定为15。但这样一来，全浊上声归阳去的声调演变规律就会被淹没，归纳出来的声调格局也不整齐。实质上，全浊上和全浊去的这种调值区别不是质的差异。首先，虽然全浊上的斜率为4.3，数据上跨5个音区，但高点超出4度线仅0.3，是可以浮动的范围；其次，全浊上高低点基频的差值为79 Hz，全浊去高低点基频差值为65 Hz，全浊去、全浊上的高低点的基频差值之间的差值为14 Hz（79-65=14），不足以造成两者在听感上的明显差异；其三，全浊上的相对时长为1.23，全浊去的相对时长为1.25，两者接近；其四，高淳区其他乡镇的都是全浊上声归入阳去，吴语和官话方言的声调演变规律也都是"浊上归去"。综合界域、基频差值、声调时长、系统格局和声调演变规律，阳江镇的全浊上声字应归入阳去，调值定为14。

"系统综合"策略是针对一些难以确定具体调值或者处在多种调值之间的声调，综合考虑斜差、界域、基频差值、声调时长等声学实验数据，同时参考当地人的感知实验结果和非实验性的声调演变、系统格局等多种因素，确定最终调值，目的是使我们归纳出来的调值更加符合语音实际。

2.3.2　分点声调实验

以下依据前文确定的理论和方法分析高淳各方言点的声调实验结果，归纳各方言点的声调系统。

（1）淳溪方言声调实验

淳溪镇是高淳区政府所在地，其方言是淳溪片的代表性方言，属于宣州吴语太高小片。根据听感，淳溪方言声调可分为阴平、阳平、阴上、阴去、阳去、阴入、阳入七种，初步判断全浊上声归阳去，次浊上声归阴平，全浊去独立成调，次浊去归阴去，阳入与全浊去接近。淳溪声调实验用字按古声调分为：阴平、阳平、阴上、全上（指全浊上，下同）、次上（指次浊上，下同）、阴去、全去（指全浊去，下同）、次去（指次浊去，下同）、阴入、阳入，共十种，声调基频数据见表2-20。

表2-20 淳溪方言单字调基频均值与标准差

	P1	P2	P3	P4	P5	P6	P7	P8	P9	P10	P11	P12	P13	P14	P15	P16	P17
阴平M	277	282	286	290	295	298	302	305	307	308	309	308	307	306	303	301	298
阴平S	22	20	19	17	16	14	13	11	9	8	7	8	9	10	11	13	15
阳平M	164	165	166	167	168	169	170	171	171	171	172	171	171	171	171	170	170
阳平S	7	7	7	8	8	8	8	8	8	8	8	8	9	8	8	8	8
阴上M	216	216	215	213	212	211	210	210	209	209	208	207	205	204	203	202	200
阴上S	10	10	10	11	11	11	11	11	12	13	13	13	14	14	14	13	12
全上M	146	132	142	142	144	147	153	160	168	178	190	202	217	236	260	280	292
全上S	12	12	13	13	13	14	14	14	13	11	13	16	17	20	21	22
次上M	314	321	327	332	335	338	339	341	341	340	339	338	336	333	331	328	326
次上S	21	21	22	23	23	23	23	22	20	19	18	17	16	17	18	20	22
阴去M	222	222	222	222	222	224	226	229	234	239	246	254	265	276	287	296	303
阴去S	12	11	10	9	9	9	8	8	8	9	10	11	14	16	17	17	18
全去M	132	142	141	142	144	147	153	159	167	177	188	201	216	238	260	277	290
全去S	9	10	11	11	12	13	14	14	14	13	12	12	13	17	22	24	22
次去M	210	212	214	215	217	219	221	224	228	234	242	251	262	275	291	305	319
次去S	12	11	9	8	8	8	8	8	9	10	13	16	19	21	21	20	20
阴入M	210	209	206	203	200	196	193	190	187	185	182	180	178	177	176	175	175
阴入S	15	15	15	14	14	13	13	12	11	10	10	10	10	10	10	10	10
阳入M	152	146	132	142	132	146	151	159	165	174	184	196	209	220	232	238	239
阳入S	15	13	13	12	12	11	12	14	14	15	17	15	17	18	19	18

说明：基频均值和标准差的单位为Hz，M代表平均值，S代表标准差，后文同此。

将表2-20中的基频均值转换成T值，结果见表2-21。

表2-21 淳溪方言单字调T值

	P1	P2	P3	P4	P5	P6	P7	P8	P9	P10	P11	P12	P13	P14	P15	P16	P17
阴平	3.8	3.9	4.0	4.1	4.2	4.2	4.3	4.4	4.4	4.4	4.4	4.4	4.4	4.4	4.3	4.3	4.2
阳平	0.9	0.9	0.9	1.0	1.0	1.0	1.1	1.1	1.1	1.1	1.1	1.1	1.1	1.1	1.1	1.1	1.1
阴上	2.4	2.4	2.4	2.3	2.3	2.3	2.3	2.2	2.2	2.2	2.2	2.2	2.1	2.1	2.1	2.0	2.0
全上	0.2	0.1	0.0	0.0	0.1	0.2	0.4	0.7	1.0	1.3	1.7	2.0	2.4	2.9	3.5	3.9	4.1
次上	4.5	4.7	4.8	4.8	4.9	4.9	5.0	5.0	5.0	5.0	5.0	4.9	4.9	4.9	4.8	4.8	4.7
阴去	2.6	2.6	2.6	2.6	2.6	2.6	2.7	2.8	2.9	3.0	3.2	3.3	3.6	3.8	4.0	4.2	4.3
全去	0.1	0.0	0.0	0.0	0.1	0.2	0.4	0.7	1.0	1.3	1.6	2.0	2.4	3.0	3.5	3.8	4.1
次去	2.3	2.3	2.3	2.4	2.4	2.5	2.6	2.6	2.7	2.9	3.1	3.3	3.5	3.8	4.1	4.4	4.6

续表2-21

	P1	P2	P3	P4	P5	P6	P7	P8	P9	P10	P11	P12	P13	P14	P15	P16	P17
阴入	2.2	2.2	2.1	2.1	2.0	1.9	1.8	1.7	1.6	1.5	1.4	1.4	1.3	1.3	1.2	1.2	1.2
阳入	0.4	0.2	0.1	0.0	0.1	0.2	0.4	0.7	0.9	1.2	1.5	1.9	2.2	2.5	2.8	3.0	3.0

根据表2-21作图如下：

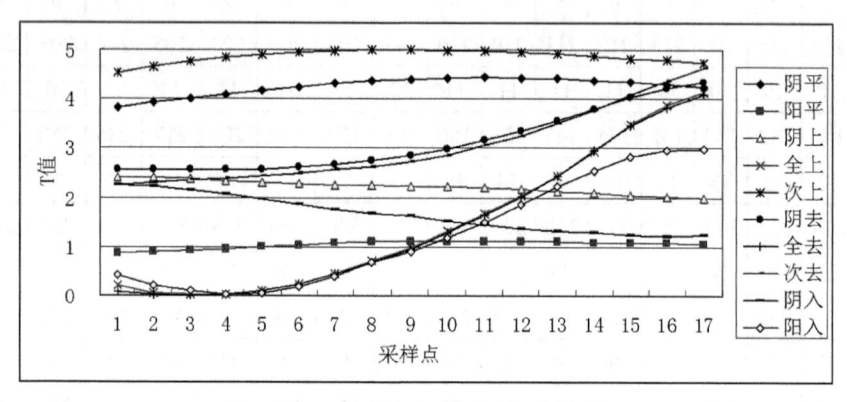

图2-30　淳溪方言单字声调格局图

淳溪方言声调时长实验数据见表2-22。

表2-22　淳溪方言单字调时长

	阴平	阳平	阴上	全上	次上	阴去	全去	次去	阴入	阳入
绝对时长	125	195	151	255	126	222	252	260	113	235
相对时长	0.65	1.01	0.78	1.32	0.65	1.15	1.30	1.35	0.58	1.21

根据表2-22的相对时长数据作图如下：

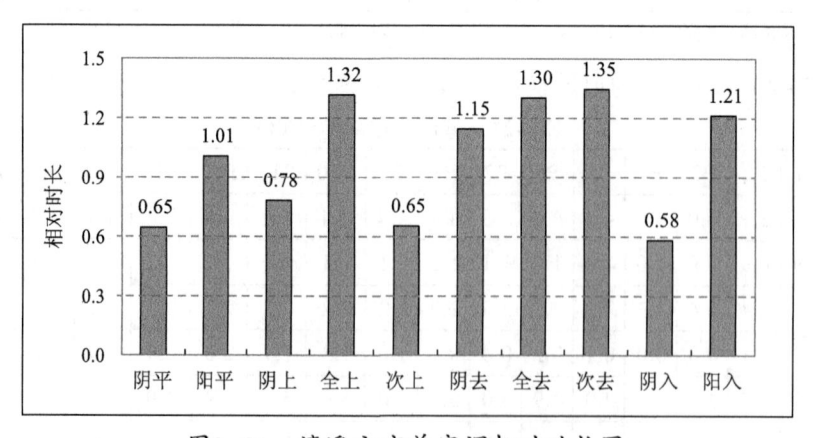

图2-31　淳溪方言单字调相对时长图

综合T值和时长数据，我们对淳溪方言声调的调值及调类分合情况分析如下：

① 阴平前部斜差为0.6，后部斜差为0.2，单纯依据斜差调值似可归为45，但阴平的

17个点在一个音区之内,且阴平的基频数值很高,平均值为299 Hz,接近300 Hz,与阴平调型一致的次浊上声字的基频均值甚至达到333 Hz[1],如此高的基频值显然是一种假声现象[2]。假声本身不是发声的常态,容易造成基频数据的不稳定,它们的标准差往往比较大(阴平、次浊上的标准差明显大于其他调类),这种假声使得弯头、降尾更加明显,对于假声,我们在做调型、调值归纳时必须忽略更多的调头和调尾数据。高淳西部方言的阴平都是平调,综合考虑,淳溪方言的阴平调值应定为55。② 阳平虽跨两个音区,但斜差很小,只有0.2,是一个平调,因多数点落在2度区间,调值定为22。③ 阴上跨2个音区,且斜差为0.4,调值定位33。④ 古全浊上声为升调,斜差为4.1,跨5个音区,但仅1个点超过4度线,调值定为14,归全浊去。⑤ 古次浊上声字与阴平调型、调值一致,可定为55,但次浊上的所在音区略高于阴平。⑥ 阴去调值为35,次浊去同阴去,调值也是35。⑦ 古全浊去声的调型、调值同全浊上,为14。⑧ 阴入斜差为1.0,表现为降调,相对时长在所有调类中最短(0.58),属促声调,综合斜差、时长,调值定为32。⑨ 阳入调与全浊去调型接近,相对时长略低于全浊去,阳入和全浊去尾部的上升幅度不同,调值为13,实验表明阳去、阳入有明显的合并趋势。淳溪方言7个声调时长排列顺序为:阳去≈阴去>阳入>阳平>阴上>阴平>阴入。淳溪方言声调实验的结果与《高淳县志》(1988)的传统调值描写基本一致,具体见表2-23。

表2-23 淳溪镇方言单字调系统

调类	阴平	阳平	上声	阴去	阳去	阴入	阳入
实验	55	22	33	35	14	32	13
县志	55	22	33	34	24	33	13

表2-23显示,淳溪方言实验调值和传统记录的调值比较一致,大多相同或接近,个别声调的调值起点或终点略有差异。需要指出,淳溪镇方言的阳入是一个舒声调,没有喉塞尾,不少已与阳去无别,阳入并入阳去的趋势比较明显。

(2)桠溪方言声调实验

桠溪镇是高淳东部山区方言的代表性方言点,其方言属于太湖吴语毗陵小片。根据听感,桠溪方言声调可分为阴平、阳平、阴上、阴去、阳去、阴入、阳入七种,初步判断全浊上声归阳去、次浊上声归阴平,全浊去独立成调,次浊去归阴去,阳入与全浊去接近。桠溪方言声调实验用字按古声调分阴平、阳平、阴上、全上、次上、阴去、全去、次去、阴入、阳入十种,声调基频数据见表2-24。

---

[1] 据《江淮方言声调实验研究和折度分析》,14个方言男声的调域上限只有一个点超过300 Hz,其余都在300 Hz以下,平均值为229 Hz。
[2] 淳溪的发音人是一位老年男性,一般来说,老年男性发音时更容易产生假声现象。

表2-24　桠溪方言单字调基频均值与标准差

	P1	P2	P3	P4	P5	P6	P7	P8	P9	P10	P11	P12	P13	P14	P15	P16	P17
阴平M	134	135	136	136	137	139	140	142	145	148	151	155	159	163	167	170	171
阴平S	12	12	12	13	13	13	13	14	14	14	14	14	14	14	14	14	14
阳平M	95	92	89	88	87	86	86	88	90	95	100	107	114	120	126	131	135
阳平S	9	9	9	8	8	9	9	10	12	14	14	14	14	15	15	16	17
阴上M	173	175	176	177	178	179	180	180	181	181	181	181	181	181	180	179	177	174
阴上S	19	19	19	20	21	21	22	22	22	22	22	21	21	21	20	20	20
全上M	181	180	178	176	173	169	163	157	150	132	136	129	121	113	108	101	95
全上S	17	17	18	18	19	19	19	18	17	17	17	17	18	19	20	20	21
次上M	135	136	136	137	137	138	139	141	142	145	149	152	157	161	165	169	170
次上S	10	11	11	11	11	11	12	12	12	13	14	14	14	14	14	14	14
阴去M	135	135	134	132	131	129	127	126	125	123	122	121	120	118	116	114	112
阴去S	5	4	4	4	4	5	5	5	6	6	6	6	6	6	5	5	5
全去M	177	175	173	169	166	161	157	151	145	138	131	123	118	112	106	100	94
全去S	18	19	20	20	20	20	21	21	21	20	18	16	15	14	15	14	14
次去M	133	132	131	131	130	129	128	127	125	124	123	121	120	119	117	116	115
次去S	10	10	9	9	9	9	9	8	8	8	8	8	8	9	9	10
阴入M	186	187	188	188	189	189	190	190	190	189	188	188	188	188	188	189	190
阴入S	12	12	12	13	13	14	14	14	14	14	14	14	15	16	17	17
阳入M	166	165	162	159	156	152	147	144	140	136	132	127	122	118	114	110	106
阳入S	22	22	21	21	20	20	20	22	23	23	22	21	20	20	20	20

将表2-24中的基频均值转换成T值，结果见表2-25。

表2-25　桠溪方言单字调T值

	P1	P2	P3	P4	P5	P6	P7	P8	P9	P10	P11	P12	P13	P14	P15	P16	P17
阴平	2.8	2.8	2.9	2.9	2.9	3.0	3.1	3.2	3.3	3.4	3.5	3.7	3.9	4.0	4.2	4.3	4.3
阳平	0.6	0.5	0.3	0.2	0.1	0.0	0.0	0.1	0.3	0.6	1.0	1.4	1.8	2.1	2.4	2.6	2.8
阴上	4.4	4.4	4.5	4.5	4.6	4.6	4.6	4.6	4.6	4.6	4.6	4.6	4.6	4.6	4.6	4.5	4.4
全上	4.6	4.6	4.6	4.5	4.4	4.2	4.0	3.8	3.5	3.2	2.9	2.5	2.1	1.7	1.4	1.1	0.6
次上	2.8	2.9	2.9	2.9	2.9	3.0	3.0	3.1	3.2	3.3	3.4	3.6	3.8	3.9	4.1	4.2	4.3
阴去	2.8	2.8	2.8	2.7	2.6	2.5	2.5	2.4	2.3	2.3	2.2	2.1	2.1	2.0	1.9	1.8	1.7
全去	4.5	4.4	4.4	4.2	4.1	3.9	3.8	3.5	3.3	3.0	2.7	2.3	2.0	1.7	1.3	0.9	0.6
次去	2.7	2.7	2.7	2.6	2.6	2.5	2.5	2.4	2.4	2.3	2.2	2.2	2.1	2.0	2.0	1.9	1.8
阴入	4.8	4.8	4.9	4.9	4.9	4.9	4.9	5.0	4.9	4.9	4.9	4.9	4.9	4.9	4.9	4.9	5.0

续表2-25

	P1	P2	P3	P4	P5	P6	P7	P8	P9	P10	P11	P12	P13	P14	P15	P16	P17
阳入	4.1	4.1	4.0	3.9	3.7	3.5	3.4	3.2	3.1	2.9	2.7	2.5	2.2	2.0	1.8	1.6	1.3

根据表2-25作图如下：

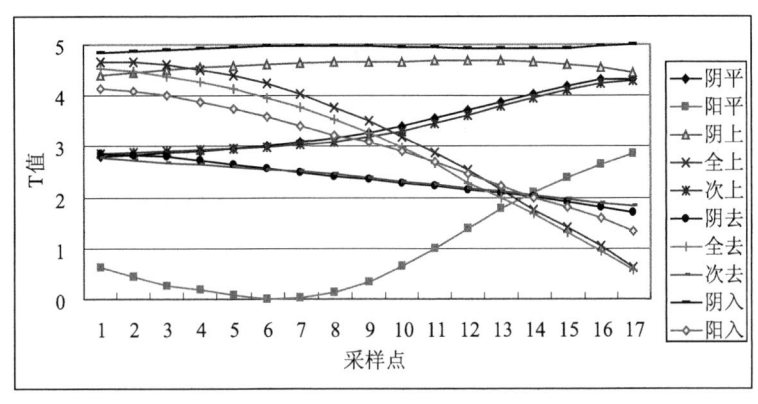

图2-32 桠溪方言单字声调格局图

桠溪方言声调时长数据见表2-26。

表2-26 桠溪方言单字调时长

调类	阴平	阳平	阴上	全上	次上	阴去	全去	次去	阴入	阳入
绝对时长	178	284	138	155	208	179	150	174	89	106
相对时长	1.07	1.71	0.83	0.93	1.25	1.08	0.90	1.05	0.54	0.64

根据表2-26的相对时长数据作图如下：

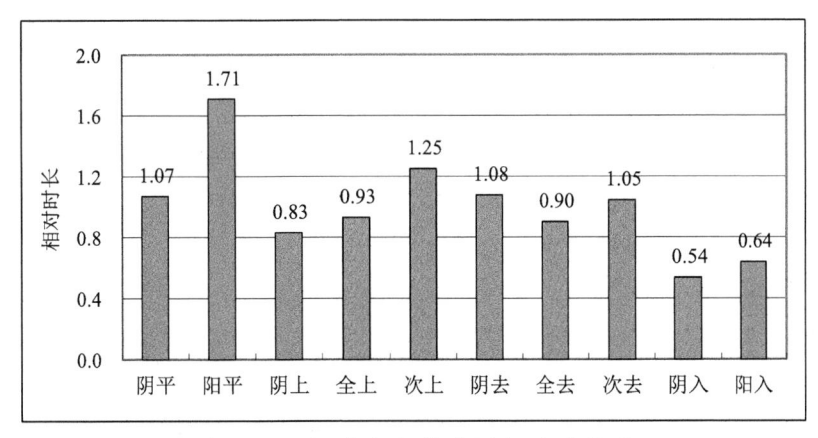

图2-33 桠溪方言单字调相对时长图

综合T值和时长数据，我们对桠溪方言声调的调值及调类分合情况分析如下：
① 据图2-32，阴平有4个起点落在3度音区，3个尾点落在5度音区，似乎可将调值归为35，问题是它的起点和落点都接近4度音区，要确定实际调值需要计算音区跨

度,即最高值减去最低值:4.3-2.8=1.5。数据显示只跨2个音区,因此应定为34或45。阴平低点2.8,距离3度线差0.2,高点4.3,高出4度线0.3,根据"就高原则",调值定位45。②阳平起点数据0.6与低点数据0.0相差0.6,斜差略大于0.5,高点数据2.8,与低点相差2.8,跨度超2个音区,阳平的起点和低点相差0.6,斜差超过凹凸角拱的临界值0.5,将其调值定为213。③阴上调值为55,全浊上声与阳去一致,调值为52,次浊上调型走势与阴平基本一致,音区跨度:4.3-2.8=1.5,调值定为45。④阴去高点数据2.8,低点1.7,斜差1.1,跨2个音区,调值为32,次浊去与阴去相同,调值也是32。全浊去高点4.5,低点0.6,斜差3.9,跨4个音区,调值为52。⑤阴入是个高平调,相对调长只有0.54,属促声调,调值定为55。阳入的相对调长为0.64,也属促声调,T值高点4.2,低点1.3,差值2.9,跨3个音区,调值定位42。桠溪方言7个声调的调长排列顺序为:阳平>阴平>阴去>阳去>阴上>阳入>阴入。桠溪东部和溧阳交界,两者的声调系统的比较见表2-27(溧阳声调数据来自《江苏省志·方言志》)。

表2-27 桠溪、溧阳方言单字调系统

调类	阴平	阳平	阴上	阳上	阴去	阳去	阴入	阳入
桠溪	45	213	55	52/45	32	52	55	42
溧阳	44	312	52	24	423	31	55	23

表2-27中,桠溪和溧阳方言声调有比较明显的区别:溧阳上声分阴阳,各自独立,阴上调值52,阳上调值24,桠溪阴上调值55,全浊上归阳去,次浊上多数归阴平,跟淳溪片一致;溧阳阴去为曲折调,调值423,桠溪阴去略降,调值32;溧阳阳入为低升,调值23,桠溪为高降,调值42;溧阳阳去为31,桠溪为52。通过溧阳、桠溪方言声调的比较可以发现,虽然桠溪方言属于太湖吴语毗陵小片,但声调系统及古声调的归并规律跟邻接的溧阳有所不同。桠溪方言的声调跟淳溪片方言也有比较明显的不同,表现在:阳平为降升调,上声为高平调,阴去为微降,阳去为高降,阳入是调值短促的高降调。需要指出的是,桠溪方言的阳平调有时读成低升调,调值24,这是一种进行中的动态演变。

(3) 砖墙方言声调实验

砖墙镇位于高淳区固城湖的西南部,其方言属于宣州吴语铜泾小片,跟淳溪、桠溪方言都有比较明显的差异。根据听感,砖墙方言声调可分为阴平、阳平、上声、去声、阴入、阳入六种,全浊上声归阳去,次浊上声归阴平,阴上与阴去合为一类,全浊去为一类,入声分阴阳。砖墙方言声调实验用字按古声调分阴平、阳平、阴上、全上、次上、阴去、全去、次去、阴入、阳入十种,声调基频数据见表2-28。

表2-28 砖墙方言单字调基频均值与标准差

	P1	P2	P3	P4	P5	P6	P7	P8	P9	P10	P11	P12	P13	P14	P15	P16	P17
阴平M	182	183	183	184	185	185	186	187	187	187	187	188	188	188	189	189	188
阴平S	11	11	11	11	11	11	11	11	11	12	12	12	13	13	14	13	12
阳平M	131	130	129	128	127	124	122	120	118	115	112	110	108	105	102	100	98
阳平S	7	7	7	6	6	6	6	6	7	8	8	7	6	6	7	6	6
阴上M	146	142	140	137	136	135	135	136	137	139	141	145	150	156	161	166	170
阴上S	9	8	8	8	8	8	9	9	10	11	12	12	12	12	12	13
全上M	117	116	116	117	118	120	123	126	129	134	139	145	151	156	161	165	169
全上S	7	7	7	7	7	7	8	9	9	10	12	13	14	15	16	15	16
次上M	173	174	175	176	177	177	177	178	178	178	178	178	178	179	179	178	178
次上S	13	13	13	13	13	13	13	13	13	13	13	14	15	16	16	15	14
阴去M	142	138	136	134	134	134	134	136	138	142	146	151	156	160	165	168	171
阴去S	10	10	9	8	7	7	8	8	8	9	10	10	10	10	11	12	13
全去M	115	115	117	118	119	121	124	127	131	136	141	147	153	158	161	164	166
全去S	6	6	6	6	7	7	7	7	8	10	11	12	13	13	12	12	12
次去M	129	129	129	128	129	129	131	133	137	141	146	152	157	161	165	168	172
次去S	7	7	6	6	6	7	8	8	8	9	10	12	13	12	12	12	11
阴入M	177	173	169	164	160	156	151	147	132	140	136	133	128	125	122	119	116
阴入S	17	17	17	16	15	15	15	15	14	14	13	13	13	13	13	13	13
阳入M	144	132	141	139	136	134	131	129	125	122	120	117	114	111	108	105	103
阳入S	13	13	13	12	12	12	11	11	11	10	10	9	8	7	7	7	6

将表2-28中的基频均值转换成T值，结果见表2-29。

表2-29 砖墙方言单字调T值

	P1	P2	P3	P4	P5	P6	P7	P8	P9	P10	P11	P12	P13	P14	P15	P16	P17
阴平	4.7	4.8	4.8	4.8	4.8	4.9	4.9	4.9	4.9	4.9	4.9	5.0	5.0	5.0	5.0	5.0	5.0
阳平	2.2	2.2	2.1	2.1	2.0	1.8	1.7	1.6	1.4	1.2	1.1	0.9	0.8	0.6	0.3	0.2	0.0
阴上	3.1	2.9	2.7	2.6	2.5	2.5	2.5	2.5	2.6	2.7	2.8	3.0	3.3	3.6	3.8	4.0	4.2
全上	1.3	1.3	1.3	1.4	1.5	1.6	1.8	1.9	2.1	2.4	2.7	3.0	3.3	3.6	3.8	4.0	4.2
次上	4.3	4.4	4.5	4.5	4.5	4.5	4.5	4.6	4.6	4.5	4.6	4.6	4.6	4.6	4.6	4.6	4.6
阴去	2.9	2.6	2.5	2.4	2.4	2.4	2.4	2.5	2.7	2.8	3.1	3.3	3.5	3.8	4.0	4.1	4.3
全去	1.2	1.3	1.4	1.5	1.5	1.6	1.8	2.0	2.2	2.5	2.8	3.1	3.4	3.6	3.8	3.9	4.0
次去	2.1	2.1	2.1	2.1	2.1	2.2	2.4	2.6	2.8	3.1	3.4	3.6	3.8	4.0	4.1	4.3
阴入	4.5	4.3	4.1	3.9	3.7	3.5	3.3	3.1	2.9	2.7	2.5	2.3	2.1	1.9	1.7	1.5	1.3

续表2-29

	P1	P2	P3	P4	P5	P6	P7	P8	P9	P10	P11	P12	P13	P14	P15	P16	P17
阳入	2.9	2.9	2.8	2.7	2.5	2.4	2.2	2.1	1.9	1.7	1.5	1.4	1.2	0.9	0.8	0.6	0.4

根据表2-29作图如下:

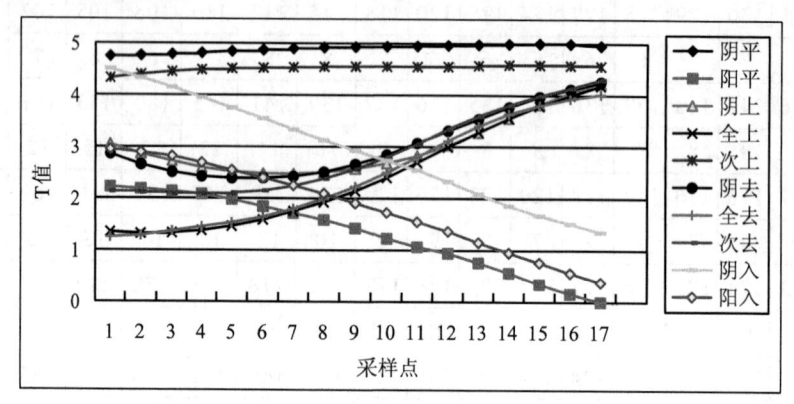

图2-34 砖墙方言单字声调格局图

砖墙方言声调时长实验数据见表2-30。

表2-30 砖墙方言单字调时长

	阴平	阳平	阴上	全上	次上	阴去	全去	次去	阴入	阳入
绝对时长	202	220	263	263	185	273	276	286	119	169
相对时长	0.90	0.98	1.17	1.17	0.82	1.21	1.23	1.27	0.53	0.75

根据表2-30的相对时长数据作图如下:

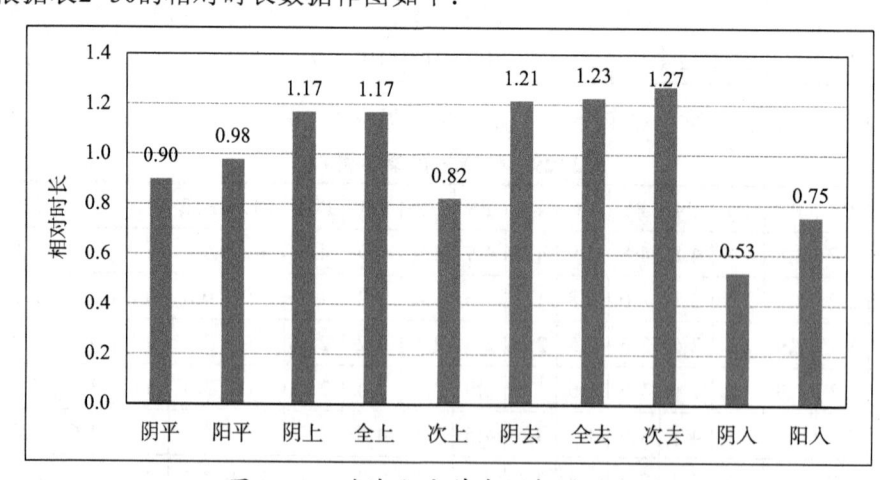

图2-35 砖墙方言单字调相对时长图

综合T值和时长数据,我们对砖墙方言声调的调值及调类分合情况分析如下:
① 阴平是个高平调,调值定为55,次浊上也是一个高平调,虽比阴平曲线略低,但在一个音区之内,T值差距在0.3—0.4,调值也是55。② 阳平是一个中降调,调值

为31。③ 阴上是个曲折调，曲线前部的T值斜差为0.6，后部T值斜差为1.7，调值定为435。④ 古全浊上声字为升调，起点在2度区间，尾部有1个点在5度，但斜差只有2.9，考虑到与全浊去声的一致性，调值定为24，全浊去起点在2度音区，尾部在4度线上，且斜差为2.8，跨3个音区，调值定为24。⑤ 次浊去也是平升调，起始部分在3度音区内，实际调值应为335，根据"系统综合"策略，高淳西部地区的次浊去都归阴去，且次浊去的声调曲线（尤其是后部）跟阴去比较接近，在声调系统归纳时宜将其归入阴去。⑥ 阴去跟阴上的声调走势一致，其前部斜差为0.5，后部斜差为1.9，调值定为435。⑦ 阴入是个高降调，虽然音区跨度比较大，但调长很短，相对值为0.53，属促声调，调值定为52。⑧ 阳入调是个中降调，时长虽然比阴入长些，但与其他舒声调相比，还是一个短促调，相对调长为0.75，因此调值定为31。据以上分析，砖墙方言声调系统规整结果见表2-31。

表2-31 砖墙方言单字调系统

调类	阴平	阳平	阴去	阳去	阴入	阳入
调值	55	31	435	24	52	31

砖墙方言的声调与淳溪片不同：一是声调总数少，只有6个（阴去、阴上合并）；二是古调类归并也存在跟其他方言不一致的情况，如次浊去与全浊去为一类；三是阳入读短促调。砖墙方言6个声调的时长排列顺序为：阳去≈阴去＞阳平＞阴平＞阳入＞阴入。

（4）阳江方言声调实验

阳江镇位于高淳区西部，跟安徽当涂接壤，其方言属于宣州吴语太高小片。阳江声调实验用字按古声调分阴平、阳平、阴上、全上、次上、阴去、全去、次去、阴入、阳入十种，基频实验数据见表2-32。

表2-32 阳江方言单字调基频均值与标准差

	P1	P2	P3	P4	P5	P6	P7	P8	P9	P10	P11	P12	P13	P14	P15	P16	P17
阴平M	209	211	212	213	213	214	214	214	215	215	215	214	213	212	209	206	201
阴平S	10	9	8	7	7	7	7	7	7	7	7	8	8	9	9	10	10
阳平M	135	136	137	138	139	140	140	140	140	140	140	140	140	140	139	138	136
阳平S	7	6	5	5	4	4	4	4	4	4	4	4	4	4	4	4	5
阴上M	166	164	162	160	159	157	156	155	154	153	152	151	149	148	146	132	140
阴上S	16	15	14	14	13	13	13	13	13	13	13	12	12	12	12	12	12
全上M	120	120	120	122	126	130	135	142	149	156	163	171	178	186	193	197	199
全上S	7	5	5	4	4	4	9	10	11	12	13	14	15	15	16	16	16
次上M	196	200	203	207	210	212	214	215	216	217	217	216	214	212	208	203	197

续表2-32

	P1	P2	P3	P4	P5	P6	P7	P8	P9	P10	P11	P12	P13	P14	P15	P16	P17
次上S	11	11	11	10	10	10	10	9	9	9	9	9	9	9	9	10	11
阴去M	159	160	160	160	161	163	166	169	172	177	181	187	192	198	202	205	205
阴去S	9	9	8	9	9	10	11	11	12	13	13	14	16	17	18	18	18
全去M	123	123	123	125	128	131	135	141	148	155	162	169	174	180	185	188	188
全去S	7	7	6	7	7	8	9	9	10	10	10	9	10	10	10	10	10
次去M	150	151	152	154	156	158	160	163	166	170	174	178	182	186	189	190	188
次去S	9	10	10	11	11	11	11	10	10	10	11	11	11	11	11	11	12
阴入M	171	170	168	166	164	162	161	159	158	157	155	154	153	152	150	149	146
阴入S	8	8	8	8	8	8	8	8	8	8	8	8	8	8	8	9	9
阳入M	129	128	129	130	133	137	141	146	151	156	162	167	172	177	180	182	180
阳入S	9	8	7	7	7	8	8	8	8	8	9	10	10	10	11	12

将表2-32中的基频均值转换成T值，结果见表2-33。

表2-33 阳江方言单字调T值

	P1	P2	P3	P4	P5	P6	P7	P8	P9	P10	P11	P12	P13	P14	P15	P16	P17
阴平	4.7	4.8	4.8	4.9	4.9	4.9	4.9	4.9	4.9	4.9	4.9	4.9	4.9	4.8	4.7	4.6	4.4
阳平	1.0	1.0	1.1	1.2	1.2	1.3	1.3	1.3	1.3	1.3	1.3	1.3	1.3	1.3	1.3	1.2	1.1
阴上	2.8	2.7	2.6	2.5	2.4	2.3	2.2	2.2	2.1	2.1	2.0	1.9	1.9	1.8	1.7	1.5	1.3
全上	0.0	0.0	0.0	0.2	0.4	0.7	1.0	1.4	1.8	2.2	2.6	3.0	3.3	3.7	4.0	4.2	4.3
次上	4.1	4.3	4.5	4.6	4.7	4.8	4.9	5.0	5.0	5.0	5.0	5.0	4.9	4.8	4.6	4.4	4.2
阴去	2.4	2.4	2.4	2.5	2.5	2.6	2.7	2.9	3.1	3.3	3.5	3.7	4.0	4.2	4.4	4.5	4.5
全去	0.2	0.2	0.2	0.4	0.5	0.7	1.0	1.4	1.8	2.2	2.5	2.9	3.2	3.4	3.7	3.8	3.8
次去	1.9	2.0	2.0	2.1	2.2	2.3	2.5	2.6	2.8	2.9	3.1	3.3	3.5	3.7	3.8	3.9	3.8
阴入	3.0	2.9	2.9	2.8	2.7	2.6	2.5	2.4	2.3	2.3	2.2	2.1	2.1	2.0	1.9	1.8	1.7
阳入	0.6	0.6	0.6	0.7	0.9	1.1	1.4	1.7	2.0	2.2	2.5	2.8	3.1	3.3	3.5	3.5	3.4

根据表2-33作图如下：

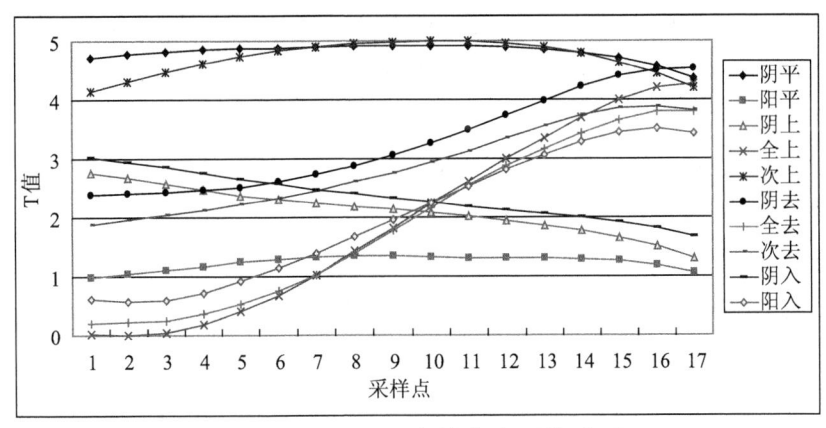

图2-36 阳江方言单字声调格局图

阳江方言声调时长实验数据见表2-34。

表2-34 阳江方言单字调时长

	阴平	阳平	阴上	全上	次上	阴去	全去	次去	阴入	阳入
绝对时长	161	218	191	259	163	237	263	245	149	217
相对时长	0.76	1.04	0.91	1.23	0.78	1.13	1.25	1.16	0.71	1.03

根据表2-34的相对时长数据作图如下：

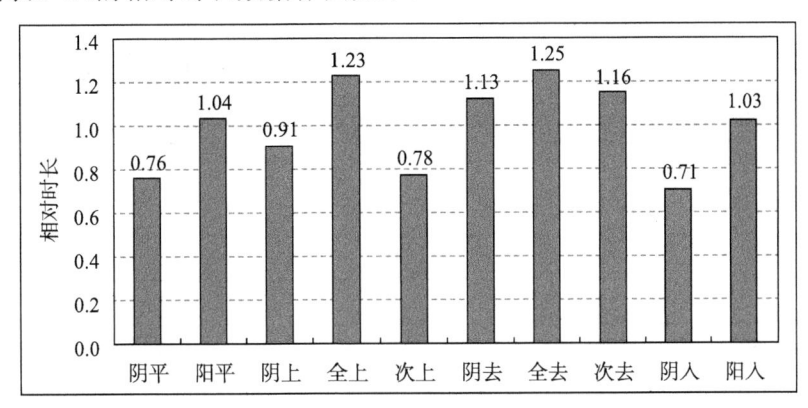

图2-37 阳江方言单字调相对时长图

综合T值、调长数据，我们对阳江方言声调的调值及调类分合情况分析如下：① 阴平后半程有下降趋势，斜差为0.5（4.9-4.4），但整个声调曲线在一个调域内，且尾点离4度线较远，调值定为55，次浊上的前、后半程均有比较大的斜差，但曲线走势与阴平基本一致，调值也定为55。② 阳平起点在1度线上，其余部分在1度线之上，声调曲线整体比较平直，调值定为22。③ 阴上跨2个调域（2.8-1.3＝1.5），调值为32。④ 全浊去调值为14，全浊上声字为升调，斜差为4.3（4.3-0.0），跨5个音区，但仅2个点超过4度，归全浊去。⑤ 阴去调值为35，次浊去调型走势与阴去基本一致，调值也定为35。⑥ 阴入调值为32，虽然调值与阴上同，但从T值数据上看，两者有一定的差距，且阴入相对调长是所有调类中最短的（0.58），属促声调，调值为32。⑦阳入调与全浊去比较接近，阳去相对调长为1.30，阳入为1.21，差距也不大，因此可以认为阳入已经并入阳去，但两者在起点、尾点的T值上还是有一些差异，这里我们仍将这两个声调区别开来，阳入调值定为13。阳江方言声调时长排列顺序为：阳去＞阴去＞阳入≈阳平＞阴上＞阴平＞阴入。根据以上分析结果整理的阳江方言声调系统见表2-35。

表2-35 阳江方言单字调系统

调类	阴平	阳平	上声	阴去	阳去	阴入	阳入
调值	55	22	32	35	14	32	13

表2-35显示，阳江方言有7个调，调值与淳溪相似。此外，阳江方言的阳入字也有不少已经与阳去无别，是一个舒声调，没有喉塞尾，阳入并入阳去的趋势也比较明显。

（5）古柏方言声调实验

古柏镇位于高淳区的北部，北临石臼湖，西北地区跟溧水和凤镇接壤，因晋代真人许真君倒栽柏树闻名，故镇名为古柏。古柏方言属于宣州吴语太高小片。古柏方言声调实验用字按古声调分阴平、阳平、阴上、全上、次上、阴去、全去、次去、阴入、阳入十种，基频实验数据见表2-36。

表2-36 古柏方言单字调基频均值与标准差

	P1	P2	P3	P4	P5	P6	P7	P8	P9	P10	P11	P12	P13	P14	P15	P16	P17
阴平M	191	190	190	189	189	189	189	189	189	189	189	189	189	189	189	190	192
阴平S	11	10	9	9	8	8	9	9	9	10	11	11	12	13	13	13	14
阳平M	128	128	128	128	127	127	126	125	123	121	119	117	115	112	109	106	104
阳平S	8	8	9	10	10	11	11	11	10	9	9	9	9	9	10	10	11
阴上M	163	160	158	155	153	151	149	147	144	142	140	138	136	134	132	131	129
阴上S	11	9	8	7	6	5	5	5	6	6	6	7	7	8	8	8	8
全上M	108	108	108	110	113	116	119	122	126	130	136	142	148	154	161	166	173
全上S	11	11	12	12	11	12	13	13	14	15	15	16	17	17	18	20	22
次上M	184	186	187	188	188	189	190	190	191	191	192	193	193	193	194	194	194
次上S	10	10	10	10	11	11	11	12	13	13	14	14	14	15	15	15	16
阴去M	158	156	154	153	152	151	152	152	153	154	156	159	162	164	168	173	179
阴去S	9	9	9	9	9	9	9	10	11	11	10	10	11	12	14	14	15
全去M	108	108	108	109	111	113	116	119	122	125	129	132	136	141	146	152	158
全去S	10	10	9	9	9	10	11	12	13	14	15	15	14	14	14	15	16
次去M	155	155	155	155	156	156	157	157	158	158	159	160	162	165	169	174	178
次去S	9	9	9	9	9	8	8	8	8	8	8	8	8	9	11	12

续表2-36

	P1	P2	P3	P4	P5	P6	P7	P8	P9	P10	P11	P12	P13	P14	P15	P16	P17
阴入M	166	164	161	159	156	152	149	146	132	141	138	136	133	131	130	128	127
阴入S	11	10	10	10	9	9	8	8	9	9	9	9	10	11	12	12	13
阳入M	114	111	110	109	109	109	110	110	111	111	113	116	120	125	131	137	132
阳入S	6	5	6	7	7	7	8	8	8	7	7	8	8	7	6	9	11

将表2-36中的基频均值转换成T值，结果见表2-37。

表2-37 古柏方言单字调T值

	P1	P2	P3	P4	P5	P6	P7	P8	P9	P10	P11	P12	P13	P14	P15	P16	P17
阴平	4.9	4.8	4.8	4.8	4.8	4.8	4.8	4.8	4.8	4.8	4.8	4.8	4.8	4.8	4.8	4.8	4.9
阳平	1.7	1.7	1.6	1.6	1.6	1.6	1.5	1.5	1.4	1.2	1.1	1.0	0.8	0.6	0.4	0.2	0.0
阴上	3.6	3.5	3.3	3.2	3.1	3.0	2.9	2.8	2.6	2.5	2.4	2.3	2.2	2.1	1.9	1.8	1.7
全上	0.3	0.3	0.4	0.5	0.7	0.9	1.1	1.3	1.5	1.8	2.2	2.5	2.8	3.1	3.5	3.7	4.0
次上	4.6	4.6	4.7	4.7	4.8	4.8	4.8	4.8	4.8	4.9	4.9	4.9	5.0	5.0	5.0	5.0	5.0
阴去	3.4	3.2	3.1	3.1	3.0	3.0	3.0	3.1	3.1	3.2	3.3	3.4	3.5	3.7	3.9	4.1	4.3
全去	0.3	0.3	0.3	0.4	0.5	0.7	0.9	1.1	1.3	1.5	1.7	1.9	2.2	2.4	2.7	3.0	3.4
次去	3.2	3.2	3.2	3.2	3.2	3.3	3.2	3.3	3.3	3.4	3.4	3.5	3.6	3.7	3.9	4.1	4.3
阴入	3.8	3.6	3.5	3.4	3.2	3.1	2.9	2.7	2.6	2.4	2.3	2.1	2.0	1.9	1.8	1.7	1.6
阳入	0.7	0.6	0.5	0.4	0.4	0.4	0.5	0.5	0.5	0.6	0.7	0.9	1.2	1.5	1.9	2.2	2.6

根据表2-37作图如下：

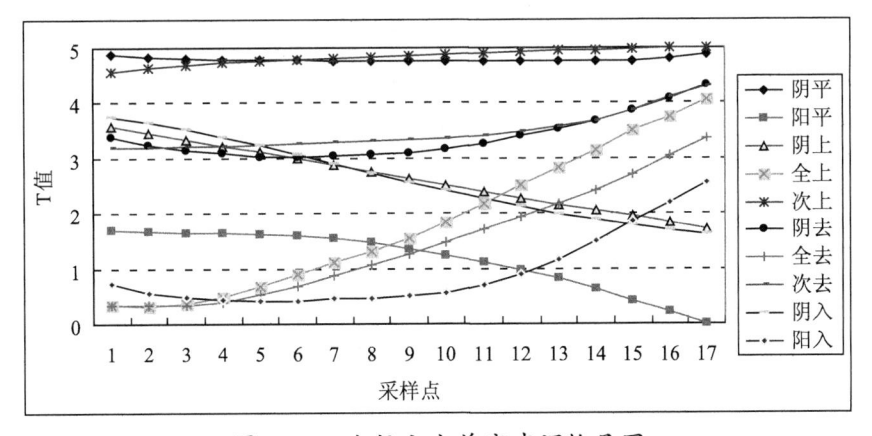

图2-38 古柏方言单字声调格局图

古柏方言各声调时长实验数据见表2-38。

表2-38　古柏方言单字调时长

	阴平	阳平	阴上	全上	次上	阴去	全去	次去	阴入	阳入
绝对时长	138	166	140	218	128	178	206	194	102	191
相对时长	0.83	1.00	0.85	1.31	0.77	1.07	1.24	1.17	0.62	1.15

根据表2-38的相对时长数据作图如下：

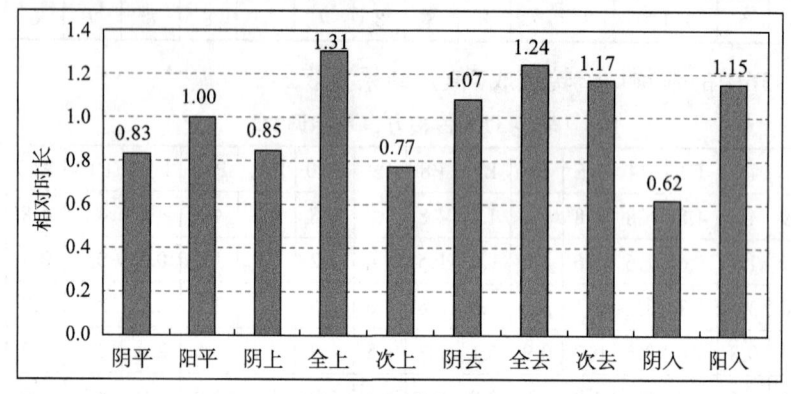

图2-39　古柏方言单字调相对时长图

综合T值和时长数据，我们对古柏方言声调的调值和调类分合情况分析如下：① 阴平调型走势比较平稳，位于5度音区内，调值为55，次浊上归阴平，调值为55。② 阳平为低降调，调值21，阴上为高降调，调值42。③ 古全浊上声字为升调，尾部有1个点在4度线上，考虑到斜差为3.7（4.0-0.3），跨4个音区，且全浊上归阳去是高淳其他方言点的普遍规律，调值定为14。④ 阴去调值为445，前部斜差为0.4，表明这个调早期的调型可能是曲折调。次浊去调型走势与阴去基本一致，归入阴去，调值定为445。⑤ 阴入的调型走势跟阴上一致，但相对时长（0.65）明显短于阴上（0.85），属促声调，调值定为42。⑥ 阳入调值定为13，但相对时长（1.15）已经明显长化。古柏方言7个声调的时长排列顺序为：阳去＞阴去＞阳入≈阳平＞阴上＞阴平＞阴入。谢留文（2018）从传统方言学角度描写了古柏方言的声调系统，与本书实验略有出入，声调系统的对比见表2-39。

表2-39　古柏方言单字调系统对比

调类	阴平	阳平	上声	阴去	阳去	阴入	阳入
实验	55	21	42	445	14	42	13
谢留文	55	11	33	35	24	22	归阳去

表2-39显示，本实验和谢留文记录的阴平、阳平、阴去、阳去调值相同或接近，但上声和阴入差异明显。另外，谢留文将阳入归入阳去，阳江方言的阳入字跟西部其他方言点一样，确有不少已经与阳去无别，并入阳去的趋势比较明显，但从声调曲线上来看，和阳去仍然存在一定的差距，因此我们仍将其设为一个独立调

位。谢留文记录的发音人生于1971年,本书的发音人生于1962年,年龄差异不大,他所描写的声调系统更接近淳溪方言,跟本书实验结果的差异可能是由发音人生活地域的不同引起的。

(6)漆桥方言声调实验

漆桥镇位于高淳区的西北部,与溧水区和凤镇交界,属于淳溪片和桠溪片的过渡区域。漆桥方言声调实验用字按古声调分阴平、阳平、阴上、全上、次上、阴去、全去、次去、阴入、阳入十种,基频实验数据见表2-40。

表2-40 漆桥镇方言单字调基频均值与标准差

	P1	P2	P3	P4	P5	P6	P7	P8	P9	P10	P11	P12	P13	P14	P15	P16	P17
阴平M	213	213	214	215	215	215	215	215	215	215	214	214	214	213	213	212	212
阴平S	9	10	10	10	10	11	11	11	11	11	11	11	11	11	10	11	12
阳平M	135	134	133	132	132	130	128	127	125	123	121	119	117	115	114	112	110
阳平S	6	6	6	7	7	7	6	5	5	4	4	4	4	4	4	4	4
阴上M	172	169	165	162	158	154	150	146	132	140	137	134	131	128	125	122	120
阴上S	10	10	9	9	8	8	9	9	9	9	9	9	10	10	10	10	11
全上M	113	112	112	113	114	116	119	123	129	135	142	150	159	168	176	184	191
全上S	8	8	8	8	9	10	11	12	13	15	16	18	19	19	18	18	19
次上M	190	192	195	196	197	197	198	198	198	198	197	196	195	194	193	192	191
次上S	11	11	11	11	11	12	12	13	13	13	13	13	13	13	13	14	14
阴去M	169	166	165	165	166	168	171	174	177	180	184	188	193	197	203	209	215
阴去S	9	10	10	11	12	13	14	15	16	17	18	19	19	19	20	21	22
全去M	117	116	115	115	117	119	123	127	133	139	146	154	163	172	182	192	199
全去S	7	7	7	7	7	7	7	8	10	12	14	15	16	17	16	15	
次去M	161	160	159	159	159	159	160	161	163	166	169	173	178	183	188	193	197
次去S	9	8	8	8	8	9	9	10	11	12	13	13	14	15	17	19	
阴入M	167	163	159	156	153	150	147	144	141	138	135	132	129	126	123	120	117
阴入S	15	14	13	12	11	11	10	10	10	9	9	8	8	8	7	7	7
阳入M	115	113	112	111	112	113	116	119	123	128	133	139	145	151	156	161	164
阳入S	8	8	7	7	7	7	7	7	8	8	8	9	9	9	9	10	11

将表2-40中的基频均值转换成T值,结果见表2-41。

表2-41 漆桥方言单字调T值

	P1	P2	P3	P4	P5	P6	P7	P8	P9	P10	P11	P12	P13	P14	P15	P16	P17
阴平	4.9	4.9	5.0	5.0	5.0	5.0	5.0	5.0	5.0	5.0	5.0	5.0	5.0	4.9	4.9	4.9	4.9

续表2-41

	P1	P2	P3	P4	P5	P6	P7	P8	P9	P10	P11	P12	P13	P14	P15	P16	P17
阳平	1.5	1.5	1.4	1.4	1.3	1.3	1.2	1.1	1.0	0.8	0.7	0.6	0.5	0.4	0.3	0.1	0.0
阴上	3.3	3.2	3.0	2.9	2.7	2.5	2.3	2.1	2.0	1.8	1.6	1.5	1.3	1.1	1.0	0.8	0.6
全上	0.2	0.1	0.1	0.2	0.3	0.4	0.6	0.9	1.2	1.5	1.9	2.3	2.7	3.1	3.5	3.8	4.1
次上	4.1	4.2	4.3	4.3	4.3	4.4	4.4	4.4	4.4	4.4	4.4	4.3	4.3	4.2	4.2	4.2	4.1
阴去	3.2	3.1	3.0	3.0	3.1	3.2	3.3	3.4	3.5	3.7	3.8	4.0	4.2	4.4	4.6	4.8	5.0
全去	0.5	0.4	0.4	0.4	0.4	0.6	0.8	1.1	1.4	1.7	2.1	2.5	2.9	3.4	3.8	4.1	4.4
次去	2.8	2.8	2.8	2.8	2.7	2.8	2.8	2.8	2.9	3.1	3.2	3.4	3.6	3.8	4.0	4.2	4.4
阴入	3.1	2.9	2.8	2.6	2.5	2.3	2.2	2.0	1.9	1.7	1.5	1.3	1.2	1.0	0.8	0.6	0.4
阳入	0.3	0.2	0.1	0.1	0.1	0.2	0.4	0.6	0.9	1.1	1.4	1.8	2.1	2.3	2.6	2.8	3.0

根据表2-41作图如下：

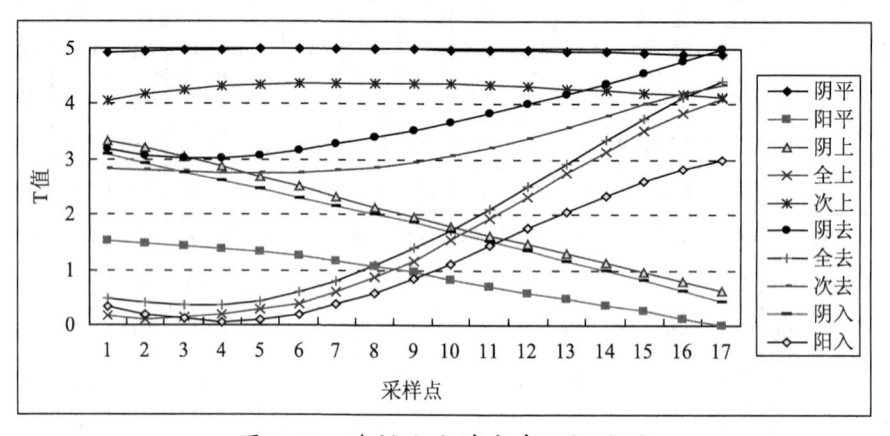

图2-40 漆桥方言单字声调格局图

漆桥镇方言声调时长实验数据见表2-42。

表2-42 漆桥方言单字调时长

	阴平	阳平	阴上	全上	次上	阴去	全去	次去	阴入	阳入
绝对时长	334	335	327	390	316	366	400	350	237	361
相对时长	0.98	0.98	0.96	1.14	0.92	1.07	1.17	1.02	0.69	1.06

根据表2-42的相对时长数据作图如下：

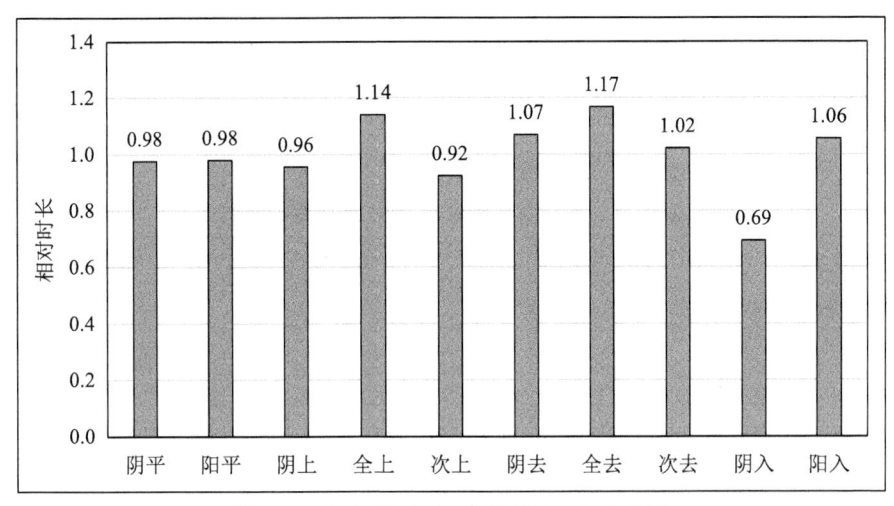

图2-41　漆桥方言单字调相对时长图

综合T值和时长数据，我们对漆桥方言声调的调值及调类分合情况分析如下：① 阴平、阳平、阴上较易确定，调值分别为55、21和41。② 全浊上低点在1度线内，高点虽超4度线，但只有1个点，且超出值仅为0.1，高点4.1与低点0.1差值为4.0，跨4个调域，因此调值定为14。③ 次浊上的T值线基本上都在5度区域内，调值定为55，与阴平同。需要强调的是，次浊上虽与阴平合并，但两者在T值和时长方面仍然有一些差距，说明次浊上仍然处于向阴平调靠拢的变化之中。④ 阴去调值虽有凹拱趋势，但斜差很小，只有0.2，因此定为升调，调值45。⑤ 全浊去有2个高点落在5度音区内，但高低点之差为4.0，跨4个音区，且与全浊上的曲线基本一致，因此调值也定为14。⑥ 次浊去有3个点在5度音区，从曲线图上看似应定为35，但高点和低点的差值为1.6，实际上跨2个音区，另一方面去声三分的情况在高淳其他乡镇的方言中也没有发现，且次浊去的相对时长为1.02，与阴去1.07基本无别，高淳多数方言点次浊去都归阴去。综合以上因素，我们将次浊去的调值定为45，但从次浊去的调型来看，实际调值更接近445，跟古柏一致。⑦ 阴入调值41，与阴上调型一致，但两者时长明显有别，阴入的相对时长为0.69，是个短促调。⑧ 阳入调值为13，从图形来看，与全浊去比较接近，但线条的后部差距拉大。阳入和阳去在时长上差异不明显，全浊去相对时长为1.17，阳入的时长为1.06，总体上，阳入也有并入阳去的趋势。漆桥方言7个声调的时长排列顺序为：阳去＞阴去≈阳入＞阳平≈阴平≈阴上＞阴入。根据以上分析结果可归纳出漆桥方言声调系统，见表2-43。

表2-43　漆桥方言单字调系统

调类	阴平	阳平	上声	阴去	阳去	阴入	阳入
调值	55	21	41	45	14	41	13

（7）固城方言声调实验

固城镇位于固城湖东岸，从地理位置上看，处在高淳区的中心区域。固城方言声调实验用字按古声调分阴平、阳平、阴上、全上、次上、阴去、全去、次去、阴入、阳入，共计十种，基频数据见表2-44。

表2-44　固城方言单字调基频均值与标准差

	P1	P2	P3	P4	P5	P6	P7	P8	P9	P10	P11	P12	P13	P14	P15	P16	P17
阴平M	160	161	161	162	162	162	162	161	161	161	160	160	160	160	161	160	158
阴平S	8	8	9	9	9	9	9	9	9	8	8	8	8	8	8	8	8
阳平M	111	110	110	109	108	107	106	105	104	103	102	101	100	99	98	98	97
阳平S	5	4	3	4	4	4	4	4	4	5	5	5	5	4	5	5	5
阴上M	139	136	134	132	130	128	126	124	122	120	118	117	115	114	112	110	108
阴上S	6	6	6	6	6	6	6	7	6	6	6	6	6	7	7	7	7
全上M	111	109	109	110	111	114	116	120	123	128	132	137	142	147	151	153	153
全上S	7	5	5	5	6	6	7	8	8	9	10	11	12	13	14	14	14
次上M	152	153	154	155	156	157	157	158	158	158	157	157	157	157	156	155	153
次上S	7	8	8	8	8	9	9	9	9	9	9	9	8	8	8	8	8
阴去M	136	135	134	134	134	134	135	136	138	140	142	145	148	151	153	155	156
阴去S	7	7	7	7	7	8	8	8	9	9	10	10	11	11	11	11	12
全去M	107	106	107	108	109	111	113	116	120	124	129	134	140	145	150	154	156
全去S	6	6	6	7	7	7	7	8	9	10	10	11	12	12	13	13	13
次去M	129	129	129	130	131	131	132	133	134	136	137	139	141	144	147	149	150
次去S	7	7	8	8	8	8	7	7	7	7	8	8	8	9	10	10	10
阴入M	131	130	128	126	123	121	119	117	114	113	111	110	109	107	106	105	103
阴入S	8	8	8	8	8	8	7	7	7	7	7	6	6	6	6	6	6
阳入M	104	104	104	103	103	104	107	110	113	115	118	121	124	127	130	133	135
阳入S	8	8	7	8	8	8	8	8	9	9	9	9	10	10	10	10	11

将表2-44中的基频均值转换成T值，结果见表2-45。

表2-45　固城方言单字调T值

	P1	P2	P3	P4	P5	P6	P7	P8	P9	P10	P11	P12	P13	P14	P15	P16	P17
阴平	4.9	4.9	5.0	5.0	5.0	5.0	5.0	5.0	4.9	4.9	4.9	4.9	4.9	4.9	4.9	4.9	4.7
阳平	1.3	1.2	1.2	1.2	1.1	1.0	0.9	0.8	0.7	0.6	0.5	0.4	0.3	0.2	0.2	0.1	0.0
阴上	3.5	3.3	3.1	3.0	2.9	2.7	2.6	2.4	2.3	2.1	1.9	1.8	1.7	1.6	1.4	1.3	1.0
全上	1.3	1.1	1.1	1.2	1.4	1.6	1.8	2.1	2.4	2.7	3.0	3.4	3.7	4.1	4.3	4.5	4.5
次上	4.4	4.4	4.5	4.6	4.6	4.7	4.7	4.7	4.7	4.7	4.7	4.7	4.7	4.7	4.7	4.6	4.5

续表2-45

	P1	P2	P3	P4	P5	P6	P7	P8	P9	P10	P11	P12	P13	P14	P15	P16	P17
阴去	3.3	3.2	3.2	3.2	3.2	3.2	3.2	3.3	3.5	3.6	3.8	3.9	4.1	4.3	4.5	4.6	4.6
全去	1.0	0.9	1.0	1.1	1.2	1.3	1.6	1.8	2.1	2.4	2.8	3.2	3.6	3.9	4.3	4.5	4.6
次去	2.8	2.8	2.8	2.9	2.9	3.0	3.0	3.1	3.2	3.3	3.4	3.5	3.7	3.9	4.1	4.2	4.2
阴入	2.9	2.9	2.7	2.5	2.4	2.2	2.0	1.8	1.6	1.5	1.4	1.2	1.1	1.0	0.9	0.8	0.6
阳入	0.7	0.7	0.7	0.6	0.6	0.7	1.0	1.2	1.5	1.7	1.9	2.2	2.4	2.7	2.9	3.1	3.2

根据表2-45作图如下：

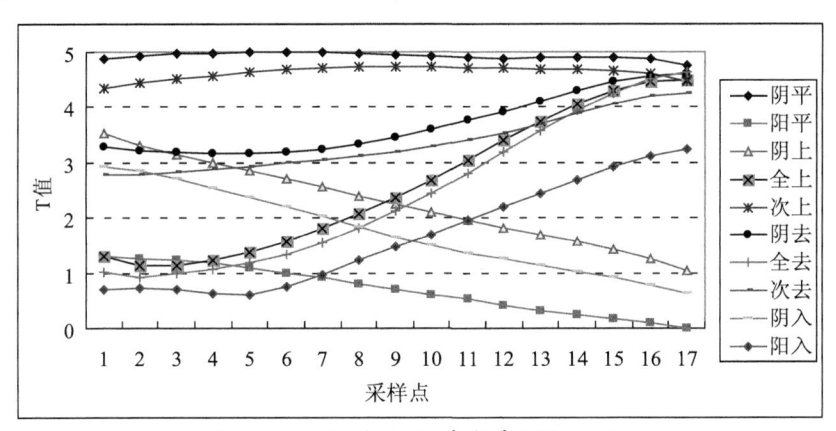

图2-42 固城方言单字声调格局图

固城方言声调时长实验数据见表2-46。

表2-46 固城方言单字调时长

	阴平	阳平	阴上	全上	次上	阴去	全去	次去	阴入	阳入
绝对时长	189	194	178	205	195	215	209	234	152	241
相对时长	0.94	0.96	0.89	1.02	0.97	1.07	1.04	1.16	0.76	1.20

根据表2-46的相对时长数据作图如下：

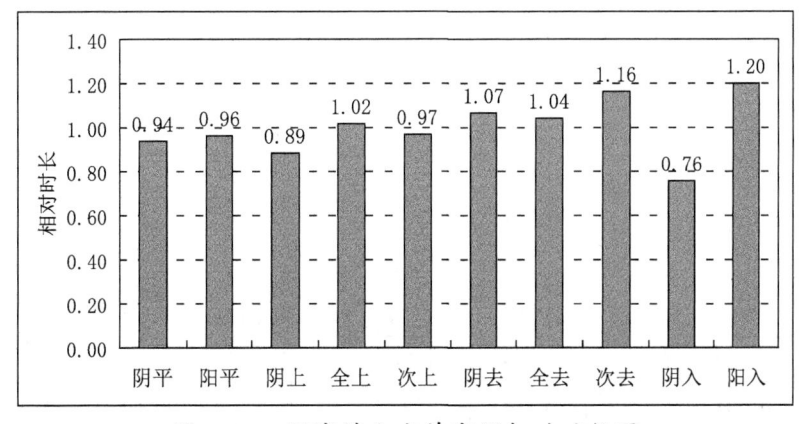

图2-43 固城镇方言单字调相对时长图

根据T值和时长数据，我们对固城镇方言声调的调值及调类分合情况分析如下：① 阴平为高平调，调值为55，次浊上声字调型走势与阴平一致，调值为55。② 阳平为低降调，调值为21。③ 阴上为高降调，高点在4度内，低点在1度线上，调值定为42。④ 古全浊上声字的调型走势与全浊去声一致，调值为25。⑤ 阴去为高升调，调值为45，次浊去的起始部分虽有几个点在3度区间，但T值接近4度，且整个调型走势与阴去一致，调值也定为45。⑥ 古全浊去为低升调，调值为25。⑦ 阴入为中降，相对时长0.76，在所有调类中调长最短，调值为31。⑧ 阳入调值起点在1度区域内，尾点在4度区域内，但只有2个点，斜差为2.6（3.2-0.6），跨3个音区，阳入相对调长为1.2，已明显长化，调值定为13。固城方言7个声调时长排列顺序为：阳入>阴去>阳去>阳平≈阴平>阴上>阴入。根据以上分析结果，将固城方言声调系统归纳为表2-47。

表2-47　固城方言单字调系统

调类	阴平	阳平	上声	阴去	阳去	阴入	阳入
调值	55	21	42	45	25	31	13

（8）东坝方言声调实验

东坝镇位于高淳区东南部，南部跟安徽郎溪县交界，东部是高淳桠溪镇。东坝方言属于宣州吴语太高小片，但具有一定的过渡性。东坝声调实验用字按古声调分阴平、阳平、阴上、全上、次上、阴去、全去、次去、阴入、阳入十种，基频数据见表2-48。

表2-48　东坝方言单字调基频均值与标准差

	P1	P2	P3	P4	P5	P6	P7	P8	P9	P10	P11	P12	P13	P14	P15	P16	P17
阴平M	178	177	177	177	178	179	179	179	180	180	180	180	179	179	177	175	173
阴平S	9	9	8	9	9	10	11	12	12	13	13	13	14	14	15	15	16
阳平M	114	113	113	112	112	111	110	108	107	106	105	104	103	102	101	100	98
阳平S	6	7	7	6	6	5	5	5	5	5	5	5	5	5	5	5	5
阴上M	147	144	141	139	137	134	131	129	127	124	122	119	117	115	113	111	109
阴上S	13	13	13	12	12	11	11	10	10	9	9	8	8	7	7	7	8
全上M	108	108	108	108	109	110	111	114	116	119	122	126	131	138	146	153	158
全上S	9	9	8	9	9	9	8	8	8	9	10	11	13	15	17	17	17
次上M	167	168	169	170	171	172	173	173	173	173	172	172	171	170	169	169	168
次上S	14	14	14	14	14	14	14	14	14	14	14	14	14	14	14	14	15
阴去M	140	137	135	133	132	131	131	132	133	135	137	141	144	147	150	152	153
阳去S	8	8	8	8	8	9	10	11	11	12	13	13	14	14	16	16	16
全去M	102	101	101	102	103	104	105	107	110	113	117	121	125	130	136	141	144

续表2-48

	P1	P2	P3	P4	P5	P6	P7	P8	P9	P10	P11	P12	P13	P14	P15	P16	P17
全去S	8	8	8	7	7	7	7	7	7	6	6	6	7	8	10	13	15
次去M	135	133	132	131	131	130	130	130	130	131	134	137	140	132	146	149	152
次去S	8	8	8	8	8	8	9	9	9	10	11	11	12	12	12	12	12
阴入M	132	130	128	125	123	120	117	114	112	109	107	104	102	100	98	96	93
阴入S	14	13	12	12	11	11	10	10	10	10	9	9	9	9	10	11	12
阳入M	97	97	97	98	99	100	101	102	104	106	108	111	115	119	122	124	124
阳入S	13	12	11	9	11	10	10	10	9	9	9	9	9	9	9	10	9

将表2-48中的基频均值转换成T值，结果见表2-49。

表2-49 东坝方言单字调T值

	P1	P2	P3	P4	P5	P6	P7	P8	P9	P10	P11	P12	P13	P14	P15	P16	P17
阴平	4.9	4.9	4.9	4.9	4.9	4.9	5.0	5.0	5.0	5.0	5.0	5.0	5.0	4.9	4.9	4.8	4.7
阳平	1.5	1.5	1.5	1.4	1.4	1.4	1.3	1.2	1.1	1.0	1.0	0.9	0.8	0.7	0.7	0.6	0.5
阴上	3.5	3.3	3.2	3.1	2.9	2.8	2.6	2.5	2.4	2.2	2.1	1.9	1.8	1.6	1.5	1.3	1.2
全上	1.1	1.1	1.1	1.2	1.2	1.3	1.4	1.5	1.7	1.9	2.0	2.3	2.6	3.0	3.4	3.8	4.0
次上	4.4	4.5	4.5	4.6	4.6	4.7	4.7	4.7	4.7	4.7	4.7	4.6	4.6	4.6	4.6	4.5	4.5
阴去	3.1	3.0	2.8	2.7	2.7	2.6	2.6	2.7	2.7	2.8	3.0	3.1	3.3	3.5	3.6	3.7	3.8
全去	0.7	0.7	0.7	0.7	0.8	0.9	1.0	1.1	1.3	1.5	1.8	2.0	2.3	2.6	2.9	3.2	3.3
次去	2.8	2.7	2.7	2.6	2.6	2.6	2.5	2.5	2.5	2.6	2.8	2.9	3.1	3.3	3.4	3.6	3.7
阴入	2.7	2.6	2.4	2.3	2.1	1.9	1.8	1.6	1.4	1.2	1.1	0.9	0.7	0.6	0.4	0.2	0.0
阳入	0.3	0.3	0.3	0.4	0.5	0.6	0.6	0.8	0.9	1.0	1.2	1.4	1.6	1.9	2.1	2.2	2.2

根据表2-49作图如下：

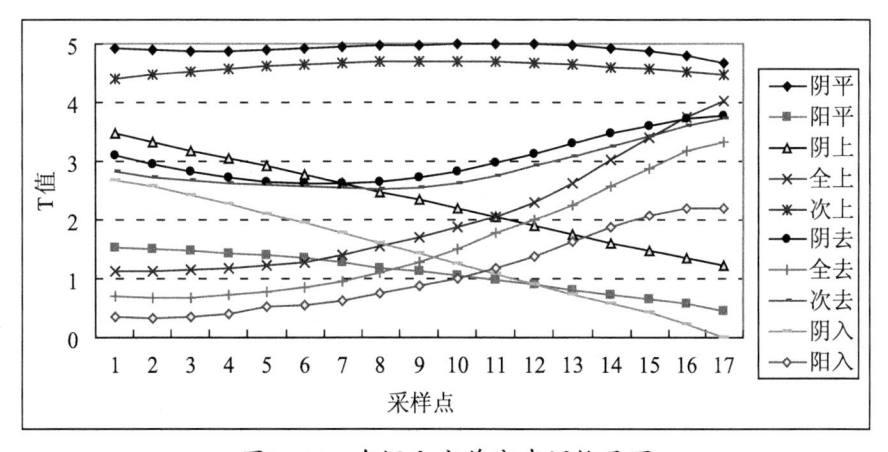

图2-44 东坝方言单字声调格局图

东坝镇方言声调时长实验数据见表2-50。

表2-50　东坝方言单字调时长

	阴平	阳平	阴上	全上	次上	阴去	全去	次去	阴入	阳入
绝对时长	132	178	161	228	122	210	228	231	124	214
相对时长	0.72	0.98	0.88	1.25	0.67	1.15	1.25	1.27	0.68	1.17

根据表2-50的相对时长数据作图如下：

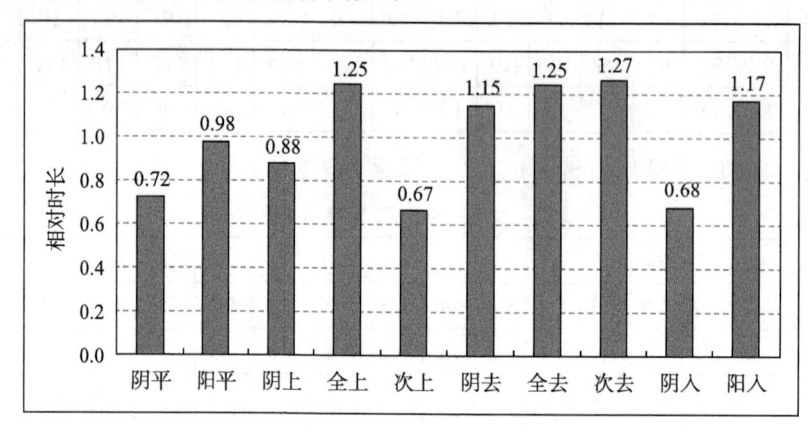

图2-45　东坝镇方言单字调相对时长图

综合T值和时长数据，我们对东坝镇方言声调的调值及调类分合情况分析如下：① 阴平是个高平调，调值为55，次浊上声字调型走势与阴平一致，调值也是55。② 阳平是个低降调，调值为21。③ 阴上高点在4度，低点在2度，调值为42。④ 古全浊上声字是个升调，低点在2度，高点在4度线上，调值定为24。⑤ 阴去是个曲折调，前部分的斜差为0.5，后部分斜差为1.2，考虑到后部抬升的幅度比较大，虽然未达5度区间，但也仅差0.2，所以调值定为435，次浊去前部的斜差只有0.3，考虑到它与阴去的一致性较强，而与阳去差异较大，调值定为435，但次浊去的这种表现说明它具有不稳定性。⑥ 古全浊去的低点在1度（有6个点），高点在4度，但因斜差为2.6，实际跨3个音区，且起点的值为0.7，调值定为24。⑦ 阴入为中降调，相对时长0.68，属促声调，调值为31。⑧ 阳入的起点在1度，尾点在3度，调值为13，阳入相对调长为1.17，位居第二，已明显长化。东坝方言7个声调调长排列顺序为：阳去＞阳入≈阴去＞阳平＞阴上＞阴平＞阴入。根据以上分析结果归纳的东坝方言声调系统见表2-51。

表2-51　东坝方言单字调系统

调类	阴平	阳平	上声	阴去	阳去	阴入	阳入
调值	55	21	42	435	24	31	13

（9）定埠方言声调实验

定埠原是镇级建制，2005年3月撤销，大部分划归桠溪镇管辖，小部分划归东坝镇管辖。定埠方言属于太湖吴语毗陵小片，但有很多特别之处，本书仍沿用旧制设点。定埠位于高淳区的东南部，地理位置比较特殊，处在江苏与安徽的分界线上，胥溪河将其一分为二，河之南属于安徽郎溪，河之北属于江苏高淳，但两个乡镇原来都叫定埠镇，河南、河北方言差异不大。定埠方言声调实验用字按古声调分阴平、阳平、阴上、全上、次上、阴去、全去、次去、阴入、阳入十种，声调基频数据见表2-52。

表2-52　定埠镇方言单字调基频均值与标准差

	P1	P2	P3	P4	P5	P6	P7	P8	P9	P10	P11	P12	P13	P14	P15	P16	P17
阴平M	153	152	152	151	151	152	152	153	155	157	159	162	164	167	170	171	171
阴平S	13	12	11	11	11	11	11	11	12	12	12	13	13	13	13	13	13
阳平M	129	126	124	122	120	120	120	121	124	127	129	133	136	140	144	149	153
阳平S	10	12	12	12	13	13	12	12	12	12	13	13	13	15	15	17	19
阴上M	177	178	178	179	180	180	180	180	180	180	180	180	179	178	177	174	171
阴上S	16	16	16	16	17	17	17	17	18	18	18	18	18	18	18	18	17
全上M	175	175	174	173	171	168	165	161	157	152	147	142	137	131	127	123	119
全上S	18	18	18	18	18	17	17	17	16	16	15	13	13	12	12	12	11
次上M	147	148	148	149	149	151	152	154	156	158	161	163	166	169	171	172	172
次上S	9	9	9	10	11	11	12	12	12	12	12	12	12	12	12	11	11
阴去M	151	151	149	147	145	132	141	140	138	137	135	134	132	130	128	126	123
阴去S	12	12	11	11	11	11	11	10	10	10	9	9	9	9	10	9	9
全去M	174	174	173	171	168	165	162	158	154	149	144	139	134	129	124	119	114
全去S	21	21	20	20	19	19	19	18	18	17	16	16	15	14	13	13	13
次去M	148	147	147	146	144	132	142	141	140	138	136	135	133	131	128	125	120
次去S	13	13	14	14	14	15	15	15	15	15	15	14	14	14	14	14	17
阴入M	176	176	176	176	175	175	174	173	172	170	168	166	164	162	159	156	152
阴入S	9	9	9	9	9	9	9	9	9	9	9	9	10	10	10	11	12
阳入M	157	155	153	151	149	147	144	141	138	134	131	127	123	119	116	112	107
阳入S	10	10	9	9	9	9	9	9	9	9	9	9	9	10	10	11	12

将表2-52中的基频均值转换成T值，结果见表2-53。

表2-53　定埠方言单字调T值

	P1	P2	P3	P4	P5	P6	P7	P8	P9	P10	P11	P12	P13	P14	P15	P16	P17
阴平	3.4	3.4	3.4	3.3	3.3	3.4	3.4	3.4	3.5	3.7	3.8	4.0	4.1	4.3	4.4	4.5	4.5

续表2-53

	P1	P2	P3	P4	P5	P6	P7	P8	P9	P10	P11	P12	P13	P14	P15	P16	P17
阳平	1.8	1.6	1.5	1.3	1.2	1.1	1.1	1.2	1.4	1.6	1.8	2.1	2.3	2.6	2.9	3.2	3.4
阴上	4.8	4.8	4.9	4.9	5.0	5.0	5.0	5.0	5.0	5.0	5.0	5.0	4.9	4.9	4.8	4.7	4.5
全上	4.7	4.7	4.7	4.6	4.5	4.3	4.1	3.9	3.7	3.3	3.0	2.7	2.4	2.0	1.6	1.4	1.0
次上	3.1	3.1	3.1	3.2	3.2	3.3	3.4	3.5	3.6	3.7	3.9	4.0	4.2	4.4	4.5	4.6	4.6
阴去	3.3	3.3	3.2	3.1	2.9	2.8	2.7	2.6	2.5	2.4	2.3	2.2	2.0	1.9	1.7	1.6	1.3
全去	4.7	4.6	4.6	4.5	4.3	4.2	4.0	3.8	3.5	3.2	2.9	2.5	2.2	1.8	1.4	1.1	0.6
次去	3.1	3.1	3.0	3.0	2.9	2.8	2.7	2.7	2.6	2.5	2.4	2.2	2.1	1.9	1.8	1.5	1.2
阴入	4.8	4.8	4.8	4.7	4.7	4.7	4.6	4.6	4.5	4.4	4.3	4.2	4.1	4.0	3.8	3.6	3.4
阳入	3.7	3.6	3.5	3.3	3.2	3.0	2.9	2.7	2.4	2.2	1.9	1.7	1.4	1.1	0.8	0.5	0.0

根据表2-53作图如下：

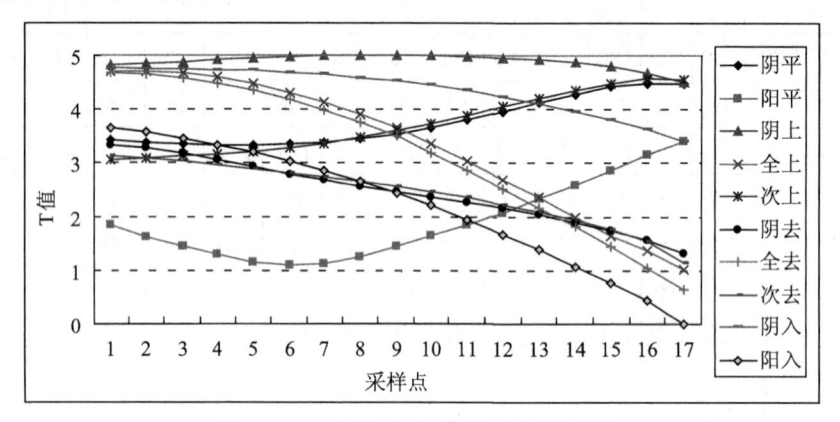

图2-46　定埠方言单字声调格局图

定埠方言声调时长实验数据见表2-54。

表2-54　定埠方言单字调时长

	阴平	阳平	阴上	全上	次上	阴去	全去	次去	阴入	阳入
绝对时长	196	334	150	160	193	185	167	177	81	108
相对时长	1.12	1.91	0.86	0.92	1.10	1.06	0.95	1.01	0.46	0.62

根据表2-54的相对时长数据作图如下：

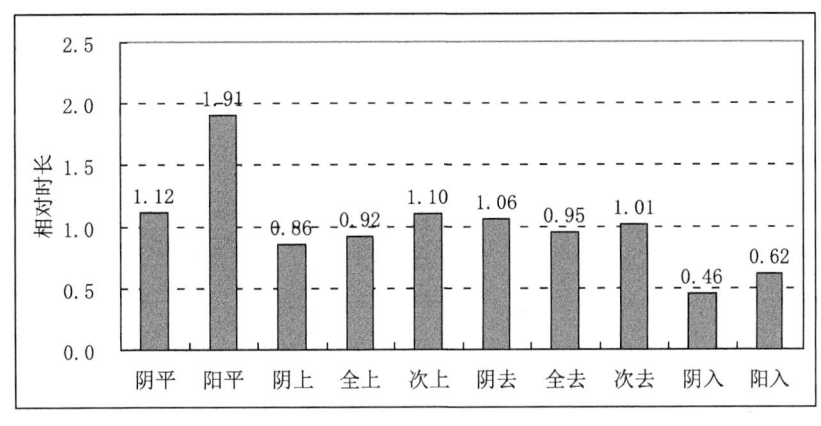

图2-47　定埠方言单字调相对时长图

综合T值和时长数据，我们对定埠方言声调的调值及调类分合情况分析如下：① 阴平为高升调，调值为45，次浊上声字调型走势与阴平调值一致，为45。② 阳平是个曲折调，前部斜差为0.7，后部斜差为2.3，调值定为324。③ 阴上的斜差为0.5，处于平调和斜调的临界值，但高低点基频值仅相差9 Hz，因此调值定为55。④ 古全浊上声字为高降调，调型走势与全浊去声一致，调值为52。⑤ 阴去和次浊去调型走势基本一致，阴去的斜差为2.0，次浊去的斜差为1.9，都是跨2度音区，两者合并，调值定为32。⑥ 古全浊去声字跨5个音区，但尾部仅一个点在1度，考虑降尾因素的影响以及与全浊上声的一致性，调值定为52。⑦ 阴入为高调，略降，调值为54，相对时长0.46，属促声调。⑧ 阳入调值为41，相对时长0.62，也属促声调，与高淳其他方言点明显不同。定埠方言7个声调的时长排列顺序为：阳平＞阴平＞阴去＞阳去＞阴上＞阳入＞阴入。根据以上分析结果，将定埠方言声调系统归纳为表2-55。

表2-55　定埠方言单字调系统

调类	阴平	阳平	上声	阴去	阳去	阴入	阳入
调值	45	324	55	32	52	54	41

表2-55显示，定埠方言声调系统与同属东部地区的桠溪方言基本一致，调类都是7个，调值也都比较接近。定埠和桠溪的入声都分阴阳，都是促声调。需要指出的是，定埠方言的古入声字存在送气分调的现象，即送气声母的阴入字归到阳入中去了，为保持数据的一致性，我们选择阴入实验用字时已经排除了送气声母字，因此，送气分调现象在声调实验数据中没有反映出来。

第 3 章
音系、音韵比较及语流音变

本章介绍高淳方言语音系统，选择代表性方言点作声韵调、音韵特点和同音字汇的全面描写。高淳方言可以分成三片：西片方言属于宣州吴语太高小片，代表点是淳溪；东片方言属于太湖吴语毗陵小片，代表点是桠溪；西南片方言属于宣州吴语铜泾小片，代表点是砖墙。古柏、漆桥主体属于西片，但因为处在东西片的过渡地带，其方言也具有东片方言的残留特征。除代表点音系的描写外，本章还将三片方言的语音系统进行内外比较分析，同时以淳溪镇方言为例，描写高淳方言的语流音变现象。

3.1 代表点音系

3.1.1 淳溪方言音系

淳溪镇是高淳区政府所在地，位于石臼湖和固城湖之间，地处高淳区中部偏西，东北部与古柏镇接壤，东部与固城镇相连，西隔官溪河与阳江镇相望。2005年末的统计数据显示淳溪镇面积107平方公里，人口10万余人。淳溪镇下辖27个村民委员会：西舍、王村、甘村、八字角、渔业、宝塔、戴村、渭凤、花奔、太安、姜家、南塘、龙井、铺头、双进、河城、城东、驼头、永花、荣复、邢丰、临城、薛城、长丰、长乐、新杨、杨家。[1]淳溪镇的主要发音人是陈造庠，男性，1941生，小学退休教师，没有长期在外地生活的经历，不会说普通话，只会说高淳话，曾经

---

[1] 参见高淳县地方志编纂委员会《高淳县志（1986—2005）》第1110页。

多次在高淳电视台参加地方话讲故事等节目。

3.1.1.1 声韵调

（一）声母（24个，含零声母）

p布八班包	pʰ怕配派普	b婆爬皮文	m麻买妹门	f飞发婚舞
t多低胆东	tʰ太腿汤贴	d谈定糖达	n闹牛乱怒	l罗路老农
ts左灾制走	tsʰ草丑出唱	s沙苏诗手	z坐才实床	
tɕ价军轿关	tɕʰ妻区产恰	ɕ新洗小具	ʑ徐齐桥琴	
k哥古挂高	kʰ开看空客	h好欢瞎汉	ŋ袄岩爱暗	ɦ孩豪侯航
∅我爷雨会				

说明：

① 浊音声母[b]、[d]、[z]、[ʑ]不是真浊音，韵母前段伴有浊流现象，[z]、[ʑ]单念或作为前字时浊流特征较弱。

② 有的[b]声母字发音时伴有强气流现象。

③ [f]与[a]类低元音韵母相拼时，有的接近双唇清擦音[ɸ]。

④ [ts]、[tsʰ]、[s]与[u]组合时音质接近[tʃ]、[tʃʰ]、[ʃ]，有时伴有双唇颤动现象。

⑤ [n]与细音相拼时，实际读音接近[ȵ]。

⑥ [ɦ]中的[ɦ]表示后接元音有气嗓音现象，但与高元音相配时气嗓音程度较弱。

（二）韵母（46个，含辅音自成音节的韵母）

ɿ资次纸世	i皮体喜衣	u布姑书树	y徐羽取吕
	ɪ棉尖善连		ʏ南刘暖园
a妈拿蛇茶	ia家加借椏	ua瓜夸蛙卦	ya瘸靴
ɑ杂达辣袜	iɑ侠诺略约	uɑ滑或划活	yɑ岳镯蜀
	ie胆三产者		ye惯反帆弯
ɛ盖才害岸	iɛ敌席立肉	uɛ怪衰坏外	yɛ月局育浴
ʊ多可破半			
ɔ宝毛道考	iɔ飘乔摇料		
ə白读食麦		uə入术获沃	
ei贝梅罪豆		uei灰柜水亏	
ã帮刚张方	iã良抢香央	uã床光庄双	
əŋ针跟争工	iŋ心金杏兵	uəŋ昆棍魂温	yŋ军云群凶
ɑʔ答作杀法	iaʔ恰甲雀脚	uaʔ阔刮壳郭	yɑʔ觉确触却
əʔ汁刻色百	ieʔ跌歇笔吃	uəʔ出骨竹粥	yɛʔ决屈菊曲
l̩礼吏离厘	m̩弥亩尾	n̩泥宜腻儿	ŋ̍恩翁瓮

说明：

① [i]、[y]有摩擦；[ɿ]、[ʮ]无明显摩擦，实际读音相当于与普通话的[i]、[y]。

② [u]发音时唇形不圆，气流通道较窄，少数[u]韵字的实际音质接近[ɯ]。

③ [iɛ]、[yɛ]、[ɑ]、[iɑ]、[uɑ]、[yɑ]来源于阳入字，与对应的[ie]、[ye]、[a]、[ia]、[ua]、[ya]调值有别，音色略有差异，有合并趋势。

④ [ɛ]发音时有的有一定动程，接近[ɛɪ]。

⑤ [ei]与舌根音声母组合时，实际读音接近[əi]。

⑥ [uəŋ]的[u]韵头很短；[yŋ]的韵尾实际处于[n]和[ŋ]之间。

⑦ 阳入字无喉塞尾，演变为相应的舒声韵；阴入字的喉塞尾也不甚明显。

（三）声调（7个）

阴平[55] 天高书雨　阴上[33] 紫鬼打苦　阴去[35] 寸救送骂　阴入[32] 雪急客节
阳平[22] 头桥斜牛　　　　　　　　　阳去[14] 步旧坐树　阳入[13] 夺直灭麦

说明：

① 部分阴平字有微升感，调值接近[45]；次浊上声字绝大多数归阴平。

② 阴去字上升幅度不大，也可记作[34]，有些字有曲折感，调值接近[435]。

③ 阳去字略有曲折，的调值接近[214]。

④ 阴入字调长相对较短，有些字调值同阴上接近，但调长明显不同。

⑤ 阳入字有并入阳去字的趋势，但因调长有别，暂设一个调位。

3.1.1.2　音韵特点

（一）声母特点

（1）"帮滂并"、"端透定"声母三分，浊声母"并、定"的性质为清音浊流，即声母本身是清音，但韵母前段发音时伴有气嗓音现象。如：爬ba²²|桃dɔ²²。受宣州吴语铜泾小片方言影响，有的并母字伴有较强的气流，有时甚至读成清送气音声母，如：服pʰə¹³。需要指出的是，在淳溪方言中，这种清送气音声母和浊音声母目前还处于自由变体的阶段，发音人自己并未察觉到这种不同。

（2）古"从邪澄崇船禅"六母基本上按今读韵母的洪细分化为两类，洪音前读[z]，细音前读[ʑ]，如：才zɿ²²|坐zu¹⁴|杂zɑ¹³|齐ʑɿ²²|聚ʑy¹⁴|绝ʑiɛ¹³||词zɿ²²|诵zəŋ¹⁴|俗zə¹³|斜ʑia²²|袖ʑyʮ¹⁴|习ʑiɛ¹³|茶za²²|郑zəŋ¹⁴|值zə¹³|除ʑy²²|轴ʑyɛ¹³|柴zɛ²²|事zɿ¹⁴|闸zɑ¹³|馋ʑiɛ²²|镯ʑyɑ¹³||蛇za²²|剩zəŋ¹⁴|实zə¹³|船zyɛ²²||时zɿ²²|社za¹⁴|熟zuɛ¹³|善ʑɿ¹⁴|蜀ʑyɑ¹³。群母除少数洪音字外，基本都读[ʑ]，如：桥ʑiɔ²²|近ʑiŋ¹⁴|局ʑyɛ¹³。浊音声母[z]、[ʑ]的浊流色彩都比较弱，我们调查的老派发音人浊流稍微强一点，但中青年基本上已经转化为对应的清音声母了。

（3）匣母在细音前大多增生舌面擦音[ʑ]，洪音前增生喉擦音[h]，如：夏ʑia¹⁴|咸

zie²²|孩 hɦie²²|回 hɦuei²²|红 hɦiəŋ²²|核 hɦə¹³。部分匣母字读零声母或唇齿擦音[f]，如：湖 u²²|坏 uɛ¹⁴|黄 uã²²|混 fəŋ³⁵|晃 fã³⁵。匣母读音[z]、[hɦ]的浊流也比较弱。

（4）遇摄合口一等端、透、定、精母模韵字的声母（读舌尖音[ts]组）发音时双唇有明显颤动，韵母唇形不圆，通道很窄，实际音质接近[ʮ]。如"赌、都、土、吐"等字。

（5）古知庄章组字与精组一二等字声母相同（即声母不分舌尖前和舌尖后），读[ts tsʰ s]，如：脏＝章 tsã⁵⁵|早＝找 tsɔ³³|脆＝臭 tsʰei³⁵|森＝深＝孙＝声 səŋ³³。

（6）舌面音声母[tɕ tɕʰ ɕ]含有一些跟普通话不同来源的字，包括咸摄开口一二三等精、知、章、庄组舒声字，如：沾 tɕi⁵⁵|搀 tɕʰI⁵⁵|闪 ɕI³³；咸摄合口三等少数字，如：泛 ɕye³⁵|帆 ɕye⁵⁵；山摄合口一三等精组、照组舒声韵字，如：钻 tɕɤ⁵⁵|穿 tɕʰɤ⁵⁵|转 tɕɤ³⁵；山摄合口三等非组部分字，如：反 ɕye³³|翻 ɕye⁵⁵。

（7）除并母字读浊声母[b]以外，奉、微二母的部分字也有读浊声母[b]的现象，如：乏 bɑ¹³|范 bie¹⁴|凡 bie²²|罚 bɑ¹³|万 bie¹⁴|逢 bəŋ²²|文 bəŋ²²|闻 bəŋ²²。微母今读主要分化为四类：[m]忘网蔓晚；[b]未尾亡问；[f]无勿舞雾；[∅]务挽雾。四种读音之中，[m]属于语音存古，[b]是跟奉母平行的创新音变，[f]是跟非组、晓组声母读[f]平行的语音现象，[∅]是官话方言影响的结果。

（8）[f]声母不仅来自非、敷、奉三母，微母、匣母、晓母、影母、云母等也有一些字读[f]，如：诬 fu⁵⁵|鹉 fu⁵⁵|晃 fã³⁵|户 fu³⁵|花 fɑ⁵⁵|况 fã³⁵|灰 fei⁵⁵|呼 fu⁵⁵|彗 fei³⁵。少数字[f]、[h]处于自由变换阶段。

（9）泥来母洪音不混，来母细音混入泥母，如：脑 nɔ⁵⁵≠老 lɔ⁵⁵|捺 nɑ¹³≠辣 lɑ¹³|年＝莲 nI²²|刘＝牛 nɤ²²。个别来母洪音字混入泥母，如：伦 nəŋ²²|冷 nəŋ⁵⁵。个别泥母洪音混入来母，如：内 lei³⁵|农 ləŋ²²。

（10）[ŋ]声母除来源于疑母字外，也有来源于影母的字，如：丫 ŋa⁵⁵|爱 ŋɛ³⁵|袄 ŋɔ⁵⁵|呕 ŋei⁵⁵。

（11）假摄、蟹摄、效摄和咸山摄的见系开口二等部分字有文白异读现象，文读声母为一般舌面音或零声母，白读声母一般为舌根音，如：家 ka⁵⁵/tɕia⁵⁵|牙 ŋa²²/ia²²|下 hɦa¹⁴/zia¹⁴|介 kɛ³⁵/tɕie³⁵|教 kɔ⁵⁵/tɕiɔ⁵⁵|敲 kʰɔ⁵⁵/tɕʰiɔ⁵⁵|间 kɛ⁵⁵/tɕI⁵⁵。

（12）日母有擦音、边音、鼻音、零声母以及自成音节多种读音形式，如：人 zəŋ²²|弱 zɑ¹³|绕 lɔ³⁵|惹 nia⁵⁵|肉 mie¹³|戎 yŋ³¹|耳 l̩⁵⁵|儿 n̩²²。部分字存在文白异读，如："日"白读 nie¹³，文读 zə¹³；"人"白读 niŋ²²，文读 zəŋ²²。

（13）淳溪方言内部声母分歧不大，靠近东部的地区奉母更多地读[f]或者[f]、[b]两读，如城东咀头：房 fã²²/bã²²|罚 fɑ¹³/bɑ¹³。淳溪东部群母残留[g]、[ʥ]的读法，如咀头：柜 guei²⁴/huei²⁴/fei²⁴|穷 ʥyn²²。淳溪东部泥来母保持不混的格局，如咀头：脑 nɔ⁵⁵≠老 lɔ⁵⁵|年 nI²²≠连 lI²²。

（二）韵母特点

（1）[ʋ]韵的主要来源有：果摄字、山摄桓韵钝音声母字、流摄侯韵帮组、遇摄模韵明母字。因来源多样，造成"婆＝盘bʋ^{22}"、"茂＝墓mʋ^{35}"、"玩＝鹅ʋ^{22}"等同音现象。

（2）淳溪方言假摄主元音跟江淮官话相同，为[a]，跟溧阳地区吴语（读[o]）不同。假摄二三等部分字有文白异读现象，如：虾ha^{55}/ɕia^{55} | 写ɕia^{33}/ɕɿ^{33}。

（3）蟹摄合口一等端组、精组，止摄合口三等精组等韵母不带[u]介音，如：退tʰei^{35} | 罪zei^{14} | 嘴tsei^{33} | 随zei^{22}。

（4）遇摄合口三等鱼虞韵知系少数字有读[y]的现象，如：除ʐy^{22} | 注tɕy^{35}。

（5）流摄开口一等侯韵（除帮组外）以读[ei]为主，少数字有[ei]/[ɤ]两读，如：偷tʰei^{55}/tʰɤ^{55} | 透tʰei^{35}/tʰɤ^{35}，[ɤ]为早期读音形式。流摄开口三等尤韵非组大都读[u]，如：富fu^{35}。尤韵知系读[ei]，如：昼tsei^{35} | 愁zei^{22} | 周tsei^{55} | 寿zei^{14}。尤韵泥组、精组、见系读[ɤ]，如：刘lɤ^{22} | 柳nɤ^{55} | 酒tɕɤ^{33} | 羞ɕɤ^{55} | 球ʑɤ^{22} | 油ɤ^{22}。

（6）咸摄开口一等覃谈韵、山摄开口一等寒韵有[ei]、[ie]两种主要读音，其中[ie]跟二等韵读音相同，属较晚的层次，如：谭die^{22} | 感kei^{33} | 毯tʰie^{33} | 敢kei^{33} || 炭tʰie^{35} | 兰nie^{22} | 肝kei^{55} | 汉hei^{35}。覃韵除了读[ei]、[ie]外，还残留少数字读[ɤ]，如：男nɤ^{22} | 蚕ʑɤ^{22}。咸山摄开口二等字以读[ie]为主，少数字跟三四等读音相同，读[ɿ]，属晚期合流层，如：杉ɕie^{55} | 减tɕɿ^{33} | 搀tɕʰie^{55} || 班pie^{55} | 山ɕie^{55} | 简tɕɿ^{55}。咸山摄三四等字基本都读[ɿ]，如：帘nɿ^{22} | 甜dɿ^{22} || 变pɿ^{35} | 天tʰɿ^{55}。

（7）山摄合口一等桓韵字的读音按声母锐钝分化，基本的规律是钝音（帮组、见系）读[ʋ]、锐音（端系）读[ɤ]，如：潘pʰʋ^{55} | 管kʋ^{33} | 短tɤ^{33} | 酸ɕɤ^{55}。山摄合口二等主要有[ye]、[uɛ]两种读音，如：关tɕye^{55} | 患ɦuɛ^{14}。山摄合口三四等以读[ɤ]、[ɿ]为主，读[ɿ]的主要是精组字，如：穿tɕʰɤ^{55} | 权ʑɤ^{55} | 全zɿ^{22} | 选ɕɿ^{33}。比较特别的是，咸山摄合口三等非组声母字的韵母有[ye]、[ie]两种读音形式，如：烦bie^{22} | 饭bie^{14} | 犯bie^{14} | 反ɕye^{33} | 翻ɕye^{55} | 帆ɕye^{55}。

（8）深臻曾梗四摄合流，均带后鼻音韵尾，如：心＝新＝兴~旺＝星ɕiŋ^{55} | 森＝申＝升＝生səŋ^{55}。通摄主元音央化，与深臻曾梗合流，如：征＝贞＝针＝珍＝钟tsəŋ^{55}。臻摄合口一等见系一般读[uəŋ]，其他声母字读[əŋ]，如：棍kuəŋ^{55} | 温uəŋ^{55} | 门məŋ^{22} | 盾dəŋ^{14} | 寸tsʰəŋ^{35}。

（9）入声韵有简化现象，咸山摄一二等入声字的主元音以读[ɑ]为主，咸山摄三四等和曾梗深臻通摄的入声字主元音以读[ɛ]、[ə]为主，宕江摄入声字的主元音以读[ɑ]为主，个别字主元音为[ə]。阳入字失去喉塞尾，变成舒声韵。

（10）自成音节的韵母比较多，除了鼻音外，还有边音自成音节的现象，主要是止开三来母、日母字和蟹开四来母字，读[l̩]，如：里l̩^{55} | 例l̩^{35} | 饵l̩^{55}。

（11）淳溪方言内部韵母方面的差别主要是：城东和城西遇摄都有读[ʮ]的现象，如薛城：租tsʮ⁵⁵|兔tsʰʮ⁴³⁵；咀头：朱tsʮ⁵⁵|初tsʰʮ⁵⁵。城中老年人尚有少量侯韵字读[ɤ]，城中青年人、城东和城西侯韵基本没有读[ɤ]的字了。城中和城西覃韵尚有读[ɤ]的现象，城东基本没有这种读法，如"南"在城中和城西读[nɤ²²]，城东读[nei²²]。

（三）声调特点

（1）淳溪镇方言有7个声调，古声调的分化规律是：古平声分阴平、阳平两类，阴平调值[55]，阳平调值[22]；古阴上读[33]，古次浊上大都归阴平，古全浊上归阳去；古阴去读[35]，古次浊去归阴去，古全浊去读[14]；古阴入读[32]，古阳入读[13]。古声调分化的主要特点是次浊上、次浊去归入相应的阴调类，调型方面的主要特点是平调较多，阴平、阳平、阴上字皆为平调。淳溪方言的古浊入字已演变为舒声调，正在逐步跟阳去调合并。调值方面，阴调类基本都是高调，阳调类基本都是低调，符合吴语阴高阳低的声调格局特点。

（2）声调调长方面，排列顺序为：阴去＞阳入≈阳去＞阳平＞阴上＞阴平＞阴入。阴入短促，阳入调长不短。阴入字调长相对较短，韵母喉塞不甚明显；阳入字调长不短，韵母无喉塞尾。

（3）淳溪方言声调内部差异不大，与城中相比，城东和城西的阴去调调值以读[435]为主，可能是城中[35]的前身，城西阳入跟阳去合并的趋势更加明显。

3.1.1.3 同音字汇

本字汇先按韵母分类，同韵字再按声母顺序排列，同声韵的字按声调顺序排列。举例、解释在本字右下角用小号字体表示，用"～"代替本字。字下加"＿"表示白读，加"＿"表示文读。有多个读音的在本字右下角下标数字1、2、3表示。暂时写不出本字的用"□"代替。后文砖墙、桠溪方言的同音字汇体例同此。

ɿ

ts [55]知蜘支枝肢栀资姿脂兹滋辎之芝踟掷 [33]紫纸姊旨指子梓滓止趾址 [35]制智致至置志痣

tsʰ [55]雌疵痴此嗤茨□～星；流星 [33]侈耻齿 [35]刺翅次

s [55]斯厮撕施私师狮蛳尸司丝思诗 [33]豕死屎使史驶始 [35]矢世势赐四肆试

z [22]池驰瓷糍迟慈磁鹚辞祠词伺时鲥莳 [14]滞誓逝是匙氏豉自示视嗜字牸似祀巳寺嗣饲痔治士仕市柿俟事恃侍持稚

i

p [55]屄 [33]比臂鄙 [35]蔽闭臂秘泌庇包～瘍鎞～刀布

pʰ [55]批披蓖 [33]痞 [35]屁纰～漏

b [22]皮疲脾琵枇 [14]秕敝弊币毙鼊

被避备

m	[55]米₁□~呀:母亲　[22]迷谜糜靡
t	[55]低　[33]底抵　[35]帝蒂
tʰ	[55]涕梯嚏　[33]体　[35]替剃屉
d	[22]题堤提蹄啼　[14]弟地第递
n	[55]你
tɕ	[55]屐鸡稽饥肌基几~乎机讥　[33]挤几~个麂己　[35]祭际济计继系~鞋带寄冀记既季纪剂□tɕi³³io³⁵:知了
tɕʰ	[55]妻凄溪欺緳契　[33]启起杞岂　[35]器弃气汽
ɕ	[55]兮西栖犀牺熙希稀□呆头巴~:愚笨　[33]洗玺徙企喜嬉　[35]细戏系关~婿
z	[22]齐脐奇骑倚岐歧祁鳍其棋期旗麒祈奇携畦荠技妓忌
Ø	[55]医衣依蚁以　[22]仪移夷姨沂遗　[33]椅矣亿已　[35]翳意翼艺义议易肄~业异忆

u

p	[33]补　[35]布怖
pʰ	[55]铺~床　[33]谱普浦捕甫蒲脯胸~　[35]圃铺店~
b	[22]葡₁菩₂　[14]部步₁
f	[55]夫肤敷麸呼乎　[22]芙扶符无巫诬浮葡₂　[33]虎浒府腑俯斧抚釜辅　[35]付赋傅咐俘孵赴讣富副戊污₂簿步₂埠户沪护父妇腐~烂附驸武舞侮鹉负缚
d	[22]徒屠途涂图　[14]杜度渡镀
n	[55]努　[22]奴　[35]怒
l	[55]鲁橹卤　[22]卢炉芦鸬庐驴虏　[35]路赂露鹭
ts	[55]租猪诸诛蛛株朱珠都　[33]祖组阻煮主堵赌肚　[35]注铸著妒

tsʰ	[55]粗初雏　[33]褚楚础处粗~土吐　[35]醋措处到~鼠杵兔
s	[55]苏酥梳疏蔬书舒输薯数　[33]暑黍署　[35]素诉塑嗉庶恕戍漱拄汝乳
z	[22]锄如厨橱殊儒　[14]助柱住竖树
k	[55]姑孤箍鸪辜　[33]古估牯股鼓　[35]故缘~固锢雇顾
kʰ	[55]枯　[33]苦　[35]库裤
Ø	[55]互乌坞五伍午　[22]菩₂吴蜈吾胡湖狐壶葫胡蝴糊　[35]恶可~梧误悟瓠~子污₁务雾□~子:大舌头唔

y

tɕ	[55]居车~马炮,棋子之一拘驹　[33]举矩　[35]据锯句注蛀铸驻剧著
tɕʰ	[55]蛆趋区驱麴　[33]取娶　[35]去趣
ɕ	[55]戌虚嘘须需枢　[33]许　[35]絮
z	[22]徐除　[14]序叙绪苎巨拒距聚瞿储渠具俱惧
Ø	[55]于淤孟吕秬旅语与雨宇禹羽履　[22]鱼渔余圩　[35]虑滤御誉预豫愚虞娱遇寓迂芋榆逾愉愈喻裕玉

I

p	[55]鞭编边蝙箯一种竹制器物　[33]扁匾　[35]变遍~~贬
pʰ	[55]偏　[35]骗遍~地片篇
b	[14]便~辨辩汴辫
m	[55]免勉娩觅₁　[22]绵棉眠　[35]面缅
t	[55]爹₂掂颠癫　[33]点典腆□宠爱　[35]店
tʰ	[55]添天　[33]舔　[35]掭~毛笔
d	[22]甜田　[14]电殿奠垫淀靛填
n	[55]染碾捻撵脸研　[22]廉镰帘严俨鲇拈连联鲢年莲谚恋　[35]敛殓验酽

念练炼楝砚怜　　　　　　　　　又右佑院愿莠

tɕ	[55]展尖沾粘占兼搛赚₁艰间~时~煎毡肩坚颤　[33]减检简拣剪展茧跈姐　[35]裥柬剑间~谍箭战建荐见犍键腱醮　□~猪:公猪
tɕʰ	[55]歼签谦迁千笺牵遣歉忏且　[33]浅　[35]欠茜
ɕ	[55]纤仙鲜轩掀先宣喧　[33]陕闪险癣显选宪献写些　[35]线扇
ʑ	[22]咸₁钳钱蝉禅乾虔前贤弦舷全泉　[14]渐俭践贱饯善鳝膳禅件健现旋县缠然燃射谢麝羡
∅	[55]腌淹阉鸢焉烟胭掩堰宴野　[22]炎盐阎檐嫌涎延筵言沿衍艳焰爷　[33]魇　[35]厌燕咽夜液腋

Y

t	[55]丢端　[33]短　[35]断锻~炼
tʰ	[55]偷贪₂　[35]透
d	[22]团坛潭₂　[14]断段缎
n	[55]纽扭钮柳暖卵软缕　[22]流刘留榴溜馏硫琉牛男南　[35]乱
tɕ	[55]揪鸠阄纠钻~研专砖鹃簪捐绢　[33]酒九久韭灸攒卷~起来　[35]救究钻电~转眷卷试~柩
tɕʰ	[55]秋鳅丘蚯川穿圈圆~窜串　[33]犬　[35]券劝篡
ɕ	[55]修羞休酸囟荽生~日甥外~　[35]秀绣宿锈嗅算蒜朽楦
ʑ	[22]囚泅求球仇姓~蚕传橡传船拳权颧玄悬臼　[14]就袖舅旧橡倦眩售₁
k	[33]敢
∅	[55]优忧悠幽冤鸳渊有友西远援　[22]尤邮由油游犹圆员缘元原源袁辕园猿阮柚鼬釉　[33]阮　[35]幼怨诱

a

p	[55]巴芭疤笆爸　[33]把　[35]霸坝
pʰ	[35]怕
b	[22]爬杷琶　[14]耙罢薄~荷稗
m	[55]妈马码　[22]麻　[35]骂
f	[55]花　[35]化
t	[33]打戴₁顶~:辫子
tʰ	[55]他它
d	[14]大老~
n	[55]哪那　[22]拿
l	[55]拉挪
ts	[55]楂渣遮苴乍蔗鹧　[35]诈榨炸柞窄
tsʰ	[55]叉权差~别车　[35]岔汊
s	[55]莎沙纱奢赊佘　[33]洒舍~不得傻　[35]赦舍宿~
z	[22]茶搽查蛇　[14]社射
k	[55]家　[33]假　[35]尬嫁价
kʰ	[55]卡~片　[35]搭
ŋ	[55]丫也瓦桠　[22]牙芽　[33]哑　[14]砑罢~肥:施肥阿
h	[55]哈虾蛤~蟆□质量差
ɦ	[14]下~来

ia

t	[55]爹₁
pʰ	[33]□斜视
m	[33]□小孩撒娇
n	[55]惹
tɕ	[55]茄加痂嘉家佳　[33]贾假姐　[35]架驾嫁稼价借
ɕ	[55]虾　[33]写　[35]泻卸
ʑ	[22]霞遐暇邪斜　[14]下~降夏厦谢
∅	[55]鸦桠野椏　[22]牙芽衙雅爷涯崖

	[33]哑	[35]亚夜		b	[22]凡烦繁矾范	[14]犯瓣办饭万
	ua			m	[55]晚 [22]蛮	[35]慢漫幔蔓曼
ts	[55]抓			t	[55]耽丹单担~当	[33]胆掸疸
s	[55]耍				[35]旦担重~	
k	[55]瓜 [33]寡剐	[35]挂卦		tʰ	[55]坍滩摊瘫 [33]毯坦	[35]炭叹
kʰ	[55]夸 [33]垮	[35]跨胯		d	[22]潭₁谭谈痰檀坛弹~琴	诞但 [14]淡
∅	[55]蛙洼挖瓦□老~:乌鸦□ua²²le²⁴:丢人				蛋弹子~	
	[22]铧划华桦 [35]画话			n	[55]懒 [22]难蓝篮兰拦栏	[35]滥
	ya				缆揽览榄烂	
tɕʰ	[22]瘸			tɕ	[55]阶监奸皆皆者	[33]斩碱解
ɕ	[55]靴				[35]鉴赞渍谏涧铜溅舰械介界□~巴辰	
	ɑ				光:现在	
b	[13]乏拔钹薄伐筏阀坡土~头:土块			tɕʰ	[55]搀餐铅 [33]铲产	[35]砌灿
m	[13]抹末沫袜没₁莫寞漠				嵌刊	
f	[13]学₃上~			ɕ	[55]三杉珊山删疝 [33]喊	[35]散
d	[13]达夺踏				伞懈站衫	
n	[13]纳捺			ʑ	[22]惭谗馋咸₂衔闲谐	[14]藉解姓~暂
l	[13]腊蜡镴邋辣落烙骆酪洛络乐快~				站陷馅限苋栈潜	
z	[13]杂闸凿昨勺芍若弱			∅	[55]也眼 [22]颜椰	[35]晏雁
ŋ	[13]鸭压押				ye	
ɦ	[13]合盒匣狭鹤₂			tɕ	[55]关 [35]惯	
	iɑ			ɕ	[55]帆藩翻番 [33]反返	[35]泛贩
n	[13]笠诺略掠虐疟溺匿谑			∅	[55]弯湾挽	
ʑ	[13]狭峡侠辖□~白话:闲聊				ɛ	
∅	[13]约药钥押压			p	[33]摆 [35]拜	
	uɑ			pʰ	[35]派~遣	
ɦ	[13]鹤₁或学₁~堂			b	[22]排牌箄 [14]败稗	
∅	[13]活滑猾划			m	[55]买 [22]埋迈 [35]卖	
	yɑ			f	[55]歪	
ʑ	[13]浊蜀镯学₂~生□~眉头:皱眉			t	[55]呆 [35]戴₂带	
∅	[13]跃岳乐音~曰			tʰ	[55]胎态 [35]太泰	
	ie			d	[22]台苔抬 [14]待怠殆代袋逮大~麦	
p	[55]班斑颁扳般扮 [33]板版				□我~:我们	
pʰ	[55]攀盼 [35]襻冸			n	[55]乃奶 [35]耐奈	

l	[22]来口~哪块: 在哪里		ə
	[35]赖癞口ua22lɛ24: 丢人	b	[13]佛物白帛服伏栿
ts	[55]灾栽斋 [33]宰崽 [35]再载债寨	m	[13]墨默陌麦脉木目牧睦没₂
tsʰ	[55]钗差出~ [33]彩采睬 [35]菜蔡	d	[13]特独读犊犄毒
s	[55]腮鳃筛 [35]赛晒	l	[13]捋肋勒鹿禄六陆绿录
z	[22]才材财裁豺柴残 [14]在	z	[13]十什拾侄秩实日铎贼直值殖植食
k	[55]该街尴阶监间中~ [33]改解		蚀泽择宅石族俗续舌折
	[35]盖丐介疥芥界届戒械	ŋ	[13]腭鄂额扼恶
kʰ	[55]开皆揩 [33]凯楷概溉慨	ɦ	[13]核
ŋ	[55]哀 [22]挨埃癌岩 [33]矮		uə
	[35]爱蔼碍艾岸₁	z	[13]入术述逐熟孰塾赎蜀属辱褥
h	[55]憨 [33]海蟹	ɦ	[13]获惑
ɦ	[22]孩鞋 [14]亥害骇	∅	[13]握龌屋沃
	iɛ		ɔ
b	[13]别鼻	p	[55]褒包胞苞 [33]保堡宝饱
m	[13]灭篾密蜜肉觅₂		[35]报豹
d	[13]叠碟蝶谍笛敌狄涤荻	pʰ	[55]抛脬口~皮: 对人的贬称
n	[13]聂镊蹑猎业立粒列烈裂热孽捏劣		[22]刨~地 [33]跑 [35]炮泡
	栗日律率效~力逆历疬	b	[22]袍 [14]雹曝爆瀑抱暴菢鲍刨~刀
z	[13]捷集习及杰竭绝疾极籍藉席	m	[55]卯藐 [22]毛茅猫锚矛 [35]冒
∅	[13]叶页乙逸掖亦译易噎抑益缢隘		帽貌
	揖一	t	[55]刀 [33]祷岛捣倒跌~ [35]到
	uɛ		倒~车
ts	[55]拽	tʰ	[55]叨滔掏 [33]讨 [35]套
tsʰ	[55]猜 [33]揣	d	[22]桃逃淘陶萄涛 [14]道稻盗导悼
s	[55]摔衰 [35]帅率~领蟀	n	[55]脑恼 [22]饶挠 [35]闹淖~泥巴: 烂泥
k	[55]乖 [33]拐 [35]怪	l	[55]老姥口红~: 红的 [22]劳捞牢唠痨
kʰ	[35]块会~计刽快筷		涝饶扰
ɦ	[22]怀槐淮桓还~钱环 [14]患宦幻	ts	[55]遭糟召~集昭招朝令~ [33]早枣蚤
∅	[35]外坏还~有		澡藻爪找笊 [35]灶罩照
	yɛ	tsʰ	[55]操抄超 [33]草炒吵钞 [35]躁
ʑ	[13]穴轴局		糙燥
∅	[13]悦阅月越粤域疫役育狱浴欲郁	s	[55]稍潲骚臊搔梢捎筲烧口~头子: 猪肝
			[33]扫~地嫂少多~ [35]扫~把少~年

z	[22]巢潮嘲朝~代 [14]皂造赵兆肇召~号~绍邵曹槽韶	m	[55]摸牡母拇满 [22]膜贸魔磨~刀摩馍模谋瞒馒 [35]幕磨石~暮慕墓募茂
k	[55]高膏牙~篙羔糕茭教~会~佬,这么,那么 [33]稿绞搞搅 [35]告窖觉	t	[55]多 [33]朵躲剁
kʰ	[55]敲 [33]考拷 [35]烤靠犒	tʰ	[55]拖 [33]妥椭唾
ŋ	[55]凹咬□~屌鬼:固执的人 [22]敖熬~夜 [33]袄 [35]奥懊鞠傲坳	d	[22]驼驮 [14]舵大~门堕惰
h	[55]蒿薅 [33]好~坏 [35]好~爱~耗	n	[55]弯銮 [22]懦
ɦ	[22]浩豪壕毫号~叫 [14]号~码	l	[55]啰 [22]罗锣箩萝骡螺胴 [35]裸摞
	cɔ	ts	[55]左佐 [35]做
p	[55]膘标彪 [33]表	tsʰ	[55]搓 [35]错挫锉
pʰ	[55]飘漂~浮 [33]漂~白 [35]票	s	[55]蓑梭唆 [33]锁琐所
b	[22]瓢嫖	z	[14]坐座
m	[55]渺秒 [22]苗描 [35]庙妙谬	k	[55]歌哥锅戈观冠官棺 [33]果裹馃管馆 [35]过贯灌罐□~个,那个
t	[55]刁貂雕 [33]屌 [35]钓吊	kʰ	[55]科窠棵蝌颗宽 [33]可坷苛款 [35]课
tʰ	[55]挑 [35]跳粜	h	[55]欢豁 [33]火伙 [35]荷薄~货唤
d	[22]条调~节 [14]掉调~动□~走	ɦ	[22]河何荷~花禾 [14]贺和~面祸
n	[55]了鸟 [22]镣燎聊辽撩僚嘹鹩瞭 [35]疗尿料廖绕	∅	[55]窝涡莴蜗我 [22]玩蛾鹅俄完丸讹 [33]碗宛婉惋腕皖缓豌 [35]焕饿换卧
tɕ	[55]交郊胶教~书焦蕉樵椒骄娇浇 [33]狡铰搅剿矫缴饺绞 [35]教~室较叫		ei
tɕʰ	[55]锹缲瞧蹻敲 [33]巧悄 [35]俏窍翘	p	[55]杯碑卑悲彼 [35]贝背后~辈
		pʰ	[55]胚坯 [35]沛配佩
ɕ	[55]潲消宵霄硝销逍嚣萧箫□~猪:阉猪 [33]小晓 [35]酵孝笑鞘	b	[22]培陪赔裴肥微维唯葵₃ [14]倍焙背~书未味尾₁
z	[22]乔侨桥荞轿 [14]效校~长	m	[55]每美某 [22]梅枚玫媒煤莓莓眉楣霉 [35]妹昧媚寐没₃
∅	[55]妖邀腰要~求幺吆舀杳 [22]肴摇谣窑姚遥尧鹞 [35]要~东西耀跃	f	[55]灰非飞妃挥辉徽 [33]毁匪榧否 [35]贿悔晦废肺秽痱费吠彗慧翡
	ʊ	t	[55]堆兜 [33]斗~米抖陡 [35]对碓队斗争~
p	[55]波菠播搬坡玻跛 [35]簸~箕半		
pʰ	[55]颇潘 [33]绊□~龙灯:舞龙灯 [35]破判叛剖	tʰ	[55]推贪₁□~慢 [33]腿 [35]退探
b	[22]婆盘卜~萝 [14]伴拌	d	[22]头投 [14]兑豆逗痘

l [55]缕搂楼偻累积~垒篓屡 [22]擂雷擂楼 [35]内累劳~类泪漏陋

ts [55]邹周舟州洲㝔 [33]嘴走肘帚 [35]最醉奏昼皱绉咒骤□硬~:结实

tsʰ [55]车催崔抽参~加 [33]丑惨 [35]脆翠凑臭篡

s [55]虽绥尿搜飕馊搜收□鼻头:吸溜鼻涕嗽 [33]髓手首守 [35]碎岁粹瘦兽

z [22]隧穗随绸稠筹愁仇柔揉 [14]罪遂纣受寿授售₂酬社

k [55]竿干~煞了:口渴构购勾钩沟甘柑泔肝垢 [33]狗苟感敢₁橄秆杆擀赶 [35]够干~部

kʰ [55]抠堪龛看~门 [33]口叩砍勘侃寇 [35]扣看~见

ŋ [55]欧瓯鸥呕殴庵鹌安鞍按揞偶藕 [35]沤怄暗案岸₂硬

h [55]酣鼾 [33]吼罕 [35]汉

ɦ [22]侯喉猴瘊含函寒韩 [14]后厚候撼旱汗焊翰

uei

ts [55]追锥赘 [35]缀

tsʰ [55]吹炊

s [33]水 [35]税

z [22]槌锤谁 [14]睡瑞坠垂蕊锐芮

k [55]圭闺规龟归 [33]诡轨鬼 [35]鳜桂贵

kʰ [55]盔奎亏窥恢傀魁愧 [33]跪

h [55]麾

ɦ [22]回茴葵₁癸 [14]溃惠柜

ø [55]倭煨崴威 [22]纬猬桅危为行~逶葵₂惟围违伟苇卫 [33]伪委桧 [35]喂讳畏慰汇溃为~了位魏胃谓会绘

ã

p [55]帮邦 [33]榜绑谤

pʰ [35]胖

b [22]旁滂螃膀房防亡庞 [14]傍棒蚌

m [55]莽蟒网辋 [22]忙芒茫盲虻氓 [35]忘妄望

f [55]荒慌方坊芳 [33]谎恍仿访妨肪 [35]纺放况逛晃幌

t [55]当~官铛裆 [33]党挡 [35]当~铺档

tʰ [55]汤 [33]倘躺 [35]烫趟

d [22]堂棠螳唐糖塘 [14]荡宕凼

n [22]囊瓤 [33]攮

l [22]郎廊狼螂榔 [35]浪朗

ts [55]赃脏张障章樟瘴瞻 [33]长~大涨~价掌 [35]葬帐账胀仗杖

tsʰ [55]仓苍舱昌菖 [33]厂敞 [35]畅唱倡

s [55]桑丧商伤壤攘嚷 [33]磉嗓搡赏晌

z [22]藏~起来长~短肠场常尝裳偿 [14]脏丈尚上₁让

k [55]冈岗刚纲钢缸豇肛 [33]港讲 [35]杠虹

kʰ [55]康糠慷堪龛 [33]坎 [35]抗炕囥藏

ŋ [55]肮 [22]昂

h [55]夯

ɦ [22]酣₂行银~航杭 [14]项巷憾

iã

n [55]俩两俩仰 [22]娘良凉量测~粮梁粱 [35]酿亮谅量重~上₂台子~阿~:怎么

tɕ [55]将浆疆僵礓缰姜江 [33]蒋奖桨讲 [35]酱降下~将大~

tɕʰ	[55]枪羌腔　[33]抢
ɕ	[55]相~信 箱镶香乡厢湘　[33]想饷享响　[35]向相长~
z	[22]墙详祥翔强降投~　[14]象像橡强
ø	[55]央秧殃鸯养痒　[22]羊洋烊~雪;化雪 杨阳扬疡　[35]匠样恙

uã

ts	[55]庄装妆桩　[35]壮撰赚₂
tsʰ	[55]疮窗　[33]喘闯　[35]创
s	[55]双拴栓霜孀　[33]爽
z	[22]床　[14]状撞
k	[55]光胱　[33]广
kʰ	[55]匡筐眶框　[35]矿旷
ɦ	[22]狂₁
ø	[55]汪往　[22]黄簧皇蝗凰隍蟥王枉顽狂₂　[35]旺□~~:秤尾高

əŋ

p	[55]奔锛崩绷　[33]本　[35]笨
pʰ	[55]喷~水 烹　[33]捧　[35]碰喷~香
b	[22]盆焚坟文蚊纹闻吻刎朋鹏彭膨棚蓬篷冯逢缝~衣裳　[14]份问凤缝~门~
m	[22]门萌蒙蠓　[35]孟猛懵闷梦
f	[55]昏婚分吩芬纷风枫疯丰封峰蜂锋　[33]粉　[35]粪奋讽愤忿奉俸混
t	[55]敦墩登灯东冬瞪饨蹲　[33]等董懂　[35]顿凳冻栋□~猪:阉割的猪
tʰ	[55]吞通捅　[33]桶统　[35]疼痛□~啬:吝啬
d	[22]豚臀藤同铜桐筒童瞳屯臀腾　[14]囤沌盾钝遁动洞邓
n	[55]冷　[22]仑伦轮能脓侬浓　[35]糯嫩论弄论
l	[55]笼拢陇垄　[22]聋胧农隆窿龙
ts	[55]征纵睁综砧针斟珍臻真尊遵曾姓~增憎罾僧征蒸争筝贞侦正~月 棕鬃
	宗中~间 忠衷终踪钟盅　[33]枕诊疹整总种~子 肿仲　[35]种~地 镇振震证症正~确 政粽众纵娠中~奖 赠
tsʰ	[55]冲称掌村撑聪匆葱囱充揰铳　[33]逞宠　[35]忖趁衬寸蹭秤□~生奶奶:接生婆
s	[55]松渗森参人~深身申伸孙升生~命 牲笙甥声　[33]沈审婶损笋榫省凇　[35]笋胜圣送宋
z	[22]辰阵沉岑陈尘神晨臣人仁存唇层澄橙乘绳丞呈程成城诚盛~饭 丛虫崇从逊重~新　[14]葚甚任肾慎刃认韧澄剩郑盛诵颂壬任曾~经 惩承仍扔重~量 忍讼拯
k	[55]跟根更三~ 粳庚羹耕巩公蚣工功攻弓躬宫恭龚今~年　[33]埂梗哽耿拱　[35]更~加 贡供~应 亘
kʰ	[55]空　[33]恳垦啃肯孔恐　[35]控坑
ŋ	[35]硬
h	[55]荤亨哼轰烘　[33]哄很
ɦ	[22]痕恒衡宏红洪鸿虹　[14]恨共

iŋ

p	[55]宾槟殡鬓冰兵　[33]丙秉饼禀　[35]迸并柄
pʰ	[55]拼　[33]品　[35]聘娉
b	[22]贫频凭平坪评苹瓶屏萍　[14]病
m	[55]鸣盟铭冥螟悯敏闽抿皿　[22]民明名　[35]命
t	[55]钉丁酊疔　[33]顶鼎　[35]订
tʰ	[55]听厅汀　[33]艇挺铤
d	[22]亭停廷庭蜓　[14]锭定
n	[55]檩岭领翎　[22]林淋临吟邻鳞燐磷银棱陵凌菱绫凝宁灵零铃拎龄伶佞人　[35]另赁吝令　[14]认

第3章　音系、音韵比较及语流音变

tɕ	[55]今金襟津巾斤筋京荆惊晶精睛经茎径　[33]锦紧谨景警井颈　[35]竞擎禁进晋境敬竟镜劲仅	f	[32]法发霍藿
tɕʰ	[55]钦卿清轻青蜻亲~人　[33]寝请　[35]亲~家浸侵揿庆磬	t	[32]答搭沓
ɕ	[55]心辛新薪欣兴~旺星腥猩馨　[33]醒省反~　[35]信讯衅迅兴高~性姓	tʰ	[32]揭塔榻塌溻遢獭托
		ts	[32]窄砸嚼爵扎札眨作着酌灼栅斫
		tsʰ	[32]插擦察
ʑ	[22]寻琴禽擒秦勤芹巡行步~情晴形型刑鲸　[14]尽近杏幸静净	s	[32]铡卅霎撒萨杀煞
		k	[32]割胳夹挟□~进去；挤进去
		kʰ	[32]渴掐瞌
∅	[55]音阴荫窨因姻殷莺鹦樱英婴缨鹰尹颖　[22]淫寅迎盈楹户~；门槛赢营茔莹萤引蝇　[33]饮隐影演蚓　[35]印映应	h	[32]瞎喝蛤
		ŋ	[32]轧

iaʔ

tɕ	[32]佳夹甲胛脚
tɕʰ	[32]恰掐洽怯雀鹊
ɕ	[32]削

uən

ts	[33]准
tsʰ	[55]椿春春　[33]蠢
z	[22]纯醇　[14]润闰顺鹑
k	[33]滚　[35]棍
kʰ	[55]昆坤　[33]捆　[35]困
h	[55]惛
ɦ	[22]馄弘
∅	[55]温瘟　[22]魂浑横　[33]稳

uaʔ

ts	[32]卓桌琢啄涿捉
tsʰ	[32]绰戳龊
s	[32]涮刷索朔
k	[32]鸽葛括刮各郭廓角
kʰ	[32]磕阔扩壳酷

yaʔ

tɕ	[32]觉
tɕʰ	[32]却确触榷

yŋ

tɕ	[55]皲均钧君军朐菌郡　[35]俊骏浚窘迥
tɕʰ	[55]倾　[33]顷
ɕ	[55]熏兄胸匈凶　[35]舜训勋驯
ʑ	[22]循群裙琼穷熊雄旬殉荀
∅	[55]壅臃拥痈允永泳咏　[22]绒孕匀云酝耘荣戎融茸容蓉镕庸溶榕熔勇涌恿踊氄韵熨　[35]运晕用

aʔ

p	[32]八钵拨博驳剥
pʰ	[32]泼

əʔ

p	[32]不北百柏伯卜
pʰ	[32]泊仆勃饽帕朴迫拍魄扑
f	[32]忽勿福幅蝠复腹辐覆
t	[32]得德笃督□~泥巴；锄地□后~；脑：后脑勺
tʰ	[32]颓蜕脱突秃
ts	[32]只质帜折褶蜇执汁哲浙卒则织职摘责炙足
tsʰ	[32]厕彻撤撮猝侧测拆策册赤斥尺促辙掣~霍；闪电
s	[32]摄涉涩湿设瑟虱失室塞色啬识式饰适释速肃宿粟硕

k	[32]个阁搁格革隔□这	ɕ	[32]胁吸薛泄歇蝎屑楔雪悉膝蟋恤息熄媳惜昔夕锡析协袭
kʰ	[32]刻克客去		
h	[32]吓郝黑		
	uəʔ		yɛʔ
ts	[32]竹筑祝粥烛嘱	tɕ	[32]厥蕨决诀橘镢菊鞠
tsʰ	[32]出畜	tɕʰ	[32]掘倔拙缺屈曲玦
s	[32]说缩叔淑束	ɕ	[32]血畜蓄旭
k	[32]骨国谷		m̩
kʰ	[32]窟哭	∅	[55]尾亩母丈~ [22]弥亹
	iɛʔ		n̩
p	[32]鳖瘪憋笔毕必浉逼擘碧壁璧	∅	[55]女米₂你五午耳 [22]谊泥倪霓宜尼呢疑拟儿鱼□~子:什么 [35]腻二
pʰ	[32]撇匹僻辟劈霹		
t	[32]的滴嫡跌		ŋ̍
tʰ	[32]帖贴铁踢剔惕	∅	[55]瓮翁恩我
tɕ	[32]髻接劫急级给揭节疖结洁秸桔吉即鲫戢积迹脊绩击激辑截		l̩
		∅	[55]礼尔李里理鲤耳饵 [22]犁黎篱璃儿梨蜊厘狸而 [35]例厉励丽隶荔离利痢二贰吏饵
tɕʰ	[32]妾缉泣切窃七漆讫乞戚寂吃		

3.1.2 砖墙方言音系

砖墙镇位于高淳区的西南部,东临固城湖,北以南溪河为界与阳江镇相望,西南隔水阳江与安徽宣城市水阳镇相望。全镇面积约78平方公里,人口约35000人,下辖永成社区和仙圩、茅城、永成、三和、桥湾、北埂陈、凤卞、大涵、港口、四园、夹沟、木榨、陡门、水碧桥14个乡村。砖墙是著名的水乡古镇,相传境内相国圩筑于春秋时期,三国时吴国大将周瑜曾筑宅于此。明弘治四年(1491)为高淳七乡之一的永宁乡,清代改称永成乡,1949年后设砖墙区,1996年,砖墙乡、保胜乡合并为砖墙乡,2000年撤乡设镇,是为砖墙镇。[1]

砖墙镇西南部与东北部的方言有差异,东北部接近淳溪、阳江方言,西南部带有宣州吴语的一些特点。本节砖墙方言音系调查的是砖墙西南部方言,发音人是杨保庭,砖墙镇木榨村杨家九组,男性,1953年4月生,初中文化水平,农民,从事养殖业。发音人无长期外地生活经历,会说地方普通话。

---

[1] 参见高淳县地方志编纂委员会《高淳县志(1986—2005)》第1116—1117页。

3.1.2.1 声韵调

（一）声母（24个，含零声母）

p布杯宝八	pʰ怕配片拍	βʱ爬排问白	m马买门木	f飞夫方舞
t多点东答	tʰ体讨偷铁	ɾʱ途桃同达	n奶脑年娘	l来老连粮
ts左祖纸汁	tsʰ粗此村尺	s苏私双湿	z坐茶才直	
tɕ鸡酒军节	tɕʰ妻秋轻确	ɕ西小山雪	ʑ斜齐就习	
k哥高钢谷	kʰ科开空哭	ɦɦ河鞋红盒	ŋ牙矮眼爱	h火海欢瞎
∅窝野羊约				

说明：

① [βʱ]、[ɾʱ]声母中的[ʱ]代表强气流。

② [ɾʱ]声母大多数为闪音，有时为颤音，气流较强的情况下有多次颤动，气流较弱时接近[t]，跟前高元音韵母及前高元音作介音的韵母相拼时接近[tʰ]。

③ [z]跟低元音相拼时有时伴有强气流特征；[ʑ]只跟齐齿呼、撮合呼相拼，浊流特征较弱，后接主元音为低元音的复合元音韵母时有时伴有强气流特征。

④ [n]与细音相拼时，实际读音接近[ȵ]。

⑤ [ɦɦ]中的[ɦ]表示后接元音有气嗓音现象，有的[ɦɦ]声母字气嗓音特征不明显。

（二）韵母（39个，含辅音自成音节韵母）

ɿ紫刺斯志	i低米喜气	u古怒湖	y徐举居雨
ʮ珠醋书树	ɿ千帘田宣		ɤ流修船短
a麻沙社车	ia加家野价	ua瓜垮挂画	ya靴哕
ɛ带来灾排	ie炭伞蓝办	uɛ怪块怀坏	ye关惯反弯
ʊ哥果半满			
ɔ保刀毛曹	iɔ表巧庙料		
əi贝陪豆泪		uei盔桂锤位	
aŋ帮唐忙唱	iaŋ香养枪亮	uaŋ装床光双	
əŋ针根灯声	iŋ心音冰命	uəŋ昆春浑顺	yŋ均云穷容
aʔ塔杂杀蜡	iaʔ甲雀脚药	uaʔ鸽括刷郭	yaʔ确岳触郁
əʔ舌北六麦	ieʔ劫急踢杰	uəʔ骨出竹熟	yeʔ决缺局欲
m̩母眉亩姆～妈	ṇ鱼泥宜疑	ŋ̍恩翁瓮	l̩梨礼利理

说明：

① [i]、[y]均带摩擦，[i]的摩擦程度重，略带舌尖音色彩；[ɪ]、[ʏ]无明显摩擦，实际音质相当于普通话的[i]、[y]。

② [u]的唇形不圆，气流通道较窄，与舌尖音声母相拼时偶有唇颤音现象。

③ [ʮ]的音质不太稳定，有的卷舌色彩不明显，接近[ɿ]。

④ [ɛ]有时带有一定的动程，接近[ɛɪ]。
⑤ [uəŋ]的[u]韵头很短；[yŋ]韵的[ŋ]韵尾实际音质处在[n]和[ŋ]之间。
⑥ 入声韵的喉塞尾不甚明显。

（三）声调（6个）
阴平[55] 低居山满　阴去[435] 故盖谱海　阳去[24] 地助电罪　阴入[52] 七桌百割
阳平[31] 牌题平鹅　　　　　　　　　　　　　　　　　　　　　阳入[31] 夺食罚俗
说明：
① 阴去不太稳定，调值有时接近[335]，有时也读成[24]。
② 阴入的调值有时读为[42]，阳入有的有[31]和[24]两种声调。

3.1.2.2　音韵特点

（一）声母特点

（1）声母有清浊对立，古浊音声母的今读大都是带有浊流特征的擦音（包括"並奉从邪澄船禅群"等声母）或者闪音/颤音（定母），浊音声母"浊"的特征表现在：后接韵母前段伴有气嗓音特征，与低元音相配时浊流较强，与高元音相配时浊流较弱。古浊塞音声母今读有强气流特征是砖墙地区的方言跟淳溪、桠溪方言的主要区别性特征，也是划归宣州吴语铜泾小片的主要依据。

（2）古浊音声母中，多数並母和奉母字、少数微母字今读是带有强气流特征和浊流特征的双唇擦音[βʰ]。如：爬βʰa³¹ | 败βʰɛ²⁴ | 白βʰəʔ³¹ || 房βʰaŋ³¹ | 饭βʰie²⁴ | 罚βʰaʔ³¹ || 蚊βʰəŋ³¹ | 味βʰəi²⁴。古从邪澄崇船禅群母今读是带有浊流特征的[z]、[ʐ]，洪音前读[z]，细音前读[ʐ]，与[βʰ]相比，[z]、[ʐ]的浊流特征较弱。如：财zɛ³¹ | 罪zəi²⁴ | 杂zaʔ³¹ | 全zɪ³¹ | 净ziŋ²⁴ | 集zieʔ³¹ || 隧zuəi²⁴ | 俗zuəʔ³¹ | 斜zia³¹ | 祥ziaŋ³¹ | 习zieʔ³¹ || 茶za³¹ | 赵zɔ²⁴ | 直zəʔ³¹ | 徐zy³¹ || 柴ʐɛ³¹ | 闸ʐaʔ³¹ | 愁ʐɤ³¹ | 栈ʐie²⁴ || 神ʐəŋ³¹ | 射ʐa²⁴ | 舌ʐəʔ³¹ | 船ʐɤ³¹ | 射ʐɪ³¹ || 社za³¹ | 石zəʔ³¹ | 仇ʐɤ³¹ | 善ʐɪ²⁴ | 骑ʐi³¹ | 旧ʐɤ²⁴ | 杰zieʔ³¹。群母有个别字与並母或匣母的声母相同，如：狂βʰaŋ³¹ | 共ɦəŋ²⁴。古定母今读为带强气流特征的闪音[ɾʰ]，如：图ɾʰu³¹ | 代ɾʰɛ²⁴ | 桃ɾʰɔ²⁴ | 敌ɾʰieʔ³¹ | 读ɾʰəʔ³¹。

（3）奉母大都读强气流型的[βʰ]，如：闻βʰəŋ³¹ | 服βʰəʔ³¹。微母有[βʰ]和[m]两种浊音声母读法，如：冯βʰəŋ³¹ | 网maŋ²⁴。来自凡、元韵的奉、微字大多都有[βʰ]、[ʐ]两读，如：范βʰie²⁴/ʐye²⁴ | 万βʰie²⁴/ʐye²⁴。

（4）匣母在细音前大都增生舌面擦音[ʐ]，在洪音前则增生喉擦音[ɦ]，如：咸ʐie³¹ | 幸ʐiŋ²⁴ | 鞋ɦɛ³¹ | 后ɦəi²⁴ | 盒ɦəʔ³¹。有部分匣母字读零声母或唇齿擦音[f]，如：湖u³¹ | 完ʋ³¹ | 坏uɛ⁴³⁵ | 滑uaʔ³¹ | 户fu²⁴ | 慧fəi²⁴。

（5）晓匣母跟古合口呼韵母相拼时有读[f]声母的现象，如：虎fu⁴³⁵ | 挥fəi⁵⁵ | 户fu⁵²。有些晓母、匣母字[f]、[h]自由变读，如：花fa⁵⁵/hua⁵⁵ | 毁fəi⁴³⁵/huəi⁴³⁵ | 灰

fəi⁴⁵ | 幌faŋ⁴³⁵/huaŋ⁴³⁵。

（6）古知、庄、章组与精组洪音字的声母相同，读[ts]、[tsʰ]、[s]，如：张＝章＝脏tsaŋ⁵⁵ | 森＝身＝孙＝松səŋ⁵⁵。

（7）古泥、来母不混，如："脑nɔ⁵⁵≠老lɔ⁵⁵"、"年nɪ³¹≠帘lɪ³¹"。有少数泥来母互读现象，如：宁liŋ³¹ | 冷nəŋ⁵⁵。来母遇摄部分字声母丢失，读零声母，如：旅y⁵⁵ | 炉ʮ³¹。

（8）见组开口二等部分字有文白异读现象，文读声母为舌面音，白读声母为舌根音，如：家ka⁵⁵/tɕia⁵⁵ | 价ka⁴³⁵/tɕia⁴³⁵ | 下ɦia²⁴/ʑia²⁴ | 街kɛ⁵⁵/tɕie⁵⁵ | 教kɔ⁵⁵/tɕiɔ⁵⁵ | 间kie⁵⁵/tɕɪ⁵⁵。

（9）日母有擦音、边音、鼻音、零声母以及自成音节多种读音形式，如：乳sʮ⁴³⁵ | 忍zəŋ²⁴ | 扔ləŋ⁵⁵ | 柔nʏ³¹ | 绒yŋ³¹ | 饵l̩³¹ | 儿n̩³¹。部分字存在文白异读，如"日"白读nieʔ³¹，文读zəʔ³¹，"人"白读niŋ³¹，文读zəŋ³¹。

（10）影母有读[ŋ]声母的现象，如：袄ŋɔ⁴³⁵ | 呕ŋəi⁴³⁵ | 鸭ŋaʔ³¹。

（11）砖墙方言声母内部的差异主要表现在古浊音声母的今读方面：西部地区因靠近安徽宣城，方言具有更加明显的强气流特征，如陡门、水碧桥等；东部地区的声母强气流特征较弱，如仙圩、港口等。从年龄差异来看，老派的强气流特征明显一些，新派大都消失。除此之外，砖墙方言的地域差异还表现在古泥、来母的分混方面，大部分地区不混，但中北部的部分乡村泥来母相混，如北埂陈、大涵。

（二）韵母特点

（1）果摄元音高化为[ʊ]，与山摄合口桓韵同，但与遇摄的[u]不同韵，如：果kʊ⁴³⁵＝管kʊ⁴³⁵≠古ku⁴³⁵ | 科kʰʊ⁵⁵＝宽kʰʊ⁵⁵≠枯kʰu⁵⁵。

（2）假摄主元音为[a]，部分字有文白异读现象，如"写"的白读音为[ɕia⁴³⁵]，文读音为[ɕɪ⁴³⁵]。

（3）蟹摄合口一等端组、精组，止摄合口三等精组（部分字）等韵母不带[u]介音，如：腿tʰəi⁴³⁵ | 罪zəi²⁴ | 岁səi⁴³⁵ | 穗zəi²⁴。

（4）遇摄有[u]、[ʮ]、[y]三种读音形式，与[ts]组舌尖音声母相拼时为[ʮ]，与[tɕ]组舌面音声母相拼时为[y]，与零声母相拼时三种形式都有，与上述声组之外的其他声母相拼时为[u]，如：粗tsʰʮ⁵⁵ | 区tɕʰy⁵⁵ | 炉ʮ³¹ | 雨y⁵⁵ | 乌u⁵⁵ | 布pu⁴³⁵ | 部βʰu²⁴ | 途tʰu³¹ | 肤fu⁵⁵。

（5）流摄开口一等侯韵（除帮组外）以读[əi]为主，少数字残留早期读音形式[ɤ]，如：偷tʰəi⁵⁵/tʰɤ⁵⁵ | 狗kəi⁴³⁵ | 藕ŋəi⁴³⁵ | 楼ləi³¹/lɤ³¹。流摄开口三等（除帮组外），以读[ɤ]为主，多数知系字有[iɤ]、[ɤ]两读，如：刘lɤ³¹ | 酒tɕɤ⁴³⁵ | 秋tɕʰɤ⁵⁵ | 周tɕɤ⁵⁵/tsɤ⁵⁵ | 手ɕɤ⁵⁵/səi⁵⁵。

（6）咸摄开口一等覃谈、山摄开口一等寒韵有[əi]、[ie]两种主要读音，其中[ie]跟二等韵读音相同，属较晚层次。咸摄开口一等覃韵除了读[əi]、[ie]外，还有少数字有读[ɤ]的现象。如：耽tie⁵⁵ | 贪tʰɤ⁵⁵ | 男nɤ³¹ | 感kəi⁴³⁵ | 暗ŋəi⁴³⁵ | | 胆tie⁴³⁵ | 谈

ɣʰie³¹ | 甘kəi⁵⁵ | 敢kəi⁴³⁵。咸山摄开口二等字以读[ie]为主，少数字跟三四等读音相同，读[ɿ]，如：杉ɕie⁵⁵ | 碱tɕie⁴³⁵ | 陷ʑɿ²⁴ | | 办βʰie⁴³⁵ | 山ɕie³¹ | 简tɕɿ⁴³⁵。咸山摄开口三四等字以读[ɿ]为主，如：尖tɕɿ⁵⁵ | 甜rʰɿ³¹ | | 棉mɿ³¹ | 见tɕɿ⁴³⁵。

（7）山摄合口一等字的读音按声母锐钝分化，基本的规律是钝音（帮组、见系）读[ʊ]、锐音（端系）读[ʏ]，如：半pʊ⁴³⁵ | 官kʊ⁵⁵ | | 短tʏ⁴³⁵ | 算ɕʏ⁴³⁵。山摄合口二等有[ʏ]、[ye]、[ʊ]、[ue]几种读音，如：栓ɕʏ⁵⁵ | 关tɕye⁵⁵ | 患hɦʊ²⁴ | 环hɦue³¹/ue³¹。山摄合口三四等以读[ʏ]、[ɿ]为主，读[ɿ]的占少数，以精组和匣母为主，如：穿tɕʰʏ³¹ | 园ʏ³¹ | 泉ʑɿ³¹ | 玄ʑɿ³¹。比较有特色的是咸山摄合口三等非组声母字韵母大都读[ye]，或者[ye]、[ie]自由变读，如：犯βʰie²⁴/zye²⁴ | 反ɕye⁴³⁵ | 繁βʰie³¹/zye³¹。

（8）深臻曾梗四摄合流，均带后鼻音韵尾，如：林＝邻＝菱＝灵liŋ³¹ | 升＝声＝深＝伸səŋ⁵⁵。通摄主元音央化，与曾梗深臻合流，如：增＝侦＝针＝珍＝宗tsəŋ⁵⁵。臻摄合口一等见系读[uəŋ]，其他声母字读[əŋ]，如：昆kʰuəŋ⁵⁵ | 温uəŋ⁵⁵ | 本pəŋ⁴³⁵ | 囤ɣʰəŋ³¹ | 村tsʰəŋ⁵⁵。

（9）入声韵有简化现象，咸山摄一二等入声字的主元音以读[ɑ]为主，咸山摄三四等和深臻曾梗通摄的入声字主元音以读[e]、[ə]为主，宕江摄入声字的主元音以读[ɑ]为主，江摄部分字主元音为[ə]。

（10）砖墙地区方言内部在韵母方面差异不大。细微差异有：① 在带鼻音尾的韵母方面，绝大部分地区只有后鼻音韵母[ŋ]，个别方言点有前鼻音韵母[n]；② 绝大部分地区有舌尖元音[ɿ]，少量方言点读卷舌的[ʅ]，个别方言点没有这类韵母；③ 大部分方言点宕江摄字读鼻化元音，少数保留鼻音韵尾。

（三）声调特点

（1）砖墙方言有6个声调，古声调的分化规律是：古平声分阴平、阳平两类，阴平调值[55]，阳平调值[31]；古阴上并入阴去，古全浊上归阳去，古次浊上大都归阴平；古阴去调值[435]，次浊去大多归阴去，阳去（古全浊去）调值为[24]；古阴入为相对短促的高降调，调值[52]，古阳入读短促调，调值[31]。砖墙方言次浊上归阴平的规律跟淳溪镇、桠溪镇一致；入声跟淳溪、桠溪一样分阴阳两类，但阴入、阳入的调型皆为降调。部分阳入字有时读成[24]或[13]调，可能是早期形式的遗存或者是受淳溪地区方言影响的结果。

（2）调值分化方面，阴调类为高调，阳调类为低调，符合吴语阴高阳低的特征。

（3）声调调长方面，排列顺序为：阳去≈阴去＞阳平＞阴平＞阳入＞阴入。阴入较短促，阳入调长略短。

（4）声调内部差异表现在：① 上声有中降调和曲折调两种类型，西部以中降为主，如北埂陈、大涵、陡门，东部以曲折调为主，如仙圩、永成、港口；② 阴去西部多为中升调，东部多为曲折调；③ 入声都分为阴入、阳入两类，阳入多数方言点为低升调，少数方言点为中降（如木樨、陡门）。

3.1.2.3　同音字汇

ɿ

ts [55]知蜘支枝肢栀资姿咨脂兹滋辎之芝　[435]紫纸姊旨指子梓滓止趾址滞制智致至置志痣

tsʰ [55]疵痴媸　[435]此齿耻刺翅次赐

s [55]斯厮撕施私师狮螄尸司丝思诗　[435]豕死矢屎使史驶始世势四肆试

z [31]池驰雌跜瓷糍迟慈磁辞祠词持时鲥莳□~鱼：杀鱼　[24]誓逝匙是氏雉自稚示视嗜鹚字牸伺似祀巳寺饲嗣痔治士仕柿俟事市恃侍豉

i

p [435]陛比鄙秕闭算蓖₁秘泌庇痹

pʰ [55]纰~漏批披　[435]屁

m [55]米　[31]迷糜縻弥　[435]谜

t [55]低　[435]底抵帝蒂

tʰ [55]梯堤　[435]体嚏替剃屉涕

rʰ [31]题提啼蹄　[24]弟第递地

n [55]你

tɕ [55]鸡稽饥肌基几~乎机讥　[435]挤妓几~己纪祭际济剂计继系~鞋带寄冀记既季

tɕʰ [55]妻凄溪奚欺　[435]启企起杞岂契器弃气汽砌

ɕ [55]西栖犀兮牺熙希稀婿　[435]洗玺徙喜嬉细戏

z̧ [31]齐脐奇骑岐祁鳍其棋期旗麒祈　[24]荠系~关～技忌

∅ [55]医衣依蚁　[31]移夷姨遗沂　[435]倚椅已以翳意忆亿抑艺仪义议易肄异役

u

p [435]补圃布怖

pʰ [55]铺~床　[435]谱普浦铺店~捕甫辅

βʰ [31]脯鸭~葡符扶芙无浮妇　[24]部簿步埠釜父负戊

f [55]呼污夫肤敷麸巫诬₁~漕：水沟　[31]乎壶蝴₁　[435]虎浒府腑俯抚腐武舞₁付赋傅咐赴讣富副　[24]户护沪附驸

rʰ [31]徒屠途涂图　[24]杜肚~子度渡镀□~~纸：一沓纸~起来：摞起来

n [55]努　[31]奴　[435]怒

l [55]虏卤□~屎：拾粪　[31]鲁橹　[435]路₁

k [55]姑孤箍鸪辜□~laŋ⁵⁵：圆圈　[435]古估牯盬股鼓故~事固锢雇顾

kʰ [55]枯　[435]苦库裤□肚：动物内脏

h [435]斧□~刀布：鐾刀布

∅ [55]午乌污₂巫₂诬₂互侮五伍　[31]蒲菩吴蜈吾梧胡湖狐糊葫蝴₂□绕~：捆扎稻草的草绳　[435]坞恶可~鹉舞₁鹉误悟瓠务雾

y

tɕ [55]居车棋子拘驹　[435]举矩据锯句剧

tɕʰ [55]蛆趋枢中~区驱　[435]去取娶趣

ɕ [55]虚嘘须需枢~纽　[435]絮许蓣蓖₂彼臂臀

z̧ [31]徐除储瞿皮疲脾琵枇　[24]序叙绪敝弊币毙备₁苎箸渠巨拒距聚具俱惧被~单避婢痞篦

∅ [55]旅圩淤与参~雨宇禹语羽　[31]吕租于余愚虞娱迂盂榆愉逾　[435]虑

滤御誉预豫遇寓芋喻愈裕疫玉

ʅ

ts	[55]租猪诸诛蛛株朱珠都~是 [31]殊 [435]堵赌肚_{猪~}妒祖组阻褚煮主拄注蛀铸
tsʰ	[55]粗初 [435]土吐~痰兔醋措楚础处杵鼠
s	[55]苏酥梳疏蔬书舒输枢₂ [435]暑素塑诉嗉黍庶恕数戍
z	[31]锄如₁厨橱雏儒 [24]著助署薯驻柱住竖树
∅	[55]汝乳 [31]卢炉芦鸬庐 驴₁如₂ [435]裸路₂赂露鹭

I

p	[55]鞭编边蝙 [435]扁匾变遍
pʰ	[55]偏~僻篇 [435]骗片
βʰ	[31]便~宜 [24]便₅辨辩汴辫
m	[55]免勉娩 [31]棉绵眠 [24]面缅
t	[55]爹₂掂颠癫 [435]点典腆店
tʰ	[55]添天 [435]舔
rʰ	[31]甜田 [52]电殿奠垫淀靛簟填
n	[55]染捻撵拈碾~压 [31]严俨鲶年研 [435]验酽_{浓:墨太~了}念谚砚
l	[31]廉帘镰连联鲢怜莲 [435]脸敛殓练炼楝恋
tɕ	[55]尖沾粘瞻兼搛艰间煎肩坚 [435]占笺减检睑俭简裥柬拣剪展茧趼剑锏箭建键腱犍荐见舰姐□~猪:公猪
tɕʰ	[55]歼签纤谦迁千牵 [435]芡欠歉溅颤浅遣
ɕ	[55]仙鲜轩掀先宣喧₁楦₁ [435]写泻卸些陕闪险癣线扇₅宪献显选
z	[31]潜钳嫌钱蝉蟾禅然₁燃 乾虔捐前贤弦舷全泉玄悬缠 [24]谢陷馅渐践

	贱饯羡善鳝单_{姓~}膳件健现旋县眩射
∅	[55]庵淹腌掩焉衍烟胭 [31]炎盐阎檐涎筵言沿 [435]演厌堰燕咽宴艳焰液腋夜

Y

t	[55]丢端□_醵 [435]短
tʰ	[55]偷 贪□_掏 [435]透 探
rʰ	[31]团 [24]断段缎锻
n	[55]纽扭钮暖软 [31]柔揉牛男南
l	[45]柳溜卵 [31]楼流刘留榴硫琉鸾銮 [435]漏₁馏乱
tɕ	[55]揪鸠阄纠宙₁周₁舟₁州₁洲₁钻~洞专砖捐鹃簪 [435]酒肘九久韭灸昼救究皱绉₁帚₁咒钻_电纂攒转篆圈~眷卷绢倦 [24]赚~钱
tɕʰ	[55]秋鳅抽丘蚯参~加川穿圈_{圆~} [435]丑₁臭朵窜篡喘串劝券犬
ɕ	[55]羞_{荒~}修羞搜₁艘₁飕馊休酸闩拴栓嗽喧₂楦₂蟀_{蟋~} [435]秀绣宿_{星~}锈朽嗅漱收₁手₁守₁首₁兽₁瘦₁算蒜□_{稻~头:稻穗}
z	[31]囚泅绸稠筹愁 仇₁求球蚕传船拳颧 [24]就纣袖骤₁酬₁受₁寿₁授₁售₁白舅旧柩撰
∅	[55]优忧尤有友酉幽冤鸳渊远 [31]邮由油游犹悠阎橼圆员缘元原源阮袁辕猿园援 [435]幼诱宛婉怨又右佑莠柚鼬釉院愿

U

p	[55]波菠坡玻搬瘢₁ [435]跛簸播半
pʰ	[55]潘颇 [435]破剖绊₁判叛
βʰ	[31]婆₁盘₁
m	[55]亩牡母满摸 [31]魔磨~刀摩馍模瞒馒膜幕 [435]某₁磨_{石~}暮慕墓募茂漫₁幔₁

t　[55]多　[435]朵躲剁

t^h　[55]拖　[435]妥椭唾

$ɾ^h$　[31]驼紽驮～东西　[24]舵大～门堕垛惰

n　[31]挪　[435]懦

l　[31]罗锣箩萝骡螺脶啰

ts　[435]左佐做

ts^h　[55]搓　[435]错挫锉

s　[55]蓑梭唆娑　[435]锁琐所

z　[24]坐座

k　[55]歌哥锅戈官棺观～察冠鸡～贯一～关$_1$　[435]个果裹馃管馆过观道～冠～军□～个：那个

k^h　[55]苛科窠棵蝌宽　[435]可坷课颗款

ŋ　[55]我　[31]蛾鹅俄讹　[435]饿

hɦ　[31]河何荷～花禾和～气婆$_2$盘$_2$　[24]贺祸患和～泥宦伴拌

h　[55]欢　[435]火伙货焕唤

∅　[55]倭踒窝莴涡蜗　[31]玩桓完丸缓皖顽　[435]涴～糟：脏乱碗惋腕卧换豌幻

a

p　[55]巴芭疤笆　[435]把霸坝爸

p^h　[435]怕帕

$β^h$　[31]爬杷　[24]琶耙罢稗

m　[55]妈马码　[31]麻蟆　[435]骂

f　[55]花$_1$　[435]化$_1$

t　[435]打

t^h　[55]他它

$ɾ^h$　[24]大老～

n　[31]拿

l　[55]拉　[435]哪那

ts　[55]楂渣遮蔗鹧　[435]榨乍诈炸

ts^h　[55]叉杈差～别汊车钗　[435]扯岔

s　[55]沙纱奢赊　[435]洒舍～不得傻赦

z　[31]茶搽查茬蛇佘　[24]射社麝昨$_2$

k　[55]家　[435]假架驾嫁稼价尬

k^h　[55]卡银行～搭□往里送：～柴火

ŋ　[55]瓦□～肥料：施肥　[31]牙芽砑衙涯崖伢～业：男孩　[435]哑

hɦ　[24]还～是下夏

h　[55]虾哈蛤□不好，质量差

∅　[55]阿鸦也

ia

p^h　[435]□歪斜

t　[55]爹$_1$

n　[55]惹　[31]□植物失去水分而萎缩

tɕ　[55]加茄痂嘉家佳瘸　[435]假架驾嫁稼价姐借藉贾

$tɕ^h$　[435]笪歪斜

ɕ　[55]虾　[435]写泻卸

ʑ　[31]霞遐邪斜　[24]下～降夏暇厦～门谢

∅　[55]鸦丫野桠　[31]爷　[435]雅哑亚夜

ua

ts　[55]抓

s　[435]耍

k　[55]瓜□～精吃菜：光吃菜　[435]寡剐挂卦

k^h　[55]夸　[435]垮跨胯

h　[55]花$_2$　[435]化$_2$

∅　[55]蛙洼□姑～：姑姑　[31]华中～铧划～船　[435]画话桦

ya

ɕ　[55]靴

∅　[435]哕

ɛ

p　[435]拜摆

p^h　[435]派

$β^h$　[31]排牌簰竹～　[24]败

m　[55]买□姆～：母亲　[31]埋　[435]卖迈

f　[55]歪$_1$

t	[55]呆 [435]戴带	ɕ	[55]山三衫杉珊删 [435]懈喊站散伞疝
tʰ	[55]胎 [435]态太泰	z	[31]谐携惭谗馋咸衔闲缠苋栈捷 [24]暂限
ɾʰ	[31]台抬苔怠殆 [24]贷待代袋逮 大~麦	k	[55]间□~~高: 这么高
n	[55]奶乃 [435]耐奈	kʰ	[55]刊铅
l	[31]来 [435]赖癞□~家: 在家	ŋ	[55]眼 [31]颜₁ [435]晏迟，晚雁
ts	[55]灾栽斋 [435]者₁宰载崽再债寨₁	∅	[55]椰 [31]颜₂ [435]叶
tsʰ	[55]差出~ [435]彩采睬菜蔡		uɛ
s	[55]腮鳃筛 [435]赛晒寨₂	ts	[435]拽
z	[31]豺柴才材财裁残 [24]在	tsʰ	[55]猜 [435]揣
k	[55]该阶街 [435]改解概溉盖丐介芥界届疥戒械尴	s	[55]衰 [435]帅率~领
kʰ	[55]开揩 [435]凯楷慨	k	[55]乖 [435]拐怪□~家: 手部有残疾的人
ŋ	[55]挨~着 [31]砑癌岩 [435]爱挨~打蔼矮隘艾碍岸	kʰ	[435]块会~计刽快筷
ɦ	[31]孩鞋 [24]亥害骇蟹	ɦ	[31]怀槐淮环₁
h	[435]海□空隙处，腿膝~	h	[55]歪₂
∅	[55]哀埃	∅	[31]环₂ [435]坏外
	ie		ye
p	[55]班斑颁般扳扮瘢₂ [435]板版	tɕ	[55]贯~彻关₂ [435]惯
pʰ	[55]攀 [435]盼襻绊₂鋬器物上用手提的部分	ɕ	[55]帆藩翻番 [31]凡₂烦繁矾₂ [435]泛反返贩贬
βʰ	[31]凡₁烦₁繁₁矾₁ [24]范₁犯₁瓣办饭₁万₁	z	[24]范₂犯₂万₂
m	[55]晚 [31]蛮 [24]曼慢漫₂幔₂蔓	∅	[55]弯湾挽□~笋，淘笋的一种 [31]还归~ [435]郁育
t	[55]耽担~当丹单~独 [435]胆担挑~疸掸旦		ɔ
tʰ	[55]坍滩摊瘫 [435]毯坦炭叹	p	[55]褒包胞苞 [435]保堡宝饱报豹爆鲍
ɾʰ	[31]潭谭坛谈痰弹~簧檀但 [24]淡弹子~诞蛋	pʰ	[55]抛脬 [435]跑炮泡浸~
n	[31]难~易□~家: 你家	βʰ	[31]袍 [24]雹曝瀑抱暴鲍刨~刀
l	[55]懒 [31]篮蓝兰拦栏览揽榄 [435]烂滥缆	m	[55]猫 [31]毛茅锚矛卯 [435]冒帽貌贸
tɕ	[55]皆秸监间奸毡 [435]者₂斩碱鉴赞溅绽盏谏涧战	t	[55]刀叨 [435]岛捣祷到倒~车: 跌~
tɕʰ	[55]搀忏₁嵌餐 [435]且灿铲产	tʰ	[55]滔掏 [435]讨套
		ɾʰ	[31]桃逃淘陶萄涛 [24]道稻导悼盗

第3章 音系、音韵比较及语流音变

n	[55]脑恼 [31]铙 [435]闹
l	[55]老姥 [31]劳捞牢唠痨扰饶挠铙 [435]绕涝
ts	[55]遭糟昭招朝今~ [435]早枣蚤澡灶罩爪找笊肇照
tsʰ	[55]操体~抄超钞 [435]草炒吵藻躁糙燥
s	[55]骚臊搔梢捎筲鞘烧 [435]扫嫂淖稍少年~;多~
z	[31]嘲巢朝~代潮 [24]曹槽嘈皂造赵兆召~集韶绍邵
k	[55]高膏篙羔糕茭交教 [435]稿绞搞告窖觉铰
kʰ	[55]敲 [435]考拷烤靠犒
ŋ	[55]咬 [31]熬 [435]袄奥懊傲
ɦ	[31]豪壕毫号~叫 [24]号~码浩
h	[55]蒿薅 [435]好耗
ø	[55]凹坳拗使弯曲,使断,折;不顺畅,拗口

cɔ

p	[55]膘标彪 [435]表
pʰ	[55]飘漂~浮 [435]票漂~亮
βʰ	[31]瓢嫖 [24]鳔
m	[55]藐渺 [31]苗描秒 [435]妙庙谬
t	[55]刁貂雕 [435]屌钓吊□~哕:呕吐
tʰ	[55]挑~柴 [32]跳
rʰ	[31]条调~和□~路:走路 [24]掉调~查
n	[55]鸟□~把:小扫帚 [435]尿绕
l	[55]了 [31]燎疗聊辽鹩嘹撩僚瞭缭廖□~脚子:瘸子□把食物放到沸水中煮一下,随即取出 [435]料镣
tɕ	[55]交郊胶教焦蕉椒骄娇浇 [435]狡搅剿教~训较觉剿矫缴侥叫饺
tɕʰ	[55]敲锹缲~边踽悄 [435]巧俏窍瞧
ɕ	[55]消宵霄硝销道鞘枵萧箫□阉割
	[435]小晓酵孝笑
z	[31]淆樵乔桥侨荞 [24]效校翘轿
ø	[55]妖邀腰要~求幺吆舀杳窑姚遥尧鹞肴 [435]要~东西耀

əi

p	[55]杯背~东西碑卑悲 [435]贝背后~辈婢蓖₂
pʰ	[55]胚坯 [435]沛配佩
βʰ	[31]培陪赔裴回,逶葵₁肥₁维惟唯 [24]焙倍惠备₂柜₂翡昧₁
m	[55]每美 [31]梅枚玫媒煤脢莓眉楣霉谋 [435]某₂妹寐媚
f	[55]非飞妃挥 [435]毁₁匪榧悔否吠肺秽慧痱费讳
t	[55]堆兜 [435]斗抖陡对队
tʰ	[55]推颓偷₂ [435]腿退蜕透₂敨把包着或卷着的东西打开
rʰ	[31]头投 [24]兑豆逗痘
n	[435]内
l	[55]娄屡垒篓搂 [31]雷擂楼₂ [435]儡累积~类泪漏₂陋
ts	[55]宙₂邹周₂舟₂州洲₂ [435]嘴走帚₂最赘醉奏皱₂皱₂咒₂
tsʰ	[55]催崔 [435]丑₂惨淬脆翠凑
s	[55]尿嗽₂搜艘₂收₂ [435]手₂首₂守₂瘦₂兽₂碎岁粹缀
z	[31]绸₂稠₂筹愁₂仇₂ [24]罪穗纣骤₂酬₂受寿₂授售₂
k	[55]勾~消钩沟甘柑泔尴肝干~燥竿杆 [435]给₁狗苟垢感敢橄秆擀赶埂够构购干骨~
kʰ	[55]抠堪龛看~门 [55]口叩扣寇看~见勘~探坎砍
ŋ	[55]偶藕鹅安鞍呕殴 [31]□~豆:豌豆

	[435]案按暗沤怄~气		s	[55]桑丧~事商伤　[435]嗓磉搡赏丧~失晌
hɦ	[31]侯喉猴瘊含函寒韩　[24]后厚撼憾候汗旱焊翰		z	[31]藏髒~长~短肠场常裳尝偿壤　[24]藏宝~丈杖仗上~山尚
h	[55]憨鼾　[435]吼罕汉		k	[55]冈岗刚纲钢~铁缸豇肛　[435]杠扛港讲虹
ø	[55]欧瓯鸥		kʰ	[55]康糠慷　[435]抗炕囥藏
uəi			ŋ	[31]昂
ts	[55]追锥		hɦ	[31]行~航杭　[24]项巷上
tsʰ	[55]吹炊		h	[55]夯
s	[55]虽　[435]水髓税锐绥		**iaŋ**	
z	[31]垂锤　[24]芮随睡瑞蕊隧遂槌坠谁		n	[55]两俩　[31]娘　[435]酿让上~台子~
k	[55]圭闺规归龟　[435]轨诡鬼鳜桂贵		l	[55]辆　[31]良凉量测~粮梁樑　[24]亮谅量数~
kʰ	[55]盔奎魁亏恢窥愧　[435]傀溃跪		tɕ	[55]将~浆疆僵礓缰姜江　[435]蒋奖桨酱犟降下~
hɦ	[31]回₂茴汇癸柜₂葵₂肥₂		tɕʰ	[55]枪羌腔　[435]抢
h	[55]灰麾辉徽　[435]贿悔晦桧废毁₂彗		ɕ	[55]相互~箱厢湘镶香乡　[435]想享饷响相长~向
ø	[55]煨尾威　[31]桅危伪为行~微围违伟苇纬　[435]委萎会绘喂畏慰为~了位未味₂魏胃谓猬汇卫		ʑ	[31]墙详祥翔强~大降投　[24]匠象像橡
aŋ			ø	[55]央殃秧鸯养痒　[31]羊洋烊杨阳扬疡　[435]仰恙样
p	[55]帮邦　[55]榜绑棒蚌河~		**uaŋ**	
pʰ	[435]胖		ts	[55]庄装妆桩　[435]壮
βʰ	[31]谤滂旁螃傍膀房防狂庞		tsʰ	[55]疮窗　[435]闯创~造
m	[55]莽蟒网　[31]忙芒茫亡盲虻氓　[435]忘妄望		s	[55]霜孀双　[435]爽
f	[55]荒慌方肪坊芳　[435]谎恍纺妨纺仿访幌₁放况		z	[31]床　[24]状撞
t	[55]当应~铛裆　[435]党档挡当~铺		k	[55]光胱　[435]广逛□~浓：溃脓
tʰ	[55]汤　[435]躺倘烫趟		kʰ	[55]匡筐眶框　[435]矿旷
tʰ	[31]堂棠螳唐糖塘　[24]荡宕		h	[435]晃幌₂
n	[55]攮　[31]囊瓤		ø	[55]汪往　[31]黄簧皇蝗凰隍蟥枉王□~丁,昂刺鱼□懒~:懒惰的人　[435]旺
l	[31]郎廊狼螂榔嚷然₂　[435]朗浪		**əŋ**	
ts	[55]赃脏肮~张章樟　[435]脏心~展长~大涨掌葬帐账胀障瘴站		p	[55]奔锛崩绷　[435]本笨蚌~埠迸
tsʰ	[55]仓苍舱昌菖　[435]敞厂畅唱倡			

第3章　音系、音韵比较及语流音变　103

pʰ	[55]烹喷~水　[435]捧碰	kʰ	[55]坑空天~　[435]恳垦啃肯孔恐空有~控
βʱ	[31]盆焚坟文蚊纹闻吻刎朋鹏棚彭膨蓬冯逢缝~衣裳　[24]问凤奉俸缝裂~	ŋ	[435]硬
m	[55]猛懵蠓　[31]门萌明~朝盟蒙　[435]闷孟梦	ɦ	[31]痕恒衡弘宏红洪鸿虹　[24]很恨共
f	[55]昏婚分吩芬纷分荤风枫疯丰封峰蜂锋　[435]粉忿愤讽奋粪份	h	[45]亨哼轰掏　[435]烘哄~笑
t	[55]敦墩蹲登灯瞪东冬　[435]顿等戥扽等凳邓澄~水董懂冻栋	iŋ	
		p	[55]冰兵宾槟　[435]禀丙柄秉饼并殡鬓
tʰ	[55]吞通　[435]桶捅统痛	pʰ	[55]拼~凑　[435]品聘娉
rʱ	[31]屯豚臀腾眷藤同铜桐筒童瞳[24]饨囤沌盾遁钝疼动洞□舍不得，节省	βʱ	[31]贫凭平坪评苹瓶萍屏频　[24]病
n	[55]垄冷　[31]论~语伦能农浓脓[435]糯弄嫩论议~	m	[55]悯敏抿皿　[31]铭民明名鸣冥螟闽　[435]命
l	[55]仍扔拢　[31]仑轮楞笼聋胧隆窿龙陇	t	[55]丁钉~子鼎　[435]顶订钉~钉子
		tʰ	[55]听厅汀　[435]挺铤艇
ts	[55]砧针斟珍臻真尊遵曾姓~增憎征蒸争筝睁贞侦正~月棕鬃宗中~间忠衷终踪综钟盅　[435]枕诊疹拯整总种~子肿振震镇赠症证郑正~确政纵粽中~奖种~地众仲	rʱ	[31]亭停廷庭蜓锭定
		n	[31]人仁凝银　[435]认
		l	[55]岭领　[31]林淋临邻鳞燐磷陵凌菱绫宁灵零铃伶拎龄翎　[435]令另吝赁
tsʰ	[55]村称撑掌聪匆葱囱充冲~锋　[435]趁忖衬寸蹭秤宠	tɕ	[55]仝如~金禁~不住襟津巾斤筋京荆惊鲸晶精睛经　[435]锦紧谨仅景警井颈浸~泡禁~止进晋劲敬竞竟境镜径茎
s	[55]森参人~深身申伸孙僧升生牲笙甥声松　[435]沈审婶损笋榫省怂耸渗逊胜圣送宋舜	tɕʰ	[55]侵钦亲~近卿清轻青蜻　[435]寝请顷亲~家庆
		ɕ	[55]心辛新薪欣兴~旺星腥猩馨　[435]信省反~醒兴高~性姓衅
z	[31]沉岑壬任姓~陈尘神娠辰晨臣人仁存唇曾~经层澄~清惩橙乘绳承丞逞呈程成城诚盛~饭崇虫丛从跟~重~做[24]葚甚肾忍重轻~任~务阵慎刃认韧剩盛旺~诵颂讼	z	[31]寻琴禽擒秦勤芹行罪~情晴形型　[24]尽用~近杏幸静靖净
		∅	[55]音阴荫窨因姻蚓殷尹应~该鹰蝇莺鹦樱英婴缨颖□发寒~；疟疾　[31]吟淫寅迎营茔莹萤　[435]饮印应响~引隐影映
k	[55]仝~朝跟根更三庚羹耕公蚣工功攻弓躬宫恭供龚　[435]粳哽梗耿更~好贡巩汞拱		
		uəŋ	
		tsʰ	[55]椿春蝽　[435]蠢

z	[31]纯醇鹑 [24]顺润闰		iaʔ
k	[435]滚棍	n	[31]虐疟
kʰ	[55]昆坤 [435]捆困	tɕ	[52]甲胛脚
h	[435]混	tɕʰ	[52]恰洽掐雀鹊却
∅	[55]温瘟 [31]魂馄浑横~竖 [435]稳	ɕ	[52]削~皮
	yŋ	ʑ	[31]侠
tɕ	[55]肫均钧君军郡皲 [435]准菌窘浚俊骏	∅	[52]约 [31]药钥跃
			uaʔ
ɕ	[55]熏勋兄胸匈凶 [435]训讯迅	ts	[52]浊酌灼
ʑ	[31]旬荀循巡群裙倾琼穷熊雄 [24]驯殉	tsʰ	[52]龊绰~号
		s	[52]刷索绳~朔
∅	[55]允永咏泳痈壅臃拥庸勇涌恿踊 [31]匀云耘盈赢荣戎绒融茸氄容蓉镕溶榕熔 [435]熨酝韵运晕日~孕用	z	[31]凿昨₃柞勺芍若弱镯蜀属
		k	[52]鸽割葛括刮阁搁郭谷
		kʰ	[52]磕瞌渴阔廓扩壳酷
		ɦ	[52]或惑
	aʔ	h	[52]豁₂霍₂藿
p	[52]八钵拨博泊湖~剥驳	∅	[52]沃挖 [31]活滑猾袜₂划
pʰ	[52]泼		əʔ
βʰ	[31]乏伐拔筏罚阀薄学₁	p	[52]饽勃不北百柏伯
m	[31]抹~布末沫袜₁莫寞漠	pʰ	[52]朴卜扑仆迫拍魄醭
f	[52]法发豁₁霍₁掣~闪电鹤₁	βʰ	[31]获₁白帛服伏复佛
t	[52]答搭掇□ku³²taʔ⁵⁵，那里	m	[31]没墨默陌麦脉木目牧睦
tʰ	[52]塔榻塌溻遢獭托	f	[52]忽福幅蝠腹辐覆
rʰ	[31]踏挞沓——纸夺达跶	t	[52]得德笃督□~泥巴，锄地
n	[31]纳捺诺	tʰ	[52]脱突秃
l	[31]腊蜡镴邋辣落骆酪洛络乐快~	rʰ	[31]特独读牍犊毒
ts	[52]扎札眨砸作着~凉嚼栅□割，~稻	l	[31]捋肋勒鹿禄六陆绿录□~色，垃圾
tsʰ	[52]插擦察	ts	[52]只质帜折~断褶蜇执汁哲辙浙卒则织职泽窄宅摘责炙
s	[52]雯撒萨杀煞		
z	[31]昨₁杂闸砸炸铡	tsʰ	[52]厕彻撤撮猝侧测拆策册赤斥尺促掣~霍，闪电
k	[52]夹胳角□~进去，挤进去		
ŋ	[52]鸭押压	s	[52]摄涉涩湿设瑟虱失室塞色啬识式饰适释粟
ɦ	[31]合盒狭峡匣鹤₂		
h	[52]蛤喝瞎辖	z	[31]十什拾舌折~本侄秩实日贼殖直值

第 3 章 音系、音韵比较及语流音变

	植食蚀择石硕	tɕʰ	[52]妾怯缉泣切窃七漆讫乞戚吃
k	[52]格革隔□~个：这个	ɕ	[52]胁吸薛泄歇蝎屑楔雪悉蟋膝息熄媳惜昔夕锡析
kʰ	[52]刻克客去		
ŋ	[31]腭鄂恶善~额	ʑ	[31]协集辑习袭及杰竭绝₁穴极藉籍席寂
ɦ	[31]核		
h	[52]吓郝黑	∅	[52]噎益揖 [31]页乙一逸缢翼液腋掖亦译
∅	[52]扼轭		

uəʔ

ts	[52]卒兵~卓桌琢啄捉竹筑逐祝粥足烛□~刀：砍刀
tsʰ	[52]拙出戳畜~生
s	[52]说索探~速肃宿~舍缩叔淑嘱束
z	[52]入术述族轴熟孰垫俗续赎辱褥
k	[52]骨国
kʰ	[52]哭窟
ɦ	[31]猎₂
∅	[52]屋握渥 [31]勿物

ieʔ

p	[52]别₁鳖瘪憋笔毕必浜挡住渣滓，把液体倒出 逼碧璧壁辟复~
pʰ	[52]撇匹僻辟开~劈霹□女阴
βʰ	[31]鼻别₂
m	[31]灭篾密蜜觅肉
t	[52]跌的目~滴嫡
tʰ	[52]帖贴铁踢剔惕
tʰ	[31]叠碟蝶谍笛敌狄涤获
n	[31]聂业热孽捏匿逆溺日
l	[31]猎荔镊蹑立粒笠列烈裂劣栗律率效~力历疬略掠□把水滤干□折断
tɕ	[52]接劫急级给₂揭节疖截结洁秸桔吉疾即鲫戟积迹脊绩击激

yeʔ

tɕ	[52]绝₂厥蕨镢决诀橘倔爵菊鞠□蜡~~：蜘蛛
tɕʰ	[52]掘缺曲屈
ɕ	[52]血戌恤畜~牧旭
ʑ	[31]局
∅	[31]悦阅月越曰粤域狱浴欲

yaʔ

tɕ	[52]觉~悟
tɕʰ	[52]确触榷
ʑ	[31]学₂□~磬：钹
∅	[52]郁 [31]岳乐音~

l̩

| ∅ | [55]礼尔履李里理狸鲤耳饵 [31]犁黎篱梨蜊厘庐驴₂倪₂儿而□~起来：提起来 [24]例厉励丽隶离璃利痢二贰吏 |

m̩

| ∅ | [55]姆姆~嫚：母亲母丈~畝牡拇 [31]眉米迷谜 |

n̩

| ∅ | [55]你女耳 [31]鱼渔泥倪₂霓宜谊尼疑拟呢~子□n³³tsa²⁴：什么 [435]尔二 |

ŋ̍

| ∅ | [55]翁瓮恩 |

3.1.3 桠溪方言音系

桠溪镇位于高淳区东部,西接漆桥镇、东坝镇,北接溧水区晶桥镇,东邻溧阳市上沛镇、社渚镇,南邻安徽省郎溪县梅渚镇。据《高淳县志(1986—2005)》(2010)记载,桠溪集镇形成于明代崇祯末年,因桠溪河得名,古称丫溪埠,俗称桠溪港。桠溪南部(原为定埠镇)有春秋时期伍子胥开凿的人工运河,现称胥溪河,连通太湖和长江。胥溪河两边都叫定埠,河之南属于郎溪梅渚镇,河之北属于高淳桠溪镇。桠溪镇总面积149.22平方公里,总人口六万余人,下辖11个居委会(桠溪、赵村、跃进、永庆、荆山、蓝溪、桥李、顾陇、瑶宕、胥河、永宁)、12个村委会(安乐、观圩、观溪、尚义、兴旺、穆家庄、新塘、新墙、镇东、韩桥、花义、镇南)。2010年,桠溪镇被授予"国际慢城"的称号,系中国首个国际慢城。[1]

桠溪镇的方言属于太湖吴语毗陵小片,与高淳西部方言有比较明显的差异。本节记录的是桠溪镇老派方言的发音,主要发音合作人是赵肖放,男,1942年4月生,大专文化,退休教师。发音人出生于桠溪镇,无长期外地生活经历,祖辈也一直生活在本镇,发音人会说地方普通话。

3.1.3.1 声韵调

(一)声母(29个,含零声母)

p布拜兵八	pʰ普派胖拍	b爬培皮瓶	m马妹梦麦	f飞方护福
t刀多胆跌	tʰ体讨炭铁	d头桃糖同	n拿脑牛热	l罗老粮六
ts紫灾照竹	tsʰ菜草窗策	dz茶拳群绳	s沙师三叔	z社财祠床
tɕ机居猪急	tɕʰ气秋轻缺	dʑ齐桥琴肠	ɕ鲜写小信	ʑ斜徐全晴
k歌宫贵骨	kʰ开苦空刻	g葵狂	ŋ牙眼硬咬	h火海欢喝
ɦ河孩寒杭	ɦ胡华淮黄	ɻ认云容域	∅窝爷乌阅	

说明:

① 桠溪发音人单字音没有[v]声母,但奉母作为后字有时读[v]。靠近溧阳地区的一些自然村有[v]声母,如永庆村:万 vɛ⁵²、蚊 vən²¹⁴、味 vei⁵²。

② [n]与细音相拼时,实际音质接近[ɲ],本书视为[n]的变体。

③ [ɦ]代表后边元音有"浊流"(breathy voice),不是真正的浊擦音声母。

④ [ɻ]声母的实际音质与普通话的[z]接近。

---

[1] 桠溪镇概况资料主要参考《高淳县志(1986—2005)》(2010)和高淳区政府网站上的资料,网址:http://www.njgc.gov.cn/col/col12/index.html

（二）韵母（34个，含自成音节韵母）

ɿ 紫纸四时	i 批地鸡迷	u 布图苦路	y 雨取粗朱
ᶿɿ 耳而礼厘	ɪ 变尖面烟		
a 怕蛇麻拿	ia 加借斜野	ua 瓜耍话卦	
ɛ 带灾买蓝	iɛ 抢唱香羊	uɛ 关坏快外	
ʋ 婆科盘宽	iu 秋酒流远		
ɔ 保道告帽	iɔ 表飘乔料		
ei 杯罪豆寒		uei 回水追砖	
ã 帮刚放狼		uã 庄矿双王	
ən 针跟灯绳	in 林金心兵	uən 滚准温云	
oŋ 东工宋梦			
aʔ 答插闸蜡	iaʔ 甲雀脚约	uaʔ 刮阔挖滑	yaʔ 曰哕
ɔʔ 夺质落食	iɛʔ 急吃雪灭	uəʔ 国扩桌活	yəʔ 月阅育浴
m̩ 姆~嬷：母亲 尾	n̩ 你		

说明：

① [i]、[y]韵均有较强摩擦。[y]韵在永宁（镇政府所在地）新派和其他自然村基本都读舌尖元音[ʮ]，本节的发音人代表永宁更老派一点的读法，相应地，[i]韵在永宁新派和部分自然村读舌尖元音[ɿ]。

② [u]唇形不圆，发音时双唇有闭合倾向，实际音质接近[ɯ]。

③ [i]、[ɪ]音色不同，前者有摩擦感，后者音色清晰。[ɪ]的实际音质跟普通话的[i]接近。

④ [iu]在永宁新派和部分自然村读[y]韵。

⑤ [ei]存在条件变体，与[k]、[kʰ]、[h]、[ɦ]组合时，实际读音为[iei]。

⑥ 受声母影响，[oŋ]在跟[ts]组声母相拼时实际音质大都接近[əŋ]。

⑦ 音节[ɹuən]、[ɹoŋ]存在[yn]、[yŋ]的变体。

（三）声调（7个）

阴平[45] 天高刚买　　上声[55] 古走短手　　阴去[32] 器醉送用　　阴入[55] 接杀百菊
阳平[213] 穷鞋肥龙　　　　　　　　　　　　阳去[52] 树洞坐断　　阳入[42] 杂杰白肉

说明：

① 阴平有时读平调，调值接近[55]；阳平有时读成平升调或升调，调值接近[113]或[24]。

② 阴入调的调值有时略降，调值接近[54]，有的自然村存在送气入声字归阳入的现象（即送气分调），如胥河（原属定埠）。

③ 阴入、阳入均为短促调，阳入的调长略长于阴入。

3.1.3.2 音韵特点

（一）声母特点

（1）"帮滂並"、"端透定"、"见溪群"声母三分，浊声母"並、定、群"的性质为清音浊流，即声母本身是清音，但韵母前段发音时伴有气嗓音现象。与淳溪镇方言相比，桠溪镇保留比较完整的浊音声母系统，除了有浊塞音声母[b]/[d]、浊擦音声母[z]/[ʑ]外，还有浊塞擦音声母[dʑ]、[dʐ]和浊塞音声母[g]，如：茶 dʐa²¹³|成 dən²¹³|骑 dʑi²¹³|除 dʑy²¹³|葵 guei²¹³|狂 guɑ̃²¹³。桠溪方言虽然保留比较完整的浊声母系统，但只存在于阳平调中，阳去、阳入因为读高调，对应的浊声母字已变为清音。

（2）匣母在细音前大都增生舌面擦音[ʑ]/[ɕ]，在洪音前则增生喉擦音[ɦ]/[h]，如：形 ʑin²¹³|县 ɕi⁵²|侯 ɦfiei²¹³|红 ɦfioŋ²¹³|后 hei⁵²。

（3）古知、庄、章组与精组洪音的声母相同，读[ts]、[tsʰ]、[s]，如：师＝斯＝施 sɿ⁴⁵|资＝枝＝辎 tsɿ⁴⁵。

（4）除了精组、见系外，由于韵母的细音化，一些原本读舌尖音声母[ts]、[tsʰ]、[s]的字改读成舌面音声母[tɕ]、[tɕʰ]、[ɕ]，主要涉及遇摄合口三等鱼虞韵、流摄开口三等尤韵、宕摄开口三等阳韵字，如：蔬 ɕy⁴⁵|周 tɕiu⁴⁵|厂 tɕʰie⁵⁵。

（5）奉母单念时基本都读唇齿清擦音[f]，但作为后字有时读[v]声母。微母除了读[m]外，大都读[f]或零声母。奉微母基本没有读[b]的现象。

（6）唇齿音清擦音声母[f]除了来自非、敷、奉三母外，还有一些来自微母、匣母、晓母、影母、云母，如：诬 fu²¹³|化 fa³²|户 fu⁵²|灰 fei⁴⁵|荒 fɑ̃⁴⁵|彗 fei³²。

（7）古泥、来母基本不混，如：脑 nɔ⁴⁵≠老 lɔ⁴⁵"、"娘 niɛ²¹³≠粮 liɛ²¹³，但有少数泥来母互读现象，如：宁 lin²¹³|农 loŋ²¹³|冷 nən⁴⁵|轮 nən²¹³。

（8）桠溪镇老派方言，部分日母、影母、喻母字读[ɻ]，如：入 ɻueʔ⁴²|拥 ɻoŋ⁴⁵|云 ɻuən²¹³|荣 ɻoŋ²¹³。部分梗摄、通摄合口三等读[ɻuen]/[ɻoŋ]的字有时也读零声母音节[yn]/[yŋ]。[ɻuen]和[yn]，[ɻoŋ]和[yŋ]在发音人口中属自由变体。

（9）内部差异方面，桠溪西北部的一些乡村奉微母有读[b]现象，浊塞音声母一般读成擦音声母，这种特点跟圩区方言相同，如顾陇：肥 bei²¹|问 bən²⁴。东北部和东部一些乡村奉微母单念时有读[v]声母的现象，如永庆：肥 vei²¹³|万 vɛ⁵²。桠溪方言声母也存在新老差异，如老派保留较多浊塞音声母字，新派大都变成浊擦音声母。

（二）韵母特点

（1）果摄元音高化为[ʊ]，与山摄合口桓韵同，如：科＝宽 kʰʊ⁴⁵，但与遇摄模韵不混，如：哥 kʊ⁴⁵≠姑 ku⁴⁵。

（2）麻韵见系二等部分字有文白异读现象，如：家 ka⁴⁵/tɕia⁴⁵。

（3）蟹摄合口一等端组、精组，止摄合口三等精组等韵母不带[u]介音，如：

对 tei³²|罪 tsei³²|岁 sei³²|随 zei²¹³|辉 fei⁴⁵。

（4）遇摄合口一等模韵精组多数字与三等鱼虞韵（非组除外）同韵，读[y]，如：租=猪=居=诛=拘 tɕy⁴⁵。

（5）流摄开口一等侯韵（帮组除外）基本都读[ei]，与常州地区方言相同，只有精组部分字读入三等尤韵，如：豆 tei⁵²|狗 kei⁵⁵|侯 ɦei²¹³|奏 tɕiu³²。流摄开口三等除帮组外，基本都读[iu]，只有泥来母部分字读[ei]，如：酒 tɕiu⁵⁵|抽 tɕʰiu⁴⁵|搜 ɕiu⁴⁵|求 dʑiu²¹³|油 ɦiu²¹³|刘 lei²¹³。

（6）咸摄开口一等覃谈韵、山摄开口一等寒韵有[ei]、[ɛ]两种主要读音层次，其中[ɛ]层跟二等韵读音相同，属较晚的层次。此外，咸山摄还有少量开口二等字读[iɛ]、[ɪ]，其中[ɪ]跟三四等读音相同，属晚期合流层，[iɛ]则是跟[ɛ]平行的晚期文读层。咸山摄开口一等字读音例字，如：耽 tɛ⁴⁵|炭 tʰɛ³²|办 pɛ⁵²|男 nei²¹³|安 ei⁴⁵|碱 tɕiɛ⁵⁵|艰 tɕiɛ⁴⁵|减 tɕɪ⁵⁵|简 tɕɪ⁵⁵。咸山摄三四等字以读[ɪ]为主，来母个别字读[ei]，如：廉 lɪ²¹³|店 tɪ³²|严 nɪ²¹³|变 pɪ³²|宪 ɕɪ³²|烟 ɪ⁴⁵|帘 lei²¹³。

（7）山摄合口一等字读音基本的规律是帮组、见系读[ʊ]，端系读[ei]，如：半 pʊ³²|官 kʊ⁴⁵|犯 fɛ⁵²|短 tei⁵⁵。山摄合口二等以读[uɛ]为主，三等精组读[ɪ]，非组读[ɛ]、知系大都读[uei]，见系有[uei]、[iu]、[ɪ]三种读音。

（8）深臻曾梗四摄均带前鼻音韵尾[n]，如：根=耕 kən⁴⁵|针=增 tsən⁴⁵|魂=横 uən²¹³|林=邻=菱=灵 lin²¹³。臻摄合口三等知章组字不读撮口呼韵母，如：军 tsuən⁴⁵|云 ʐuən²¹³。

（9）宕摄开口三等字（庄组和章组个别字除外）读齐齿呼韵母[iɛ]，如：良 liɛ²¹³|蒋 tɕiɛ⁵⁵|肠 dʑiɛ²¹³|乡 ɕiɛ⁴⁵|阳 ɦiɛ²¹³。

（10）入声韵有简化现象，咸山摄一二等入声字的主元音以读[a]为主，曾梗臻宕江通摄入声字的主元音以读[ə]为主。

（11）内部差异方面，桠溪北部多数乡村蟹止摄、遇摄有高顶出位的舌尖化音变，如永庆：猪 tsʅ⁴⁵|西 sʅ⁴⁵。西北部的一些乡村流摄有读[ɣ]的层次，如顾陇：旧 ʑɣ²⁴。新老差异方面，部分新派有上述高顶出位的音变和流摄读[ɣ]的现象。

（三）声调特点

（1）桠溪镇方言有7个声调，古声调的分化规律是：古平声分阴平、阳平两类，阴平调值[45]，阳平调值[213]；古阴上读[55]，古次浊上大都归阴平，古全浊上归阳去；古阴去读[32]，古次浊去归阴去，古全浊去读[52]；古阴入读[55]，古阳入读[42]。桠溪方言次浊上、次浊去归阴调类的规律跟淳溪镇一致，有部分乡村（如永庆、定埠）入声存在送气分调现象，即送气清声母的入声字归阳入，如定埠：踏 tʰæʔ⁴²|客 kʰəʔ⁴²。

（2）调值方面，阴调类基本都是高调，阳调类只有阳平为低调，阳去、阳入都是高调，这跟以淳溪镇为代表的圩区方言不同，打破了吴语阴高阳低的格局，也影响到声母的演变，即只有跟阳平相配古浊声母仍为浊音，跟阳去、阳入相配的古浊声母已读清音。

（3）声调调长方面，排列顺序为：阳平＞阴平＞阴去＞阳去＞阴上＞阳入＞阴入。阴入短促，阳入调长不甚短促，相应地与阳入调相配的入声字喉塞尾不甚明显。

（4）内部差异方面，部分跟圩区接近的乡村阳平调值为低降调，如顾陇[21]，大部分乡村的阳平为曲折调、平升调或者升调，体现了进行中的变化，如永庆调值[214]、永宁新派调值[213]、观圩调值[24]，演变路径大体上是214＞24。本书桠溪镇老派发音人阳平调值为[213]，但有时读为[113]或[24]，新派发音人基本上都读[24]，这也反映了阳平的演变趋势。

3.1.3.3 同音字汇

ɿ

ts [45]支枝肢栀资姿咨辎之芝兹滋知蜘 [55]紫纸姊脂旨指子梓止趾址滓 [32]制智致稚至置志痣滞

tsʰ [45]雌痴嗤疵呰跐 打滑 [55]耻此齿侈豉 [32]刺赐翅次

dz [213]池瓷糍茨迟踟驰□~鱼：杀鱼

s [45]斯嘶撕施私师狮螄尸司丝思诗 [55]豕死矢屎使史驶使始 [32]世势四肆试 [52]誓是氏自示视字牸似祀巳痔治士仕柿俟事市恃侍逝嗜寺

z [213]匙慈磁鹚辞祠词饲伺嗣时鲥莳持

i

p [45]屄 [55]比鄙 [32]闭臂秘泌算庇痹 [52]敝蔽弊币毙鞞被~单；~打避备箅萆

pʰ [45]批披纰~漏鈚破裂；~开 [55]秕痞 [32]屁

b [213]皮彼疲脾琵

m [45]米 [213]迷谜靡縻弥

t [45]低堤 [55]底抵 [32]帝蒂 [52]地弟第递

tʰ [45]梯 [55]体嚏 [32]替剃屉涕

d [213]题提啼蹄

n [45]你 [213]泥倪霓宜谊尼疑拟沂 [32]呢~子腻

tɕ [45]鸡稽饥肌基机讥既 [55]挤几~乎麂己杞 [32]祭际济剂计继系~鞋带寄冀记季纪忌 [52]徛站

tɕʰ [45]妻凄溪欺 [55]企启起砌 [32]契器弃气汽□~~；玩耍

dʑ [213]奇岐妓齐脐荠骑技旗鳍祈

ɕ [45]西栖犀希稀奚兮 [55]洗玺徙牺喜嬉熙 [32]系关~细戏

ʑ [213]畦祁其棋期麒

ɦ [213]肆仪夷姨遗移已以倚艺

ø [45]医衣依蚁□伤口处结的硬壳 [55]椅 [32]瞖义议议意易异忆亿翼液腋缢

u

p [55]补 [32]布怖 [52]部簿步埠

第3章 音系、音韵比较及语流音变

pʰ	[45]铺~床 [55]谱普浦溍_{液体沸腾溢出}捕甫脯_{胸~}辅 [32]铺_店~圃
b	[213]蒲菩葡
f	[45]呼夫肤敷麸诬乎 [213]芙扶抚符腐浮 [55]虎浒府腑斧 [32]付赋傅咐附驸赴讣富副戊 [52]户护沪互父武妇负舞
t	[45]都~是 [55]堵赌肚~肠妒 [52]杜度渡镀踱
tʰ	[55]土吐~痰 [32]兔
d	[213]徒屠途涂图
n	[45]努 [213]奴 [32]怒
l	[45]鲁橹房卤滤汝乳 [213]卢炉芦鸬庐驴如懦 [32]路露鹭
k	[45]姑孤箍鸪辜牯 [55]古估鹽股鼓 [32]故~事固锢雇顾
kʰ	[45]枯 [55]苦 [32]库裤
ɦ	[213]吴蜈梧胡湖糊狐壶葫蝴无
∅	[45]午乌污坞侮吾五伍瓠鹉 [32]孵误悟恶_{可~}务雾

y

n	[45]女口~~:女儿 [213]鱼渔
tɕ	[45]租诸居车_{棋子}猪诛蛛株朱珠拘驹 [55]祖组阻煮褚举主矩 [32]著箸据锯句驻注蛀铸俱剧疰_{因不能适应气候或环境而得病,如:~夏。} [52]助巨拒距聚拄柱住瞿具惧
tɕʰ	[45]粗蛆趋枢区驱初 [55]楚础处_{相~}杵鼠取娶 [32]醋处_{到~}去趣
dʑ	[213]渠厨橱除雒殊劬_{因过分劳累而倒下}
ɕ	[45]苏酥梳疏蔬书舒虚嘘须需输菱 [55]暑黍署薯许数~钱 [32]素塑诉嗉絮序庶恕数~字戍□_{乱动:他太~了} [52]叙绪苎竖树

z	[213]徐储锄儒
ɦ	[213]余愚虞娱榆愉逾于盂圩
∅	[45]吕稆旅语迂淤宇禹羽雨履 [32]虑御与_{参~}誉预豫遇寓芋喻裕玉愈

i

p	[45]鞭编边蝙 [55]扁匾贬₁ [32]变遍~~ [52]便_方辨辩汴瓣
pʰ	[45]偏~僻篇 [32]骗遍~地片
b	[213]便~宜
m	[45]免勉娩缅 [213]棉₁绵₁眠瞑 [32]面
t	[45]爹₁掂颠癫 [55]点典腆 [32]店 [52]电殿奠垫淀靛
tʰ	[45]添天 [55]舔
d	[213]甜田填
n	[45]蔫染俨埝捻撵拈碾~压 [55]鲶 [213]阎严年粘 [32]研验念谚砚酽_{浓:墨太~了}
l	[45]脸 [213]廉帘₂镰连联鲢莲 [32]敛殓
tɕ	[45]尖沾占~卜兼搛煎毡肩捐坚监艰奸颠湔_洗 [55]减检俭简拣剪展茧跰瞻 [32]占_{~领}剑箭战建健见牮_{斜着支撑} [52]践贱饯件犍键腱荐
tɕʰ	[45]歼签纤谦迁千牵且褰_{揭开:~裙子,~被} [55]浅遣 [32]忏茜欠歉
dʑ	[213]钳缠
ɕ	[45]仙鲜轩宣掀先些羡蚬 [32]线扇_电宪献显楦 [52]渐善鳝膳旋县潜现
z	[213]钱蝉单~_姓乾虔前贤弦舷全泉携悬挦_{扯,拔(毛发)}
ɦ	[213]炎盐檐嫌涎然燃延筵言沿衍堰宴
∅	[45]阉腌焉烟燕_姓胭 [55]掩 [32]厌

艳焰燕~子咽

a

p	[45]巴芭疤笆爸 [55]把 [32]霸坝 [52]耙罢稗
pʰ	[32]怕帕
b	[213]爬箄琶杷
m	[45]妈码马 [213]麻 [32]骂
f	[45]花 [32]化
t	[55]打 [32]戴₁顶~ [52]大老~
tʰ	[45]他它
n	[213]拿 [32]挪哪那
l	[45]拉
ts	[45]楂渣遮 [32]榨乍诈炸蔗鹧奓张开，下部大
tsʰ	[45]叉杈差~别车汽~钗 [55]扯□踩 [32]岔汊
dʑ	[213]茶搽查茬
s	[45]莎沙纱奢赊佘 [55]洒舍~不得傻 [32]赦舍~宿 [52]厦大~射麝社
z	[213]蛇
k	[45]家 [55]贾假真~ [32]尬嫁□~~;禽蛋
kʰ	[55]卡银行~搭
ŋ	[45]瓦 [213]牙芽伢衙
h	[45]虾哈□不好，质量差 [52]下~夏
ɦ	[213]还~有
∅	[45]丫阿 [32]挜强把东西给人或卖给人

ia

t	[45]爹₂姨~
n	[45]惹
tɕ	[45]加痂嘉家佳 [55]姐贾 [32]茄番~假饭~架驾稼价借
ɕ	[45]虾 [55]写 [32]泻卸 [52]下~降夏厦~门;地名谢

z̧	[213]霞遐暇邪斜
ɦ	[213]爷涯崖牙芽
∅	[45]野椰 [55]鸦桠哑雅 [32]砑夜亚

ua

ts	[45]抓 [55]爪
s	[45]靴 [55]耍
k	[45]瓜 [55]寡剐 [32]挂卦
kʰ	[45]夸 [55]垮 [32]跨胯
ɦ	[213]铧桦划~船华中~□~~;叔叔
∅	[45]蛙洼 [32]画话

ɔ

p	[45]褒包胞苞雹 [55]保堡宝饱 [32]报豹爆曝瀑 [52]曝抱暴鲍刨~刀
pʰ	[45]抛脬 [55]跑 [32]炮泡□~人;温度过高，使人不舒服
b	[213]袍
m	[45]卯 [213]毛茅猫锚矛 [32]冒帽貌
t	[45]刀 [55]岛捣倒跌~ [32]祷到倒~车 [52]道稻导悼盗
tʰ	[45]叨滔掏涛 [55]讨 [32]套
d	[213]桃逃淘陶萄
n	[45]脑恼 [213]铙 [32]闹
l	[45]老姥扰 [213]劳捞牢唠痨饶挠铙 [32]涝
ts	[45]遭糟召~集昭招朝今~ [55]早枣蚤澡藻找笊 [32]灶罩照 [52]赵兆
tsʰ	[45]操体~抄超 [55]草炒吵钞 [32]躁糙燥
dʑ	[213]槽韶
s	[45]骚臊搔梢捎筲稍鞘烧 [55]扫~地嫂少多~潲 [32]扫~把少年~ [52]造绍邵
z	[213]皂巢朝~代曹嘈潮嘈声音嘈杂;躁动
k	[45]高膏篙羔糕茭教~书 [55]稿搞搅 [32]告窖觉困~ [52]绞

kʰ	[45]敲 [55]考拷烤 [32]靠犒	
ŋ	[45]咬 [213]熬傲 [32]鳌	
h	[45]蒿薅 [55]好~坏 [32]好爱~耗 [52]号~码浩	
ɦ	[213]豪壕毫号~叫	
ø	[45]坳拗使弯曲,使断,折;不顺畅,拗口;违背 凹袄 [32]奥懊	

ci

p	[45]膘标彪 [55]表
pʰ	[45]飘漂~浮 [32]票漂~亮
b	[213]瓢嫖
m	[45]藐渺秒 [213]苗描 [32]妙庙谬
t	[45]刁貂雕 [55]屌 [32]钓吊 [52]掉调~查
tʰ	[45]挑~柴 [32]粜跳□~路:走路
d	[213]条调~和
n	[45]鸟 [55]□戏弄,纠缠 [32]绕尿
l	[45]了 [213]燎嘹聊鹩辽疗撩僚瞭缭用针线缝缀 [32]料廖镣
tɕ	[45]交郊胶教~书狡焦蕉椒骄娇浇□求:求~ [55]剿矫缴侥饺铰 [32]教~育较叫 [52]校轿
tɕʰ	[45]锹缲~边蹻瞧敲 [55]巧悄 [32]俏窍翘
dʑ	[213]乔桥侨荞樵
ɕ	[45]消宵霄硝销逍嚣萧箫淆鞘枵□阉割 [55]小晓 [32]酵孝笑 [52]效
ɦ	[213]摇谣窑姚遥尧鹞
ø	[45]妖邀腰要~求幺吆 [55]舀 [32]要~东西跃耀

ʊ

p	[45]波菠播坡玻搬瘢 [55]跛簸~米 [32]簸~箕半 [52]绊伴拌
pʰ	[45]潘颇拚2舍弃,不顾惜:~命 [55]剖 [32]破判叛
b	[213]婆盘
m	[45]宙摸牡母拇满 [213]魔磨~刀摩馍模谋瞒馒鞔把皮革蒙在鼓框上,钉成鼓面 [32]幕磨石~暮慕墓募
t	[45]多 [55]朵躲垛 [52]舵大~门堕惰
tʰ	[45]拖 [55]妥椭 [32]唾
d	[213]驼驮
l	[45]啰裸 [213]罗锣箩萝骡螺胭 [32]摞
ts	[55]左佐 [32]做
tsʰ	[45]搓 [32]错挫锉措
s	[45]蓑梭唆睃斜着眼睛看 [55]锁琐所 [52]坐座
k	[45]歌哥锅戈官棺观~察冠鸡~ [55]果裹粿管馆 [32]个过观道~冠~军□~个:那个
kʰ	[45]科窠棵蝌颗宽 [55]可坷苛款 [32]课
ŋ	[45]我 [213]蛾鹅俄 [32]饿
h	[45]豁欢 [55]火伙 [32]货换焕唤 [52]贺祸
ɦ	[213]河何荷~花禾和~气
ɦ	[213]完玩丸缓
ø	[45]蜗踒讹倭窝莴涡 [55]豌皖碗婉惋 [32]腕浣~糟:脏乱

iu

t	[45]丢
n	[45]纽扭钮柔揉牛软
l	[45]柳 [213]流硫琉 [32]溜
tɕ	[45]揪周州洲鸠阄纠邹 [55]酒帚九久韭灸纠 [32]奏昼宙胄皱绉咒救究枢 [52]骤纣臼舅旧肘
tɕʰ	[45]秋鳅丘蚯抽□田间小沟 [55]丑 [32]凑臭

dʑ [213]稠仇求绸酬愁球

ɕ [45]羞艘修搜收休 [55]朽守首手
[32]秀莠绣锈宿星~瘦漱兽朽嗅嗽
[52]就袖受寿授售

ʑ [213]囚泅筹

ɦ [213]尤邮由油游圆员缘元原源阮袁辕猿

ø [45]优犹忧悠有友酉幽冤鸳渊远
[32]又右佑诱鼬釉幼院怨愿园援柚

ɛ

p [45]班斑颁般 [55]摆扳板版
[32]拜扮 [52]败办

pʰ [45]攀 [32]襻鋬器物上用手提的部分派~人盼爿

b [213]排牌

m [45]买晚 [213]埋蛮 [32]卖迈慢漫幔蔓

f [45]歪翻番帆 [213]凡烦繁矾藩
[55]反返 [32]泛贩 [52]范犯患宦饭万

t [45]呆耽担~当丹单 [55]胆疸掸殆
[32]戴₂~帽子带但担重~旦 [52]贷待怠代袋大~麦淡弹子~蛋□进射:~火星

tʰ [45]苔胎坍滩摊瘫 [55]毯坦 [32]态太泰炭叹

d [213]台抬潭谭坛₁谈痰弹~簧檀诞

n [45]奶乃 [213]难~易 [32]耐奈难有~
㝹笨,不明事理

l [45]懒览榄缆 [213]来篮蓝兰拦栏
[32]赖癞烂滥

ts [45]灾栽斋 [55]宰崽者载年~斩
[32]赞再债蘸溅绽 [52]在暂站栈

tsʰ [45]猜餐差出~蟾 [55]彩采睬铲产
[32]菜蔡灿

s [45]山₁腮鳃筛三衫杉珊疝 [55]伞
散松~ [32]赛晒散~步 [52]寨

z [213]才材财裁豺柴谗馋残惭

k [45]该阶街监尴艰奸间 [55]改解碱
[32]溉盖丐介芥界疥戒械

kʰ [45]开皆揩勘铅龛 [55]凯楷堪坎砍刊侃 [32]概慨嵌舰

ŋ [45]眼 [213]㧱挨~打癌岩颜 [32]艾碍岸雁

h [45]憨酣 [55]海喊蟹 [32]□空隙处,腿膝~ [52]亥害辖骇限范

ɦ [213]孩鞋咸衔闲

ø [45]哀埃挨~着淹 [55]矮蔼 [32]爱隘晏

iɛ

n [45]仰 [213]娘 [55]壤攘 [32]酿亮让上台子~

l [45]两俩 [213]良凉量测~粮梁粱
[32]辆谅量数~棟

tɕ [45]监艰将~来浆张章樟疆僵姜礓缰笺江 [55]碱柬盏蒋桨涨掌讲长~大
[32]鉴间谏涧铜奖酱犟将~领帐账胀障瘴隆下~ [52]丈杖仗

tɕʰ [45]枪昌菖羌腔戗戗方向相对,逆 [55]抢厂 [32]畅唱倡

dʑ [213]长~短肠场常强~大

ɕ [45]山₂箱商伤香乡厢湘镶 [55]想享响晌饷 [32]㸃相向 [52]解姓~陷馅象像橡上~山尚

ʑ [213]墙详祥尝偿谐

ɦ [213]裳羊洋杨阳扬疡降投~烊翔□~头:软弱无能的人。

ø [45]也央殃秧鸯养痒 [32]匠恙样

第 3 章 音系、音韵比较及语流音变

uɛ

ts [52]拽赚
tsʰ [45]搋以手用力压和揉：~面 [55]揣
s [55]衰 [32]帅率~领
k [45]乖关怪 [55]拐 [32]贯灌罐惯
kʰ [55]搣桍~篮子 [32]块会~计刽快筷
ɦ [213]玩怀槐淮顽还~钱环幻
ø [45]弯湾挽□~水；舀水 [32]外□姑~：姑妈 [52]坏

ei

p [45]杯碑卑贬₂ [55]悲彼 [32]贝背后~辈婢 [52]焙倍瓣
pʰ [45]胚坯 [32]沛配佩辔
b [213]培陪赔裴
m [45]每美某 [213]梅棉₂绵₂枚玫媒煤脢莓眉楣霉贸 [32]妹寐茂媚
f [45]灰麾非飞妃挥辉徽 [213]唯肥 [55]悔毁匪榧翡否□小孩好动 [32]晦废肺吠秽彗慧痱费贿
t [45]堆端掇用双手拿（椅子，凳子），用手端 [55]斗~~米抖陡兜短 [32]对碓队斗争~剁 [52]兑豆逗痘断锻段
tʰ [45]推偷贪敨把包着或卷着的东西打开 [55]腿 [32]退透探
d [213]头团坛₂投颓
n [45]暖 [213]男南 [32]内
l [45]儡累~积~篓卵搂楼缕屡 [213]擂雷擂楼刘留榴帘鸾銮恋 [32]累劳~蕊类泪漏陋馏练炼乱
ts [45]簪钻~洞 [55]嘴走攒 [32]最醉 [52]罪
tsʰ [45]催崔参~加氽 [55]惨窜 [32]脆翠篡纂禅
s [45]髓虽绥尿酸 [32]碎隧遂穗岁粹

算蒜淬
z [213]随蚕
k [45]勾~消钩沟甘柑泔肝干~燥苟感敢橄竿秆杆擀赶给₁ [55]狗 [32]够干骨~构购媾垢 [52]厚
kʰ [45]抠堪龛看~门 [55]口 [32]扣寇看~见去
ŋ [45]偶藕 [32]案怄~气
h [45]鼾蚶齁食物太甜或太咸 [55]罕 [32]汉旱焊憾撼 [52]后厚汗翰
ɦ [213]吼侯喉猴瘊含函寒韩 [52]候
ø [45]欧瓯鸥庵鹌安鞍殴 [55]呕熰燃烧柴草等让火不旺不熄只冒烟 [32]沤暗按

uei

ts [45]追专砖鹃捐绢 [55]锥转卷篆 [32]眷赘缀 [52]坠撰倦
tsʰ [45]吹炊川穿窜圈 [55]犬喘 [32]串劝券
ʥ [213]传~说椽拳权槌颧
s [45]闩拴栓 [55]水 [32]税锐 [52]芮睡瑞
z [213]垂锤谁船玄眩
k [45]规窥轨归龟圭闺 [55]诡鬼癸 [32]鳜桂贵溃 [52]柜
kʰ [45]盔奎魁亏恢 [55]傀跪 [32]愧
g [213]逵葵
ɦ [213]桅回茴危伪维惟微围违伟苇纬
ø [45]煨卫威 [55]委萎 [32]桧会绘喂为~了位未味魏畏慰胃谓猬汇惠尾

ɿ

ø [45]礼尔李里理鲤耳饵而 [213]犁黎篱璃儿梨厘狸离剺割；划开 [32]例厉励丽荔蛎利痢二贰吏粒₁隶

ã

p	[45]帮邦	[55]榜膀绑	[32]棒	[52]蚌
pʰ	[45]胖□~在水上；浮在水上		[32]胖	
b	[213]庞滂旁螃谤傍			
m	[45]莽蟒网辋	[213]忙芒茫妄盲虻氓	[32]忘望	
f	[45]荒慌方肪坊芳妨	[55]谎纺仿	[32]放访况	
t	[45]当~家	[55]党铛	[32]当~铺 裆档挡 [52]荡宕	
tʰ	[45]汤倘搪抵挡；~风	[55]躺	[32]烫趟	
d	[213]堂棠螳唐糖塘			
l	[213]郎廊狼螂榔朗瓤攘□晾晒		[32]浪	
ts	[45]赃脏脏；~藏西~	[55]脏心~	[32]葬	
tsʰ	[45]仓苍舱	[55]敞		
s	[45]桑磉丧	[55]嗓搡赏		
z	[213]藏躲~			
ɭ	[213]囊	[55]嚷		
k	[45]冈岗刚纲钢~铁 缸豇肛江扛 [55]港讲 [32]钢~~ 虹降霜~~头：鲁莽、愚笨的人之□大			
kʰ	[45]康糠慷扛	[55]坎	[32]抗炕囥藏	
ŋ	[213]昂			
h	[45]夯	[52]项巷		
ɦ	[213]行~银~航杭			

uã

ts	[45]庄装妆桩	[32]壮	[52]状撞	
tsʰ	[45]疮窗	[55]闯	[32]创~造	
s	[45]霜孀双	[55]爽		
z	[213]床			
k	[45]光	[55]广	[32]胱逛	
kʰ	[45]匡料想筐眶框	[32]矿旷		
g	[213]狂			
h	[55]恍晃幌			

ɦ	[213]房黄簧皇蝗凰隍蟥王亡			
∅	[45]汪	[55]枉往	[32]旺衁猪等家畜的血	

ən

p	[45]奔锛	[55]本	[32]笨	
pʰ	[45]喷~水烹			
b	[213]盆彭膨			
m	[213]门	[32]闷		
f	[45]昏婚分吩芬纷分苯 [213]坟文蚊纹闻 [55]粉焚 [32]奋粪忿 [52]份问愤			
t	[45]敦墩礅阉割 蹲登灯 [55]等戥 凳~档；整，整批 [32]扽囤沌顿凳□夯实 [52]盾遁钝邓瞪			
tʰ	[45]吞烳把熟的食物蒸热			
d	[213]疼饨沌屯臀豚腾誊藤			
n	[45]冷	[213]仑伦轮能	[32]嫩论议~	
l	[213]堎在耕地上培成的一行一行的土埂		[32]楞	
ts	[45]砧针珍真斟尊遵曾姓~增憎罾僧 正~月征蒸症争筝睁贞侦 [55]枕诊疹拯整碜食物中有泥沙 [32]振震镇蹭赠证 正~确政 [52]堇甚阵剩盛旺~橙掟			
tsʰ	[45]村称撑掌 [32]趁忖衬寸秤 □~沌：不吉利的话或事情，冲撞人			
ʥ	[213]陈绳成城惩乘沉岑尘神娠辰晨 臣存曾~经层承丞诚澄~清			
s	[45]森参人~深身申伸孙升生牲笙声 [55]沈审婶损笋甥省 [32]肾逊胜圣渗 [52]慎呈程			
z	[213]盛~饭			
ɭ	[213]人仁	[52]仍扔任~务忍刃认韧		
k	[45]跟根更三~粳庚羹耕今~朝：今天 [55]埂梗哽耿 [32]更~好			
kʰ	[45]坑	[55]恳垦啃肯		
ŋ	[32]硬			

h	[45]亨哼 [55]很 [52]恨杏	
hɦ	[213]痕衡恒	
∅	[45]恩	

in

p	[45]殡鬓宾槟冰兵 [55]禀丙秉饼 [32]柄并 [52]病
pʰ	[45]拼₁~凑 [55]品 [32]聘娉
b	[213]贫凭平坪评苹瓶萍屏频
m	[45]悯敏抿皿 [55]闽 [213]铭民明名鸣盟冥螟 [32]命
t	[45]丁疔钉~子鼎 [55]顶 [32]订钉~钉子 [52]锭定
tʰ	[45]听厅汀 [55]挺铤
d	[213]亭停廷艇庭蜓
n	[213]凝壬任姓~人银宁安~ [32]认宁~可
l	[45]岭领拎 [213]林淋临檩怜伶龄翎陵凌菱绫灵零铃邻鳞燐磷 [32]令另吝赁
tɕ	[45]仌金锦襟津巾斤筋茎京荆惊晶精经 [55]警井颈谨紧 [32]径浸~泡禁~止进晋劲俊骏浚境景镜敬竞睛竟靖口~人:温度过低,使人不舒服 [52]尽用~仅近静
tɕʰ	[45]侵钦卿清轻青蜻亲~近 [55]寝请 [32]吣沁揿亲~家庆
dʑ	[213]琴禽擒勤芹擎鲸
ɕ	[45]心辛新薪欣兴~旺星腥猩馨 [55]尽~管省反~醒 [32]信讯迅兴高~幸性姓衅 [52]净
z	[213]寻秦巡行罪~情晴形型刑荀
ɦ	[213]淫演寅迎营茔莹萤蝇盈
∅	[45]音阴因洇姻引蚓殷鹰莺鹦樱英婴缨颖饮~料应~当 [55]隐影尹 [32]荫窨饮~马印应~响映吟

uən

ts	[45]肫均钧君军 [55]准菌皴 [52]郡
tsʰ	[45]椿春倾 [55]蠢顷
dz	[213]群裙窘琼
s	[45]熏勋 [32]舜训驯 [52]殉顺润闰
z	[213]旬唇纯醇鹑循
ɻ	[45]永咏泳 [213]匀云耘赢 [55]允 [32]熨酝韵运晕日~孕
k	[55]滚绲衣服~边 [32]棍
kʰ	[45]昆坤 [55]捆 [32]困
ɦ	[213]魂馄浑混横~竖桓
∅	[45]温瘟吻刎 [55]稳

oŋ

p	[45]崩绷 [32]迸
pʰ	[45]碰 [55]捧
b	[213]朋鹏棚蓬篷
m	[45]猛懵 [213]萌蒙蠓 [32]孟梦
f	[45]风枫疯丰封峰蜂锋 [213]逢缝奉 [55]讽 [52]俸凤冯
t	[45]东冬 [55]董懂 [32]冻栋 [52]动洞
tʰ	[45]通桶 [55]统 [32]痛
d	[213]同铜桐筒童瞳
n	[32]糯弄
l	[45]陇垄拢垄 [213]聋笼胧农脓侬隆窿戎绒茸浓龙
ts	[45]棕鬃宗中~间忠衷终踪综钟盅 [55]总种~子肿 [32]纵粽中~奖种~地众仲 [52]重轻~
tsʰ	[45]匆葱聪囱充冲~锋舂揰 [55]铳宠
s	[45]兄松胸匈凶 [32]送宋怂诵颂讼耸
z	[213]丛从跟~熊崇重~做雄口软弱无能
ɻ	[45]痈雍用土或肥料培在植物的根部臃拥勇恿庸 [213]荣融容蓉镕溶榕熔氄 [55]涌踊

	[32]用
k	[45]公蚣工功攻弓躬宫恭龚 [55]巩汞拱 [32]贡供 [52]共
kʰ	[45]空天~ [55]孔恐 [32]空有~控
dʑ	[213]虫穷
h	[45]轰焪烘哄~笑
ɦ	[213]弘宏红洪鸿虹
ø	[45]翁瓮䭃

aʔ

p	[55]八 [42]拔
pʰ	[55]泼
m	[42]抹~布袜
f	[55]法发 [42]乏伐筏罚阀
t	[55]答搭□kuː³²taʔ⁵⁵: 那里 [42]达踏沓 一~纸
tʰ	[55]搨榻塌溻塔遢獭沓拖~
n	[42]纳捺
l	[42]腊蜡镴邋猎辣
ts	[55]爵扎札眨作着~凉酌栅嚼灼 [42]炸柞窄着困~了
tsʰ	[55]插擦察绰~号
s	[55]卅霎撒萨杀煞 [42]杂闸砸铡勺芍昨若弱射□吃: ~饭
k	[55]夹□~进去: 挤进去
kʰ	[55]搯
h	[55]瞎 [42]盒狭匣龁咬
ø	[55]鸭

iaʔ

n	[42]略掠
tɕ	[55]甲胛脚瘸
tɕʰ	[55]恰洽怯却雀鹊
ɕ	[55]削~皮 [42]峡侠
ø	[55]押压轧碾~约 [42]跃药钥乐音~

uaʔ

s	[55]唰
k	[55]括刮
kʰ	[55]阔
h	[55]豁
ø	[55]挖 [42]滑猾

əʔ

p	[55]钹饽勃渤不博剥驳北百柏伯帛擘卜占~泊湖~ [42]薄~荷拨卜萝~白
pʰ	[55]泼泊停~朴迫拍魄扑醭仆
m	[42]没末沫莫膜寞漠墨默陌麦脉木目牧睦蟆
f	[55]复忽福幅蝠腹辐覆缚 [42]佛勿物获或惑服伏
t	[55]得德笃督丑 用指头、棍棒等轻击轻点: ~点 [42]夺特独读牍犊毒铎
tʰ	[55]蜕脱突托托秃
l	[42]捋诺落烙骆酪洛络乐快~肋勒鹿禄六陆绿录咯
ts	[55]只质帙折~断褶蜇执汁哲辙浙卒则作织职摘责炙足 [42]侄秩殖直值植
tsʰ	[55]厕撒撮猝侧测拆策册赤斥尺促彻
s	[55]摄涩湿设瑟虱失室蟀索塞色嗇识式饰宅适释速肃粟 [42]十什拾舌泽涉折~本实日凿贼食蚀择石硕族俗续
k	[55]鸽割葛各阁搁胳郭阁角格革隔蛤合量词□~个: 这个硌~眼,~脚: 沙子、石子一类的东西跟身体接触, 使身体感到难受或受损
kʰ	[55]磕瞌渴窟确壳刻克客
h	[55]喝霍藿黑吓骇郝 [42]合~同核鹤
ŋ	[42]卧腭鄂额岳扼轭
ø	[55]恶善~

uəʔ

ts	[55]拙决诀橘卓桌琢啄捉觉竹筑轴祝

	粥菊鞠烛镂 [42]浊镯逐嘱属蜀局濯洗	tɕ	[55]髻接劫急级给₂揭节疖结洁秸桔吉疾即鲫戟积迹脊绩击激捷籍屐 [42]及杰竭极
tsʰ	[55]出掘戳觖触畜~生曲屈缺厥蕨镢榷	tɕʰ	[55]妾缉辑泣切窃七漆讫乞戚吃
s	[55]说刷血穴朔宿缩淑叔畜~牧旭 [42]术述学熟孰塾束赎入	ɕ	[55]协挟膝袭截胁吸薛泄歇蝎屑楔悉蟋衅戌息熄媳惜昔夕寂锡析 [42]集习绝藉席
k	[55]骨国谷		
kʰ	[55]扩哭酷廓	∅	[55]噎乙一抑揖益 [42]叶页逸掖亦译
∅	[55]握齷屋沃□~~:叔叔 [42]活		yəʔ
	iɛʔ	n	[42]肉月
p	[55]鳖别瘪憋笔毕必滗挡住渣滓,把液体倒出逼碧壁壁陛辟复~□~气:烦闷怄气 [42]鼻枇	tɕʰ	[55]倔
		ɕ	[55]恤
pʰ	[55]撇匹僻辟开~劈霹	∅	[42]悦阅越粤域疫役育郁狱浴欲
m	[42]灭篾密蜜觅		yaʔ
t	[55]跌的日~滴嘀 [42]叠碟蝶谍笛敌狄涤荻	∅	[55]哕日
			m̩
tʰ	[55]帖贴铁踢剔惕	∅	[45]姆~嬷:母亲母丈~
n	[42]聂蹑日业热孽捏虐疟谑匿逆溺		n̩
l	[42]立粒₂笠列烈裂劣栗律率效~力历疬	∅	[45]你 [213]泥

3.2 语音比较

3.2.1 内部比较

高淳方言内部可分为三个片区：宣州吴语太高小片（以淳溪方言为代表）、宣州吴语铜泾小片（以砖墙方言为代表）、太湖吴语毗陵小片（以桠溪方言为代表），以下以三个小片的代表点为例，对其语音进行内部比较。表3-1、3-2、3-3是三个方言点声母、韵母、声调的比较。

表3-1 高淳方言三代表点声母系统比较

	唇					齿						腭前					软腭				喉音			卷舌	总数
淳溪	p	pʰ	b	m	f	n	l	ts	tsʰ	s	z	tɕ	tɕʰ		ɕ	z	k	kʰ		ŋ	h	ɦ	0		24
椏溪	p	pʰ	b	m	f	n	l	ts	tsʰ	s	z	tɕ	tɕʰ	dʑ	ɕ	z	k	kʰ	g	ŋ	h	ɦ	0	ɻ	29
砖墙	p	pʰ	bʱ	m	f	n	l	ts	tsʰ	s	z	tɕ	tɕʰ		ɕ	z	k	kʰ		ŋ	h	ɦ	0		24

表3-2 高淳方言三代表点韵母系统比较

开尾韵

淳溪	ɿ	i	ei	ɛ	ɔ	a	ia	ie	ɪ	u	ua	ue	uei	y	ye
椏溪	ɿ	i	ei	ɛ	o	a	ia	ie	ɪ	u		ue	uei	y	
砖墙	ɿ	i	ei	ɛ	ɔ	a	ia	ie	ɪ	u	ua	ue	uai	y	ye

喉塞尾韵

淳溪	aʔ	iaʔ	ɔʔ	yaʔ	uaʔ	ueʔ	ɿʔ
椏溪	aʔ	iaʔ	ɤʔ	yaʔ	uaʔ	yeʔ	ɿ̩ʔ
砖墙	aʔ	iaʔ	ɔʔ	yaʔ	uaʔ	yeʔ	ɿʔ

鼻化韵和鼻尾韵   声化韵

淳溪	ã	iã	uã	ɛn	ən	in	iŋ	m̩	n̩	ŋ̍
椏溪	ã		uã	ɛn	oŋ	in		m̩	n̩	ŋ̍
砖墙	ã	ɿ̃	iɑŋ	ɛŋ	əŋ	iŋ		m̩		ŋ̍

表3-3 高淳方言三代表点声调系统比较

	阴平	阳平	上声	阴去	阳去	阴入	阳入	总数
淳溪	55	22	33	35	14	32	13	7
椏溪	45	213	55	32	52	55	42	7
砖墙	55	31	55	435	24	52	31	6

（一）声母的比较

从表3-1中声母总数上看，桠溪方言的声母数量最多，淳溪和砖墙方言声母数量相同。三地方言声母的共同特点是古浊音声母今读仍保持独立的类，主要差异表现在：

1. 桠溪方言有浊塞擦音声母[ʤ]、[ʥ]，这两个声母在淳溪、砖墙方言中读[z]、[ʑ]，例如：

	桠溪	淳溪	砖墙
茶	ʤa²¹³	za²²	za³¹
桥	ʥiɔ²¹³	ziɔ²²	ziɔ³¹

2. 桠溪方言群母残留有[g]的读法，该声母在淳溪、砖墙方言中读[b]、[ɦ]、[βʰ]、[∅]，例如：

	桠溪	淳溪	砖墙
葵	guei²¹³	ɦuei²²/bei²²/uei²²	ɦuei²²/βʰei²²
狂	guã²¹³	ɦuã²²	βʰaŋ³¹

3. 桠溪方言的[ɦ]，在淳溪、砖墙方言中一般读[ɦ]、[∅]，例如：

	桠溪	淳溪	砖墙
怀	ɦuɛ²¹³	ɦuɛ²²	ɦuɛ³¹
盐	ɦɿ²¹³	ɿ²²	ɿ³¹

4. 桠溪方言有卷舌近音声母[ɻ]，对应于淳溪、砖墙方言中的零声母，例如：

	桠溪	淳溪	砖墙
云	ɻuən²¹³	yŋ²²	yŋ³¹
容	ɻoŋ²¹³	yŋ²²	yŋ³¹

5. 淳溪、桠溪方言中的[b]、[d]，砖墙方言读对应的强气流型声母[βʰ]、[ɾʰ]，例如：

	桠溪	淳溪	砖墙
爬	ba²¹³	ba²²	βʰa³¹
桃	dɔ²¹³	dɔ²²	ɾʰɔ³¹

6. 桠溪、砖墙方言中古泥来母今读不混，泥母读[n]，来母读[l]，淳溪方言来母细音混入泥母，泥母、来母细音读[n]，来母洪音读[l]，例如：

	桠溪	淳溪	砖墙
脑	nɔ⁴⁵	nɔ⁵⁵	nɔ⁵⁵
老	lɔ⁴⁵	lɔ⁵⁵	lɔ⁵⁵
牛	nɿ²¹³	nɿ²²	nɿ³¹
刘	lɿ²¹³	nɿ²²	lɿ³¹

7. 桠溪方言的古浊音声母只保留在平声字中，仄声字的声母转变为对应的清音声母，淳溪、砖墙方言中古浊音声母的读音不受声调平仄的限制，例如：

	桠溪	淳溪	砖墙
袍	bɔ²¹³	bɔ²²	βʰɔ³¹
抱	pɔ⁵²	bɔ¹⁴	βʰɔ²⁴
白	pəʔ⁴²	bə¹³	βʰəʔ³¹
百	pəʔ⁵⁵	pəʔ³²	pəʔ⁵²

8. 淳溪、砖墙方言部分读[b]、[βʰ]的微母字在桠溪方言中读唇音声母或零声母，例如：

	桠溪	淳溪	砖墙
蚊	fən²¹³	bən²²	βʰən³¹
味	uei³²	bei¹⁴	βʰəi²⁴

（二）韵母的比较

从表3-2中韵母总数上看，淳溪方言有46个韵母，数量最多，桠溪方言有34个韵母，数量最少，砖墙方言有39个韵母，略多于桠溪方言。淳溪方言韵母数量较多的原因在于多出来一组阳入字变来的舒声韵，分别是[ɑ]、[ə]、[iɑ]、[iɛ]、[uɑ]、[uə]、[yɑ]、[yɛ]。除去上述八个新增韵母，淳溪方言和砖墙方言的韵母大同小异，只是淳溪比砖墙少一个韵母[ʮ]，这个韵母淳溪镇的城东、城西有对应的[ʮ]，城中少见，例如：

	砖墙	淳溪（城中）	淳溪（城东）
朱	tsʮ⁵⁵	tsu⁵⁵	tsʮ⁵⁵
兔	tsʰʮ⁴³⁵	tsʰu³⁵	tsʰʮ⁴³⁵

高淳方言韵母的内部差异主要表现为西部（淳溪、砖墙）和东部（桠溪）的差异，具体表现在：

1. 西部流摄读[ei]、[ɤ]，东部一般读[ei]、[iu](也有的地方读[iəu])，例如：

	桠溪	淳溪	砖墙
豆	tei⁵²	dei¹⁴	rʰəi²⁴
偷	tʰei⁴⁵	tʰɤ⁵⁵/tʰei⁵⁵	tʰəi⁵⁵
酒	tɕiu⁵⁵	tɕɤ⁵⁵	tɕɤ⁵⁵

2. 西部咸山摄开口一等覃谈寒韵有[ei/əi]、[ie]两种读音层次，覃韵个别字还有[ɤ]的读音层次，东部覃谈寒韵只有[ei]、[ɛ]两种读音；西部的[ie]和东部的[ɛ]都是跟二等同韵的层次；东部"炭—态"同音，西部不同音。例如：

第3章 音系、音韵比较及语流音变 123

	桠溪	淳溪	砖墙
男	nei²¹³	nʏ²²	nʏ³¹
耽	tɛ⁴⁵	tie⁵⁵	tie⁵⁵
蚕	zei²¹³	ʑʏ²²	ʑʏ³¹
感	kei⁵⁵	kei³³	kəi⁴³⁵
三	sɛ⁴⁵	ɕie⁵⁵	ɕie⁵⁵
敢	kei⁵⁵	kei³³	kəi⁴³⁵
汉	hei³²	hei³⁵	həi⁴³⁵
炭-态	tʰɛ³⁵-tʰɛ³⁵	tʰie³⁵-tʰɛ³⁵	tʰie⁴³⁵-tʰɛ³⁵
班	pɛ⁴⁵	pie⁵⁵	pie⁵⁵

3．西部山摄合口一等端系读[ʏ]，东部读[ei]，例如：

	桠溪	淳溪	砖墙
短	tei⁵⁵	tʏ³³	tʏ⁴³⁵
算	sei³²	ɕʏ³⁵	ɕʏ⁴³⁵

4．东西部深臻曾梗四摄都合流，但西部带后鼻音韵尾，东部带前鼻音韵尾，例如：

	桠溪	淳溪	砖墙
林	lin²¹³	liŋ²²	liŋ³¹
灵	lin²¹³	liŋ²²	liŋ³¹
深	sən⁴⁵	səŋ⁵⁵	səŋ⁵⁵
声	sən⁴⁵	səŋ⁵⁵	səŋ⁵⁵

5．西部通摄主元音央化，与深臻曾梗摄合流，东部通摄主元音不央化、不合流，例如：

	桠溪	淳溪	砖墙
针-宗	tsən⁴⁵-tsoŋ⁴⁵	tsəŋ⁵⁵-tsəŋ⁵⁵	tsəŋ⁵⁵-tsəŋ⁵⁵
灯-东	tən⁴⁵-toŋ⁴⁵	təŋ⁵⁵-təŋ⁵⁵	təŋ⁵⁵-təŋ⁵⁵

6．东部宕摄开口三等字主体读音为[iɛ]，西部为[iã]/[iɑŋ]/[ã]/[ɑŋ]，例如：

	桠溪	淳溪	砖墙
粮	liɛ²¹³	liã²²	liaŋ³¹
张	tɕiɛ⁴⁵	tsã⁵⁵	tsaŋ⁵⁵

（三）声调的比较

从表3-3中声调数量上看，淳溪和桠溪方言都是七个声调，砖墙方言则是六个声调。从调值和调型来看，三方言点的差异比较明显，几乎不存在完全一样的声调，表现为：

（1）淳溪、砖墙方言的阴平为高平调，桠溪方言为高升调。

（2）淳溪方言阳平为低平调，砖墙方言为低降调，桠溪方言为曲折调。

（3）淳溪、桠溪方言上声为平调，淳溪为中平调，桠溪为高平调。

（4）淳溪方言阴去为中升调，桠溪方言为中略降，砖墙方言阴去为曲折调。

（5）淳溪和砖墙的阳去均为低升调，桠溪为高降调。

（6）桠溪方言的阴入为高调值的短促调，淳溪为中略降的短促调，砖墙方言为高降短促调。

（7）淳溪方言阳入为低升调，桠溪和砖墙都是短降调。

就古声调的分化规律而言，三方言点都存在全浊上归阳去、次浊上归阴平的现象，体现了早期声调的一致性。不一致的地方有：砖墙方言的阴上调已跟阴去调合并；桠溪靠近溧阳地区的部分乡村存在送气阴入字归入阳入的现象。

3.2.2 外部比较

《中国语言地图集》（2012）把高淳方言划归宣州吴语太高小片。高淳周边吴语分属太湖吴语毗陵小片、宣州吴语铜泾小片，本小节主要比较以原县城所在地为代表的淳溪镇吴语和常州、苏州、太平吴语的异同。

（一）声母的比较

以下以古音声母分类为依据，比较高淳吴语和宣州吴语（太平）、太湖吴语（常州、苏州，下文也简称"常苏方言"）的异同，以探讨高淳吴语与周边吴语的关系[1]。

1. 帮系声母的比较

帮系声母包括帮组的"帮滂并明"和非组的"非敷奉微"，帮系声母在高淳、太平、常州、苏州四地的主体读音见表3-4。

表3-4 高淳与太平、常州、苏州帮系声母读音比较

古母	帮	滂	并		明	非	敷	奉		微		
例字	布	批	白	办	米	方	反	父	冯	武	务	文	网
高淳	p	pʰ	b	b	m	f	ɕ	f	b	f	∅	b	m
太平	p	pʰ	pʰ	b	m	f	f	v	ɣ	∅	∅	v	m
常州	p	pʰ	b	b	m	f	f	v	v	f	f	v	m
苏州	p	pʰ	b	b	m	f	f	v	v	v	v	v	m

---

[1] 这里只列举主体层读音，不考虑一些例外读音。太平方言语料来自《安徽省志·方言志》（孟庆惠1997）和《太平（仙源）方言同音字汇》（张盛裕1991），常州、苏州方言语料来自《江苏省志·方言志》（江苏地方志编纂委员会1998）。后文同。

就帮系声母而言，四地的共同点是：（1）帮母、滂母、明母读音一致；（2）并母都有读[b]的现象；（3）非母、敷母大都读[f]；（4）微母都有读[m]的现象。除此之外，高淳和太平的共同点是微母都有部分字读零声母，高淳和常州、苏州的共同点是并母都只有[b]一种读音类型，高淳和常州的共同点还包括微母字有读唇齿清擦音[f]的现象。

高淳和太平方言帮系声母的差异有四点：（1）太平的并母根据声调的不同产生分化，入声读[pʰ]，其他读[b]；（2）非母、敷母太平只有[f]一类，高淳有[f]、[ɕ]两类，[ɕ]来自咸山摄合口三等凡元韵舒声字，如"反ɕye³³、翻ɕye⁵⁵"等；（3）高淳奉母字中一部分读浊塞音[b]，一部分读轻唇音声[f]，太平则读浊擦音[v]或[ɣ]；（4）除[m]、[Ø]外，高淳微母还有[b]、[f]两种读法，太平方言只有[v]一种读法。

高淳和苏州、常州相比，帮系声母读音的差异有三点：（1）高淳方言非敷母有[ɕ]读法，常州、苏州只有[f]读法；（2）高淳奉母读[b]或[f]，常州、苏州两地只读[v]；（3）高淳微母有读[b]、[f]和零声母的情况，苏州方言对应的声母读[v]，常州方言读[f]、[v]。

2. 端组、泥组、日组声母的比较

端泥组声母包括"端透定泥来"，为讨论方便，我们将"日"母也放在本组，四地"端透定泥来日"六个声母的读音情况见表3-5。

表3-5 高淳与太平、常州、苏州端泥日组声母读音比较

古母	端	透	定		泥		来			日			
例字	东	体	敌	稻	男	捏	老	猎	梨	若	让	戎	惹	肉
高淳	t	tʰ	d	d	n	ȵ	l	ȵ	l̩	z	z/ȵ	Ø	ȵ	m
太平	t	tʰ	tʰ	d	l	ȵ	l	ȵ	d	ʑ	ȵ	ȵ	ȵ	ȵ
常州	t	tʰ	d	d	n	ȵ	l	ȵ	l	z	z/ȵ	z	z	z
苏州	t	tʰ	d	d	n	ȵ	l	ȵ	l	z	z/ȵ	z	z	z

就端、泥、日组声母而言，四地方言的共同点有：（1）端母、透母读音一致；（2）泥母在细音前读[ȵ]，来母在洪音前读[l]；（3）日母都有一些字读[ȵ]。除去以上共同之处，高淳与常州、苏州的共同点还包括：（1）定母都读[d]，泥母都读[n]/[ȵ]；（2）日母都包含读音[z]。

高淳和太平端、泥、日组声母读音的差异表现在：（1）太平定母入声字读送气清塞音[tʰ]声母，高淳读[d]；（2）高淳来母细音字读[ȵ]，混入泥母，太平读[d]，与泥母不混；（3）太平泥母洪音混入来母，高淳不混；（4）高淳来母在[i]韵前自成音节，读[l̩]，太平没有此类现象；（5）高淳日母有读[z]、[m]、[Ø]的字，太平与之对应的字读[ʑ]、[ȵ]。

高淳和苏州、常州端、泥、日组声母读音的差异表现在：（1）高淳来母细音字混入泥母，常州、苏不混；（2）高淳来母在[i]韵前自成音节，常州、苏州无此现象；（3）高淳方言日母有读[ɵ]、[m]的字，常州、苏州读[ʐ]、[n̠]。

3. 精组声母的读音比较

精组声母包括"精清从心邪"，这五个声母在四地的主体读音情况见表3-6。

表3-6　高淳与太平、常州、苏州精组声母读音比较

古母	精		清		从		心		邪	
条件	开合	齐撮	开合	齐撮	开合	齐撮	开合	齐撮	开合	齐撮
例字	灾	姐	草	妻	才	就	私	西	词	徐
高淳	ts	tɕ	tsʰ	tɕʰ	z	ʑ	s	ɕ	z	ʑ
太平	ts	tɕ	tsʰ	tɕʰ	z	ʑ	s	ɕ	z	ʑ
常州	ts	ts	tsʰ	tsʰ	z	z	s	s	z	z
苏州	ts	ts	tsʰ	tsʰ	z	z	s	s	z	z

精组声母在今开口呼、合口呼前，四地读音相同。高淳方言与太平方言精组的主体读音类型完全一致。高淳与常州、苏州相比，区别在于：高淳精组开口呼、合口呼前读舌尖前音，齐齿呼、撮口呼前读舌面音，而常州、苏州在两类韵母前都读舌尖前音。由于我们引用的材料反映老派常苏方言，所以存在分尖团的现象，而新派方言基本已经不分尖团，跟高淳方言一致。

4. 知系声母的读音比较

知系声母包括知组（知彻澄）、照组（庄初崇生、章昌船书禅）和日母。日母已放在上文讨论。知系声母（日母除外）在四地的读音情况见表3-7。

表3-7　高淳与太平、常州、苏州知系声母读音比较

古母	知庄章			彻初昌			澄崇船			生书			禅		
例字	展	知	沾	趁	超	铲	阵	直	赵	除	师	收	山	常	寿	善
高淳	ts	ts	tɕ	tsʰ	tsʰ	tɕʰ	z	z	z	ʑ	s	s	ɕ	z	z	ʑ
太平	ts	tɕ	tɕ	tsʰ	tɕʰ	tsʰ	z	tɕʰ	z	z	s	ɕ	ɕ	z	ʑ	z
常州	ts	ts	ts	tsʰ	tsʰ	tsʰ	dz	dz	dz	dz	s	s	s	z	z	z
苏州	ts	ts	ts	tsʰ	tsʰ	tsʰ	z	z	z	z	s	s	s	z	z	z

就知系声母而言，四地的共同点是：不分舌尖前音和舌尖后音，一律读舌尖前音。高淳与太平知系声母的读音差异表现在：两地知系在今细音前都有与精组混同的现象，读成[tɕ]、[tɕʰ]、[ɕ]、[ʑ]，但来源不同，高淳主要来源于遇摄和咸山摄，如注tɕy35、穿tɕʰy55、山ɕie55、轴zyɛ13。[1]太平来源较广，有蟹止摄、效摄、流摄和曾梗摄，如知tɕi31、周tɕy31、超tɕʰiɔ31、昌tɕʰiɔ̃31、手ɕy35、生ɕiɛ̃31。

---

[1] 淳溪镇与知系相配流摄字读开口呼[ei]，固城、古柏、漆桥等地与知系相配的流摄字多数保留[ɤ]韵的读法，声母为舌面前音[tɕ]组，由于本表反映的淳溪镇方言，故基本没有舌面音读法。

高淳与常州、苏州知系读音的差异表现在：（1）高淳知系声母有舌尖音和舌面音两种读法，常州、苏州只有舌尖音一种读法[1]；（2）常州知系声母有浊塞擦音读法，高淳对应的声母读浊擦音。

5. 见组声母的读音比较

见组声母包括"见溪群疑"四个，这四个声母在四地的读音情况见表3-8。

表3-8　高淳与太平、常州、苏州见组声母读音比较

古母	见				溪		群				疑			
条件	开合	齐撮			开合	齐撮	开合	齐撮			开合		齐撮	
例字	够	机	鸡	家	开	区	柜	剧	群	极	藕	五	疑	严
高淳	k	tɕ	tɕ	tɕ/k	kʰ	tɕʰ	k	ʑ	ʑ	ʑ	0/ŋ	0/ŋ		
太平	k	k	tɕ	k	kʰ	tɕʰ	g	k	g	kʰ	0	0	ɲ	ɲ
常州	k	tɕ	tɕ	tɕ/k	kʰ	tɕʰ	g	dʑ	dʑ	dʑ	ŋ	0/ŋ		
苏州	k	tɕ	tɕ	tɕ/k	kʰ	tɕʰ	g/dʑ	dʑ	dʑ	dʑ	ŋ	0/ŋ		

根据表3-8，四地见组声母的共同特征是：（1）声母分为舌面音和舌根音两类；（2）疑母都包含零声母和鼻音声母两类。高淳和常州、苏州的共性特征还包括：（1）见组声母在今洪音前读舌根音[k]组，细音前读舌面音[tɕ]组；（2）见系二等部分字有文白异读，文读为舌面音，白读为舌根音。

高淳与太平见组声母的读音差异表现在：（1）高淳见组声母在今洪音前读舌根音[k]组，细音前读舌面音[tɕ]组，太平不分洪细，大都读[k]组；（2）高淳见系开口二等多数字有文白异读，文读为舌面音声母[tɕ]组，白读为舌根音[k]组，太平方言仍读[k]组；（3）高淳群母主体读音是[ʑ]，太平是[g]；（4）高淳疑母以读零声母为主，少数读[ŋ]，太平方言以读鼻音声母[ɲ]为主[2]；（5）太平精组、见组能区分舌面音和舌根音，如"酒tɕy⁴⁵≠久ky⁴⁵、精tɕiŋ³²≠经kiŋ³²、千tɕʰiẽ³²≠谦kʰiẽ³²、妻tɕʰi³²≠欺kʰi³²"，高淳以上各组例字读音无别。

高淳与常州、苏州见组声母的差异表现在：（1）常州、苏州方言群母少数字保留浊塞音[g]和浊塞擦音[dʑ]的读法，高淳与之对应的声母读[k]、[ʑ]等；（2）高淳有部分疑母字读自成音节的[n̩]，如"米、女、宜、尼、腻"等，这类字常州、苏州方言仍读[ɲ]声母；（3）常州、苏州精组、见组声母，老派可以分尖团，如常州的"尖tsir⁵⁵≠艰tɕir⁵⁵、精tsʰin⁵⁵≠轻tɕʰin⁵⁵"，高淳方言精见组声母不分尖团。

---

[1] 从苏州音系来看，与知系相配的流摄字韵母为[ʏ]，与高淳同韵，但声母描写为舌尖前音声母[ts]，这可能只是描写的差异。

[2] 从语音的发展变化趋势来看，疑母读[ŋ]早于读[ɲ]，读[ɲ]又早于读零声母，高淳、太平两地群母、疑母的主体读音处于不同的发展阶段。

6. 影晓组声母的读音比较

影晓组声母包括"影喻晓匣"四个声母，这四个声母在四地的读音情况见表3-9。

表3-9 高淳与太平、常州、苏州影晓组声母读音比较

古母	影		晓			匣					喻		
条件			齐撮	开合		齐撮	开合						
例字	乌	矮	喜	火	花	现	汗	完	回	户	雨	熊	油
高淳	∅	ŋ	ɕ	h	f	ʑ	ɦ	∅	ɦ	f	∅	ʑ	∅
太平	∅	∅	ɕ	x	f	ʑ	ɣ	∅	v	f	∅	ʑ	∅
常州	∅	∅	ɕ	h	h	ɦ	ɦ	∅	ɦ	ɦ	ɦ	ɦ	ɦ
苏州	∅	∅	ɕ	h	h	ɦ	ɦ	ɦ	ɦ	ɦ	ɦ	ɦ	ɦ

据表3-9，四地影晓组声母的共同点有：（1）影母基本都读零声母；（2）晓母在今细音前都读舌面音[ɕ]，洪音前基本都读[h]/[x]。除以上两点外，高淳与太平的共同点还包括：（1）晓匣母都有读唇齿清擦音[f]的现象，如"花、灰、户"等；（2）喻母都是[∅]、[ʑ]两种读音。

高淳与太平影晓组声母的读音差异表现在：（1）太平影母只有零声母的读法，高淳除零声母外，还有读[ŋ]声母的现象；（2）高淳匣母有读[ɦ]、[∅]的现象，太平有读[ɣ]、[v]的现象，这四种读音两地不同。

高淳与常州、苏州影晓组声母的读音差异表现在：（1）高淳影母有[ŋ]的读法，常州、苏州没有；（2）高淳晓匣母有读唇齿擦音[f]的现象，常州、苏州少见；（3）常州、苏州匣母基本都读[ɦ]，高淳与之对应的大都是[ɦ]，即增生了喉擦音[h]；（4）常州、苏州喻母读[ɦ]，高淳演变为零声母或舌面浊擦音[ʑ]。

将表3-4至3-9中例字的读音作异同归纳，高淳和太平、常州、苏州三地相比，声母例字的异同数量见表3-10。

表3-10 高淳与太平、常州、苏州声母例字异同数统计

	帮$_1$	帮$_2$	端$_1$	端$_2$	精$_1$	精$_2$	知$_1$	知$_2$	见$_1$	见$_2$	影$_1$	影$_2$	总$_1$	总$_2$
太平	7	6	7	8	10	0	5	11	8	9	10	3	47	36
常州	8	5	10	5	5	5	8	8	11	6	6	9	48	38
苏州	7	6	10	5	5	5	11	5	11	7	5	10	49	38

说明：① 第一行分别代表"帮系"、"端泥组"、"精组"、"知系"、"见组"、"影晓组"、"总计"，下标的"1"代表相同，"2"代表不同。② 如某个字有两读，分别统计，如高淳"让"两读，太平一读，计1同1异。③ [x]和[h]算作相同。④ 高淳方言匣母"汗"、"回"在有的乡镇仍读[ɦ]，与常州、苏州一致，按相同计。⑤ 分别拿高淳跟另外三地相比，所得异同数填入对应表格。

表3-10显示，高淳与太平、常州、苏州三地方言声母的相同总数和不同总数无明显差异。从差异总数量来看，高淳与其他三地差异总数基本上都比相同总数少10

到11个，说明高淳方言与三地方言都有比较明显的差异。

上述统计只考虑例字差异，没有考虑每个例字差异跟其他例字是否是同一类型的差异。为更接近语言事实，我们根据表3-4至3-9归纳了32条区别项，以此为基础来进一步比较高淳方言与太平、常州、苏州方言的异同，具体结果见表3-11。

表3-11 高淳、太平、常州、苏州声母特征分布

序号	特征项	高淳	太平	常州	苏州
1	並、定母是否逢入声字读送气清塞音	否	是	否	否
2	非组声母是否有[ɕ]读法	是	否	否	否
3	奉微母是否有较多的字读[b]	是	否	否	否
4	奉微母是否有[v]读法	否	是	是	是
5	奉母是否有[ɣ]读法	否	否	否	否
6	微母是否有读[ʊ]的现象	是	否	是	是
7	微母是否有[f]读法	是	否	是	否
8	泥来母在洪音前是否相混	否	否	否	否
9	来母细音是否混入泥母	是	否	否	否
10	来母字是否有读自成音节[l̩]的现象	是	否	否	否
11	来母细音是否读浊塞音[d]	否	是	否	否
12	日母是否有读[ʊ]的现象	是	否	否	否
13	日母是否有读[ʑ]的字	否	是	否	否
14	日母是否能读[z]	是	否	是	是
15	"肉"是否读[m]声母	是	否	否	否
16	精组、见组声母是否分尖团	否	否	否	否
17	知系是否有读[tɕ]组声母的现象	是	否	否	否
18	是否有浊塞擦音声母[ʥ]	否	否	否	否
19	见系二等是否有文白异读	是	否	否	否
20	见组在细音前是否能读[k]	否	是	否	否
21	群母是否保留有[g]的读法	否	否	否	否
22	群母是否有[ʑ]的读法	是	否	否	否
23	群母是否有浊塞擦音[ʥ]的读法	否	否	是	是
24	疑母字是否能读自成音节的鼻音	是	否	否	否
25	疑母是否有[ŋ]的读法	是	否	是	是
26	影母是否有[ŋ]的读法	是	否	否	否
27	晓匣母是否有[f]的读法	是	否	否	否
28	匣母、喻母是否有[ʑ]的读法	是	是	否	否

续表3-11

序号	特征项	高淳	太平	常州	苏州
29	匣母、喻母是否有[0]的读法	是	是	是	否
30	匣母、喻母是否有[ɦ]的读法	否	否	是	是
31	匣母在洪音前是能读[hɦ]	是	否	否	否
32	匣母是否能读[v]、[ɣ]	否	是	否	否

表3-11显示，高淳方言独有特征是第2、3、9、10、12、15、22、26、31条，共计9条；太平方言独有特征是1、5、8、11、13、20、32条，共7条；常州方言独有特征是第18条；苏州方言没有独有特征。高淳方言的独有特征明显高于其他方言，如果说这几个方言点的吴语有共同的来源，那么高淳方言的声母应该发生了多项创新型音变。太平方言声母有7条独有特征，该方言也有不少的创新音变（少量是存古特征）。如果排除掉各方言点的独有特征，那么高淳方言与太平方言的共有特征是6、17、27、28、29，共5条；高淳方言与常州方言的共有特征是7、14、19、24、25、29，共6条；高淳方言与苏州方言的共有特征是14、19、24、25，共4条。这样看来，高淳与太平、常州、苏州方言的共有特征都大体相当，无法判断它跟哪个方言更为接近。但是值得注意的是，跟太平方言相同的第6条特征（微母都有读零声母的现象）应该跟官话方言的影响有关，第17条特征，知系虽然都有读[tɕ]组的现象，但它们知系读[tɕ]组的来源有别，因此，第6条、第17条都不是纯粹的共有特征。高淳跟太平的其余3条共有特征属于同一组声母，严格来说只算1条。高淳跟常州、苏州吴语的共有特征只有24、25条属于同一声组，从这个角度来说，高淳吴语跟常州、苏州吴语更为接近。

（二）韵母的比较

据新版《中国语言地图集》（2012），吴语韵母的主要特征有五条：

（1）单元音韵母多；

（2）止摄合口三等见系部分口语常用字（如"贵、亏、跪、围、鱖~鱼"）白读为[y]，文读为合口呼[u-]；

（3）蟹摄开口一等咍、泰二韵不同音，咍韵字元音较高，泰韵字元音较低；

（4）古咸山摄逢见系一等与二等不同韵，咸摄一等覃韵端、见系同韵，谈韵端系则与二等见系同韵（此条放在原第7条下，未单列）；

（5）"打"字读如梗摄。

太湖吴语毗陵小片的韵母特征有：

（1）果摄一等见系跟遇摄一等见系不同音；

（2）鱼韵庄组字（如"锄、梳"）没有[ŋ]的白读，"鱼"没有成音节鼻音的白读。

太湖吴语苏嘉湖小片的韵母特征有：

（1）遇摄三等精组读不圆唇的[i]；

（2）"八"的韵母主元音特殊，不读低元音[a]或[ɑ]。

《中国语言地图集》没有涉及宣州片吴语韵母的特征。蒋冰冰（2003）指出宣州片吴语韵母的个性不强，因分别具有与其他吴语以及江淮官话、闽、赣语等周边方言相同的一些特点而呈现出混合型的面貌。与吴语的上述特征相比，高淳方言韵母具有吴语总特征的第（1）、（4）条，毗陵小片的第（1）、（2）条。从文献资料来看，高淳方言有些韵母特征跟吴语毗陵小片接近，有些跟苏嘉湖小片接近，也有个别与宣州吴语一致。以下以中古音韵为轴，选取一些韵摄的例字比较高淳、太平、常州、苏州吴语韵母的异同。

1. 古阴声韵的比较

古阴声韵包括果摄歌戈韵、假摄麻韵、遇摄模鱼虞韵、蟹摄咍泰皆佳夬祭废齐灰韵、止摄支脂之微韵、效摄豪肴宵萧韵、流摄侯尤幽韵[1]。

（1）果摄的读音比较

果摄分一、三等，且有开合口的分别，三等字很少，常用的只有"茄瘸靴"三字。高淳、太平、常州、苏州四地果摄字的读音情况见表3-12（读音略去声调，后同）。

表3-12　高淳、太平、常州、苏州果摄读音举例

韵	歌		戈				
例字	河	他	果	茄	靴	瘸	糯
高淳	ɦʋ	tʰa	kʋ	tɕia	ɕya	tɕʰya	nəŋ
太平	ɣo	tʰa	ko	gie	ɕio	gie	lo
常州	ɦɯ	tʰa	kɯ	dʑia/ga	ɕio	—	nɯ
苏州	ɦəu	tʰɑ	kəu	dʑia/gɑ	ɕio		nəu

根据表3-12，高淳和太平果摄的主体读音（以"河、果"为代表）是单元音，常州和苏州果摄的主体读音是复合元音。除主体读音外，四地其他例字的读音情况分别是：①"他"的读音类型一致（跟官话方言的影响有关）；②"瘸"在吴语地区基本不说，有读音的方言点基本都是文读音；③"茄子"高淳方言说"落苏"，"茄"字的读音在高淳方言中也属于文读音；④太平、常州、苏州"靴"字均读齐齿呼，属于同类，高淳方言与其他三地均不同，读成撮口呼；⑤高淳方言"糯"带鼻音韵尾，跟其他方言不同类，"糯"在字表中是根据《集韵》收入的字，《说文解字》有奴乱切、奴卧切两种反切，高淳方言的读音可能是由"奴乱切"发展而来的。

（2）假摄的读音比较

假摄只有麻韵，分二三等和开合口，高淳、太平、常州、苏州四地假摄读音的

---

[1] 举平以赅上去。

基本情况如表3-13所示。

表3-13　高淳、太平、常州、苏州假摄读音举例

韵	麻二开口		麻三开口			麻二合口	
例字	怕	家	写	者	爷	瓜	傻
高淳	pʰa	tɕia/ka	ɕɪ/ɕia	tɕie	ia	kua	sa
太平	pʰɔ	kɔ	ɕiɔ	tɕiɔ	ie	kuɔ	sa
常州	pʰo	tɕia/ko	sia	tsa	ɦia	ko	sa
苏州	pʰo	tɕiɑ/kɑ	siɑ	tsE/tsY	ɦiɑ	ko	sa

根据表3-13，高淳方言麻韵主体读音的主元音为[a]，太平方言为[ɔ]，常州、苏州方言为[o]，太平、常州、苏州的主元音向后高元音方向发展，高淳方言跟其他三地均不同，应该是受官话方言影响的结果。此外，高淳跟太平的不同还体现在：① 高淳方言见系二等有文白异读，太平方言没有；② 高淳方言"者"的主元音跟主体读音不同，太平方言"爷"的主元音跟主体读音不同。高淳跟常州、苏州的不同还体现在：① 高淳方言"写"有两个读音层次；② 高淳方言麻韵合口二等有[u]介音。高淳、太平、常州、苏州"傻"的声韵形式相同，跟该字的官话来源有关。

（3）遇摄的读音比较

中古遇摄含合口一等模韵和合口三等鱼虞韵，官话方言大都鱼虞不分，南方方言中则存在程度不等的鱼虞有别的层次。表3-14是高淳、太平、常州、苏州四地遇摄主要读音举例。

表3-14　高淳、太平、常州、苏州遇摄读音举例

韵	模				鱼					虞			
例字	布	租	墓	午	初	著	旅	女	去	鱼	付	柱	取
高淳	pu	tsu	mʊ	u	tsʰu	tsu	y	n̩	tɕʰy/kʰəʔ	y/n̩	fu	tsu	tɕʰy
太平	pu	tsəu	mo/m̩	u	tsʰəu	tsəu	di	n̩i	tɕʰy/kʰi	y/ŋ̍	fu	zəu	tɕʰy/tɕʰi
常州	pu	tsɿ	mɤɯ	u	tsʰɤɯ	tsɿ	nʮ	nʮ	tɕʰy/kʰi	ɦy	fu	zɿ	tɕʰy
苏州	pu	tsəu	mo	əu/ŋ̍	tsʰəu	tsɿ	li	nʮ	tɕʰy/kʰi	ɦy/ŋ̍	fu	zɿ	tɕʰi

表3-14显示，太平、常州、苏州三地模韵的主体读音大体分为两类，一类读[u]，另一类是[əu]或[ɤɯ]，后者跟鱼韵有合流倾向。高淳方言模韵的主体读音只有[u]一类，但有的方言点的发音人也有读[ɤɯ]的情况，如薛城。[ɤɯ]的读音跟常州方言一致，可见高淳模韵主体读音原来也应该分化为两类，现在合为一类，应该是官话方言影响的结果。高淳跟太平、苏州、常州相比，区别还在于遇摄没有发生裂化音变（如[u]＞[əu]/[ɤɯ]）。

高淳、太平方言鱼韵主体读音分为两类，但具体情况不同，高淳分化为[u]、[y]，太平分化为[əu]、[i]。常州方言鱼韵主体读音分化为三类：[ɤɯ]、[ʮ]、[y]。

苏州分化为四类：[əu]、[ɤ]、[y]、[i]。尽管苏州等地方言鱼韵的读音类型可能属于不同的层次，但也在某种程度上显示了它跟其他方言的差异。"去"在四个方言点均有文白读，但高淳方言白读层的韵母主元音跟其他方言不同，显示出特别之处。"鱼"在高淳、太平、苏州方言中均有文白读，但常州方言的白读层已经消失。虞的读音大体上跟鱼韵一致。四地模韵明母字（表中"墓"为代表）均与主体读音有别，大都与果摄合流（苏州与假摄合流）。

（4）蟹止摄的读音比较

蟹止摄在汉语方言中有合流现象（其中止摄只有三等），本小节放在一起讨论。高淳、太平、常州、苏州四地蟹摄开口一二等字的主要读音见表3-15。

表3-15　高淳、太平、常州、苏州蟹摄开口一二等字读音举例

韵	咍	泰（开口）			皆佳夬（开口）			
例字	海	贝	带	害	排	介	街	佳
淳溪	hɛ	pei	tɛ	ɦɛ	bɛ	tɕie/kɛ	kɛ	tɕia
太平	xɛ	pei	ta	ɣɛ/ʑie	ba	ka	ka	ka
常州	hæi	pæi	ta	ɦæi	ba	tɕia	ka	tɕia
苏州	hE	pE	tɑ	ɦE	bɑ	tɕiɑ	kɑ	tɕiɑ

王洪君（2013）认为，吴语蟹摄开口一二等字的读音层次与分合关系比较复杂，以苏州方言为例，泰韵因声母条件而分化，端系并入二等韵，而帮见系保持与二等韵的不同但并入了原本有对立的一等咍韵，这种新的一二等的分合关系在吴语中普遍存在，是吴语不同于北方音的重要特点之一。根据表3-15，太平、常州、苏州三地以"带"为代表的泰韵端系字与二等韵相同，以"贝、害"为代表的泰韵帮见系并入咍韵，这种分合关系与王先生所论相合。但高淳方言咍泰皆佳的分合关系跟其他三地不同，泰韵帮组读音跟其他声组不同，但没有跟咍韵合流，除帮组外，均与二等和咍韵合流，这种分化模式跟官话方言一致。可见，高淳方言蟹摄一二等的读音已经被官话层所覆盖。

高淳、太平、常州、苏州四地蟹止摄开口三四等字的读音举例见表3-16。

表3-16　高淳、太平、常州、苏州蟹止摄开口三四等字读音举例

韵	祭废齐				支脂之微							
例	币	例	世	鸡	妻	卑	皮	纸	器	次	梨	腻	儿
淳溪	bi	l̩	sʅ	tɕi	tɕʰi	pei	bi	tsʅ	tɕʰi	tsʰʅ	l̩	n̩	l̩/n̩i
太平	bi	di	ɕi	tɕi	tɕʰi	pei	bi	tsʅ	kʰi	tsʰʅ	di	ni	n̩
常州	bi	li	sʅ	tɕi	tsʰi	pæi	bi	tsʅ	tɕʰi	tsʰʅ	li	n̩.i	ər/n̩.i
苏州	bi	bi	sʅ	tɕi	tsʰi	pE	bi	tsʅ	tɕʰi	tsʰʅ	li	n̩.i	˚l̩/n̩.i

表3-16显示，高淳、太平、常州、苏州四地以"卑"为代表的止摄帮组声母

字有跟主体读音不同的层次：常州、苏州跟哈泰韵合流，高淳、太平只跟泰韵帮组合流。此外，止摄三四等日母字多数有文白异读现象，如表中"儿"白读为[ɲi]或[n̩]，常州、苏州文读接近普通话，高淳文读为自成音节的[l̩]。除上述帮组跟主体读音形式不一致的情况之外，高淳方言蟹止摄开口三四等的特殊之处在于，别的方言点读[li]/[di]的字在高淳方言中读自成音节的[l̩]。太平、苏州方言的特别之处在于，知系个别字韵母读舌面音[i]或卷舌音[ʮ]，如表中"世"字太平读[ɕi]，苏州读[sʮ]。就蟹止摄开口三四等字的主体读音而言，高淳方言跟其他三地基本一致。

高淳、太平、常州、苏州四地蟹止摄合口字的读音举例见表3–17。

表3–17　高淳、太平、常州、苏州蟹止摄合口字读音举例

韵	灰泰			皆佳夬			祭废齐			支脂微		
例字	杯	罪	外	绘	乖	挂	岁	废	桂	累	嘴	贵
淳溪	pei	zei	uɛ	uei	kuɛ	kua	sei	fei	kuei	lei	tsei	kuei
太平	pei/pie	zəu	uɛ/ɲie	vei	kua	kuɔ	səu	fei	kuei	ləu/di	tsəu	kuei
常州	pæi	zuæi	ɦua	kuæi	kua	ko	suæi	fi	kuæi	læi	tsuæi	kuæi
苏州	pE	zE	ŋɑ	ɦuE	kua	ko	sE	fi	kuE	lei	tsʮ	kuE/tɕy

表3–17显示，就蟹止摄合口字的主体读音而言，高淳、太平是[ei]、[uei]，常州方言是[æi]、[uæi]，苏州方言是[E]、[uE]，这种读音分化类型跟官话方言一致，但高淳、太平、苏州的特点是精组一般不带合口介音，常州则带合口介音。四地方言见系都有跟主体读音不一致的层次，如表3–17中的"外、乖、挂"。除此之外，太平方言的特别之处在于蟹止摄精组大都读[əu]，一等有读[ie]的白读层；苏州方言的特别之处在于止摄合口三等精组、知系部分字有[ʮ]读法，蟹止摄合口三等部分字白读音为[y]韵母，如"嘴、贵"等。就蟹止摄合口字的读音而言，高淳方言已经跟官话方言一致，它跟太平、苏州方言的区别主要在于缺少文白读现象，跟常州方言的主要区别在于精组不带合口[u]介音。

（5）效摄的读音比较

效摄只有开口字，四等俱全，普通话效摄一等豪韵和二等肴韵帮系、知系同韵，二等肴韵见系和三四等同韵。高淳、太平、常州、苏州四地效摄的读音举例见表3–18。

表3–18　高淳、太平、常州、苏州效摄字读音举例

韵	豪	肴		宵		萧
例字	高	包	教	烧	小	条
高淳	kɔ	pɔ	tɕiɔ/kɔ	sɔ	ɕiɔ	diɔ
太平	kɔ/ke	pɔ/po	kiɔ/kiɔ	ɕiɔ/siɔ	ɕiɔ/ɕiɔ	diɔ/diɔ
常州	kaʀ	paʀ	tɕiaʀ/kaʀ	saʀ	ɕiaʀ	diaʀ
苏州	kæ	pæ	tɕiæ/kæ	sæ	ɕiæ	diæ

根据表3-18，高淳、常州、苏州三地效摄音类分合关系一致，且三地都是见系二等（表中以"教"为例）部分字有文白异读。虽然音类分合关系一致，但三地效摄读音的具体音质有别，高淳为[ɔ]/[ei]、常州为[aɤ]/[iaɤ]、苏州为[æ]/[iæ]，高淳、常州跟官话方言接近，苏州方言则比较特别。太平方言效摄的读音跟其他三地有别，虽然文读层跟高淳方言一致，但还有比较特别的白读层读音，其主元音有[e]、[o]两种，以后一种为主。此外，太平方言见系二等的白读层带有[i]介音，这也是比较特别的现象。

（6）流摄的读音比较

中古流摄只有开口字，分一等侯韵，三等尤、幽韵，其中幽韵几无口语常用字。这里我们只比较侯、尤韵的读音，具体见表3-19。

表3-19　高淳、太平、常州、苏州流摄字读音举例

韵	侯						尤			
例字	亩	贸	头	偷	透	楼	妇	流	九	瘦
高淳	mʊ/m̩	mʊ	dei	tʰei/ tʰʏ	tʰei/ tʰʏ	lei	fu	lʏ	tɕʏ	sei
太平	mo/m̩	mɔ	dy	tʰy	tʰy	ləu	vu	dy	ky	çy
常州	mɤɯ/m̩	mei	dei	tʰei	tʰei	lei	vu	lei	tɕiɤɯ	sei
苏州	mʏ/m̩	mʏ/mæ	dʏ	tʰʏ	tʰʏ	lʏ	vu	lʏ	tɕiʏ	sʏ

流摄唇音声母字至迟在晚唐五代时期已混入遇摄（顾黔2016），表3-19显示，高淳等四地流摄唇音声母字跟主体读音不同，有的并入果摄，如"亩"的文读层（苏州除外），有的并入遇摄，如"妇"。比较高淳与其他三地流摄（唇音除外）读音可知，高淳既有跟太平、苏州一致的[ʏ]/[y]类韵，也有跟常州方言一致的[ei]类韵。高淳方言流摄有[ʏ]>[ei]音变，苏州方言新派和郊区也已出现这种音变。常州方言跟其他三地的区别还表现为尤韵见系读[iɤɯ]，这可能跟官话方言的影响有关。

2. 古阳声韵的比较

古阳声韵是指以鼻音收尾的韵类。阳声韵中，咸深摄收[m]尾、山臻摄收[n]尾，宕江曾梗通摄收[ŋ]尾。大部分汉语方言的[m]尾已经消失，吴语大都只有[n]或[ŋ]一个鼻音韵尾，有的变成鼻化韵或开尾韵。

（1）咸山摄的读音比较

咸山摄在中古十六摄当中包含的韵类最多。咸山摄开口四等俱全，咸摄一等覃谈韵，二等咸衔韵，三等盐严韵，四等添韵；山摄开口一等寒韵，二等山删韵，三等仙元韵，四等先韵。咸摄合口有三等凡韵，山摄合口一等桓韵，二等山删韵，三等仙元韵，四等先韵。表3-20是高淳、太平、常州、苏州四地咸山摄开口一等字的读音。

表3-20　高淳、太平、常州、苏州咸山摄一等字读音举例

韵	覃					谈				寒			桓		
例	耽	贪	谭	男	蚕	感	胆	蓝	三	敢	单	肝	汉	半	断	官
高淳	tie	tʰei	die	nʏ	zʏ	kei	tie	nie	ɕie	kei	tie	kei	hei	pʊ	dʏ	kʊ
太平	tã	tʰɛ̃	dã	lɛ̃	zɛ̃	kɛ̃	tã	lã	sã	kɛ̃	tã	kɛ̃	xɛ̃	pẽ	dẽ	kuã
常州	tɛ	tʰʏ	dʏ	nʏ	zʏ	kʏ	tɛ	sɛ	kʏ	tɛ	kʏ	hʏ	pʏ	dʏ	kuʏ
苏州	tE	tʰø	dø	nø	zø	kø	lE	sE	kø	tE	kø	hø	pø	dø	kuø

根据表3-20，高淳方言覃韵有三种读音，另外三地都是两种读音；四地谈韵、寒韵都是两种读音。苏州覃韵读[ɛ]的层次与谈韵锐音（端见系）一致，属后起的谈覃合流的文读层（王洪君2004），与之平行，高淳方言的读音[ie]、常州方言的[ɛ]、太平方言的[ã]也属于后起的文读层。从具体音质上来看，太平方言覃谈韵文读层的读音更接近官话方言，而高淳、常州、苏州三地跟官话方言的区别较大，这三地文读层的读音跟寒韵锐音一致[1]。据表3-20，高淳、太平、常州、苏州四地咸山摄一等字音类分合关系总体上是一致的，反映了吴语型的特点，但从具体音质来看，无论是文读层，还是白读层，高淳方言都更接近于苏州和常州。高淳方言的特别之处有：覃韵还有读[ei]现象，这属于后起的[ʏ]>[ei]的音变（详见后文）；桓韵按声母锐钝分化，锐音声母后读[ʏ]，钝音声母后读[ʊ]。

多数汉语方言咸摄开口二等咸衔韵和山摄开口二等山删韵合流，其中见系二等字还跟三四等字合为一类，吴语部分方言点见系二等还跟其他声组一致的层次。高淳、太平、常州、苏州四地咸山摄开口二三四等的读音举例见表3-21。

表3-21　高淳、太平、常州、苏州咸山摄二三四等开口字读音举例

韵	咸衔			山删（开口）				盐严			仙元先（开口）		
例字	站	衫	监	办	山	间	雁	尖	严	甜	鞭	言	年
高淳	ɕie	ɕie	tɕie	bie	ɕie	kɛ/tɕie	ie	tɕɪ	nɪ	dɪ	pɪ	ɪ	nɪ
太平	tsã	sã	kã	bã	sã	kã	ã	tɕiẽ	ȵiẽ	diẽ	piẽ	ȵiẽ	ȵiẽ
常州	dzɛ	sɛ	kɛ/tɕiɪ	bɛ	sɛ	kɛ/tɕiɪ	ŋɛ/iɪ	tsiɪ	ȵiɪ	diɪ	piɪ	ɦiɪ	ȵiɪ
苏州	zE	sE	kE	bE	sE	kE/tɕiɪ	ŋE	tsiɪ	ȵiɪ	diɪ	piɪ	ɦiɪ	ȵiɪ

表3-21显示，高淳方言咸山摄三四等字的读音跟常州、苏州无明显差异，但跟太平方言有别。高淳方言咸山摄二等字的读音特别之处是产生了[i]介音，这应该是常州、苏州型吴语的元音进一步高化然后裂化的结果。太平方言咸山摄二三四等开口字的读音跟官话方言接近，跟高淳、常州、苏州明显的区别是有鼻化现象。

咸摄合口三等只有凡韵，山摄合口四等俱全，一等桓韵上文已经讨论，二等为山删韵，三等为仙元韵，四等为先韵。高淳等四地咸山摄合口二三四等的读音举例见表3-22。

---
[1] 据郑伟（2011），吴语寒韵锐音声母字的读音属于晚唐—北宋时代的外源层次。

表3-22 高淳、太平、常州、苏州咸山摄二三四等合口字读音举例

韵	凡		元			山删			仙先			
例字	范	泛	饭	反	元	幻	篡	关	泉	穿	院	犬
高淳	bie	ɕye	bie	ɕye	ʏ	ɦiuɛ	tɕʰʏ	tɕye	ʑɪ	tɕʰʏ	ʏ	tɕʰʏ
太平	vã	fã	uã	fã	iẽ	uã	—	kuã	ziẽ	tsʰẽ	iẽ	kʰiẽ
常州	vɛ	fɛ	vɛ	fɛ	ɦiɤ	uɛ	tsʰɤ	kuɛ	ziɤ	tsʰɤ	ɦiɤ	tɕiɤ
苏州	vE	fE	vE	fE	iø/ɦiø	uE	tsʰø	kuE	ziI	tsʰø	ɦiø	tɕʰiø

根据表3-22，四地元韵见系合口字、山删知系合口字与仙先合口字合流。太平、常州、苏州凡元韵（见系除外）都跟开口二等字合流，高淳虽然也有这种合流，但另外还有不合流的[ye]层读音，这种读音属于晚近的音变现象。此外，高淳方言的特别之处还在于"关"字读[ye]韵，这也跟晚期音变有关，但跟凡元韵读[ye]的来源不同，详见后文4.1.1。在具体读音方面，高淳方言咸山摄合口二三四等跟开口字的表现形式一致，更接近苏州、常州方言，或者说它们之间有音变关系，而太平方言基本上跟官话方言同类，或者说本地读音已经被官话层覆盖。

（2）深臻曾梗通摄的读音比较

中古深臻摄的主元音基本一致，主要区别在于韵尾，深摄收[m]尾，臻摄收[n]尾。曾梗摄都收[ŋ]尾，但主元音有别。现代北方方言大都是深臻韵尾合流（收[n]尾），曾梗主元音合流（收[ŋ]尾）。大部分江淮官话和吴语深臻曾梗四摄的主体读音全部合流，韵尾相同，主元音也基本一致。高淳方言通摄主元音发生了央化音变，也合并到曾梗深臻摄里面去了。高淳、太平、常州、苏州四地深臻曾梗通摄的合流情况见表3-23。

表3-23 高淳、太平、常州、苏州深臻曾梗通摄读音举例

摄	深	臻	曾	梗	深	臻	曾	梗	通
例字	林	邻	菱	零	深	身	升	生	松
高淳	liŋ	liŋ	liŋ	liŋ	səŋ	səŋ	səŋ	səŋ/ɕʏ	səŋ
太平	liŋ	liŋ	liŋ	liŋ	səŋ	səŋ	səŋ	səŋ/ɕiẽ	soŋ
常州	lin	lin	lin	lin	sən	sən	sən	sən/saŋ	soŋ
苏州	lin	lin	lin	lin	sən	sən	sən	sən/sã	soŋ

表3-23显示，高淳、太平、常州、苏州四地深臻曾梗摄都出现了合流现象，高淳、太平均收后鼻音韵尾，常州、苏州均收前鼻音韵尾。高淳和其他三地的主要不同在于，通摄也跟深臻曾梗摄发生了合并。此外，四地梗摄字"生"都有文白异读现象，太平方言的白读层跟咸山摄三四等字读音一致，常州、苏州的白读层跟宕摄读音一致，而高淳方言的白读层跟流摄三等尤韵读音一致。需要指出的是，常州、苏州梗摄开口二等字具有同类文白异读的还有"冷争牲甥耕庚更打~耿"等。太平方

言"埂梗耿坑硬"等字有文白读，但数量少于常州、苏州。高淳除"生"外，只有"甥"有白读层。

深摄没有合口韵，曾摄有合口一等登韵，但辖字很少。高淳、太平、常州、苏州臻梗摄合口韵的韵尾也已经合流，跟开口韵一致。臻摄、梗摄有合口三等韵，帮端组一般失去[u]介音，并入开口韵；见系一般演变为撮口韵，但有个别读齐齿呼，太平最为典型。臻梗摄合口字的读音举例见表3-24。

表3-24　高淳、太平、常州、苏州臻梗摄合口字读音举例

韵	魂		谆文				庚耕		梗	清
例字	本	温	巡	准	均	分	军	矿	横	兄	泳	营
高淳	pəŋ	uəŋ	ziŋ	tsuəŋ	tɕyŋ	fəŋ	tɕyŋ	kʰuã	uəŋ	ɕyŋ	yŋ	iŋ
太平	pɔŋ	uəŋ	zɔŋ	tsɔŋ	kiŋ	fəŋ	kiŋ	kʰuɔ̃	vəŋ/iɛ̃	ɕiɔŋ	iŋ	iŋ
常州	pən	uən	zyən	tsuən	tɕyən	fən	tɕyən	kʰuaŋ	ɦuaŋ	ɕioŋ	ioŋ	ɦin
苏州	pən	uən	zin	tsən	tɕyn	fən	tɕyn	kʰuã	ɦuã	ɕioŋ	ioŋ	ɦin

吴语"打"的读音跟官话方言不同，读如梗摄，高淳、太平、常州、苏州四地"打"字的读音见表3-25。

表3-25　高淳、太平、常州、苏州"打"的读音

	高淳	太平	常州	苏州
打	ta	ta	tã	tã

表3-25显示，高淳、太平"打"的读音跟官话方言一致，常州、苏州的"打"属于吴语型读音。

（3）宕江摄的读音比较

中古宕摄包括一三等开合口，一等唐韵，三等阳韵；江摄只有开口二等江韵。中古宕江摄唐阳江韵属于阳声韵，带后鼻音韵尾[ŋ]，三韵主元音有别。现代官话方言这三个韵主元音基本都已合流。吴语宕江摄阳声韵大都保留鼻音韵尾或演变为鼻化元音。高淳、太平、常州、苏州方言宕江摄读音举例见表3-26。

表3-26　高淳、太平、常州、苏州宕江摄读音举例

韵	唐（开口）			阳（开口）			江			唐阳（合口）		
例字	忙	糖	钢	粮	张	羊	胖	双	讲	光	方	庄
高淳	mã	dã	kã	niã	tsã	iã	pʰã	suã	tɕiã/kã	kuã	fã	tsuã
太平	mɔ̃	dɔ̃	kɔ̃	diɔ̃	tɕiɔ̃	iɔ̃	pʰɔ̃	sɔ̃	kɔ̃	kuɔ̃	fɔ̃	tsɔ̃
常州	maŋ	daŋ	kaŋ	liaŋ	tsaŋ	ɦiaŋ	pʰaŋ	suaŋ	tɕiaŋ/kaŋ	kuaŋ	faŋ	tsuaŋ
苏州	mã	dã	kã	liã	tsã	ɦiã	pʰã	sã	tɕiã/kã	kuã	fã	tsã

表3-26显示，四地宕江摄主元音带鼻音韵尾或者是鼻化元音，从具体音质上来看，太平方言跟其他方言的区别表现为主元音有高化现象。从音类分合关系来看，

苏州方言的特点是宕摄开口三等知章组多数字主元音为前[a]；庄组字韵母主元音为后[ɑ]，不带[u]介音。太平方言也有自己的特点，即宕开三知组声母字仍带[i]介音，此外，该方言的庄组声母字也不带[u]介音。高淳方言和常州方言宕江摄的分合关系一致，同时也跟官话方言一致。

3. 古入声韵的比较

中古入声韵收[-p]、[-t]、[-k]三类塞音韵尾，吴语和江淮官话都保留入声，但韵尾都合为一个喉塞音[-ʔ]了，北部吴语的常州和苏州方言有两个入声。高淳方言也有两个入声，但是阳入的喉塞尾已经消失，变成舒声韵了。太平方言没有入声韵，中古来源的入声韵都合并到对应的舒声韵里去了，这是它跟高淳、苏州、常州方言最大的不同。吴语虽然都保留入声韵，但韵类都有不同程度的合并现象。表3-27是高淳、常州、苏州三地（太平方言没有入声韵，不列）入声韵系统的对照。

表3-27 高淳、太平、常州、苏州的入声韵系统

	袜	麦	甲	脚	刮	曰	确	湿	笔	骨	决	八	局
高淳				tɕiaʔ	kuaʔ		tɕʰyaʔ	səʔ	piɛʔ	kuəʔ	tɕyɤʔ	pɑʔ	
常州	maʔ	mɔʔ		tɕiaʔ	kuaʔ			səʔ	piəʔ	kuəʔ	tɕyəʔ		dʑioʔ
苏州	maʔ	mɑʔ	tɕiaʔ	tɕiɑʔ	kuaʔ	yaʔ		səʔ	piəʔ	kuəʔ	tɕyəʔ	poʔ	dʑioʔ

表3-27给出了高淳、常州、苏州三地的入声韵系统，由表可知，高淳方言有八个入声韵，常州方言有九个入声韵，苏州方言有十二个入声韵。从入声韵的数量来看，高淳跟常州相当。苏州方言入声韵数量较多的主要原因在于该方言有[aʔ]-[ɑʔ]、[iaʔ]-[iɑʔ]两组对立，如表3-27所示，袜maʔ[23]≠麦mɑʔ[23]、甲tɕiaʔ[55]≠脚tɕiɑʔ[55]。

4. 韵母系统的综合比较

在前文分项比较的基础上，我们归纳出42条韵母特征项，通过这42条特征对高淳、太平、常州、苏州四地作综合比较，见表3-28。

表3-28 高淳、太平、常州、苏州韵母特征分布

序号	特征项	高淳	太平	常州	苏州
1	果摄是否读高化的单元音	是	是	否	否
2	果摄是否有裂化现象	否	否	是	是
3	"糯"是否带鼻音韵尾	是	否	否	否
4	麻韵主元音是否有后高化现象	否	是	否	否
5	见系二等字是否有文白异读	是	否	是	是
6	遇摄是否有裂化现象	否	否	是	否
7	"去"的白读层韵母为[i]	否	是	是	是

续表3-28

序号	特征项	高淳	太平	常州	苏州
8	"去"的白读层韵母为[əʔ]	是	否	否	否
9	蟹摄开口一等咍、泰不同韵	否	是	是	是
10	蟹止摄合口精组不带[u]介音	是	是	否	是
11	蟹止摄合口一等有白读层[ie]	否	是	否	是
12	止摄合口三等见系部分字有白读音[y]	否	否	否	是
13	效摄主元音为[æ]类前元音	否	否	是	是
14	效摄主元音为[ɔ]类后元音	是	是	否	否
15	效摄一二等为二合元音，三四等为三合元音	否	否	是	是
16	效摄一二三四等均有文白异读	否	是	否	否
17	流摄侯尤韵有[ei]、[iɤɯ]型分立	否	否	是	否
18	流摄侯尤韵有[ɤ]、[iɤ]型分立	否	否	否	否
19	流摄侯尤韵有[ɤ]或[y]型合流	是	是	否	是
20	流摄有读[ei]的现象	是	否	否	否
21	流摄有读[ɤ]的现象	是	是	否	是
22	咸山摄没有鼻音韵尾或鼻化现象	是	否	是	是
23	咸山摄开口一二等有裂化现象	是	否	是	是
24	桓韵有按声母锐、钝分化的现象	是	否	是	是
25	覃韵有[ɤ]、[ei]、[ie]的三种读音	是	否	否	否
26	凡元韵有读[ie]、[ye]的现象	是	否	否	否
27	深臻曾梗合流读后鼻音韵尾	是	是	否	否
28	深臻曾梗合流读前鼻音韵尾	否	否	是	是
29	通摄跟深臻曾梗摄合流	是	否	否	否
30	梗摄开口二等字包含较多文白异读现象	否	是	是	是
31	"生"白读为撮口呼	是	否	否	否
32	"生"白读为齐口呼	否	是	否	否
33	"生"白读为开口呼	否	否	是	是
34	"打"读如梗摄字	否	否	是	是
35	臻曾梗摄古合口呼今有较多的字读齐齿呼	否	是	否	否
36	宕摄主元音有高化现象	否	是	否	否
37	宕摄知章组和庄组有前[a]和后[ɑ]的区别	否	否	否	是
38	宕摄开口三等知组有带[i]介音的现象	否	是	否	否
39	保留入声韵，且分阴入和阳入	是	否	是	是

续表3-28

序号	特征项	高淳	太平	常州	苏州
40	入声韵全部合并到舒声韵	否	是	否	否
41	阴入保留喉塞尾、阳入失去喉塞尾	是	否	否	否
42	入声韵有[aʔ]、[ɑʔ]和[iaʔ]、[iɑʔ]对立	否	否	否	是

根据表3-28，与其他三个方言点相比，高淳方言韵母的独有特征有9条，分别是第3、8、23、24、25、26、29、31、41条；太平方言韵母的独有特征有7条，分别是11、16、32、35、36、38、40；常州方言韵母的独有特征有2条，分别是第15、17条，其中第15条跟官话方言一致；苏州方言的独有特征有5条，分别是第12、13、18、37、42条。从韵母的独有特征来看，高淳方言最多，说明该方言的韵母有很多特色，这其中很多读音是晚期音变的结果，如咸山摄读[ie]等。

就共性特征而言，高淳跟太平方言相比，共性特征有5条，分别是第1、10、14、19、21、27条，其中第21条跟第19条属同类，除了第19、21条之外，多数特征跟邻近江淮官话方言一致，这些特征在高淳、太平、芜湖、宣城、南京等方言中的表现见表3-29（以例字读音代表特征项）。

表3-29 高淳、太平、芜湖等地韵母特征项例字读音情况

例字	高淳	太平	芜湖	宣城	南京
多	tʊ	to	to	to	to
罪	zei	zəu	tsei	tsei	tsuei
包	pɔ	pɔ/po	pɔ	pɔ	pɔ
偷|九	tʰei/tʰɣ | tɕɣ	tʰy | ky	tʰəu | tɕiəu	tʰəu | tɕiəu	tʰəu | tɕiəu
林|菱	liŋ | liŋ	liŋ | liŋ	nin | nin	nin | nin	lin | lin
身|声	səŋ | səŋ	səŋ | səŋ	sən | sən	sən | sən	ʂən | ʂən

表3-29显示，高淳、太平方言的第1条共性特征（果摄元音高化）在芜湖、宣城、南京方言中有一致性表现；第10条共性特征（止摄合口精组不带[u]介音）在芜湖、宣城方言中也有同类现象，反而是太平方言的音质跟高淳、芜湖、宣城不一致；第14条共性特征（效摄主元音为[ɔ]）在芜湖、宣城、南京方言中均是如此；第27条共性特征中，深臻曾梗摄合流读后鼻音韵尾倒是跟芜湖等三地不同，但是这个特征其实不是严格的区别性特征，因为这些方言前后鼻音本来没有严格的界限，且深臻曾梗摄合流后读前鼻音韵尾还是后鼻音韵尾具有一定的偶然性。只有第19条特征（流摄侯尤韵有[ɣ]或[y]型合流）为江淮官话的芜湖、宣城、南京所不具有，但是这条特征实际上是从苏州[ɣ]、[iɣ]型分立发展而来的，两者之间有内在联系。综合来看，高淳、太平方言在韵母方面实际上没有区别于其他方言的内部一致性特

征，唯一跟江淮官话不同的共性特征本质上也为苏州方言所具有，或者说早期跟苏州型吴语一致。

高淳跟常州方言的共性特征有4条，分别是第5、20、22、39条；跟苏州方言的共性特征有5条，分别是第5、10、21、22、39条。其中第10条跟邻接的江淮官话一致（如表3-29中"罪"苏州也不带[u]介音，读[zɛ]），第5、22、39条为高淳、常州、苏州共性特征。第5、20、21、22、39条在高淳、常州、苏州、芜湖、宣城、南京等方言中的读音见表3-30（以例字读音代表特征项）。

表3-30 高淳、常州、芜湖等地韵母特征项例字读音举例

例字	高淳	常州	苏州	芜湖	宣城	南京
家	tɕia/ka	tɕia/ko	tɕia/kɑ	tɕia/ka	tɕia/ka	tɕia
豆｜手	dei｜sei	dei｜sei	dɤ｜sɤ	təu｜səu	təu｜səu	təɯ｜ʂəɯ
偷｜九	tʰei/tʰɤ｜tɕɤ	tʰei｜tɕiɣɯ	tʰɤ｜tɕiɤ	tʰəu｜tɕiəu	tʰəu｜tɕiəu	tʰəɯ｜tɕiəɯ
班｜甜	pie｜diɪ	pɛ｜diɪ	pE｜diɪ	pã｜tʰiẽ	pæ̃｜tʰiẽ	pã｜tʰiẽ
百｜白	pəʔ｜bə	pɔʔ｜pɔʔ	pɑʔ｜bɑʔ	pəʔ｜pəʔ	pəʔ｜pəʔ	pɛʔ｜pɛʔ

表3-30显示，高淳、常州、苏州方言韵母的第5条共性特征（见系二等字有文白异读）在芜湖、宣城方言中也有同类表现，但南京方言的文白异读已经消失。据我们观察，江淮官话见系二等字的文白异读辖字数总体上少于吴语，正逐渐向北方官话靠拢。高淳、常州、苏州方言的第22条共性特征（咸山摄没有鼻音韵尾或鼻化现象），芜湖、宣城、南京方言均无此项特征，太平方言则跟邻接江淮官话一致，读鼻化韵，可见该条特征可作为高淳、常州、苏州内部一致而跟太平方言和周边江淮官话不一致的区别性特征之一。高淳、常州、苏州方言的第39条共性特征（保留入声韵，且分阴阳入）在芜湖、宣城、南京方言中有部分实现，即保留入声，但这些邻近的江淮官话方言点的入声不分阴阳，因此，保留入声且分阴阳可以作为高淳、常州、苏州三地的一个区别于宣州吴语其他方言点（包括太平）和江淮官话的重要共性特征。高淳和常州方言韵母的第20条共性特征（流摄有读[ei]的现象）在芜湖、宣城、南京方言中均不存在，宣州吴语的太平方言也没有此类特征，苏州城区老派方言没有此类现象，但苏州新派和郊区方言已出现，因此，该特征可作为高淳、常州、苏州区别于邻接江淮官话和宣州吴语其他方言点的特征之一。高淳和苏州方言的第21条共性特征（流摄有读[ɤ]的现象）在芜湖、宣城、南京方言中均不存在，吴语常州方言也没有此条现象，但太平方言的流摄读[y]，跟高淳、苏州可算作同类，因此，流摄读[ɤ]/[y]类撮口韵可算作高淳、苏州、太平三地区别于常州及邻接江淮官话的特征之一。

综合上文分析，高淳、太平、苏州三地韵母的共有特征有1条：流摄有读[ɤ]/[y]类韵的现象。高淳、常州、苏州三地韵母的共有特征有3条：保留入声且分阴阳；

流摄有读[ei]的现象；咸山摄没有鼻音韵尾或鼻化现象。从韵母的比较来看，显然高淳吴语跟常州、苏州吴语更为接近。另外，值得注意的有两点，一是虽然高淳方言跟常州、苏州吴语更为接近，但已经越来越多地受到官话方言的影响，吴语的特征正在趋于消失；二是高淳方言虽处官话方言和吴语的夹缝之中，自身却发展出不少创新型的特征，如前文所列高淳方言韵母的9条个性特征，从这些个性特征来看，高淳方言可以说是吴语的一个特殊的次方言。

（三）声调的比较

吴语大多数有7—8个声调，调值上大都存在阴高阳低的现象。宣州吴语的声调系统比较复杂，尤其是调值比较混乱，声调总数以5个为主。以下通过单字调的比较来考察高淳、太平、常州、苏州四地声调的异同。表3-31是四地声调系统比较表。

表3-31　高淳、太平、常州、苏州四地声调系统比较

	平		上			去			入		声调总数
	清	浊	清	次浊	全浊	清	次浊	全浊	清	浊	
高淳	55	22	33	归阴平	归阳去	35	14		32	13	7
太平	32	13	45	归阴平	11	33	24		归阴平		6
常州	55	213	34		归阳去	523	24		55	23	7
苏州	44	23	52	归阴平	归阳去	412	31		55	23	7

表3-31显示，高淳与常州、苏州方言在声调方面存在五个方面的一致性：

（1）有7个声调；

（2）有阴高阳低现象；

（3）全浊上归阳去；

（4）阴平为高平调，阳入为低升调；

（5）保留入声，且声母按清浊分为阴入、阳入两类。

除了以上高淳、常州、苏州三地方言声调的共性特征之外，高淳和苏州方言在次浊上声的归并以及阴入的调值方面具有一些共性特征，高淳和常州方言在阳去的调值上基本一致。声调方面的共性特征反映了高淳吴语和太湖吴语之间的渊源关系。

高淳与常州方言的声调的差异主要有三点：

（1）常州方言次浊上声字归阴上，高淳方言次浊上归阴平；

（2）常州方言阳去独立为一类，高淳次浊去归阴去；

（3）阳平、上声、阴去、阳去调型、调值有别。

高淳方言与苏州方言的差异表现在：

（1）苏州次浊上有归阴上、阴平两种情况，高淳方言大都归阴平；

（2）苏州方言次浊去和全浊去同属一类，高淳方言次浊去归阴去；

（3）阳平、上声、阴去调型、调值有别。

高淳与太平方言在声调方面存在两点共性：
（1）次浊上多数归入阴平；
（2）全浊去调值接近。
高淳与太平方言声调差异明显，表现在：
（1）高淳方言有7个声调，分阴阳入，太平有6个声调，没有入声；
（2）太平方言全浊去、次浊去、阴入合为一类，高淳方言次浊去与阴去合并；
（3）太平方言有一部分次浊上声字与全浊上合并；
（4）除全浊去外，其他调类的调型、调值差别明显。

上述声调归并特征、格局分布及调值分析表明，高淳方言与常州、苏州方言接近，而与宣州吴语的太平方言有比较明显的差异。

值得注意的是，高淳、常州、苏州方言虽然都分阴阳入，但高淳方言的阳入已经进一步发展为舒声调，而常州、苏州等地尚能保持短促特征。表3-32是高淳、常州、无锡、苏州的阳入调时长[1]。

表3-32 高淳、常州、无锡、苏州阳入调调长比较

	高淳	常州	无锡	苏州
绝对时长（ms）	235	183	165	141
相对时长	1.21	0.66	0.63	0.60

表3-32的实验数据显示，高淳方言阳入是个舒声调，绝对调长在200毫秒以上，相对调长达1.21，而常州、无锡、苏州方言的阳入绝对调长均在200毫秒以下，相对调长在0.6—0.66之间，是个比较明显的促声调。

（四）小结

本节将高淳方言的语音系统和宣州吴语太高小片的太平方言、太湖吴语毗陵小片的常州方言、苏沪嘉小片的苏州方言等进行了比较分析。结果表明，高淳方言跟常州、苏州方言在声、韵、调方面具有一些比较明显的共性特征，但跟太平方言的差距较大，高淳方言的底层应是太湖吴语。需要指出的是，虽然高淳方言跟太湖吴语比较接近，但是因为处在吴语的边界地区，其方言有很多创新型的特征，这些特征大都是后期发展的结果，除此之外，由于跟江淮官话的长期接触，其方言也具有一些官话方言的特色。

3.2.3 与中古音的比较

本节以列表方式描写《广韵》的声韵调在高淳（淳溪）方言中的读音，比较高

---

[1] 常州调长引自钱晶《常州方言声调实验研究》（南京师范大学硕士学位论文2007），无锡调长引自徐金益《无锡方言声调实验研究》（南京师范大学硕士学位论文2007，该文有3个男性的阳入数据，本书取中间的那个数据），苏州调长引自游汝杰主编《吴语声调实验研究》（复旦大学出版社2001）。

淳方言语音跟中古音的异同。《广韵》有三十五个声母，分别是：

唇音：帮（非[pf]）[p]　滂（敷[pfʰ]）[pʰ]　並（奉[bv]）[b]　明（微[ɱ]）[m]

舌音：端[t]　透[tʰ]　定[d]　泥[n]　来[l]

　　　知[ʈ]　彻[ʈʰ]　澄[ɖ]

齿龈：精[ts]　清[tsʰ]　从[dz]　心[s]　邪[z]

　　　庄[tʃ]　初[tʃʰ]　崇[dʒ]　生[ʃ]

　　　章[tɕ]　昌[tɕʰ]　船[dʑ]　书[ɕ]　禅[ʑ]　日[nʑ]

牙音：见[k]　溪[kʰ]　群[g]　疑[ŋ]

喉音：影[∅]　晓[x]　匣[ɣ]　喻[j]

《广韵》三十五个声母中唇音不分轻重，宋人三十六字母分轻重唇，这是语音发展变化的结果，以下列举《广韵》三十五个声母加上宋人三十六字母中的轻唇音共三十九个声母在高淳方言中的主要读音情况，见表3-33。

《广韵》有二百零六韵，后人研究得二百九十三类，一百四十二个韵母。等韵图将《广韵》的二百零六韵合并为十六摄，分别是通摄、江摄、止摄、遇摄、蟹摄、臻摄、山摄、效摄、果摄、假摄、宕摄、梗摄、曾摄、流摄、深摄、咸摄，同摄的字韵尾相同，主要元音相近。韵图还根据主要元音和韵头将《广韵》韵母分成二呼四等，今人调查方言字音的主要依据就是十六摄和二呼四等，表3-34根据韵摄和开合四等的语音条件列出了《广韵》韵母在高淳方言中的主要读音情况。

《广韵》有平、上、去、入四个声调，这四个声调在汉语方言中一般按照声母清浊进行分化合并，结果各不相同，表3-35是《广韵》声调在高淳方言中读音情况。

本节只列《广韵》声韵调在高淳方言中的读音情况，具体分析可参看方言音韵特点部分和语音演变部分。

表3-33 《广韵》声母与高淳（淳溪）方言声母

中古	帮p	滂pʰ	並b	明m
高淳	p布	pʰ谱₀	b爬	m门
中古		敷pʰ	奉bv	微m
高淳	非pf ɕ反₀ pʰ甫₀	ɕ翻 pʰ玻₀ p皮₀	f副	
中古	端t	透tʰ	定d	
高淳	t多 tsʰ堵₀	tʰ体 tsʰ土₀	d桃 tʰ挺₀	泥n n拿
中古	精ts	清tsʰ	从dz	心s 邪z 来l
高淳	ts紫	tsʰ菜 tɕ节	dz杂 tɕʰ取	s采 z蚕 s洗 z词 l罗 l礼₀
中古	知ṭ 章tɕ 庄tʃ	彻ṭʰ 昌tɕʰ 初tʃʰ	澄ḍ 船dʑ 禅z 崇dʒ	书ɕ 生ʃ 日nz
高淳	ts张朱争 tɕ著₀战₀斩₀	tsʰ超尺策 tɕʰ穿₀舒₀	z茶 dʑ除₀ 船₀ 馋z 崇dʒ	ɕ伤₀ 生 ɕ闪₀山₀ z人文₀ nz热白₀
中古	见k	溪kʰ	群g	疑ŋ
高淳	k高 tɕ金	kʰ科 tɕʰ气	hɦ后 hɦ共₀ tɕ茄₀ tɕʰ掘₀	ø完 ø忌₀ ø元 ø耳 ŋ牙白₀
中古	影ø	晓x	匣ɣ	喻j
高淳	ø椅 ŋ爱₀	h火 ɕ戏	f户₀ k葵₀ kʰ脆₀	ø雨 b维₀

注：(1) 表中高淳方言一个声母选一个例字，知庄章方言的例字按顺序对应相应的声母，如 "张" 对应知母，"超" 对应彻母，"超" 对应彻母，例母不读[tɕʰ]，因此 "笋" 对应昌母，"铲" 对应初母。 (2) 例字右下角下标 "少" 表示读这种音的字少，标 "白" 表示例字是白读音，标 "文" 表示例字是文读音。

第 3 章　音系、音韵比较及语流音变　147

表3-34　《广韵》韵母与高淳（淳溪）方言韵母

韵摄	开合等	帮系	端系	见系	知章组	庄组	泥组	日母	其他
果摄	开一	u潘	u多 a他	u歌 ŋ我白					eŋ糯
	合一	u破	u坐	u课					ə个
	开三			ia茄 ya瘸					
假摄	开二	a爬	ia姐白 ɿ写文	a家 ia加	a茶	a沙	a拿		ie者 ei车文
	开三			ia爷 ɿ夜文	a遮 ɿ射文	a傻		ia惹	
	合二			ua瓜					
遇摄	合一	u普 u墓	u祖 u错	u古					
	合三	u夫	y徐	y雨 n鱼白		u蔬菜 u所	y旅 u庐 n女	u如	ia佳
蟹摄	开一	ei贝	ɛ戴 菜	ɛ海			ɛ耐		
	开二	ɛ排		ɛ楷街白 ie谐		ɛ斋	ɛ奶		
	开三四	i砒	i低	i艺	ɿ制		l例 n泥		
	合一	ei杯	ei腿 罪	uei盔 ei灰 uɛ块			ei雷		
	合二			uɛ怪 ua娃					
	合三四	ei肺	ei岁	uei桂 ei彗	uei税				
止摄	开三	ei碑 i皮	l紫 池	i椅 橋喜机	ɿ知视齿	l师	l梨 n尼	l而 ŋ儿白	ɛ筛 n你白
	合三	ei肥 uei微 尾白	ei嘴	uei亏位伟 ei挥	uei追	uɛ帅	ei累		ʏ妻
效摄	开一二	ɔ抱貌	ɔ刀造	ɔ告豪 io孝	ɔ罩	ɔ稍	ɔ闹	ɔ扰	ua抓
	开三四	io表	io掉小	io杯姚绕	ɔ招		io聊		ei尿白
流摄	开一	u牡 m母白 ei求	ei斗走 ʏ偷	ei昼手		ei愁	ei楼		
	开三	u富 ei否 u谋	ʏ秋	ʏ九有			ʏ流	ei柔	ɔ矛 io彪

续表3-34

韵摄	开合等	帮系	端系	见系	知章组	庄组	泥组	日母	其他
咸摄	开一覃		eiɪ探 ie覃 ɣ蚕	ei合			ɣ男		
	开一谈		ie胆三	ei敢			ie蓝		
	开二	ɪ贬		ie碱 ɪ减 e槛	ie站	ie馋 ɪ怀			
	开三四		ɪ尖甜	ɪ检嫌	ɪ沾		ɪ恰念	ɪ染	
	合三	ie范 ye泛		aʔ喝 a盒 uaʔ鸽					
	开二入	aʔ夹 a杂		aʔ夹 a匣 iaʔ恰		aʔ插 a闸	a蜡		
	开三四入	aʔ法 a乏	ieʔ接 ie叠	iaʔ峡	aʔ折		ie猎		ɪ腌
山摄	开一		ie丹 伞	eiʔ劫 ieɪɪ叶 iaʔ侠			ie兰		eʔ岸 ie刊
	开二	ie办班	ɪ仙天	ei寒	ie战善	ieɪ山	ɪ连年	ɪ然	iŋ演
	开三四	ɪ变片	y 短酸	ie眼 ɪ限			ɣ暖		ie般漫 iŋ拼
	合一	u半		ɪ件烟	Ɣ穿		ɪ恋	Ɣ软	ie铅
	合二			u官碗 uɑ̃玩			a辣		
	合三四	ieʔ颁 ye反	ieʔ铁	uɑ̃顶 Ɣ门 yeʔ关 ueʔ环	eʔ哲 e舌	aʔ杀	ie列	ie热	eʔ脱撮
	开一入	aʔ八 a拔	a擦 a达	aʔ喝 uaʔ葛					
	开二入	aʔ鳖 ie灭	ieʔ铁	aʔ瞎	ieʔ哲 ie杰	aʔ刷			
	合一二入	aʔ泼 a末	a夺	ieʔ割 uaʔ活	yeʔ拙 uaʔ说	uaʔ刷			
	合三四入	aʔ发 a罚	ieʔ雪 ie绝	yeʔ决 ye阅	eʔ汁 e舌		ieʔ列	ieʔ劣	
深摄	开三	iŋ品	iŋ心	iŋ金阴	eŋ针	eŋ森	iŋ林	eŋ任	iɑ笠
	开三入		ieʔ袭 ie习	ieʔ急 ie及	eʔ汁 十 e	eʔ涩	ieʔ立	ueu人	

第3章 音系、音韵比较及语流音变 149

续表3-34

韵摄	开合等	帮系	端系	见系	知章组	庄组	泥组	日母	其他
臻摄	开一		əŋ吞	əŋ根					
	开三	iŋ民	iŋ新	iŋ银近	əŋ真	əŋ榛	iŋ邻	əŋ仁 iŋ人白	
	开三入	ieʔ笔 ieʔ密	ieʔ七 ieʔ疾	ieʔ乞 ieʔ乙	eʔ质 ɔʔ实	ɔʔ虱	ieʔ栗	eʔ日文 ieʔ日白	
	合三入	əʔ勃 ɔ佛	ɔʔ突 yeʔ䘏	uɔʔ骨 əʔ忽 yeʔ橘	uɔʔ出 uɑ术		ieʔ律		y戌
曾摄	开一	əŋ朋	əŋ灯层	əŋ肯			əŋ能		
	开三	iŋ冰		iŋ鹰	əŋ惩证		iŋ菱		
	开一入	əʔ北 ɔ墨	əʔ德 ɔ贼	əʔ克 e黑			əʔ肋		
	开三入	ieʔ逼	ieʔ息	ieʔ极 i亿	eʔ织 e直	eʔ色	ieʔ力		
	合三入			uɔʔ国 uɑ惑					
梗摄	开二	əŋ棚 ɑ盲	iŋ井钉星	əŋ耕 iŋ景轻形	əŋ撑争	əŋ生	əŋ冷		a打
	开三四	iŋ兵名瓶		əŋ麦 uəŋ横 uɑ吓	əŋ呈整		iŋ令零		
	合二			yŋ兄 iŋ萤					
	合三四			e					
	开二入	əʔ百 e白		əʔ格 ɔ额	əʔ拆 ə泽	əʔ责	ieʔ历 iɑ溺		
	开三四入	ieʔ劈		ieʔ击 ieʔ益	əʔ尺 e石				y刷
	合三入			uɑʔ获 uɑ划 ye挖					
宕摄	开一	ã帮	ɑ̃党仓	ã钢	ã张仿		ã狼	ã攘	
	开三	ã方	iɑ̃枪象	iɑ̃香			iɑ̃娘		
	合一入	ɑʔ博 ɑ薄 嗨	ɑʔ托 ɑ昨 uɑʔ索	uɑʔ各 uɑ鹤 ɑʔ沉	uɑʔ装	ɑʔ落 iɑ诺	ã弱	
	开三入		iɑʔ雀 ɑ嚼	iɑʔ脚 iɑ药 uɑʔ虐	ɑʔ着 ɑ勺		iɑ略		
	开合三入			uɑʔ攫 ye挖 uɑʔ郭					

续表3-34

韵摄	开合等	帮系	端系	见系	知章组	庄组	泥组	日母	其他
江摄	开二	ã胖		ɑ̃讲(白) ɑ̃腔		uã窗			
	开二入	aʔ剥		yaʔ确 yaʔ学 uaʔ角 uəʔ握	uaʔ撞 uaʔ桌 yaʔ浊	uaʔ捉 yaʔ镯			
通摄	合一	əŋ蓬	əŋ东冬 əŋ松	əŋ功 ŋ翁	əŋ总		əŋ笼		
	合三	əŋ风封		əŋ弓恐 yŋ穷胸	əŋ虫钟		əŋ隆浓	yŋ戎茸	
	合一入	əʔ扑 ə木	əʔ秃肃 ə读	uaʔ谷 uə屋	uaʔ竹 uə熟		e六绿		
	合三入	əʔ福 ə目	əʔ肃 ə足	yeʔ菊曲 ye育狱	yaʔ触 yaʔ蜀			ieʔ肉 uəʔ辱	

表3-35 《广韵》声调与高淳(淳溪)方言声调

广韵 高淳	平声 清	平声 全浊	平声 次浊	上声 清	上声 全浊	上声 次浊	去声 清	去声 全浊	去声 次浊	入声 清	入声 全浊	入声 次浊
阴平55	高猪山钢											
阳平22		河茶才糖	劳楼明盐									
上声33				纸草本懂	坐厚近动	马老满养						
阴去35							怕布岁唱					
阳去14								败事豆洞	骂闹漏运			
阴入32										答汁渴七		
阳入13											罚食白毒	木落叶月

3.3 语流音变

语流音变是共时层面的音变现象，指说话时相邻音节由于相互影响所发生的临时性的语音变化。常见的语流音变现象包括同化、异化、弱化等，汉语中的轻声和连读变调也属于语流音变的范畴。本节简要概括高淳方言中常见的语流音变，包括同化、弱化、脱落和两字组连读变调。

3.3.1 同化

同化是指两个相邻的不同音位由于相互影响而变得趋同的现象。高淳方言中的语音同化现象不多，例如：

【泥巴n̩²²ma⁵⁵】 "泥"是蟹摄开口四等泥母字，本读[ni²²]，失去[i]韵母读自成音节的[n̩]，后字"巴"本读[pa⁵⁵]，受前字读[n̩]的影响，声母被同化为[m]。

【芫荽ʏ²²ɕʏ⁵⁵】 "芫"为山摄合口三等元韵字，高淳方言读[ʏ²²]符合音韵规律。"荽"为止摄合口三等脂韵字，高淳方言当读[sei⁵⁵]，由于受到前字的影响，韵母变成[ʏ]，相应地声母也跟着腭化为[ɕ]。

【先生教师ɕʏ⁴⁴ɕʏ⁵⁵】 高淳方言中"生"的文读音[səŋ⁵⁵]，符合梗摄开口二等庚韵的读音规律，但它还有白读音形式[ɕʏ⁵⁵]，如"生活ɕʏ⁴⁴uaʔ⁵⁵、生了饭不熟ɕʏ⁵⁵lɔ⁰、生疮ɕʏ⁴⁴tsʰuɑ̃⁵⁵、生日ɕʏ⁴⁴niɛʔ⁵⁵"等。"生"的白读音的来源目前还不清楚。"先"高淳方言[ɕɿ⁵⁵]，在"先生"一词中受后字韵母的影响，变读为[ɕʏ²²]。

【日来白天niɛ¹³niɛ³⁵】 "日"高淳白读[niɛ¹³]，又如"日子niɛ²²tsɿ³⁴"。"来"高淳音读[lɛ]，表示"里"的意思，又如"河来ɦʊ²²lɛ⁵⁵"。"日来"由于说的语速较快，后字读音被前字同化。

3.3.2 弱化

弱化是语言中十分常见的现象，很大程度上跟连读时由于时间较短所造成的发音不到位有关。据颜逸明（1988），高淳方言中浊塞音声母[d]快读时部位后移成滚音[r]，如"晚头、学堂、木头、黄豆"，这类词语快读时后字的声母为[r]。我们认为这是一种语音弱化现象，但我们调查的发音人很少出现此类弱化音变。高淳砖墙方言的並母、定母读强气流辅音，同时声母也弱化为擦音、闪音（颤音），这种音变属于音类的变化，不在语流音变的范畴内。

3.3.3 脱落

脱落是指音节连读时，某个语音成分消失的现象，这种音变也可以看作是一种极端的弱化音变现象。高淳方言中最常见的脱落音变是后字声母脱落，出现声母脱落的大都是浊音声母。

家婆ka⁴⁴ʊ⁵⁵	蜜糖mie²²ã²⁴	天河tʰɿ⁴⁴ʊ⁵⁵	先前ɕɿ⁴⁴ɿ³²	黄鳝uã²²ɿ⁵⁵
象棋ʑiã²²i²⁴	茶叶za²²i⁵⁵	城墙zəŋ²²iã⁵⁵	木匠mə²²iã²⁴	人情niŋ²²iŋ⁵⁵
上旬sã²²iŋ²⁴	轮船ləŋ²²ɤ⁵⁵	足球tsəʔ³³ɤ³³	围裙uei²²yŋ⁵⁵	豆腐dei²²u²⁴
乡下人ɕiã⁵⁵aºniŋ²²	指头骨_手指_tsɿ³³eiºkuəʔ³³		濛丝头发_小雨_məŋ²²sɿ³³eiºfaʔ⁵⁵	

3.3.4 连读变调

高淳方言有7个单字调，两字组连读有49种组合，详细的连读变调情况如下：

（1）前字阴平

前字阴平，后字为阴平、阳平、上声时，主要变调式为44＋55，这三类组合中后字的本调都是平调，其中"阴平＋阴平"也可认为是基本不变调，其他两组是类化变调的结果。后字为阴入、阳入时，变调式为44＋<u>55</u>，其中后字为"阴平＋阴入"可认为是基本不变调，后字为阳入时是类化的结果。44＋<u>55</u>可以看作是44＋55式的变体，它们属于同一类变调模式。例如：

阴平＋阴平	家公ka⁴⁴kəŋ⁵⁵	菱瓜kɔ⁴⁴kua⁵⁵	栽秧tsɛ⁴⁴iã⁵⁵	花生fa⁴⁴səŋ⁵⁵
55＋55→44＋55	沙滩sa⁴⁴tʰie⁵⁵	飞机fei⁴⁴tɕi⁵⁵	书包su⁴⁴pɔ⁵⁵	开关kʰɛ⁴⁴tɕye⁵⁵
阴平＋阳平	天河tʰɿ⁴⁴ʊ⁵⁵	家婆ka⁴⁴ʊ⁵⁵	冰糖piŋ⁴⁴tã⁵⁵	清明tɕʰiŋ⁴⁴miŋ⁵⁵
55＋22→44＋55	中头tsəŋ⁴⁴tei⁵⁵	山羊ɕie⁴⁴iã⁵⁵	温泉uəŋ⁴⁴ɕɿ⁵⁵	鸡婆tɕi⁴⁴pʊ⁵⁵
阴平＋上声	老鼠lɔ⁴⁴tsʰu⁵⁵	烧饼sɔ⁴⁴piŋ⁵⁵	身体səŋ⁴⁴tʰi⁵⁵	青草tɕʰiŋ⁴⁴tsʰɔ⁵⁵
55＋33→44＋55	商品sã⁴⁴pʰiŋ⁵⁵	开水kʰɛ⁴⁴suei⁵⁵	母马m̩⁴⁴ma⁵⁵	冷水ləŋ⁴⁴suei⁵⁵
阴平＋阴入	针脚tsəŋ⁴⁴tɕiaʔ<u>55</u>	鸡血tɕi⁴⁴ɕyɛʔ<u>55</u>	关节tɕye⁴⁴tɕiɛʔ<u>55</u>	猪血tsu⁴⁴ɕyɛʔ<u>55</u>
55＋32→44＋<u>55</u>	书桌su⁴⁴tsuəʔ<u>55</u>	中国tsəŋ⁴⁴kuəʔ<u>55</u>	钢笔kã⁴⁴piɛʔ<u>55</u>	野鸭ia⁴⁴aʔ<u>55</u>
阴平＋阳入	中学tsəŋ⁴⁴yaʔ<u>55</u>	三月ɕie⁴⁴yɛʔ<u>55</u>	猪肉tsu⁴⁴miɛʔ<u>55</u>	阴历iŋ⁴⁴niɛʔ<u>55</u>
55＋13→44＋<u>55</u>	山药ɕie⁴⁴iaʔ<u>55</u>	桑叶sã⁴⁴niɛʔ<u>55</u>	丝袜sɿ⁴⁴uaʔ<u>55</u>	生日sɤ⁴⁴niɛʔ<u>55</u>

前字阴平，后字为阴去时不变调，后字为阳去时，后字的起点略升，也可看作不变调，如：

阴平＋阴去	霜降suã⁵⁵kã³⁵	冬至təŋ⁵⁵tsɿ³⁵	相信ɕiã⁵⁵ɕiŋ³⁵	眼镜ie⁴⁴tɕiŋ³⁵
55＋35→55＋35	车票tsʰei⁵⁵pʰiɔ³⁵	仓库tsʰɔ⁵⁵kʰu³⁵	开放kʰɛ⁵⁵fã³⁵	封建fəŋ⁵⁵tɕɿ³⁵
阴平＋阳去	荒地fã⁵⁵di²⁴	栽树tsɛ⁵⁵zu²⁴	家电tɕia⁵⁵dɿ²⁴	生病səŋ⁵⁵biŋ²⁴
55＋14→55＋24	山洞ɕie⁵⁵dəŋ²⁴	安静ŋei⁵⁵ziŋ²⁴	通道tʰəŋ⁵⁵dɔ²⁴	招待tsɔ⁵⁵dɛ²⁴

第 3 章 音系、音韵比较及语流音变 153

在"阴平+阴去"和"阴平+阳去"组合中还有一部分采用"44+55"的变调模式,这说明"阴平+阴平/阳平/上声"的变调式44+55正在类化其他变调形式,如:
阴平+阴去:菠菜pu⁴⁴tsʰɛ⁵⁵　　甘蔗kei⁴⁴tsa⁵⁵　　亲眷tɕiŋ⁴⁴tɕɤ⁵⁵　　青菜tɕʰiŋ⁴⁴tsʰɛ⁵⁵
阴平+阳去:豇豆kã⁴⁴tei⁵⁵　　松树səŋ⁴⁴zu⁵⁵　　肝病kei⁴⁴piŋ⁵⁵　　中饭tsəŋ⁴⁴vie⁵⁵。

在"阴平+阳平"和"阴平+上声"的组合中,还有少量变调式为"44+32";在"阴平+阴去"、"阴平+阳去"组合中还有个别"55+43"的变调式;在"阴平+阴入"、"阴平+阳入"组合中,还有少量变调式为"55+43"。如:
阴平+阳平:花钱fa⁴⁴ʑɿ³²　　香肠ɕiã⁴⁴zã³²
阴平+上声:浇水tɕio⁴⁴suei³²　　老板lo⁴⁴pie³²　　生产səŋ⁴⁴tɕʰie³²　　钟表tsəŋ⁴⁴pio³²。
阴平+阴去:鸡叫tɕi⁵⁵tɕio⁴³　　猜命tsʰuɛ⁵⁵miŋ⁴³
阴平+阳去:山地ɕie⁵⁵di⁴³
阴平+阴入:升级səŋ⁵⁵tɕiɛʔ⁴³　　乌黑u⁵⁵həʔ⁴³　　歌曲ku⁵⁵tɕʰyɛʔ⁴³　　尸骨sɿ⁵⁵kuəʔ⁴³
阴平+阳入:中伏tsəŋ⁵⁵pəʔ⁴³　　葱绿tsəŋ⁵⁵ləʔ⁴³　　灰白fei⁵⁵pəʔ⁴³。

此外,"阴平+阳入"组合中还有少量变调式为55+24,跟"阴平+阳去"相同,这跟阳入并入阳去的趋势有关,如:
消毒ɕio⁵⁵dʊ²⁴　　监狱tɕie⁵⁵yɛ²⁴　　蜂蜜fəŋ⁵⁵miɛ²⁴　　抓药tsua⁵⁵iɑ²⁴　　开业kʰɛ⁵⁵niɛ²⁴

(2) 前字阳平

该组合前字不变调,后字变调有按阴平类化的倾向:后字为阴平时,不变调,读22+55;后字为阳平、上声、阴去、阳去时,按照"阳平+阴平"的调式类化,也读成22+55;后字为"阴入"、"阳入"时,调式为22+55。例如:

阳平+阴平	晴天ziŋ²²tʰɿ⁵⁵	堂灰dã²²fei⁵⁵	年初nɿ²²tsʰu⁵⁵	镰刀nɿ²²to⁵⁵
22+55→22+55	洋葱iã²²tsʰəŋ⁵⁵	茶杯za²²pei⁵⁵	洋机iã²²tɕi⁵⁵	台风dɛ²²fəŋ⁵⁵
阳平+阳平	皮鞋bi²²hɛ⁵⁵	湖南u²²nɤ⁵⁵	长城zã²²zəŋ⁵⁵	城墙zəŋ²²iã⁵⁵
22+22→22+55	铜钱dəŋ²²ɕɿ⁵⁵	堂前dã²²ɿ⁵⁵	芦柴lu²²zɛ⁵⁵	楼房lei²²vã⁵⁵
阳平+上声	圩埂y²²kei⁵⁵	雄狗ʑyŋ²²kei⁵⁵	牢鬼lo²²kuei⁵⁵	门板məŋ²²pie⁵⁵
22+33→22+55	苹果biŋ²²kʊ⁵⁵	条粉dio²²fəŋ⁵⁵	洪水hfiəŋ²²suei⁵⁵	苗帚mio²²tsei⁵⁵
阳平+阴去	寒露hfiei²²lu⁵⁵	芹菜ziŋ²²tsʰɛ⁵⁵	皇帝uã²²ti⁵⁵	船票zɤ²²pʰio⁵⁵
22+35→22+55	脾气bi²²tɕʰi⁵⁵	洋布iã²²pu⁵⁵	鞋店hfiɛ²²ti⁵⁵	咸菜zɿ²²tsʰɛ⁵⁵
阳平+阳去	城市zəŋ²²zɿ⁵⁵	蚕豆zɤ²²tei⁵⁵	杨树iã²²zu⁵⁵	肥皂bei²²zo⁵⁵
22+14→22+55	铜匠dəŋ²²iã⁵⁵	娘舅niã²²ɤ⁵⁵	条件dio²²ɿ⁵⁵	长度zã²²tu⁵⁵
阳平+阴入	雄鸭ʑyŋ²²ɑʔ⁵⁵	头发dei²²faʔ⁵⁵	排骨bɛ²²kuəʔ⁵⁵	颜色ie²²səʔ⁵⁵
22+32→22+55	毛笔mo²²piɛʔ⁵⁵	油漆y²²tɕʰiɛʔ⁵⁵	潮湿zo²²səʔ⁵⁵	湖北u²²pəʔ⁵⁵
阳平+阳入	零食niŋ²²zəʔ⁵⁵	阳历iã²²niɛʔ⁵⁵	牛肉nɤ²²miɛʔ⁵⁵	荞麦ɕio²²məʔ⁵⁵
22+13→22+55	前日zɿ²²niɛʔ⁵⁵	粮食niã²²zəʔ⁵⁵	茶叶za²²niɛʔ⁵⁵	黄历uã²²niɛʔ⁵⁵

前字为阳平的声调组合中，除了类化调式外，后字为阳平、上声、阴去、阳去、阳入时还存在不变调或基本不变调的情况，例如：

阳平+阳平：抬头dɛ²²dei²²　　来回lɛ²²ɦuei²²　　门铃mən²²nin²²　　从前zən²²ʑɿ²²
阳平+上声：年底nɿ²²ti²²　　排水bɛ²²suei²²　　长短zã²²tʏ²²　　平等bin²²tən²²
阳平+阴去：粮店niã²²tɿ³⁵　　还价ɦuɛ²²ka³⁵　　棉裤mɿ²²kʰu³⁵　　还愿ɦuɛ²²ʏ³⁵
阳平+阳去：楼道lei²²dɔ²⁴　　严重nɿ²²zən²⁴　　劳动lɔ²²dən²⁴　　停电din²²dɿ²⁴
阳平+阳入：邮局ʏ²²ʑɥɛ²⁴　　磨墨mʊ²²mə²⁴　　逃学dɔ²²ʑya²⁴　　同学dən²²ua²⁴

（3）前字上声

前字上声时，也有比较明显的类化倾向，当后字为平调（阴平、阳平、上声）时，连调调值均为33+33，当后字为阴入、阳入时，连调调值为33+33。当后字为阴去、阳去时，不变调或略微调整。例如：

上声+阴平　　　　水车suei³³tsʰa³³　　苦瓜kʰu³³kua³³　　手机sei³³tɕi³³　　水蛆suei³³tɕʰy³³
33+55→33+33　　狗窠kei³³kʰʊ³³　　宝刀pɔ³³tɔ³³　　广州kuã³³tsei³³　　酒杯tɕʏ³³pei³³
上声+阳平　　　　粉皮fən³³bi³³　　嘴唇tsei³³zən³³　　小寒ɕiɔ³³ɦiei³³　　酒瓶tɕʏ³³bin³³
33+22→33+33　　水牛suei³³nʊ³³　　狗婆kei³³bʊ³³　　走廊tsei³³lã³³　　枕头tsən³³dei³³
上声+上声　　　　手表sei³³piɔ³³　　水果suei³³kʊ³³　　洗澡ɕi³³tsɔ³³　　喜酒ɕi³³tɕʏ³³
33+33→33+33　　嘴水tsei³³suei³³　　左手tsʊ³³sei³³　　小腿ɕiɔ³³tʰei³³　　表姐piɔ³³tɕia³³
上声+阴去　　　　板凳pie³³tən³⁵　　海带he³³tɛ³⁵　　表妹piɔ³³mei³⁵　　打架ta³³tɕia³⁵
33+35→33+35　　炒菜tsʰɔ³³tsʰɛ³⁵　　写信ɕɿ³³ɕin³⁵　　喘气tɕʰʏ³³tɕʰi³⁵　　解放kɛ³³fã³⁵
上声+阳去　　　　体重tʰi³³zən²⁴　　走道tsei³³dɔ²⁴　　闯祸tsʰuã³³ɦʊ²⁴　　煮饭tsu³³vie²⁴
33+14→33+24　　保护pɔ³³u²⁴　　写字ɕɿ³³ʑɿ²⁴　　准备tsuən³³bei²⁴
上声+阴入　　　　警察tɕin³³tsʰaʔ³³　　请帖tɕʰin³³tʰiɛʔ³³　　卷尺tɕʏ³³tsʰəʔ³³　　手脚sei³³tɕiaʔ³³
33+32→33+33　　宝塔pɔ³³tʰaʔ³³　　粉笔fən³³piɛʔ³³　　紫色tsɿ³³səʔ³³　　赌博tsu³³pəʔ³³
上声+阳入　　　　草席tsʰɔ³³ziɛʔ³³　　水袜suei³³uaʔ³³　　草绿tsʰɔ³³ləʔ³³
33+13→33+33　　手镯sei³³yaʔ³³　　小麦ɕiɔ³³məʔ³³

在"上声+阴去"、"上声+阳去"组合中也存在一些"33+33"的类化式变调，例如：

上声+阴去：短裤tʏ³³kʰu³³　　韭菜tɕʏ³³tsʰɛ³³　　屎窖sɿ³³kɔ³³　　草帽tsʰɔ³³mɔ³³　　顶戴tin³³ta³³
上声+阳去：早稻tsɔ³³dɔ³³　　土豆tsʰu³³dei³³　　早饭tsɔ³³vie³³　　小旦ɕiɔ³³die³³

在"上声+阴平"组合中存在少量不变调的情况，"上声+阳入"组合中存在跟"上声+阳去"一致的情况，例如：

上声+阴平：顶风tin³³fən⁵⁵　　水沟suei³³kei⁵⁵　　谷雨ku³³y⁵⁵
上声+阳入：打药ta³³ia²⁴　　打猎ta³³niɛ²⁴　　草席tsʰɔ³³ziɛ²⁴　　躲学tʊ³³ua²⁴

第 3 章　音系、音韵比较及语流音变　155

（4）前字阴去

前字阴去，后字为阴平、阳平、上声时，主要变调模式为33＋35；后字为阴去、阳去、阳入时，主要变调模式为34＋45；后字为阴入时，主要变调模式为35＋<u>43</u>。例如：

阴去＋阴平	旋风ɕɿ³³fəŋ³⁵	教师tɕio³³sɿ³⁵	半天pu³³tʰɪ³⁵	菜瓜tsʰɛ³³kua³⁵
35＋55→33＋35	桂花kuei³³fa³⁵	菜刀tsʰɛ³³to³⁵	汽车tɕʰi³³tsʰa³⁵	贵州kuei³³tsei³⁵
阴去＋阳平	算盘ɕʏ³³pu³⁵	站台ɕie³³te³⁵	蒜苗ɕʏ³³mio³⁵	太阳tʰɛ³³iã³⁵
35＋22→33＋35	带鱼te³³n̩³⁵	酱油tɕiɑ³³ʏ³⁵	布鞋pu³³he³⁵	糨糊tɕiɑ³³u³⁵
阴去＋上声	报纸po³³tsɿ³⁵	课本kʰu³³pəŋ³⁵	汽水tɕʰi³³suei³⁵	翅板tsʰɿ³³pie³⁵
35＋33→33＋35	右手ʏ³³sei³⁵	料酒lio³³tɕʏ³⁵	跳板tio³³pie³⁵	露水lu³³suei³⁵
阴去＋阴去	报到po³⁴to⁴⁵	唱片tsʰã³⁴pʰɪ⁴⁵	变化pɪ³⁴fa⁴⁵	半夜pu³⁴ia⁴⁵
35＋35→34＋45	唱戏tsã³⁴ɕi⁴⁵	贩卖ɕye³⁴mɛ⁴⁵	控制kʰəŋ³⁴tsɿ⁴⁵	命令miŋ³⁴niŋ⁴⁵
阴去＋阳去	靠近kʰo³⁴ɕiŋ⁴⁵	胜负səŋ³⁴fu⁴⁵	创造tsʰuã³⁴zo⁴⁵	变动pɪ³⁴təŋ⁴⁵
35＋14→34＋45	泡饭pʰo³⁴vie⁴⁵	看病kʰei³⁴piŋ⁴⁵	告状ko³⁴zuã⁴⁵	笨蛋pəŋ³⁴tie⁴⁵
阴去＋阴入	顾客ku³⁵kʰəʔ⁴³	报答po³⁵taʔ⁴³	放血fã³⁵ɕyɛʔ⁴³	送客səŋ³⁵kʰəʔ⁴³
35＋<u>32</u>→35＋<u>43</u>	进出tɕiŋ³⁵tsʰuəʔ⁴³	政策tsəŋ³⁵tsʰəʔ⁴³	卖国mɛ³⁵kuəʔ⁴³	
阴去＋阳入	进入tɕiŋ³⁴zuə⁴⁵	过目ku³⁴mə⁴⁵	放学fã³⁴ya⁴⁵	告别ko³⁴pie⁴⁵
35＋13→34＋45	面熟mɪ³⁴zuə⁴⁵	闹热no³⁴nie⁴⁵	卖肉mɛ³⁴mie⁴⁵	中毒tsəŋ³⁴tə⁴⁵

在"阴去＋阴平"、"阴去＋阴去"、"阴去＋阳去"、"阴去＋阳入"组合中还有少量前字变调，后字不变调或基本不变调的情况，其中后三种组合受声调类化影响。例如：

阴去＋阴平：　雇工ku³³kəŋ⁵⁵　念书nɪ³³su⁵⁵　看书kʰei³³su⁵⁵　唱歌tsʰã³³ku⁵⁵
阴去＋阴去：　气味tɕʰi³³uei³⁵　挂面kua³³mɪ³⁵　素菜su³³tsʰɛ³⁵　世界sɿ³³kɛ³⁵
阴去＋阳去：　菜地tsʰɛ³³di²⁴　汉字hei³³zɿ²⁴　楝树nɪ³³zu²⁴　过道ku³³do²⁴　肺病fei³³biŋ²⁴
阴去＋阳入：　酱肉tɕiɑ³³miɛ²⁴　菜叶tsʰɛ³³iɛ²⁴　化学fa³³ya²⁴

在"阴去＋阳平"、"阴去＋上声"组合中，还有一些前字不变调，后字变43的情况，例如：

阴去＋阳平：　拜年pɛ³⁵nɪ⁴³　付钱fu³⁵zɪ⁴³　过河ku³⁵ʊ⁴³　钓鱼tio³⁵n̩⁴³
阴去＋上声：　凑巧tsʰei³⁵tɕʰio⁴³　放手fã³⁵sei⁴³　聘请pʰiŋ³⁵tɕʰiŋ⁴³　报考po³⁵kʰo⁴³

（5）前字阳去

前字阳去，后字为阳平、上声时，采用"22＋24"的类化式变调。"阳去＋阴平"、"阳去＋阴去"组合除采用类化式变调"22＋24"外，前者还有后字不变调的"22＋55"式，后者还有调值略微调整的"34＋45"式，这两类组合的类化式变调和非类化式变调的数量相当。"阳去＋阳去"的变调式为"34＋45"，跟"阳去＋阴去"的非类化式变调一致。后字为阳入时，主要变调式为"34＋45"，后字为阴入时，主要变调式为"35+43"。

阳去+阴平　　　后天hɦiei²²tʰʅ²⁴　　士兵zʅ²²piŋ²⁴　　汗衫hɦiei²²ɕie²⁴　　被单bi²²tie²⁴
14+55→22+24　大风dʊ²²fəŋ²⁴　　地租di²²tsu²⁴　　后脑hɦiei²²nɔ²⁴　　大米da²²mi²⁴
14+55→22+55　认清zəŋ²²tɕʰiŋ⁵⁵　大专da²²tɕɣ⁵⁵　　舅母ʑɣ²²m̩⁵⁵　　避开bi²²kʰɛ⁵⁵
　　　　　　　　罢工ba²²kəŋ⁵⁵　　下霜hɦia²²suã⁵⁵　下晚hɦia²²mie⁵⁵　树根zu²²kəŋ⁵⁵
阳去+阳平　　　调查diɔ²²za²⁴　　县城ʑi²²zəŋ²⁴　　后来hɦiei²²lɛ²⁴　　大寒da²²hɦiei²⁴
14+55→22+24　上旬zã²²iŋ²⁴　　住房zu²²vã²⁴　　后门hɦiei²²məŋ²⁴
阳去+上声　　　稗草ba²²tsʰɔ²⁴　饭桶bie²²tʰəŋ²⁴　地毯di²²tʰie²⁴　　地板di²²pie²⁴
14+33→22+24　饭馆bie²²kʊ²⁴　　户口fu²²kʰei²⁴
阳去+阴去　　　旧货ʑɣ²²hʊ²⁴　　电器dʅ²²tɕʰi²⁴　　害怕hɦiɛ²²pʰa²⁴　　大蒜da²²ɕɣ²⁴
14+35→22+24　饭店bie²²tʅ²⁴　　罪过zei²²kʊ²⁴　　大路dʊ²²lu²⁴　　项链ʑia²²lʅ²⁴
14+35→34+45　重要zəŋ³⁴iɔ⁴⁵　　夏至ʑia³⁴tsʅ⁴⁵　　败类pɛ³⁴lei⁴⁵　　寺庙sʅ³⁴miɔ⁴⁵
　　　　　　　　认账zəŋ³⁴tsã⁴⁵　电报dʅ³⁴pɔ⁴⁵　　上课zã³⁴kʰʊ⁴⁵　限制ʑie³⁴tsʅ⁴⁵
阳去+阳去　　　治病zʅ³⁴piŋ⁴⁵　　电话dʅ³⁴hua⁴⁵　　社会zei³⁴huei⁴⁵　犯罪bie³⁴zei⁴⁵
14+14→34+45　大厦da³⁴sa⁴⁵　　认罪zəŋ³⁴zei⁴⁵　附件fu³⁴ɕiŋ⁴⁵
阳去+阴入　　　犯法bie²⁴faʔ⁴³　　视察sʅ²⁴tsʰaʔ⁴³　自觉zʅ²⁴tɕyʔ⁴³　负责fu²⁴tsəʔ⁴³
24+32→24+43　道德dɔ²⁴təʔ⁴³　幸福ʑiŋ²⁴fəʔ⁴³　　住宿zu²⁴səʔ⁴³
阳去+阳入　　　树叶zu³⁴iɛ⁴⁵　　厚薄hɦiei³⁴pɑ⁴⁵　上学zã³⁴ya⁴⁵　　尽力ʑiŋ³⁴niɛ⁴⁵
24+13→34+45　混杂hɦuəŋ³⁴za⁴⁵

在"阳去+阳平"、"阳去+上声"组合中还出现了"24+43"的变调式，如：

阳去+阳平：并排biŋ²⁴pɛ⁴³　　树苗zu²⁴miɔ⁴³　　大河da²⁴hʊ⁴³　　坐牢zu²⁴lɔ⁴³
阳去+上声：字体zʅ²⁴tʰi⁴³　　代表dɛ²⁴piɔ⁴³　　动手dəŋ²⁴sei⁴³　　汇款hɦuei²⁴kʰʊ⁴³

在"阳去+阳去"、"阳去+阴入"和"阳去+阳入"组合中也出现了少量"22+24"的类化调式，如：

阳去+阳去：旱地hɦiei²²di²⁴　后代hɦiei²²dɛ²⁴
阳去+阴入：饭桌bie²²tsuə²⁴　字帖zʅ²²tʰiɛ²⁴
阳去+阳入：蛋白die²²bə²⁴　　大学da²²ya²⁴　　大月dʊ²²yɛ²⁴

（6）前字阴入

前字为阴入的组合大都不变调或基本不变调，例如：

阴入+阴平　　　北风pəʔ³³fəŋ⁵⁵　　客车kʰəʔ³³tsʰa⁵⁵　菊花tɕyɛʔ³³fa⁵⁵　结婚tɕiɛʔ³³fəŋ⁵⁵
32+55→33+55　国家kuəʔ³³tɕia⁵⁵　北京pəʔ³³tɕiŋ⁵⁵　结冰tɕiɛʔ³³piŋ⁵⁵　粟米səʔ³³n̩⁵⁵
阴入+阳平　　　吃茶tɕʰiɛʔ³³za³³　剥皮pɑʔ³³bi³³　　竹篮tsuəʔ³³nie³³　刷牙suaʔ³³ŋa³³
32+22→33+33　发财faʔ³³zɛ³³　　失眠səʔ³³mʅ³³　　发愁faʔ³³zei³³　出门tsʰuəʔ³³məŋ³³

第3章　音系、音韵比较及语流音变　157

阴入+上声	秃顶tʰəʔ³³tiŋ³³	缺口tɕʰyɛʔ³³kʰei³³	出手tsʰuaʔ³³sei³³	滴水tiɛʔ³³suei³³
32+33→33+33	吃酒tɕʰiɛʔ³³tɕɤ³³	拍手pʰəʔ³³sei³³		
阴入+阴去	切菜tɕʰiɛʔ³³tsʰɛ³⁵	笔记piɛʔ³³tɕi³⁵	脚痛tɕiaʔ³³tʰəŋ³⁵	国庆kuaʔ³³tɕʰiŋ³⁵
32+35→33+35	革命kəʔ³³miŋ³⁵	脚印tɕiaʔ³³iŋ³⁵		
阴入+阳去	吃饭tɕʰiɛʔ³³bie²⁴	出汗tsʰuaʔ³³ɦei²⁴	瞌睡kʰəʔ³³zuei²⁴	接受tɕiɛʔ³³zei²⁴
32+24→33+24	铁道tʰiɛʔ³³dɔ²⁴	发动faʔ³³dəŋ²⁴	割稻kəʔ³³dɔ²⁴	黑市həʔ³³ʐɿ²⁴
阴入+阴入	隔壁kəʔ³³piɛʔ³³	骨折kuəʔ³³tsəʔ³³	发黑faʔ³³həʔ³³	出血tsʰuɛʔ³³ɕyɛʔ³³
32+32→33+33	阿伯aʔ³³pəʔ³³	赤脚tsʰəʔ³³tɕiaʔ³³		
阴入+阳入	铁勺tʰiɛʔ⁴³za²⁴	作孽tsaʔ⁴³niɛ²⁴	笔直piɛʔ⁴³zəʔ²⁴	结石tɕiɛʔ⁴³zəʔ²⁴
32+14→43+24	黑白həʔ⁴³bəʔ²⁴	发热faʔ⁴³niɛ²⁴	割肉kəʔ⁴³miɛ²⁴	歇业ɕiɛʔ⁴³niɛ²⁴

在"阴入+阳平"、"阴入+上声"、"阴入+阴去"、"阴入+阳去"、"阴入+阳入"组合中都有一些根据"阴入+阴平"组合类化的变调模式，例如：

阴入+阳平：	黑鱼həʔ³³n̩⁵⁵	竹床tsuəʔ³³zuã⁵⁵	客人kʰəʔ³³niŋ⁵⁵	足球tsəʔ³³ɤ⁵⁵
阴入+上声：	黑板həʔ³³pie⁵⁵	作品tsaʔ³³pʰiŋ⁵⁵	缺点tɕʰyɛʔ³³tɿ⁵⁵	豁嘴faʔ³³tsei⁵⁵
阴入+阴去：	百货pəʔ³³hʊ⁵⁵	尺寸tsʰəʔ³³tsʰəŋ⁵⁵	铁路tʰiɛʔ³³lu⁵⁵	发票faʔ³³pʰiɔ⁵⁵
阴入+阳去：	脚步tɕiaʔ³³pu⁵⁵	黑豆həʔ³³tei⁵⁵	锡匠ɕiɛʔ³³iã⁵⁵	铁匠tʰiɛʔ³³iã⁵⁵
阴入+阳入：	节目tɕiɛʔ³³mə⁵⁵	竹席tsuəʔ³³ɕiɛ⁵⁵		

（7）前字阳入

前字为阳入时，基本都采用"22+24"的类化式变调，只有"阳入+阴平"是"22+24"和"33+55"两种变调模式数量相当，例如：

阳入+阴平	蜜蜂miɛ²²fəŋ²⁴	热天niɛ²²tʰɿ²⁴	白马bəʔ²²ma²⁴	石灰zəʔ²²fei²⁴
13+55→22+24	铡刀za²²tɔ²⁴	落苏laʔ²²su²⁴	木瓜məʔ²²kua²⁴	学生ʑya²²səŋ²⁴
13+55→33+55	木梳məʔ³³su⁵⁵	立春niɛ³³tsʰuəŋ⁵⁵	读书dəʔ³³su⁵⁵	肉丝miɛ³³sɿ⁵⁵
	立秋niɛ³³tɕʰɤ⁵⁵	十五zəʔ³³u⁵⁵	物理uəʔ³³l̩⁵⁵	月初ye³³tsʰu⁵⁵
阳入+阳平	白糖bəʔ²²dã²⁴	食堂zəʔ²²dã²⁴	杂粮zaʔ²²niã²⁴	核桃ɦəʔ²²dɔ²⁴
13+22→22+24	石头zəʔ²²dei²⁴			
阳入+上声	木板məʔ²²pie²⁴	墨水məʔ²²suei²⁴	日本zəʔ²²pəŋ²⁴	药品iaʔ²²pʰiŋ²⁴
13+33→22+24	热水niɛ²²suei²⁴	白果bəʔ²²kʊ²⁴	食指zəʔ²²tsɿ²⁴	月饼ye²²piŋ²⁴
阳入+阴去	热菜niɛ²²tsʰɛ²⁴	辣酱laʔ²²tɕiã²⁴	学费ʑya²²fei²⁴	抹布maʔ²²bu²⁴
13+35→22+24	罚站baʔ²²ɕie²⁴	木料məʔ²²niɔ²⁴	热闹niɛ²²nɔ²⁴	箬帽niaʔ²²mɔ²⁴
阳入+阳去	绿豆ləʔ²²dei²⁴	佛像bəʔ²²iã²⁴	盒饭ɦəʔ²²vie²⁴	局部ʑye²²u²⁴
13+24→22+24	活动uaʔ²²dəŋ²⁴	岳父ya²²u²⁴	白臼bəʔ²²ʐɤ²⁴	木匠məʔ²²iã²⁴
阳入+阴入	蜡烛laʔ²²tsuəʔ²⁴	蜜橘miɛ²²tɕye²⁴	蹩脚biɛ²²tɕiaʔ²⁴	白色bəʔ²²səʔ²⁴
13+32→22+24	肋骨ləʔ²²kuəʔ²⁴	墨汁məʔ²²tsəʔ²⁴		

阳入+阳入　　　　毒药də²²ia²⁴　　　日历zə²²niɛ²⁴　　　服毒bə²²də²⁴　　　学习ʑya²²ziɛ²⁴
13+13→22+24　绿叶lə²²iɛ²⁴　　　阅读yɛ²²də²⁴　　　昨日za²²niɛ²⁴　　　腊月la²²yɛ²⁴

在"阳入+阳平"、"阳入+上声"、"阳入+阴入"组合中还有一些非类化的变调形式，例如：

阳入+阳平：蜡黄la³³uã³³　　　入门zuə³³məŋ³³　　值钱zə³³ʑɿ³³　　　拔河pa³³ɦiu³³
阳入+上声：历史niɛ³³sɿ³³　　　拔草pa³³tsʰɿ³³　　月底yɛ³³ti³³　　　罚款pa³³kʰʊ³³
阳入+阴入：落雪la³³ɕiɛʔ⁴³　　及格ɕiɛ³³kəʔ⁴³　　合作ɦa³³tsaʔ⁴³

方言词语释义：

【家公】外祖父　　　【茭瓜】茭白　　　【天河】银河　　　【家婆】外祖母
【中头】中午　　　　【鸡婆】母鸡　　　【亲眷】亲戚　　　【猜命】猜谜
【洋机】缝纫机　　　【芦柴】芦苇　　　【牢鬼】囚犯　　　【条粉】粗的粉丝
【苗帚】小扫把　　　【狗窠】狗窝　　　【狗婆】母狗　　　【水蛆】蚊子的幼虫
【嘴水】口水　　　　【水袜】袜子　　　【躲学】逃学　　　【翅板】鸡翅
【下晚】傍晚　　　　【粟米】玉米　　　【白白】石臼　　　【蹩脚】质量不好，差

根据上文材料，归纳出的高淳方言双字组连读变调的规律见表3-36。

表3-36　高淳（淳溪镇）双字组连读变调

	阴平55	阳平22	上声33	阴去35	阳去14	阴入32	阳入13
阴平55	44+55	44+55	44+55	55+35 44+55 55+43	55+24 44+55 55+43	44+55 55+43	44+55 55+24 55+43
阳平22	22+55	22+55 22+22	22+55 22+22	22+55 22+35	22+55 22+24	22+55	22+55 22+24
上声33	33+33 33+55	33+33	33+33	33+35 33+33	33+35 33+33	33+33	33+33 33+24
阴去35	33+35 33+55	33+35 35+43	33+35 35+43	34+45 33+35	34+45 33+24	35+43	34+45 33+24
阳去14	22+24 22+55	22+24 24+43	22+24 24+43	22+24 34+45	34+45 22+24	24+43 22+24	34+45 22+24
阴入32	33+55 	33+33 33+55	33+33 33+55	33+35 33+55	33+24 33+55	33+33 	43+24 33+55
阳入13	22+24 33+55	22+24 33+33	22+24 33+33	22+24	22+24	22+24 33+43	22+24

表3-36显示，高淳方言双字组连读变调大体分为类化式变调和非类化式变调。类化式变调有两种：一是前主后附式，即前字决定变调模式。这种类型的覆盖面最

广，有的覆盖本组所有调类组合，如阳平的变调式22+55，阳入的变调式22+24；有的覆盖本组部分调类，如阴去的变调式33+35，阴入的变调式33+55；还有的类化式变调不仅覆盖本组，还覆盖其他组合，如"阳平+阴平"的"22+55"除了覆盖"阳平+X"组合，还覆盖"阳去+阴平"组合。二是后主前附式，即后字决定变调模式，这种类型很少，如阴平作后字的变调式33+55。非类化式变调包括不变式和略变式，前者如"阳平+阴去"的"22+35"、"上声+阴平"的"33+55"，后者如"阴入+阳入"的"43+24"。

高淳方言前主后附式变调有明显的类化其他声调组合模式的倾向，最明显的表现就是同一种调类组合有类化型变调和非类化型变调两种。此外，有的组合有类化式变调和非类化式变调两种模式，如大雪 da^{22}ɕiɛ^{24}/da^{24}ɕiɛʔ^{43}，这种两读的情况也反映了连调模式的竞争性发展。

第 4 章

高淳吴语的语音演变

本章以中古音为基础，结合方言语音比较、文献资料探讨高淳方言语音的发展演变，同时利用语音层次理论分析现代高淳方言读音的主要来源以及周边方言对高淳方言语音系统发展的影响。

4.1 声母的读音演变

4.1.1 古浊声母的读音演变

中古全浊声母按发音方法可分为塞音、擦音、塞擦音三类，塞音声母包括"並、奉、定、澄、群"五个，擦音声母包括"邪、匣、禅"三个，塞擦音声母包括"从、床"两个。古全浊声母在高淳各方言点中保留不一，东部保留较全（但仅存于阳平调），西部已不完整。东西部浊塞音声母的读音差异在某种程度上反映了高淳方言的古全浊声母的发展过程。以下分类说明古全浊声母在高淳方言中的发展演变。

1. 古並定母的读音演变

並母在高淳方言中与帮母、滂母形成三分对立格局，有两种主要读音形式：[b]、[β^h]。其中[b]分布在高淳的大部分地区，[β^h]只分布在高淳西南部的砖墙地区。高淳东部桠溪地区方言古並母按声调分化为[b]、[p]两类，阳平读[b]，阳去、阳入读[p]。这种分化是由声调调值的演变所导致的：低调值的阳平字（调值213）仍读[b]，高调值的阳去（调值52）、阳入（调值42）清化为[p]。砖墙方言还有一个特殊的音变，即蟹止摄开口三等部分并母字读[ʑy]（详见后文）。以淳溪、桠溪和砖墙为例，高淳方言古并母的主要读音举例见表4-1。

表4-1　高淳方言古并母字读音举例

	爬	皮	抱	部	败	办	薄	白
淳溪	ba²²	bi²²	bɔ¹⁴	bu¹⁴	bɛ¹⁴	biɛ¹⁴	bɑ¹³	bə¹³
桠溪	ba²¹³	bi²¹³	pɔ⁵²	pu⁵²	pɛ⁵²	pɛ⁵²	pəʔ⁴²	pəʔ⁴²
砖墙	βʰa³¹	ʑy³¹	βʰɔ²⁴	βʰu²⁴	βʰɛ²⁴	βʰiɛ²⁴	βʰaʔ³¹	βʰəʔ³¹

跟并母平行，高淳方言中定母也与清不送气塞音、清送气塞音形成三分对立，主要读音形式为[d]、[ɾʰ]，前者分布在高淳大部分地区，后者只分布在砖墙地区。桠溪方言的定母同样依据高低调值产生分化，低调值的阳平字读[d]，高调值的阳去、阳入字读[tʰ]。以淳溪、桠溪和砖墙为例，高淳方言古定母的主要读音举例见表4-2。

表4-2　高淳方言古定母字读音举例

	图	糖	稻	动	袋	淡	夺	毒
淳溪	du²²	dã²²	dɔ¹⁴	dəŋ¹⁴	dɛ¹⁴	diɛ¹⁴	dɑ¹³	də¹³
桠溪	du²¹³	dã²¹³	tɔ⁵²	toŋ⁵²	tɛ⁵²	tɛ⁵²	təʔ⁴²	təʔ⁴²
砖墙	ɾʰu³¹	ɾʰaŋ³¹	ɾʰɔ²⁴	ɾʰəŋ²⁴	ɾʰɛ²⁴	ɾʰiɛ²⁴	ɾʰaʔ³¹	ɾʰəʔ³¹

就并母、定母的读音而言，淳溪方言代表早期读音形式，桠溪方言因调值而产生的清浊分化属于后期的自然音变。砖墙方言虽然在读音形式上跟淳溪方言有别，但从语音对应关系上来看，二者有渊源关系，即[βʰ]、[ɾʰ]分别是由[b]、[d]演变而来的，音变路径是[b]>[βʰ]、[d]>[ɾʰ]，其间经历了声母产生强气流成分并且弱化（并母进一步擦化）的过程。这种音变还有两个直接的证明，其一是淳溪的老派发音人[b]、[d]发音时有的有明显送气现象，其二是淳溪方言读[b]的微母字，砖墙方言相应地读[βʰ](详见后文)。

根据以上分析，可归纳出高淳方言古并、定母今读的三种主要类型：（1）清音浊流型，以淳溪镇方言为代表；（2）清不送气型，以桠溪镇仄声字为代表；（3）强气流型，以砖墙为代表。以上三种类型都源于古浊塞音声母，演变的方向都是往清化方向发展，其中第一种产生时间较早，是其他读音类型的源头。高淳方言古并、定母的主要演变模式有两种：

模式一：b＞p/__[high tone]　　　d＞t/__[high tone]

该演变模式属于直接清化型，演变的条件是调值的高低，调值低的保持浊流，调值高的浊流消失。据曹志耘（2002），南部吴语庆元和泰顺的阳平（调值分别为52、53）也存在这种演变模式。

模式二：b＞*bʰ＞βʰ　　　d＞*dʰ＞ɾʰ

该演变模式的特点是浊塞音声母先产生强气流特征，随后声母发生弱化音变（擦音、闪音本质上都是塞音的弱化），並母变成强气流双唇擦音，定母变成强气流闪音（有时也读颤音）。这种声母弱化且具有气嗓音特征的强气流型辅音很不稳定，它仍会进一步向前发展，就声母已经弱化为擦音的並母字而言，发展的主要方向有二：一是强气流和浊流消失，变成普通的清擦音[ɸ]、[f]；二是浊流消失的同时声母也进一步弱化至消失，只剩下强气流特征，变成喉擦音[h]。郑张尚芳（2016）指出，当涂塘南方言並母存在[βʰ]、[pʰ]两读现象，如"病"有人读[βʰiŋ⁵⁵]，有人读[pʰiŋ⁵⁵]，他认为这属于[βʰ] > [pʰ]的音变[1]。该说法面临两个问题：其一，不同的人有不同的读法不一定就是演变关系；其二，双唇擦音[β]是浊塞音[b]语音弱化的结果，一个是擦音，一个是塞音，塞音弱化为擦音比较正常，但擦音强化为塞音的比较少见。我们认为，[βʰ]、[pʰ]是与[bʰ]平行的语音演变。[b]声母产生强气流特征以后可以促使声母弱化，变成[βʰ]，也可以声母本身不弱化，而浊流消失，变成[pʰ]，淳溪镇的老派发音人少数字就有这种送气清音化的现象，如"凤[pʰəŋ¹⁴]"、"服[pʰə¹³]"。定母的演变跟並母平行，一方面可以进一步丧失弱化的塞音成分，变成喉擦音[h]，如宣城干鱼（郑张尚芳2016）；另一方面也可以进一步变成送气清塞音[tʰ]。

古浊塞音的两种演变模式之中，模式一前人已有讨论。这种模式代表了浊塞音声母直接向不送气清塞音声母发展的过程。就吴语而言，"全浊声母是跟低调相互依存的，所以读高调时听觉上全然没有'浊'的感觉"（曹志耘2002：24）。这种演变模式反映了吴语清音浊流型声母跟声调调值之间的密切关系，对我们理解有些汉语方言古浊塞音声母一律读不送气清塞音具有一定的启示意义。

模式二的並母演变代表了浊塞音声母向擦音声母发展的过程。此类音变类型在汉语方言中独树一帜，具有非常重要的类型学意义。从音变的过程来看，是清音浊流型的浊声母产生强气流特征，同时在强气流特征的影响下，塞音声母本身发生弱化音变，演变为同部位的浊擦音。模式二的定母演变代表了浊塞音声母向送气塞音发展的另一种模式，演变的过程也是先产生强气流成分，同时声母弱化为闪音等。

除主体读音外，並母也有少数字不合音韵规律，例如"蒲捕佩叛勃泊辟仆"的声母读[pʰ]、"簿步"的声母读[f]。並母的例外字以读送气清音[pʰ]为主，基本上都是口语中少用而书面语色彩较浓的字，显然，这种读音主要是受官话方言影响的结果。需要指出的是，声母虽是官话方言的读音层次，韵母和声调却保持方言的读音形式，整个音节的读音是官话方言和本地方言的折合。读[pʰ]声母的入声字，如"泊勃辟仆"等，其声调也并入阴入调，如淳溪"辟pʰiɛʔ³²"、桠溪"仆pʰəʔ⁵⁵"。定母有例外读音的字很少，个别字受官话方言影响，读送气清音，如淳溪"突

---

[1] 並母原文标为[hβ]，本文作[βʰ]。

tʰəʔ³²"。

2. 古奉微母的读音演变[1]

高淳方言（本小节"高淳方言"指淳溪片方言）古奉微母的读音比较特别，即读[b]（砖墙地区相应地读[βʱ]）的比例较高，本节以淳溪方言为例，分析奉微母的读音演变。高淳方言古奉母有[b]、[f]、[ɕ]三种读音[2]，如：

[b]：肥bei²² | 饭bie¹⁴ | 藩bie⁵⁵ | 房bã²² | 坟bəŋ²² | 冯bəŋ²² | 缝~~裂~~bəŋ¹⁴ | 罚ba¹³ | 佛bə¹³ | 伏bə¹³

[f]：扶fu²² | 父fu¹⁴ | 符fu²² | 妇fu¹⁴ | 负fu¹⁴ | 翡fei¹⁴ | 奉fəŋ¹⁴

[ɕ]：帆ɕye⁵⁵

北部吴语的奉母主要有[v]、[f]两种读音类型，个别方言点残存读[b]的现象（如上海、庆元、嵊州等），但限于"肥、防、缚"等少数字。与其他吴语不同，高淳古奉母读重唇音[b]是主流现象，这在吴语中独树一帜。除了读[b]外，奉母单念时还可以读[f]，主要是[u]韵字和非口语常用字。高淳方言读[ɕ]的奉母字通常只有"帆"字。

古微母在高淳方言中主要有[b]、[m]、[f]、[Ø]四种读音，如：

[b]：微bei²² | 尾₁bei¹⁴ | 味bei¹⁴ | 万bie¹⁴ | 文bəŋ²² | 蚊bəŋ²² | 闻bəŋ²² | 问bəŋ¹⁴ | 亡bã²²

[f]：无fu²² | 诬fu¹⁴ | 武fu¹⁴ | 舞fu¹⁴ | 鹉fu¹⁴ | 务fu³⁵ | 雾fu³⁵

[m]：晚mie⁵⁵ | 袜mɑ¹³ | 网mã⁵⁵ | 忘mã³⁵ | 望mã³⁵

[Ø]：挽ye³³ | 尾₂m¹⁴

李小凡、项梦冰（2009）指出，吴方言（除杭州外）属于古微母今读[m]明显的方言。据我们调查，高淳方言微母字读[m]的比例与北部吴语总体一致，但有两点不同：一是高淳方言微母字单念时没有[m]、[v]文白异读现象，二是高淳方言读[m]的微母字没有《广韵》文韵字。

高淳方言奉微母都有读[b]的现象，且辖字较多。除奉微母外，并母也有[b]的读法。谢留文（2016：274）认为高淳方言"古并母和奉母读[b]是同步演变的"。微母读[b]虽另有来源，但也容易被看作保留了较古时期的语音层次（高淳县地方志编纂委员编纂1988：759）。

要弄清并、奉、微母读[b]的性质，需从微母读[b]说起。微母读[b/mb]的现象在闽南语（如厦门）、晋语（如文水）等方言中均有报道。罗常培先生（1933）指出厦门话[b]的音质很软，破裂的程度很弱，而文水等地的[mb]是在全浊破裂音前加了一

---

[1] 本小节主要内容发表于《方言》2018年第3期，略有改动。

[2] 淳溪方言[b]声母的字有时会发成送气清音[pʱ]（如"坟"、"服"等），[b]、[pʱ]自由变换，发音人不自知，本文暂将[pʱ]看作[b]的变体。

个同部位的鼻音，唐五代西北方音的[ᵇb]跟文水等地接近。胡方（2005）的语音实验证明，厦门话的[b]实际上是鼻冠音声母[ᵐb]。与厦门、文水等地不同，高淳方言的[b]不带任何鼻音成分，是一个纯粹的塞音声母。显然，厦门、文水等地方言发生过[m]＞[mb/ᵐb]的音变。然而，仅就内部语音材料而言，我们暂且找不到高淳方言微母发生[m]＞[b]音变的证据，而且若认为高淳方言微母[b]来源于[m]有两点困难：第一，厦门、文水等地都有明母字读[mb]或[ᵐb]的现象，高淳方言只有微母字读[b]，没有明母字；第二，除微母外，个别以母、群母也有读[b]声母的字，如以母"维唯bei²²"、群母"葵bei²²"。微母读[b]来源于[m]声母塞化的假设，不能解释上述现象。

两宋时期，北人南迁进入高淳境内。据高淳民间谱牒记载，境内万人以上大姓居民多为南宋期间徙入者后裔。"700多年来，宋室后裔在高淳境内衍生3000多户，1万余人，主要分布在淳溪、固城两地"（《高淳县志》2010：10）。另据张世禄、杨剑桥（1986），8世纪末9世纪初（唐宋之交）微母开始演变为[*ɱ]，到《中原音韵》和《韵略易通》时，微母变为[*v]。从音理上说，[ɱ]在发音时上齿咬住下唇，气流从鼻腔发出，这个发音动作使得[ɱ]变[m]、[v]、[w]的可能性大，而塞化的可能性较小[1]。元明以降，随着经济条件和自然地貌的改变（围湖造田），高淳地区封闭的状况得到改善，其方言更多地受到官话方言的冲击，而这一时期官话方言和吴语的微母均已变为[v]声母了。在这样的历史大背景下，高淳方言也应该是顺着微母[ɱ]＞[v]的大趋势发展而来的，单独发生塞化音变的可能性非常之小。

那么微母塞音读法的来源究竟是什么呢？从方音比较看，微母在北部吴语地区读唇齿浊擦音[v]声母，比如与高淳毗连的太湖吴语毗陵小片的方言，除少数微母字读[m]或[ɱ]、[v]文白两读外，基本都读[v]声母，以常州方言为例，如（鲍明炜1998）：

v：微vi² | 尾vi⁶ | 味vi⁶ | 万vɛ⁶ | 文vən² | 问bəŋ⁶ | 无vu² | 诬vu² | 舞vu³
m/v：蚊mən²/vən² | 闻mən²/vən² | 亡mã²/vã²

由此可以推测，淳溪方言微母早期也读[*v]声母，后来才变成[b]。

上述以母、群母、影母的几个读[b]声母的字早期也应该是[*v]声母。常州方言"维、唯"恰好读[vi²]；不过"葵"在常州方言中读[guæi²]，并不是[v]声母字。"葵"的读音问题可以在淳溪方言内部得到解释。高淳地区群母字不读[g]，常州方言读[g]声母的字，高淳方言中除读官话型的[k]、[kʰ]外，还有[ɦ]、[h]和零声母的读法，如"狂"可以读[ɦuã²²]或[uã²²]，"共"可以读[ɦəŋ¹⁴]，其中[ɦ]与匣母洪音读法一致，来源于[ɦ]。高淳方言匣母在洪音前部分字读零声母，如"黄uã²² | 横uəŋ²²"，

---

[1] 朱晓农（2010）认为[ɱ]是唇齿鼻音声母，无法长期保持，"因为发鼻音时要完全闭塞口腔通道，唇齿鼻音是用下唇和上齿来成阻的，如果上齿漏缝那就无法发好唇齿鼻音。所以，除非全民族都是一口不漏风的好牙，否则这个音不能存在于这个民族的语言中，即使有，也会马上变成m、v、w等相近的音。"（朱晓农《语音学》，商务印书馆，第136页）

也与群母相通。高淳方言中，"葵"字实际上有[hɦuei²]、[uei²]、[bei²]三种读音，[uei²]的读法在某个时期应该是[*vei²]。这就可以有一种解释：高淳方言中微母、以母、群母读[b]声母的字均来源于[*v]声母。

与微母不同，淳溪方言中明母字一律读[m]，没有读[v]的字，因此也就不具备变读为[b]的语音条件。值得注意的是读[u]韵母的微母字一般都清化为[f]声母，没有读[b]的，这是因为它们的早期读音形式是[*vu]，受声母影响，且高淳方言的韵母[u]是不圆唇的，带有一定的摩擦特征，整个音节实际上接近成音节[v̩]，这个特点限制了声母变成[b]的可能性，因为[b]是不能自成音节的。

再看高淳方言奉母和並母读[b]的情况。从读音分布规律来看，高淳方言奉母和微母同步变化，与並母不同步，这表现在奉、微母在[u]韵前均不读[b]，而並母在[u]韵前可以读[b]。试比较：

奉母：扶fu²² | 父fu¹⁴ | 妇fu¹⁴
並母：菩bu²² | 葡bu²² | 部bu¹⁴ | 步bu¹⁴

高淳方言中奉母在[u]韵前读f（如"扶父妇"等），並母字在[u]韵前读b（如"菩葡部步"等）。此外，据我们的调查，高淳方言中有的奉、微字在语流中作为后字时会读成[v]声母，如：肥化~、焚自~、筏竹~。这可能提示了它们的早起读音形式（当然也不排除是语流音变）。

上述情况表明，高淳方言奉微母读[b]的来源具有一致性，均源于[*v]，这是一种相当晚近的创新音变；与之相对，並母读[b]则属于古音遗存。这样就能解释，为什么高淳方言中的奉母与其他吴语不同，存在大量读[b]的现象。既然微母读[b]是一种后起的晚近音变，来源于唇齿浊擦音[*v]，那么微母读[m]就只能是古音的残留形式，这种语音残留的表现与北部吴语是一致的，并无特别之处。

高淳方言奉微母所发生的[*v]＞[b]音变在汉语方言中尚未见报道，唯据陶寰先生调查，浙江义乌方言中有[v]、[b]自由变读的现象，这种音变在世界语言中也很罕见[1]，这种音变的原理有待进一步考证。

高淳方言奉微母的[f]读法也是来源于[*v]。调查中，少数方言点的发音人将个别奉微母[u]韵字读成[v]声母（如古柏、东坝）。如前所述，奉、微母读[f]的字主要是[u]韵字，其音节形式本来是[*vu]，前文指出[u]韵的不圆唇性和摩擦性特征阻碍了[*v]＞[b]的音变。浊音清化是语音演变的大趋势，而[v]＞[f]的音变在世界语言中非常普遍，加上高淳地区处在官话方言和吴语接触的前沿地带，邻接的官话方言奉母字均已变读为[f]，因此[v]＞[f]也就成为大概率的事件了。少数非[u]韵的奉母字声母也有读[f]的现象，如翡fei¹⁴ | 愤fən¹⁴ | 俸fən¹⁴，这些字基本上都是非口语常用字，显然是受官话方言影响的结果。《高淳县志（1986—2005）》(2010)对高淳方

---

[1] 据了解，日语中没有[v]音素，日本人学习外语遇到[v]时用[b]代替，这似乎体现出[v]>[b]音变的可能性。

言者不同年龄阶段奉母字[b]、[f]的读音调查体现出一定的年龄差异，即越年轻读[f]的比例越高，这个调查结果表明[b]＞[f]的接触式音变仍在持续。高淳有些方言点存在微母读零声母情况，如古柏方言：巫u⁵⁵｜务u⁴⁴⁵｜尾uei⁵⁵｜物uə¹³。这种读音形式应该是在官话方言影响下的接触式音变。

高淳方言中，奉母字"帆"读[ɕye⁵⁵]，微母字"挽"读[ye⁵⁵]。对这种特殊的读音形式需要扩大范围来考察。除奉母外，高淳方言的非母、敷母字也有读[ɕye]的现象，如非母字"反、返、贩"，敷母字"泛、翻、番"，声韵形式都是[ɕye]。上述字的共同特点是来自咸山摄合口三等凡、元韵，因此这应该是一种韵母主导下的音变。高淳方言中咸山摄一二等开口呼有读[ie]的层次，如"耽tie⁵⁵、蓝nie²²、伞ɕie³³"。我们认为，受到这种读音的吸引，咸山摄合口呼中部分[uan]韵的字平行地变读为[ye]，微母字"挽ye⁵⁵"的读音即此，另外，"关、惯、还~钱、环、弯、湾、贯~~"在高淳方言中读[ye]韵，也是一个证明。[ye]这种韵母的撮口化音变很容易引起声母(非零声母字)的腭化音变，高淳地区不同方言点"关、惯"的读音体现了这种音变过程，如这两个字在核心地区一般都读[tɕye]，但在比较边缘的漆桥、东坝、固城等地均读[kye]。从"关、惯"等字可推出[uan]＞[ye]的音变，因为这些字早些时候尚有[u]韵头。非组的凡、元韵在高淳方言中是否有[uan]阶段呢，其方言本身尚不容易看出，但与高淳邻接的洪蓝（渔歌）、晶桥等地的方言中凡、元韵非组字尚有部分字保留[u]韵头。如洪蓝：犯huæ⁶｜反huæ³｜法huaʔ⁷。晶桥：泛huæ⁵｜翻huæ¹｜乏huaʔ⁷。宣州吴语的其他方言也有保留[u]韵头的，如宁国庄村、南陵奚滩等地。由此可见，高淳方言中凡、元韵非组也发生过[uan]＞[ye]，正是这种韵母的音变导致了声母的腭化。高淳方言中[f]、[h]在[u]韵前相混，凡、元韵非组音变的过程应是[*fuan]＞[*fye]＞[ɕye]。高淳方言中凡、元的奉母字一般读[bie]，但"藩、帆"两字在多数方言点读[ɕye]，这是因为它们在该地区是非口语常用字，其声母较早的时候应该是文读形式[f]。高淳西南地区的砖墙方言几乎所有的非组凡、元字（包括奉母）都读[ɕye]，那是因为它的奉母已经弱化为接近唇齿擦音的双唇擦音[βʰ]。

高淳地处江淮官话、太湖吴语和宣州吴语的交界地带，方言面貌复杂，奉微母读音的多层次性及演变的复杂性就是这种表现。综合前文所论，微母读[m]属于存古层，奉微母读[b]、[f]、[ɕ]均属于晚近的层次，其中读[f]还伴随着官话方言的影响。

高淳方言奉微母字的主要演变路径可概括为：

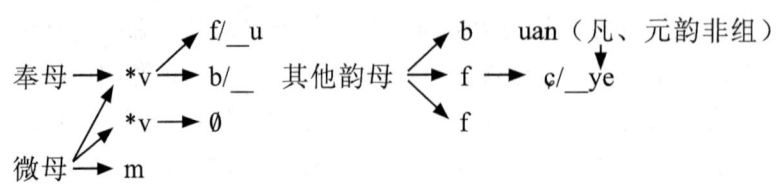

```
                    f/__u                    b    uan（凡、元韵非组）
奉母 ──→ *v     b/__     其他韵母        f ──→ ɕ/__ye
            *v     ∅                          f
微母 ──→ m
```

奉、微的今读突出反映了高淳方言语音的复杂性：既有存古，又有创新，还有语音接触所产生的叠置现象。高淳方言复杂的语音面貌与历史地理环境存在一定关联，早期丹阳湖和周边山系的阻隔所造成的交通闭塞是导致方言存古和内部创新的重要因素。随着晚期高淳地区的快速开发，大量移民涌入，与外界的交流也变得愈加密集，加之处于官话和吴语的交界地区，方言面貌变得更加复杂，语音的层次也呈现出多样性。

3. 古从邪澄崇船禅母的读音演变

中古从邪澄崇船禅六母中，"从dz、崇dʒ、船dʑ"为浊塞擦音，"邪z、禅ʑ"为浊擦音，"澄ɖ"为浊塞音。官话方言中，"从崇船澄邪禅"大都演变为清塞擦音或清擦音声母。赵元任（1928/2011）曾指出吴语"从邪"一系声母的读音是一笔"糊涂帐"，不容易算出来。陈忠敏（2015）根据160年前的上海方言声母dz/z的变异情况，结合历史文献和北部吴语的相关读音，证明了北部吴语"从邪"等六母本读浊擦音声母，读[dz]是杭州半官话的文读层渗透。苏州方言从邪等六母不论洪细均读[z]，但十九世纪末的苏州话也读[dz]声母。常州方言的澄母读[dz]，其余五母绝大多数读[z]，个别字残留[dz]读音。

高淳方言"从邪"等六母的读音有[z]、[ʐ]、[s]、[ɕ]、[dz]、[dʑ]、[ts]、[tɕ]等八种主要形式，其中[dz]、[dʑ]、[ts]、[tɕ]只出现在高淳东部及东西部过渡地带。八种读音按发音部位可分为舌尖音和舌面音两类，舌尖音出现在洪音前，舌面音出现在细音前。以淳溪、砖墙、桠溪方言为例，从邪等六母的今读举例见表4-3。

表4-3 高淳方言古从邪崇澄船禅母的读音举例

	才从	坐从	瓷从	在从	就从	钱从	齐从	聚从
淳溪	zɛ²²	zʊ¹⁴	zɿ²²	zɛ¹⁴	ʑʏ¹⁴	ʑi²²	ʑi²²	ʑy¹⁴
桠溪	zɛ²¹³	sʊ⁵²	dzɿ²¹³	tsɛ⁵²	ɕiu⁵²	ʑi²¹³	dʑi²¹³	tɕy⁵²
砖墙	zɛ³¹	zʊ²⁴	zɿ³¹	zɛ²⁴	ʑʏ²⁴	ʑi³¹	ʑi³¹	ʑy²⁴
	柴崇	事崇	茌崇	状崇	镯崇	锄崇	愁崇	助崇
淳溪	zɛ²²	zɿ¹⁴	za²²	zuã¹⁴	ʐya¹³	zu²²	zei²²	zu¹⁴
桠溪	zɛ²¹³	sɿ⁵²	dza²¹³	tsuã⁵²	tsuəʔ⁴²	ʐy²¹³	dʑiu²¹³	tɕy⁵²
砖墙	zɛ³¹	zɿ²⁴	za³¹	zuɑ²⁴	zuɑ³¹	zʮ³¹	ʐʏ³¹/zəi³¹	zʮ²⁴
	蛇船	舌船	绳船	剩船	船船	随邪	俗邪	斜邪
淳溪	za²²	zə¹³	zən⁵⁵	zən¹⁴	ʑʏ²²	zei²²	zə¹³	ʑia²²
桠溪	za²¹³	səʔ⁴²	dzən²¹³	tsən⁵²	zuei²¹³	zei²¹³	səʔ⁴²	ʑia²¹³
砖墙	za³¹	zəʔ³¹	zən³¹	zən²⁴	ʑʏ³¹	zuəi³¹	zuəʔ³¹	ʑia³¹

续表4-3

	象邪	谁禅	社禅	成禅	植禅	尝禅	善禅	酬禅
淳溪	ziɑ̃14	zuei22	za14	zəŋ22	zɤ13	zɑ̃22	zɿ14	zei22
桠溪	ɕieʔ52	zuei213	sa52	dʑən213	tsɤʔ42	ʑie213	ɕɿ52	dʑiu213
砖墙	ziaŋ24	zuəi31	za24	zəŋ31	zɤʔ31	zaŋ31	zɿ24	zʮ31/zəi31

	锤澄	择澄	茶澄	赵澄	厨澄	住澄	除澄	传澄, 流~
淳溪	zuei22	zɤ13	za22	zɔ14	zu22	zu14	zy22	zʮ22
桠溪	zuei213	sɤʔ42	dʐa213	tsɔ52	dʐʮ213	tɕʮ52	dʑie213	tɕie52
砖墙	zuəi31	zəʔ31	za31	zɔ24	zʮ31	zʮ24	zy31	zʮ31

根据表4-3，高淳方言"从邪"等六母的读音分为两种类型。（1）淳溪型：浊擦音。（2）桠溪型：擦音和塞擦音。桠溪方言"从邪"等声母的读音首先分为浊擦音和浊塞擦音两类，浊塞擦音声母主要集中在澄母和从母，以澄母最多，崇母、船母、禅母有少量浊塞擦音，邪母基本没有浊塞擦音。桠溪方言的塞擦音和擦音各自又分为清、浊两类，像其他古浊音声母一样，清、浊分化的条件是调值的高低，调值低的阳平字保持浊音特征，调值高的阳去（包括来自阳上的字）、阳入字声母清化。

钱乃荣（2013、2016）认为北部吴语[dʑ]/[z]声母的异读，体现了[dʑ]＞[z]的音变过程，这种音变是通过词汇扩散的方式完成的。陈忠敏（2015、2018）则指出，北部吴语的"从邪"等六母的塞擦音读法是杭州型半官话的文读渗透层，而擦音读法是本地吴语的底层读法。高淳东部桠溪方言的"从邪"等六母的读音跟常州吴语一致，也跟整个北部吴语同类，我们认为其塞擦音读法也属于早期杭州型吴语的渗透层。针对今苏州话"从邪"等六母一律读[z]，没有浊塞擦音[dʑ]的读法，陈文认为十九世纪末的苏州话也是有[dʑ]读法的，只是在后来文白竞争的过程中退出了。现代高淳吴语以及邻接的宣州吴语"从邪"等六母都只有浊擦音读法，没有浊塞擦音读法，这种读音面貌的形成有两种可能性，一是像苏州话、上海话那样，本来是有浊塞擦音声母的，但后来在文白竞争的过程中被浊擦音取代了；二是由于地理上远离中心城市杭州，杭州型的[dʑ]并没有扩展到这一地区，从而使得这一地区的吴语保留了早期浊擦音的读法。[1]究竟哪一种可能性更大，还需要有早期文献材料支持，目前还不能给出确定的结论。

上文讨论了"从邪"等母的主体读音情况，除此之外，高淳方言中还有一些跟主体读音不一致的情况，主要包括：（1）部分方言点的发音人有些字的读音跟官话方言接近，如"邪"母"囚泅"两字，定埠发音人读成[tɕʰY324]，这种读音形式是

---

[1] 陈忠敏（2018）认为至少从南朝开始江南一带的话（江东方言）从邪崇船禅等母就读浊擦音[z]。

官话方言和本地方言的折合。这类字一般具有较强的书面语色彩，容易受到官话方言的影响。"囚汜"的读音只有声母是官话方言的形式，韵母和声调仍是方言的形式，又如禅母字"蝉成臣"，定埠发音人读成[tsʰ]声母，邪母字"衍"，淳溪、阳江、固城、桠溪、定埠等地发音人读[ɿ²]。(2)有些读零声母的字并非受官话方言影响所致，如"飞翔"的"翔"，桠溪的发音人读零声母音节[ɿ²]，这类字一般不单说，当它处于后字位置时，声母脱落变成零声母，所以读单字时也只能按词语后字的音来念。再如从母"匠"字，淳溪发音人念[iɑ̃⁶]，桠溪发音人念[iɛ⁶]。

4. 古群匣母的读音演变

《切韵》群母仅限三等，古拟音作[g]，在官话方言中大都演变为舌面塞擦音声母[tɕ]、[tɕʰ]，只有止摄合口三等和宕摄合口三等读[k]、[kʰ]（如"跪葵狂"），通摄合口三等的"共"读[k]声母。吴语的群母在洪音前一般读舌根音声母[g]，细音前一般读舌面塞擦音[dʑ]。高淳方言群母的读音也按韵母的今音洪、细分为两类，洪音前读舌尖音系列或舌根音系列，细音前读舌面音系列。

先讨论群母在洪音前的读音，高淳方言（以淳溪、桠溪、砖墙为例）群母止摄合口三等、宕摄合口三等和通摄合口三等的常用代表字的读音见表4-4。

表4-4 高淳方言群母洪音代表字的读音

	跪	柜	狂	共	葵
淳溪	kʰuei³³	ɦiuei¹⁴	ɦiuɑ̃²²/uɑ̃²²	ɦiəŋ¹⁴	ɦiuei²²/bei²²/uei²²
桠溪	kʰuei⁵⁵	kuei⁵²	guɑ̃²¹³	koŋ⁵²	guei²¹³
砖墙	kʰuəi⁵⁵	ɦiuəi²⁴/βʰəi²⁴	βʰɑŋ²²	ɦiəŋ²⁴	ɦiuəi²²/βʰəi²²

根据表4-4，高淳方言"跪"的声母在三个方言点都读送气舌根塞音[kʰ]。"跪"在《广韵》中有"渠委切"和"去委切"两个反切，[kʰ]的读法可能来源于溪母的"去委切"。北部吴语"跪"的声母一般读[g]或[dʑ]，江淮官话读清不送气的[k]。通泰方言"跪"的声母读[kʰ]，那是因为它的浊音声母的演变规律是不论平仄一律读送气音。据蒋冰冰（2003）的材料，宣州吴语的绝大多数方言点"跪"的声母都是[kʰ]，可见，"跪"读送气塞音[kʰ]可视为整个宣州吴语的特点之一。

除"跪"外，表4-4中桠溪方言群母例字读[g]、[k]，声母的清浊分化的条件依然是调值的高低，调值高的清化为[k]，调值低的保持[g]读法，也就是说早期这些例字在桠溪方言中均读[g]，跟北部吴语一致。

除"跪"外，表4-4中淳溪方言群母例字的声母主要是[ɦ]和零声母两种，只有"葵"字残留[b]声母读法，前文指出这种读法来源于[v]。根据后文对匣母读音的分析，[ɦ]声母来源于[ɦ]增生擦音[h]的音变，即[ɦ]＞[ɦ]。零声母的读法也跟[ɦ]有关，是[ɦ]的浊流消失的结果。砖墙方言群母的[ɦ]读法跟淳溪方言一致，但它还有

[βʰ]的读法，前文指出这种读音形式来源于[b]，淳溪方言"葵"读[bei²²]可作为直接的证明。另外，砖墙方言"狂"、"柜"也有读[βʰ]的情况，这可以反过来说明淳溪方言的这两个字早期也有读[b]的现象。

据蒋冰冰（2003）的字音材料，宣州吴语群母洪音字"葵柜共"有[ɣ]、[g]、[kʰ]、[h]、[ɦ]、[hʊ]等读法（"共"在裘公、南极、灌南、茅坦方言中读[ɣ]声母）。刘泽民（2005）、孙宜志（2009）、栗华益（2017）等均谈到都昌赣语群母零化现象，并对音变路径有所推测。栗华益认为群母零化是塞音弱化进而脱落的结果。结合宣州吴语和北部吴语群母的读音，显然[g]是群母在洪音前音变的起点，不过跟赣语不同，吴语[g]是清音浊流型塞音，声母本身不带音。我们认为宣州吴语群母在洪音前的早期读音形式也是清音浊流型的[g]，语音演变过程是：首先[g]弱化直至消失，但浊流成分保持，读成[ɦ]，如新正（属阳江镇）、湖阳（属当涂县）等地"狂"仍读[ɦ]声母，接着在下一步的发展过程中，各方言点走了不大相同的路径，有的增生擦音变成[hɦ]（进一步可清化为[h]），有的直接变成零声母（进一步可变成[v]或[ɣ]声母）[1]，有的变成强气流型的[ʊʰ]。具体的发展路径可概括为：

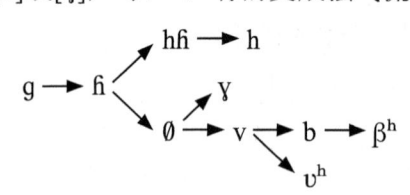

$$g \rightarrow ɦ \begin{matrix} \nearrow hɦ \rightarrow h \\ \searrow \varnothing \rightarrow v \begin{matrix} \nearrow \gamma \\ \rightarrow b \rightarrow \beta^h \\ \searrow \upsilon^h \end{matrix} \end{matrix}$$

高淳方言群母在细音前读舌面音声母，表4-5是淳溪、桠溪、砖墙三地的例字读音。

表4-5 高淳方言群母细音代表字的读音

	渠	距	球	舅	棋	桥	近
淳溪	ʑy²²	ʑy¹⁴	ʑʏ²²	ʑʏ¹⁴	ʑi²²	ʑiɔ²²	ʑiŋ¹⁴
桠溪	dʑy²¹³	tɕy⁵²	dʑiu²¹³	tɕiu⁵²	ʑi²¹³	dʑiɔ²¹³	tɕin⁵²
砖墙	ʑy³¹	ʑy²⁴	ʑʏ³¹	ʑʏ¹⁴	ʑi³¹	ʑiɔ³¹	ʑiŋ²⁴

据表4-5，高淳方言群母在今细音前的读音比较简单，均腭化为舌面音，按照读音类型可分为擦音和塞擦音两类。桠溪方言的群母字大部分都读塞擦音，跟北部吴语一致，有少数字读擦音，是受宣州吴语影响的结果。桠溪方言群母虽读塞擦音声母，但分清、浊，同样依据声调分化，平声字读浊声母，仄声字读清声母。属于宣州吴语的淳溪和砖墙方言群母以读擦音为主，细音前读舌面擦音。

有些发音人群母字发音受官话方言影响直接读成清塞擦音或清塞音声母，如淳溪：瘸 tɕʰya²²；固城：葵 kʰuei²¹；古柏：翘 tɕʰiɔ²¹。

---

[1] [∅]>[ɣ]的音变可以从影母的读音得到证明，当涂境内不少吴语方言点都存在影母字读[ɣ]声母的现象，如大陇镇新丰村方言"爱矮鸭"等字。

匣母中古拟音有[ɣ]、[ɦ]两种，有的学者把它看作南北差异，北方为[ɣ]，南方为[ɦ]（黄笑山1997）。官话方言的匣母大都按韵母洪、细演变为两类，洪音前读[x]，细音前读[ɕ]。匣母字在高淳方言中分化情况较为复杂，基本读音情况见表4-6中例字。

表4-6　高淳方言匣母代表字的读音

	鞋	杭	下	夏	形	现	华	护	湖
淳溪	ɦiɛ²²	ɦɑ̃²²	ɦia¹⁴/ʑia¹⁴	ʑia¹⁴	ʑiŋ²²	ʑɪ¹⁴	ua²²	fu²²	u²²
桠溪	ɦiɛ²¹³	ɦɑ̃²¹³	ha⁵²/ɕia⁵²	ha⁵²/ɕia⁵²	ʑiŋ²¹³	ɕɪ⁵²	ɦua²¹³	fu⁵²	ɦu²¹³
砖墙	ɦiɛ³¹	ɦiɑŋ³¹	ɦia²⁴/ʑia²⁴	ɦia²⁴/ʑia²⁴	ʑiŋ²²	ʑɪ¹⁴	ua³¹	fu²⁴	u³¹

根据表4-6，高淳方言少数匣母字有文白异读，文读为舌面擦音声母[ʑ]/[ɕ]，白读为喉擦音[ɦ]/[h]，如表中"下、夏"的读音。

表4-6显示，高淳方言匣母主要有[ɦ]、[ɦ]、[h]、[∅]、[ʑ]、[ɕ]、[f]七种读音类型，其中[ɦ]、[ɦ]、[h]只出现在洪音前，[ʑ]、[ɕ]只出现在细音前，这两类音属于条件分化。桠溪方言的[ɦ]和[h]、[ʑ]和[ɕ]属于按调值高低产生的清浊分化。匣母的[f]读法只出现在合口呼[u-]韵前，也是一种条件分化。显然根据条件分化出来的清音声母[h]、[ɕ]、[f]属于晚期音变，零声母的读法来源于[ɦ]，也属于比较晚近的现象。由此可见，高淳方言匣母较早时期的读音形式是[ɦ]、[ɦ]、[ʑ]。

跟零声母一样，桠溪方言的[ɦ]也只出现在合口呼韵母前，桠溪方言读[ɦ]声母的字在淳溪和砖墙方言中读零声母，显然两者之间有音变关系，即：[ɦ]＞[∅]/__[u-]。

自赵元任（1928）始，北部吴语匣母的音质多被描写为[ɦ]，实际上只代表浊流特征，并不是真正意义上的浊音声母。桠溪方言匣母读[ɦ]的性质与多数北部吴语方言一致，只代表韵母段的浊流特征。赵元任（1934）指出，带[ɦ]的元音发音时，气息从一开始就出现，一直延续到元音结束，形成一个气息元音。根据我们的观察，[ɦ]的音质不稳定，在北部吴语很多方言点都发生了增生擦音的音变现象。袁丹（2015）通过语音实验研究发现常熟、常州、海门方言的匣母在非高元音前存在音质差异，分别对应[ɦ]、[ʰɦ]、[hɦ]，它们代表了匣母字浊音清化的过程。袁文将吴语匣母的读音分为"不分型"和"两分型"，前者的匣母没有音质分化，一律读[ɦ]；后者的匣母在高元音前为[ɦ]，非高元音前为[hɦ]，她将主元音为[i]、[u]或者是以[i]、[u]为介音的复元音视作高元音，除此之外的为低元音。袁文认为匣母在高元音前没能增生清擦音的原因是：由于喉部收紧所产生的噪音，必须通过双唇收紧（u）或硬腭收紧（i），其强度也必然会削弱，而双唇收紧和硬腭收紧都没有这样的限制。因此，[u]如果要擦化的话，会擦化双唇，变成[u_β]，[i]则擦化在硬腭部位，变成[i_j]，而不会滋生出清喉擦音[h]来。袁文同时注意到两分型方言主要分布在宣州吴语太高小片和太湖吴语毗陵小片以及苏沪嘉小片的崇启海小片，这些地区位于吴语和江淮官话的交界地带，可能受到了北方官话（尤其是江淮官话）的影响，它们在借用官话方言读音的过程中根据自身条件进行了一些改造，如只有非高元音滋生清喉擦音段。

虽然北部吴语匣母增生擦音的情况只出现在非高元音前，但就高淳方言而言，匣母读擦音声母的情况也出现在前高元音前，只不过增生的是舌面擦音，如表4-6中"形、现"等，实际上高淳方言是洪音前（不包括合口呼）增生[ɦ]，细音前增生[ʑ]。

高淳吴语有的匣母合口呼韵母字也增生[ɦ]，我们认为这在很大程度上跟官话方言接触有关，属于官话方言影响下语音折合现象，如表4-7。

表4-7　高淳方言匣母部分合口字的读音

	胡	怀	惠	或	河
淳溪	u^{22}	ɦiue^{22}	ɦiuei^{14}	ɦiuɑ^{13}	ɦiʊ^{22}
固城	hu^{21}	ɦiue^{21}	uei^{25}	ɦiuɑ^{13}	ɦiʊ^{21}
古柏	u^{21}	ɦiue^{21}	ɦiuei^{14}	ɦiuə^{13}	ɦiʊ^{21}

综合以上分析，高淳方言匣母读音演变过程如下：

ɦ → ɦi（洪音前）→ h（桠溪，高调值的仄声字）
ɦ → ʑ（细音前）→ ɕ（桠溪，高调值的仄声字）
ɦ → ∅（合口呼前）→ ʑ（砖墙）

高淳方言的匣母还可以读唇齿清擦音[f]，如表4-6中"护"字。唇齿擦音[f]是如何产生的呢？要解决这个问题，我们需要进一步扩大考察范围。调查发现，高淳方言中晓母和微母部分字也有读[f]的现象，如晓母：花fa^{55}阳江｜虎fu^{33}淳溪｜灰fei^{55}古柏｜谎fɑ̃^{45}桠溪；微母：巫fu^{55}淳溪｜武fu^{55}淳溪｜务fu^{24}漆桥。这种现象说明匣母读[f]并非孤立现象。

晓母中古音为清舌面后擦音[x]，现代汉语官话方言大都延续这种读音。北部吴语的晓母大体上有舌面擦音[x]和喉擦音[h]两种。高淳方言晓母的读音也基本上按声母洪、细分化，洪音前读[h]，细音前读[ɕ]。从分布环境来看，读[f]的晓母字只出现在原合口呼韵母前，这显然是一种条件音变，音变规则是：[h]＞[f]/__[u-]。世界语言中[h]在[u-]前变唇齿擦音的情况非常普遍，如英语*koχχian＞cough。这种音变的原理是：圆唇元音[u]有唇部和喉部两个收紧点，而软腭擦音[x]和喉擦音[h]在喉部或接近喉部，两者组合发音时，[h]、[x]的收紧特征被掩盖，擦音特性突显，与[u]的唇部收紧特性结合，变成唇齿擦音[f]。与晓母一致，高淳方言匣母的[f]也来自[h/ɦ]。

由[h]＞[f]的音变能够解释晓匣母字读[f]的问题，因为晓匣母都有读[h]的现象，但不能解释微母读[f]的问题，因为微母没有读[h]的现象。读[f]声母的微母字也都是合口呼韵母的字，这些合口呼韵母的零声母字早期并非是纯粹零声母，韵母前往往有一个比较短的[v]声母，由于这个[v]比较微弱，就容易演变成唇齿清擦音声母[f]。苏南（如无锡、苏州、常州、宜兴、溧阳等）吴语微母字读[v]声母的现象从一个侧面证明了这种音变现象的可能性。综合来看，高淳方言微母读唇齿擦音的演变路径可能是[v]＞[f]/__[u-]。

5. 古泥来母的读音演变

高淳方言古泥来母字的主体读音形式为鼻音、边音，其中鼻音声母在洪音前读[n]，在细音前读[ȵ]，属于条件音变，音系上统一处理为[n]。汉语方言古泥来母的读音问题主要是二者的分混，江淮官话、西南官话、赣语、湘语及部分闽语、粤语、西北官话大都属于泥来母相混型的方言，而多数官话方言和部分南方方言（如吴语）则属古泥来母读音不混型的方言。高淳方言古泥来母的读音举例见表4-8。

表4-8 高淳方言古泥来母字读音举例

	脑	老	耐	赖	年	连	娘	粮
淳溪	nɔ⁵⁵	lɔ⁵⁵	nɛ³⁵	lɛ³⁵	nɪ²²	nɪ²²	niã²²	niã²²
桠溪	nɔ⁴⁵	lɔ⁴⁵	nɛ³²	lɛ³²	nɪ²¹³	lɪ²¹³	nie²²	nie²²
砖墙	nɔ⁵⁵	lɔ⁵⁵	nɛ²⁴	lɛ²⁴	nɪ³¹	lɪ³¹	niaŋ³¹	liaŋ³¹

表4-8显示，高淳方言古泥来母的读音分为两种类型：淳溪为一类，泥来母洪音不混，来母细音混入泥母；桠溪、砖墙为一类，泥来母不混。高淳方言中，属于淳溪型的方言点还有阳江、古柏，属于桠溪、砖墙型的还有漆桥、固城、东坝、定埠。从分布范围来看，泥来母不混型占有优势地位，这说明高淳虽处于吴语的边缘地带，且与江淮官话直接接触，但总体上，泥来母的读音分混类型仍与主流吴语保持一致。从另外一个方面来说，高淳地区早期应该都属于泥来母不混型的方言区。

那么淳溪型的来母细音混入泥母的读音是如何形成的呢？从音变动因上分析，音变的类型有自源性音变和接触式音变两种，前者通常都能从语音内部找到规律，后者一般无法利用音变规则进行解释。淳溪型是接触式音变还是自源性音变呢？如果是前者，则接触源应是与高淳吴语直接毗连的江淮官话，以南京[1]、马鞍山、芜湖等方言为例，这些方言都是泥来母读音相混，具体来说是有条件相混，即泥母和来母洪音字读[l]，细音字读[n]。以马鞍山为例，它和淳溪方言泥来母的读音分化类型见表4-9。

表4-9 淳溪、马鞍山方言泥来母的分化类型

	泥洪	泥细	来洪	来细
淳溪	n	n	l	n
马鞍山	l	n	l	n

---

[1] 赵元任（1929）在《南京音系》中指出"[l]母略带鼻音，碰到[i]、[y]音时几乎变成[n]"。

如果淳溪型是方言接触的结果，有两个问题难以解释：（1）为何只有来母细音演变为[n]，而泥母洪音没有因接触演变为[l]？（2）扩大考察范围，我们发现，位于高淳西部、北部的马鞍山（如博望）、当涂（如湖阳、新丰）、溧水（如和凤、晶桥）地区的吴语仍保持泥来母不混的特点，如果淳溪型是方言接触结果，不能解释为何这些更靠近江淮官话的方言却没有来母细音混入泥母的现象。从语言演变的角度来说，接触式音变较少受语音条件的限制，而自源性音变大都能找到音变的条件，所以，淳溪型更像是一种自源性音变，音变的条件是韵母为细音（前、高元音），即：

[l] > [n] / _ [+ front + high V]

由桠溪型到淳溪型，音变的过程见表4-10。

表4-10　桠溪型到淳溪型泥来母的音变过程

桠溪型	泥洪	n	=	泥洪	n	淳溪型
	泥细	n	=	泥细	n	
	来洪	l	=	来洪	l	
	来细	l	>	来细	n	

桠溪型的泥母和来母洪音到淳溪型的泥母和来母洪音是继承关系，桠溪型的来母细音到淳溪型的来母细音是演变关系。来母在细音前读鼻音的现象在泥来不分的方言中相当普遍，冯法强（2014）从音理上说明了来母在细音前更容易变成鼻音，杨苏平（2015）的考察则说明泥来母混读型方言的演变始于细音字。

以上分析的是高淳方言来泥来母的主体读音形式，除主体读音外，泥来母还有一些例外字，这些例外字的读音大多都是方言接触的结果，具体情况如下。

例外1：泥母洪音字读[n]声母的方言中，有一些读[l]声母的例外字，最常见的是"糯农浓脓怒"几个合口呼韵母的字。这种读法是受江淮方言泥母洪音字读[l]声母的影响。

例外2：在阳江、古柏等镇，来母细音的主体读音是[n]，但有一些读[l]的例外字，如阳江的"淋吝灵"，古柏的"辽料懒"。造成这种读音的可能性有两种，一是[l] > [n]音变过程的残余，二是周边方言影响下的回头音变。第一种的可能性较小，因为[l] > [n]的音变过程中如果有残余形式的话，通常是一些非常用字，但"蓝乱零灵料"均是比较常用的。此外，同类声母字读两种类型的可能性较小，如古柏的"兰"读[n]，"蓝"读[l]，明显"蓝"的读法跟接触相关。

例外3：新正、桠溪等地来母细音字的主体读音是[l]，但"略掠"两字都读[n]声母。这两个字都是书面色彩较浓的非口语字，其读音形式应是淳溪型方言和江淮官话来母细音读[n]影响的结果。

例外4：部分方言点来母洪音字都读[l]声母，但"论仑伦轮冷"等字读[n]声母。这种读音的出现是有条件的，"论仑"为臻摄合口一等魂韵字，"伦轮"为臻摄合口三等谆韵字，"冷"为梗摄开口二等庚韵字。这几个字在该区方言中韵母形式相同，为[ən]或[əŋ]，因此"论仑伦轮冷"读[n]声母应是一种条件音变，即[l]>[n]/__[əN]，这种音变属于语音内部的调整。

上述四种例外之中，前三种都在不同程度上跟方言接触有关，只有第四种属于自源性音变。这说明高淳方言泥来母字的主体读音大都属于吴语型，但江淮官话的影响已经渗透到高淳方言的内部，造成一些例外读音。

除了鼻边音之外，该区古泥来母还有一些特殊的读音类型，主要是"女、泥、吕、旅"以及蟹摄开口三四等祭齐韵（以"礼"字为代表）和止摄开口三等支脂之韵字（以"利"字为代表），具体读音情况见表4-11。

表4-11　高淳方言泥来母的特殊读音举例

	女	泥	吕	旅	礼	利
淳溪	ṇ^{55}	ṇ^{22}	y^{55}	y^{55}	l̩^{55}	l̩^{35}
桠溪	ny^{45}	ni^{213}/ṇ^{213}	y^{45}	y^{45}	əl̩^{45}	əl̩^{32}
砖墙	ṇ^{55}	ṇ^{31}	y^{55}	y^{55}	l̩^{55}	l̩^{24}

据表4-11，高淳方言"女、泥、吕、旅、礼、利"的具体读音情况如下：

（1）"女"、"泥"的读音。"女"有[ny]和自成音节[ṇ]两种读音形式。其中[ṇ]的读法分布最广，包括砖墙、新正、阳江、淳溪、古柏、固城等。宣州吴语茅坦、茂林、厚岸也读成[ṇ]（参看蒋冰冰2003：93），茅坦属贵池，茂林、厚岸属泾县，这些方言点基本上都在铜泾小片和太高小片境内，因此"女"字读自成音节的[ṇ]应该是铜泾小片和太高小片吴语共有的特征。"女"字自成音节无疑是韵母脱落的结果，即[ny]>[ṇ]。

"泥"字读音除鼻音声母外，还有[ṇ]的读音，显然，自成音节是韵母[i]脱落的结果，即[ni]>[ṇ]。"泥"自成音节的现象在高淳所有方言点均有分布。与"女"字读[ṇ]的情况相似，宣州吴语茂林、厚岸的"泥"也读[ṇ]，从地理分布上看，"泥"字读自成音节的[ṇ]也应该是铜泾小片和太高小片的共性特征。

（2）"吕"、"旅"的读音。来母字"吕"、"旅"在高淳方言中读零声母。宣州吴语的庄村、灌口、茅坦等地的"吕"也读零声母，三地均属太高小片。这说明"吕"、"旅"读零声母可能是太高小片及毗邻地区的语音特征。

（3）"礼"、"利"的读音。高淳方言来母字读音的另一个特别之处是蟹摄开口三四等祭齐韵和止摄开口三等支脂之韵字（即普通话读[i]韵的来母字）自成音节，读[l̩]，这种边音自成音节的现象显然是元音[i]丢失的结果，即[li]>[l̩]。边音自成音节的方言点除了高淳外，与之邻接的当涂、溧水、宣城地区也有分布。从地理空间来看，中心在高淳区，高淳南部邻接的宣城狸桥则有[li]、[l̩]两种读音形式，北部邻接的溧水和凤镇是止摄开口三等支脂之韵读[l̩]，蟹摄开口三四等祭齐韵有

[li]、[l̩]两种读音形式，西部邻接的当涂大陇镇是止摄开口三等支脂之韵读[l̩]，蟹摄开口三四等祭齐韵读[li]，这种读音分布不均衡的现象表明，边音自成音节在地理上是以高淳为中心向外扩散的。淳溪方言[l̩]在桠溪方言中读成[°l̩]，属于进一步的演变。

6. 古明疑日喻影母的读音演变

古次浊声母包括"明、微、泥、来、日、疑、喻"七个。其中"微、泥、来"母上文已论。高淳方言明母基本上延续中古唇音[m]，个别字因后接高元音韵母而变读成音节[m̩]，如"亩、母、弥"。疑母古音拟作[ŋ]，该声母在高淳方言中的读音举例见表4-12。

表4-12　高淳方言疑母读音举例

	鹅	吴	鱼	倪	熬	验	元
淳溪	ʊ²²	u²²	y²²/n̩²²	n̩²²	ŋɔ²²	nɪ³⁵	ʏ²²
桠溪	ŋʊ²¹³	u²¹³	ny²¹³	ni²¹³	ŋɔ²¹³	nɪ³²	niu²¹³
砖墙	ŋʊ³¹	u³¹	n̩³¹	l̩³¹/n̩³¹	ŋɔ³¹	nɪ²⁴	ʏ³¹

根据表4-12，高淳方言疑母有三种主要语音形式：[∅]、[ŋ]、[n]。其中读零声母是最常见的形式，可见高淳方言的疑母字基本上都已经清化了。高淳方言残留少量读[ŋ]声母的疑母字，主要是在低元音前。除[ŋ]外，疑母在高淳方言中主要有两种演变方向，一是变成零声母，二是在细音前变成鼻音声母[n]。疑母变读零声母跟官话方言的影响有关，而变读鼻音声母[n]则是自身语音发展的结果，这种自发音变只发生在三四等字，是由高元音[i]、[y]引起的腭化音变。个别疑母字在高淳部分方言点读成音节[n̩]，如淳溪方言"倪霓宜谊疑"等，这是韵母脱落的结果。疑母字"吴蜈"在阳江、固城发音人口中读[fu²]，此读当属比较晚近的音变现象，跟前文微母读[f]的演变规律一致。

喻母在高淳西部方言中的主体读音形式是零声母，东部残留[ɦ]声母。漆桥等镇个别喻母字读[f]声母，如"维惟唯"，这种音变跟前文微母读[f]的情况也是一致的。值得注意的是桠溪方言中通摄合口三等舒声字以及梗摄合口三等云母字读[ʅ]声母，如"容勇用孕赢"等。

影母是清音声母，在多数汉语方言中读零声母音节，高淳方言影母的主体读音也是零声母，但有少数影母字在一些方言点读浊鼻音[ŋ]，如表4-13。

表4-13　高淳方言影母读[ŋ]举例

	淳溪	古柏	漆桥	砖墙	定埠
丫	ŋa⁵⁵	ŋa⁵⁵	ŋa⁵⁵	ia⁵⁵	a⁴⁵
袄	ŋɔ³²	ɔ⁴²	ŋɔ⁵⁵	ŋɔ⁴³⁵	ŋɔ³²⁴
欧	ŋei⁵⁵	ŋei⁵⁵	ŋei⁵⁵	əi⁵⁵	ŋei⁵⁵

高淳部分方言点的少数影母字读浊鼻音声母[ŋ]并非孤立现象，宣州吴语的其他部分方言点也有类似读音，如南陵(蒋冰冰2003)：哀ŋɛ̃¹ | 爱ŋɛ⁵。影母读[ŋ]的现象主要发生在舌位较低的韵母之前（高淳方言[ei]在[ŋ]后的实际音质是[əi]），舌位较高的韵母之前一般不读鼻音声母，这说明影母读鼻音声母是一种条件音变。宣州吴语铜泾小片有一些方言点的个别影母字读软腭擦音[ɣ]，如当涂大陇镇：矮ɣɛ⁴⁴。这种软腭擦音也出现在低元音前。可见影母读[ŋ]、[ɣ]一种条件音变，音变公式为：[∅] > [ŋ/ɣ]/__[-high V]。[ŋ]、[ɣ]都是软腭音，一个是软腭鼻音，一个是软腭擦音，发音部位接近。从发音上来说，软腭擦音发音时舌面中后部上抬，接近软腭，同时鼻腔通路关闭，发音时形成摩擦；软腭鼻音发音时舌面后部上抬与软腭接触形成阻塞，同时鼻腔通路打开，气流从鼻腔发出。从音理上说，[ŋ]更像是[ɣ]的强化形式。影母读[ŋ]在高淳地区目前只是一种语音残留，受强势官话的影响，后期很可能再变回零声母音节。

高淳方言日母的读音比较复杂，常见例字的读音见表4-14。

表4-14 高淳方言日母字读音举例

	人	绕	让	如	耳	绒	热	肉
淳溪	zəŋ²²/niŋ²²	niɔ¹⁴	zã¹⁴	zu²²	l̩⁵⁵/n̩⁵⁵	yŋ²²	nie¹³	mie¹³
桠溪	ȵəʔ²¹³/nin²¹³	niɔ³²	niɛ³²	lu²²	ɻ̍⁵⁵	loŋ²²	nieʔ⁴²	nyəʔ⁴²
砖墙	zəŋ²²/nin²²	lɔ³²	niaŋ⁴³⁵	zʮ³¹/ʮ³¹	l̩⁵⁵/n̩⁵⁵	yŋ²²	nieʔ³¹	mieʔ³¹

单从表4-14中的例字读音来看，淳溪、桠溪、砖墙三地"人"有文白异读，[n]声母是白读，[z]、[ɻ]是文读，由此我们可以推测，凡读[n]声母的均为白读层。淳溪、砖墙方言"耳"有白读层[n̩]读法，这是[ni]韵母脱落的结果。"耳"的[l̩]、[°l̩]读法也属文读层，跟上文来母读[l]、[°l]的现象一致，是由于语音接近而产生的合流现象。桠溪、砖墙有少数日母读[l]声母的现象，这种读音的来源目前还不是很清楚，也许是因为方言中没有官话方言的[z]声母所采取的替代策略。"肉"的读音比较特殊，除桠溪地区以外，高淳其他地方都读[mie]，声韵均不合本地方言的读音规律，这可能属于声母[n] > [m]的演变，但目前还没有足够的材料可以证明。

4.1.2 古清声母的读音演变

1. 见精组的读音演变

见组声母古为舌根音，精组声母古为舌尖音，在多数汉语方言中，见组清声母的"见、溪"母和精组清声母的"精、清、心"母在今细音前发生腭化音变，在今洪音前仍保留原来的读音形式。高淳方言"见、溪、精、清、心"母的主要读音类型跟官话方言和北部吴语基本一致：见组在细音前腭化为[tɕ]、[tɕʰ]，洪音前仍读

[k]、[kʰ]；精组在细音前也腭化为[tɕ]、[tɕʰ]，洪音前保留[ts]、[tsʰ]、[s]读法。除此之外，这两组清声母也有一些特别的演变，具体情况是：

（1）部分方言点如果遇摄舌尖化为[ɿ]/[ʮ]，则与之相配的见组声母的实际音质变为舌叶音[tʃ]、[tʃʰ]、[ʃ]，在处理音系时，一般归入[ts]组或[tɕ]组，存在此类读音的方言点有阳江、漆桥、古柏、固城、东坝、定埠，如阳江：居tʃʮ⁵⁵ | 区tʃʰʮ⁵⁵ | 苏ʃʮ⁵⁵。

（2）多数方言点有一些合口三四等原读[y-]韵的字演变成合口呼韵母，这些字的声母也相应地变成舌尖塞擦音声母[ts]、[tsʰ]，如"决菊犬军"等，这种读音也是由韵母的音变导致的，以见组声母为主。具有这种读音的方言点主要分布在高淳东部，如漆桥、东坝、桠溪、定埠等，举例见表4-15。

表4-15 高淳方言部分见溪母字的读音

例字	劝	鹃	犬	军	顷	菊	决	橘
淳溪	tɕʰY³⁵	tɕY⁵⁵	tɕʰY³²	tɕyŋ⁵⁵	tɕʰyŋ³²	tɕyeʔ³²	tɕyɛʔ³²	tɕyɛʔ³²
东坝	tsʰuəi⁴³⁵	tsuəi⁵⁵	tsʰuəi⁴²	tsuən⁵⁵	tsʰuən⁵⁵	tsuəʔ³¹	tsuəʔ³¹	tsuəʔ³¹
桠溪	tsʰuei³²	tsuei⁴⁵	tsʰuei⁵⁵	tsuən⁴⁵	tsʰuən⁵⁵	tɕyəʔ⁵⁵	tɕyəʔ⁵⁵	tɕyəʔ⁵⁵

（3）受官话方言影响，"溪"在古柏、固城读擦音声母[ɕ]或者进一步舌尖化为[s]。"去"在多数方言点都有文白读，文读音为塞擦音声母[tɕʰ]/[tʃʰ]，白读音为[kʰ]，"去"的声母主要是跟着韵母变，声母的不同是韵母不同引起的，详细讨论见后文4.2.3。

（4）与邻接的江淮官话一样，高淳方言部分见系麻韵二等字存在文白异读现象，文读音的声母是[tɕ]，白读音的声母是[k]，以淳溪方言为例，文白异读的例字见表4-16。

表4-16 淳溪方言见系二等文白读举例

例字	家	假	价	介	界	解	绞	搅	监	间	讲
文读	tɕia⁵⁵	tɕia³³	tɕia³⁵	tɕie³⁵	tɕie³⁵	tɕie³³	tɕiɔ³³	tɕiɔ³³	tɕie⁵⁵	tɕi⁵⁵	tɕiã³³
白读	ka⁵⁵	ka³³	ka³⁵	ke³⁵	kɛ³⁵	kɛ³³	kɔ³³	kɔ³³	kɛ⁵⁵	kɛ⁵⁵	kã³³

（5）山摄合口二等删韵"关、惯"二字在高淳地区有[kuɛ]、[kye]、[tɕye]三种声韵形式，见表4-17，这些读音体现了ku->ky->tɕy-的完整音变过程。

表4-17 高淳方言"关、惯"的读音

	淳溪	古柏	阳江	砖墙	固城	漆桥	东坝	桠溪	定埠
关	tɕye⁵⁵	tɕye⁵⁵	tɕye⁵⁵	tɕye⁵⁵	kye⁵⁵	kye⁵⁵	kye⁵⁵	kuɛ⁴⁵	kuæ̃⁴⁵
惯	tɕye³⁵	tɕye⁴⁵	tɕye³⁵	tɕye⁴³⁵	kye⁴⁵	kye⁴⁵	kye⁴³⁵	kuɛ³²	kuæ̃³²

精组清音声母包括"精、清、心"三母。就主体读音而言，高淳方言精组声母在今开口、合口呼前读舌尖前塞擦音和擦音，在今齐齿、撮口呼前读舌面前塞

擦音和擦音。各方点有差异的读音表现在遇摄字、蟹摄祭齐韵字、流摄字和山摄部分字，以淳溪、漆桥、固城、桠溪方言为例，部分"精、清"母例字的读音见表4-18。

表4-18 高淳方言精清母例字的读音

例字	祖	取	挤	妻	赞	灿	钻
淳溪	tsu⁵⁵	tɕʰy³³	tɕi³³	tɕʰi⁵⁵	tɕie³⁵	tɕʰie³⁵	tɕʏ⁵⁵
漆桥	tsʅ⁵⁵	tsʰʅ⁴¹	tɕi⁴¹	tɕʰi⁵⁵	tɕie⁴⁵	tɕʰie⁴⁵	tsei⁵⁵
固城	tsʅ⁴²	tsʰʅ⁴²	tsʅ⁴²	tsʰʅ⁵⁵	tɕie⁴⁵	tɕʰie⁴⁵	tsei⁵⁵
桠溪	tɕy⁴⁵	tɕʰy⁵⁵	tɕi⁵⁵	tɕʰi⁴⁵	tse⁵⁵	tsʰe³²	tsei⁴⁵

就精母、清母而言，遇摄字在桠溪方言中多读舌面前声母[tɕ]、[tɕʰ]，因为韵母读[y]，声母也相应地腭化为舌面音。蟹摄祭齐韵在固城方言中高化为舌尖前韵母，声母也随之高化为舌尖前音。流摄字的声母有两种，一是舌尖前音声母，二是舌面前音声母，这跟韵母的读音类型有关。高淳西部山摄一等寒桓韵字因韵母产生[i]介音或变成撮口呼韵母[ʏ]，声母也产生腭化音变。就语音层次而言，精清母读舌尖音声母[ts]、[tsʰ]是中古的历史层次，而读[tɕ]、[tɕʰ]则是中古以后的历史层次。心母的情况跟精、清母基本一致，今开口呼、合口呼前读舌尖前音声母，齐齿呼、撮口呼前读舌面前音声母。心母在各方言点中读音也有分歧，分化规律跟上述精清母基本是一致的，此不赘述。

2. 知庄章组的读音演变

知庄章组清声母包括"知彻庄初生章昌书"八个。高淳方言知系声母的突出特点是没有舌尖后音，只有舌尖前音，跟北部吴语一致。高淳方言知系清声母的读音分化规律与精组一样，开口呼、合口呼前读舌尖前音[ts]、[tsʰ]、[s]，齐齿呼、撮口呼前读舌面前音[tɕ]、[tɕʰ]、[ɕ]。从地域差异来看，可依据遇摄、流摄、咸摄、山摄、臻摄、宕摄字的读音分为不同的片区：遇摄字西部基本都读舌尖音声母[ts]组，东部的桠溪则以读舌面前声母[tɕ]组为主；流摄字在淳溪、阳江方言中读舌尖前音声母[ts]组，其他方言点以读舌面前音声母[tɕ]组为主；咸摄字除定埠读舌尖前音声母[ts]组外，其他方言点读舌面前音声母[tɕ]组；山摄字西部读舌面前音声母[tɕ]组，东部桠溪、定埠以读舌尖前音声母[ts]组为主，少数读舌面前音[tɕ]组，过渡地带漆桥镇山摄开口以读舌面前音[tɕ]组为主，合口以读舌尖前音[ts]组为主；臻摄部分字多数方言点以读[ts]组为主，但各地均有少数字读[tɕ]组；宕摄知母舒声字、章组舒声字西部读[ts]组，东部则大多数读[tɕ]组。上述读音分化情况举例见表4-19。

表4-19　高淳方言知庄章组清声母读音举例

韵摄	遇			流			咸		
例字	猪	楚	疏	昼	丑	搜	沾	搀	闪
淳溪	tsu⁵⁵	tsʰu³³	su⁵⁵	tsei³⁵	tsʰei³³	sei⁵⁵	tɕɪ⁵⁵	tɕʰie⁵⁵	ɕɪ³³
漆桥	tsʮ⁵⁵	tsʰʮ⁴¹	sʮ⁵⁵	tɕʏ⁵⁵	tɕʰʏ³²	ɕʏ⁵⁵	tɕɪ⁵⁵	tɕʰie⁵⁵	ɕɪ⁴¹
古柏	tsʮ⁵⁵	tsʰʮ⁴²	sʮ⁵⁵	tsei⁴⁵	tɕʰʏ⁴²	ɕʏ⁵⁵	tɕɪ⁵⁵	tɕʰie⁵⁵	ɕɪ⁴²
固城	tsʮ⁵⁵	tsʰʮ⁴²	sʮ⁵⁵	tɕʏ⁴⁵	tɕʰʏ⁴²	ɕʏ⁵⁵	tɕɪ⁵⁵	tɕʰie⁵⁵	ɕɪ²⁵
东坝	tsʮ⁵⁵	tsʰʮ⁴²	sʮ⁵⁵	tɕʏ⁴⁵	tɕʰʏ⁴³⁵	ɕʏ⁵⁵	tɕɪ⁵⁵	tɕʰie⁵⁵	ɕɪ⁴²
阳江	tsʮ⁵⁵	tsʰʮ³²	sʮ⁵⁵	tsei³⁵	tsʰei³²	sei⁵⁵	tɕɪ⁵⁵	tɕʰie⁵⁵	ɕɪ³²
砖墙	tsʮ⁵⁵	tsʰʮ⁴³⁵	sʮ⁵⁵	tɕʏ⁴³⁵	tɕʰʏ⁴³⁵	səi⁵⁵	tɕɪ⁵⁵	tɕʰie⁵⁵	ɕɪ⁴³⁵
桠溪	tɕy⁴⁵	tɕʰy⁵⁵	ɕy⁴⁵	tɕiu³²	tɕʰiu⁵⁵	ɕiu⁴⁵	tɕɪ⁵⁵	tɕʰie⁴⁵	ɕɪ⁵⁵
定埠	tsʮ⁴⁵	tsʰʮ⁴⁵	sʮ⁴⁵	tɕʏ⁴⁵	tɕʰʏ⁵⁵	ɕʏ⁴⁵	tsã⁴⁵	tsʰã⁴⁵	sã⁵⁵

韵摄	山			臻			宕		
例字	盏	铲	专	珍	春	舜	帐	厂	伤
淳溪	tɕie³³	tɕʰie³²	tɕʏ⁵⁵	tsəŋ⁵⁵	tsʰuəŋ⁵⁵	ɕyŋ³⁵	tsã³⁵	tsʰã³²	sã⁵⁵
漆桥	tɕie⁴³⁵	tɕʰie⁴¹	tsuei⁵⁵	tsən⁵⁵	tsʰuən⁵⁵	ɕyn⁴⁵	tsã⁴⁵	tsʰã²¹³	sã⁵⁵
古柏	tɕie⁵⁵	tɕʰie⁴²	tɕʏ⁵⁵	tsəŋ⁵⁵	tsʰuəŋ⁵⁵	ɕyn²¹	tsã⁴⁵	tsʰã⁴²	sã⁵⁵
固城	tɕie⁵⁵	tɕʰie⁴²	tsuei⁵⁵	tsən⁵⁵	tsʰuən⁵⁵	ɕyn⁵⁵	tsã⁴⁵	tsʰã⁴²	sã⁵⁵
东坝	tɕie⁵⁵	tɕʰie⁴²	tsuəi⁵⁵	tsən⁵⁵	tsʰuən⁵⁵	suən²⁴	tsã⁴³⁵	tsʰã⁴²	sã⁵⁵
阳江	tɕʰie⁵⁵	tɕʰie³²	tɕʏ⁵⁵	tsən⁵⁵	tsʰuən⁵⁵	ɕyn³⁵	tsã³⁵	tsʰã³²	sã⁵⁵
砖墙	tɕie⁵⁵	tɕʰie⁴³⁵	tɕʏ⁵⁵	tsəŋ⁵⁵	tsʰuəŋ⁵⁵	suəŋ³¹	tsaŋ⁴³⁵	tsʰaŋ⁴³⁵	saŋ⁵⁵
桠溪	tɕie⁵⁵	tsʰɛ⁵⁵	tsuei⁵⁵	tsən⁵⁵	tsʰuən⁴⁵	suən³²	tɕie³²	tɕʰie⁵⁵	ɕie⁴⁵
定埠	tsæ⁵⁵	tɕʰiæ⁵⁵	tsuei⁴⁵	tsən⁵⁵	tɕʰyn⁴⁵	ɕyn³²	tɕie³²	tɕʰie⁵⁵	ɕie⁴⁵

总体而言，知庄章组字的声母以读舌尖前音[ts]组为主，读[tɕ]有两个主要原因。一是由于韵母的撮口化所致，如阳江：川tɕʰʏ⁵⁵。固城：准tɕyn⁴²。淳溪：舜ɕyŋ³⁵。二是由于韵母的齐齿化所致，如淳溪：者tɕie³³。桠溪臭tɕʰiu³²。阳江：陕ɕɪ³²。总之，知庄章组声母的腭化是由于韵母的音变所引起的。

4.2　韵母的读音演变

本节讨论高淳方言韵母的读音及演变问题。中古韵母分十六摄，其中效摄在高淳方言中的读音比较简单，本节略去不论。高淳方言入声韵的主要特点有两个：一是西部阳入字舒化,二是有比较明显的韵类合并现象。相对舒声韵来说,入声韵的发展也比较简单,因此,本节也不涉及入声韵问题。

4.2.1 果摄的读音演变

果摄字分一、三等,且有开合口的分别,三等字很少,常用的只有"茄、瘸、靴"三字。果摄一等开合口在北部吴语和江淮官话地区大都合流,高淳方言亦是如此,但跟周边吴语和官话相比,高淳方言果摄的主元音发生了高化音变,音质为[ʊ],以淳溪、砖墙、桠溪为例,一等歌戈韵的读音情况见表4-20。

表4-20 高淳方言果摄一等字的读音举例

例字	多	左	贺	波	妥	坐	课
淳溪	tʊ^{55}	tsʊ^{33}	hfiʊ^{14}	pʊ^{55}	tʰʊ^{33}	zʊ^{14}	kʰʊ^{35}
砖墙	tʊ^{55}	tsʊ^{435}	hfiʊ^{24}	pʊ^{55}	tʰʊ^{435}	zʊ^{24}	kʰʊ^{435}
桠溪	tʊ^{45}	tsʊ^{55}	hʊ^{52}	pʊ^{45}	tʰʊ^{55}	sʊ^{52}	kʰʊ^{32}

与高淳南部邻接的宣城边界地区的吴语果摄读[o],如水阳、北山、狸桥;与高淳东部邻接的溧阳地区和北部的溧水地区部分方言点果摄读[əu];西部邻接的当涂地区读[u]。可见高淳及周边地区吴语果摄是沿着高化、裂化的路径发展的,即[o]＞[ʊ]＞[u]＞[əu]。

果摄元音高化后有和其他韵摄合流的现象,郑伟(2013)根据合流类型将吴语果摄读音分为苏州型、绍兴型、无锡型、宁海型、常熟型、遂昌型、金华型七种,苏州型的特点是歌、模合流,其中有些方言的果摄只跟模韵帮组字合流,如宜兴、金坛、常州等。高淳方言歌戈、模韵合流的情况与邻接的毗陵小片相同,果摄与模韵明母字合流,多数方言点模韵精组的"做、错"二字也与果摄合流。

宁海型、常熟型、遂昌型都存在果摄和流摄合流的问题,宁海和遂昌是歌、侯合流,常熟是歌、尤合流。高淳方言流摄侯韵有[ei]、[ɤ]两种读音,尤韵读[ɤ/iu],各方言点均不存在果摄与流摄合流的现象。值得注音的是流摄帮系的读音往往与其他声母不同而与果摄同韵,造成一定程度的果摄、流摄合流,如淳溪:磨$_{石\sim}$ = 贸 mʊ^{35},这种合流另当别论。

跟多数汉语方言一致,高淳方言果摄端系部分字读[a]韵,如"他、大$_{文}$、哪"等。"大"字除了有[ta]的文读音外,还有[dʊ^6]$_{老大}$、[dɛ^6]$_{大麦}$的白读层读音。

果摄开口三等字"茄",高淳口语中一般不用,"茄子"在高淳地区称为"落苏"(跟上海方言一致),"番茄"则大都称为"洋柿子"、"西红柿"或"洋落苏"。果摄合口三等字"瘸"字的韵母一般跟着"靴"字走,但口语中也不常用,"瘸子"在高淳方言中一般说"脚拐郎"。"糯米"的"糯"在高淳方言中读为阳声韵，这个字在调查字表是根据《集韵》所收的字，也与主体读音不一致。"茄、瘸、靴、糯"四个字在高淳方言中的读音见表4-21。

表4-21　高淳方言"茄、瘸、靴、糯"的读音

	淳溪	阳江	砖墙	固城	东坝	古柏	漆桥	桠溪
茄	tɕia55	tɕia55	tɕia55	tɕia55	tɕia55	tɕia55	tɕia55	tɕia45
瘸	tɕʰya22	ʑya22	tɕia31	tɕia21	tɕʰya21	tɕia21	tɕʰya21	tɕiaʔ55
靴	ɕya55	ɕya55	ɕya55	ɕya55	sua55	ɕya55	sua55	sua45
糯	nəŋ35	nəŋ35	nəŋ24	nəŋ32	nəŋ32	nəŋ55	noŋ42	noŋ32

表4-21显示，高淳方言"茄"字读[tɕia¹]，这种读音应该是根据"加"的读音类推出来的。"瘸"字有[tɕia]、[tɕʰya]、[tɕiaʔ⁵⁵]、[ʑya]四种读音形式，其中[tɕia]的读法也跟"加"有关，"瘸"字韵母为[ya]的方言点最多。高淳方言果摄合口三等字"靴"有[ɕya]、[sua]两种声韵形式，两者之间可能属于音变关系。"瘸、靴"的韵母都有读[ya]的现象，这种读音应该是本地形式。"糯"有"奴乱切"和"奴卧切"两个音韵地位，高淳方言的读音形式应该来自奴乱切，其中[əŋ]、[oŋ]有音变关系，即[oŋ]＞[əŋ]。

4.2.2　假摄的读音演变

假摄只有麻韵，分开口二、三等和合口二等。高淳方言假摄主元音为[a]，与《切韵》时代的读音同类。

高淳方言麻韵见系二等字有文白异读现象（各方言点辖字数量不等），文读为[ia]，白读为[a]，白读保留的是早期读音，以淳溪方言为例，例字见表4-22。

表4-22　高淳方言见系二等麻韵的文白读例字

	家	嫁	价	牙	虾	下	桠
文读	tɕia55	tɕia35	tɕia35	ia22	ɕia55	ʑia14	ia55
白读	ka55	ka35	ka35	ŋa22	ha55	ɦfia14	ŋa55

高淳方言假摄合口二等麻韵字一般读[ua]，"瓦"字在一些方言中有文白读，白读为[ŋa]，文读为[ua]。因为高淳方言合口呼韵母部分字的声母有[h]＞[f]的音变，麻韵合口二等部分字读[fa¹]，如"花"，即[hua]＞[*fua]＞[fa]。

郑伟（2013）指出麻韵二等字在现代吴语中沿着[a]＞[ɑ]＞[ɔ]＞[o]＞[u]的后高化方向发展。高淳东部邻接的溧阳地区（如上兴、南渡）麻韵二等字（读[o]）处于这个音变链的后期阶段，但高淳方言并没有表现出这种元音后高化的演变，这应该是邻接的江淮官话影响的结果。与高淳邻接的南京方言（属江淮官话），麻韵的主元音是[a]，但老南京话读[o]韵，这说明南京话麻韵曾经发生过高化音变，后来在强

势北方官话的影响下又变回去了。高淳方言麻韵二等的发展应该跟南京方言相类。

除了一些特字外，高淳方言假摄开口三等麻韵字基本上根据声母分化为两大类型：（1）知系（不含日母）韵母的[i]介音丢失，这是声母的卷舌化音变引起的。（2）精组、影组、日母字仍带[i]介音或读[ɿ]。假摄开口三等麻韵字读音举例见表4-23。

表4-23　高淳方言麻韵开口三等字读音举例

	淳溪	阳江	漆桥	古柏	固城	东坝	桠溪	砖墙
姐精	tɕɿ³³/tɕia³³	tɕia³²	tɕɿ³²/tɕia³²	tɕia⁴²	tɕɿ⁴²/tɕia⁴²	tɕia⁴²	tɕia⁵⁵	tɕɿ⁴³⁵/tɕia⁴³⁵
写心	ɕɿ³³/ɕia³³	ɕɿ³²	ɕɿ³²/ɕia³²	ɕia⁴²	ɕɿ⁴²	ɕia⁴²	ɕia⁵⁵	ɕɿ⁴³⁵/ɕia⁴³⁵
遮章	tsa⁵⁵	tsa⁵⁵	tsa⁵⁵	tsa⁵⁵	tsa⁵⁵	tsa⁵⁵	tsa⁴⁵	tsa⁵⁵
者章	tɕie⁵⁵	tɕie³²	tɕie⁵⁵	tɕie⁴²	tɕie⁵⁵	tɕie⁵⁵	tsɛ⁵⁵	tɕie⁵⁵/tsɛ⁵⁵
蛇船	za²²	za²²	za²¹	za²¹	za²¹	za²¹	za²¹³	za³¹
惹日	nia⁵⁵	nia⁵⁵	nia⁵⁵	nia⁵⁵	nia⁵⁵	nia⁵⁵	nia⁴⁵	nia⁴³⁵
爷喻	ɿ²²/ia²²	ia²²	ɿ²¹/ia²¹	ia²¹	ia²¹	ɦɿ²¹/ɦia²¹	ɦia²¹³	ia³¹

根据表4-23，高淳方言假摄开口三等麻韵字的主元音有[a]、[ɛ]、[e]、[ɿ]四种，舌位从低到高均有分布。北部吴语（如苏州）麻三字大都按声母分化为两类：精组、喻母主元音读[a]类，章组读[o]类。但常州、溧阳吴语麻三字不分化，常州一律读[a]，溧阳一律读[o]。从读音分布来看，高淳各方言点的麻三主元音都有[a]的读音层次，而且是主要读音形式，与北部吴语的苏州、宜兴方言相比，没有发生在章组后高化为[o]的音变。中古以后，知庄章的卷舌化音变导致后接三等韵的[i]介音丢失，相应地，麻三章组的[i]介音中古以后也丢失了，结果就出现麻三章组没有[i]介音，其他组保留[i]介音的情况，如常州方言麻三的"[a]∶[ia]"对立，在大多数北部吴语方言（如苏州）中麻三章组受到麻二元音高化的吸引也跟着高化了。高淳方言麻三章组虽然失去[i]介音，但仍然维持低元音读法，跟常州方言一致。麻三除了读低元音外，还有少量读前高元音的现象。这种前高元音的读法显然属于外源层次，而不是方言自身演变的结果。因为一方面，这些读音在邻接的江淮官话中都能找到直接的对应形式，如芜湖方言斜ɕi² | 写ɕi³，南京方言姐tsɛ³ | 车tʂʰe¹；另一方面，如果是方言本身的自然音变，则很难解释高低元音并存、以低元音为主的读音现状。"者"读[tsɛ]的现象也能在江淮官话中找到对应读音，如南京老派方言中有[tsɛ³]、[tʂe³]两种读音。

中古时期韵母为[ia]的麻三字主元音在北方方言中大都发生了高化音变，但多数变化到[ie]就停止了，江淮官话洪巢片则进一步发生了出位音变。麻三在南方方言中同样也发生高化音变，音变的方向有两种，一是向前高元音发展，二是向后高元音发展，路径分别是：① [ia]＞[iɛ]＞[ie]＞[ɿ]＞[ʅ]；② [ia]＞[iɔ]＞[io]＞[o]＞[u]。高淳方言麻三的主体读音仍然保持低元音，但几乎所有的方言点都有江淮官话的读音层次，并有逐步扩散的态势。太湖吴语毗陵小片的麻三韵则出现了后高化的发展趋势，如溧阳方言的主元音已变为[o]。浙江兰溪方言（秋谷裕幸2002）章组字则已经高化到[u]，如：遮tsu｜蛇zu。高淳方言的复杂读音现状是吴语底层读音和不同时期江淮官话语音层次的叠置。

从假摄开口麻韵的主元音分合情况来看，高淳周边方言大体上有南京型、苏州型、常州型、溧阳型四种，以上四地以及高淳（以淳溪为代表，不考虑外来语音层次）的麻韵主元音分合情况见表4-24。

表4-24　高淳及周边地区部分方言点麻韵分合比较

	南京	苏州	常州	溧阳	淳溪
麻二	a	o	o	o	a
麻三（章组）	e	o	a	o	a
麻三（精组、喻母）	e	ia	ia	o	ia

需要指出，高淳方言麻韵开口字的分合类型跟周边方言都不一致。我们认为，这一地区方言麻韵的早期类型属于常州型，即麻韵二等字早期也读[o]，但晚近时期在江淮官话的影响下变成了南京型，导致麻韵主元音完全相同。高淳方言麻韵开口字的分合类型跟它所处的地理位置有关，特殊的地理位置使它受到南京型官话和常州型吴语的双重影响，一方面麻韵二等早期是常州型[o]，后来被强势的南京型江淮官话的[a]所覆盖，另一方面麻韵三等又受到强势常州型吴语[a]的牵制而保持不变，最终形成了麻韵二三等同韵的局面。不过这种状况目前正在改变，南京型江淮官话的麻三读音[e/i]正在逐步覆盖原来的[a]，最终这一地区麻韵二三等分合类型很可能变成南京型。

4.2.3　遇摄的读音演变

中古遇摄含合口一等模韵和合口三等鱼虞韵，多数官话方言中鱼虞不分，南方方言中则存在程度不等的鱼虞有别的层次。陈忠敏（2013）将南方方言鱼韵的读音划分为四个层次：

第一层次，源于[*ua]（吴语处衢片、闽语）；

第二层次，源于[*ɯ]（吴语、徽语、闽语、赣语、江淮官话）；

第三层次，源于[*i]（吴语、闽语、赣语）；

第四层次，源于[*y]（吴语、闽语、徽语、赣语、江淮官话）。

陈忠敏认为"金陵切韵"鱼韵的音质是[*ɯ]，[*i]来自[*ɯ]，语音的发展是[*ɯ]＞[*i]。我们赞同这种鱼韵的分层和拟音，本节在此基础上讨论高淳方言遇摄的读音演变。

1. 模韵

与官话方言一样，模韵中有多个音韵地位的"做"、"错"二字在高淳方言中也与果摄一等字读音相同，如淳溪：做tsu³⁵|错tsʰu³⁵。此外，北部吴语遇摄模韵明母字与果摄歌韵字读音相同，高淳方言亦是如此，如淳溪：墓mu³⁵。除了这两种读入果摄的情况之外，高淳方言遇摄模韵的主体读音分化情况见表4-25。

表4-25　高淳方言遇摄模韵例字读音

例字	淳溪	阳江	砖墙	固城	东坝	古柏	漆桥	桠溪
布帮	pu³⁵	pu³⁵	pu⁴³⁵	pu⁴⁵	pu⁴³⁵	pu⁴⁴⁵	pu⁴⁵	pu³²
普滂	pʰu³³	pʰu³²	pʰu⁴³⁵	pʰu⁴²	pʰu⁴²	pʰu⁴²	pʰu⁴¹	pʰu⁵⁵
赌端	tsu³³	tsʅ³²	tsʅ⁴³⁵	tu⁴²	tsʅ⁴²	tu⁴²	tsʅ⁴¹	tu⁵⁵
土透	tsʰu³³	tsʰʅ³²	tsʰʅ⁴³⁵	tʰu⁴²	tʰu⁴²	tsʰʅ⁴²	tsʰʅ⁴¹	tʰu⁵⁵
图定	du²²	tsʅ²²	rʰu³¹	du²¹	du²¹	du²¹	tsʅ²¹	du²¹³
卢来	lu²²	lu²²	ʅ³¹	lu²¹	lu²¹	lu²¹	lu²¹	lu²¹³
祖精	tsu³³	tsʅ³²	tsʅ⁴³⁵	tsʅ⁴²	tsʅ⁴²	tsʅ⁴²	tsʅ⁴¹	tɕy⁵⁵
醋清	tsʰu³⁵	tsʰʅ³⁵	tsʰʅ⁴³⁵	tsʰʅ⁴⁵	tsʰʅ⁴³⁵	tsʰʅ⁴⁴⁵	tsʰʅ⁴⁵	tɕʰy³²
素心	su³⁵	sʅ³⁵	sʅ⁴³⁵	sʅ⁴⁵	sʅ⁴³⁵	sʅ⁴⁴⁵	sʅ⁴⁵	ɕy³²
姑见	ku⁵⁵	ku⁵⁵	ku⁵⁵	ku⁵⁵	ku⁵⁵	ku⁵⁵	ku⁵⁵	ku⁴⁵
苦溪	kʰu³³	kʰu³²	kʰu⁴³⁵	kʰu⁴²	kʰu⁴²	kʰu⁴²	kʰu⁴¹	kʰu⁵⁵
误疑	u³⁵	u³⁵	u⁴³⁵	u⁴⁵	u⁴³⁵	u⁴⁴⁵	u⁴⁵	u³²

根据表4-25，高淳方言模韵的主体读音形式有[u]、[ʅ]/[ʅ]两类，其中[u]是最主要的读音形式，[ʅ]/[ʅ]分布在淳溪、桠溪之外的方言点，[y]出现在桠溪方言中。从语音条件来看，[ʅ]/[ʅ]一般出现在精组声母后，砖墙、东坝、漆桥也出现在端组声母后。高淳方言的[u]唇形不圆，通道很窄，在舌尖音声母之后有时有明显的唇颤现象，正是这种发音特点导致[u]韵在端组和精组声母后变成舌尖元音，端组声母后的[u]变成舌尖元音后，声母也相应地读舌尖塞擦音或舌叶音。可见，高淳方言模韵读[ʅ]/[ʅ]是一种条件式音变，即[u]在舌尖音声母后变为[ʅ]/[ʅ]。

2. 鱼虞韵

中古鱼、虞有别，现代方言中多数已经没有分别。鱼、虞韵在官话方言中一般有两种读音，精组、见系、泥来母字读[y]类音，非组、知系读[u]类音（与模韵合）。高淳方言的鱼、虞韵也已合流，就主体层而言，非组都读[u]，其他组（含知系）读[ʅ]/[ʅ]/[y]。与官话方言的分化类型相比，高淳方言鱼、虞韵知系字也读[ʅ]/[ʅ]/[y]，没有并入模韵。除非组外，高淳方言鱼、虞韵读音举例见表4-26。

表4-26　高淳方言遇摄鱼、虞韵例字读音

例字	淳溪	阳江	固城	东坝	古柏	漆桥	桠溪	砖墙
女泥	n̩⁵⁵	n̩⁵⁵	n̩⁵⁵	ny⁵⁵	n̩⁵⁵	ny⁵⁵	ny⁴⁵	n̩⁵⁵
吕来	y⁵⁵	ʮ⁵⁵	ʮ⁵⁵	ʮ⁵⁵	ʮ⁵⁵	ʮ⁵⁵	y⁴⁵	y⁵⁵
屡来	lei⁵⁵	lei⁵⁵	lei⁵⁵	ləi⁵⁵	lei⁵⁵	lei⁵⁵	lei⁴⁵	ləi⁵⁵
乳日	zu⁵⁵	ʐʮ²²	lu²¹	lu²¹	zʮ²¹	ʐʮ²⁴	lu⁴⁵	ʐʮ³¹
蛆清	tɕʰy⁵⁵	tsʰʮ⁵⁵	tsʰʮ⁵⁵	tsʰʮ⁵⁵	tsʰʮ⁵⁵	tsʰʮ⁵⁵	tɕʰy⁴⁵	tɕʰy⁵⁵
徐邪	zy²²	zʮ²²	zʮ²¹	zʮ²¹	zʮ²¹	zʮ²¹	zy²¹³	zy³¹
娶清	tɕʰy³²	tsʰʮ³²	tsʰʮ⁴²	tsʰʮ⁴²	tsʰʮ⁴²	tsʰʮ⁴¹	tɕʰy⁵⁵	tɕʰy⁴³⁵
需心	ɕy⁵⁵	sʮ⁵⁵	sʮ⁵⁵	sʮ⁵⁵	sʮ⁵⁵	sʮ⁵⁵	ɕy⁴⁵	ɕy⁵⁵
猪知	tsu⁵⁵	tsʮ⁵⁵	tsʮ⁵⁵	tsʮ⁵⁵	tsʮ⁵⁵	tsʮ⁵⁵	tɕy⁴⁵	tsʮ⁵⁵
厨澄	zu²²	zʮ²²	zʮ²¹	zʮ²¹	zʮ²¹	zʮ²¹	dʑy²¹³	zʮ³¹
初初	tsʰu⁵⁵	tsʰʮ⁵⁵	tsʰʮ⁵⁵	tsʰʮ⁵⁵	tsʰʮ⁵⁵	tsʰʮ⁵⁵	tɕʰy⁴⁵	tsʰʮ⁵⁵
梳生	su⁵⁵	sʮ⁵⁵	sʮ⁵⁵	sʮ⁵⁵	sʮ⁵⁵	sʮ⁵⁵	ɕy⁴⁵	sʮ⁵⁵
树禅	zu¹⁴	zʮ¹⁴	zʮ²⁵	zʮ²⁴	zʮ¹⁴	zʮ¹⁴	ɕy⁵²	zʮ²⁴
锯见	tɕy³⁵	tsʮ³⁵	tsʮ⁴⁵	tsʮ⁴³⁵	tsʮ⁴⁴⁵	tsʮ⁴⁵	tɕy³²	tɕy⁴³⁵
语疑	y⁵⁵	ʮ⁵⁵	ʮ⁴⁵	ʮ⁵⁵	ʮ⁵⁵	ʮ⁵⁵	y⁴⁵	y⁵⁵
句见	tɕy³⁵	tsʮ³⁵	tsʮ⁴⁵	tsʮ⁴³⁵	tsʮ⁴⁴⁵	tsʮ⁴⁵	tɕy³²	tɕy⁴³⁵
雨云	y⁵⁵	ʮ⁵⁵	ʮ⁵⁵	ʮ⁵⁵	ʮ⁵⁵	ʮ⁵⁵	y⁴⁵	y⁵⁵

根据表4-26，高淳西部"女"字读[n̩⁵⁵]。前文指出，这种读音属于韵母脱落的音变，即[ny]>[n̩]。各方言点虞韵来母字都读[lei/ləi]，跟主体读音不同。

从主体读音来看，淳溪方言鱼虞韵有[y]、[u]两种读音，知系读[u]，其他声母读[y]，跟官话方言一致；砖墙方言有[y]、[ʮ]两种读音，精组、见系读[y]，知系读[ʮ]；高淳东部的桠溪、固城、东坝除日母外，只有一读，桠溪读[y]，其余读[ʮ]。从语音发展的角度来说，[ʮ]/[ʮ]和[y]之间有演变关系，"-y和-ʮ都是圆唇元音，从-y到-ʮ只是舌面特征变为舌尖特征"（陈忠敏2013：238）。从舌尖化的顺序来看，先是知系后面的元音舌尖化（如砖墙），然后是精组也加入进来（如阳江）。

高淳方言模韵精组也有舌尖化现象，那么模韵舌尖化的音变起点是和鱼虞一样的[y]，还是[u]呢？如果是后者，则说明模韵的舌尖化和鱼虞的舌尖化来源不同；如果是前者，则说明模韵精组早期已经与鱼虞韵合流。从桠溪方言来看，模韵精组与鱼虞韵确实存在合流的层次（均读[y]）。另外，常州方言模韵精组也读[ʮ]，跟鱼虞韵知章组同韵，同样说明两者已经合流。高淳方言应该也发生过模韵精组与鱼虞合流的现象，所以模韵精组跟鱼虞知章组一样发生了舌尖化音变。

高淳方言鱼韵字"去"在各方言点都有文白读，西部白读为[kʰəʔ⁷]，文读为

[tɕʰy⁵]/[tsʰʮ⁵]/[tsʰʮ⁵]；东部桠溪白读为[kʰi⁵]，文读为[tɕʰy⁵]。桠溪方言"去"的读音跟邻接的太湖吴语和江淮官话的表现一致，如苏州、常州白读[tɕʰi⁵]，南京白读[kʰi⁵]。高淳西部方言"去"的白读音形式是[kʰəʔ⁷]，这种读音在周边方言中没有对应层次。据陈忠敏（2013），浙江西南部开化、广丰、常山、玉山一带的方言鱼韵读[ə/ɤ]类音，这种语音属于第二层次，来源于[*ɯ]。高淳地区的"去"字的[kʰəʔ⁷]读法是否也是这一来源，目前尚不得而知，因为周边方言没有这种读法，暂时也找不到对应的读音层次。

虞韵来母字"屡缕"为非口语常用字，高淳方言读[lei¹/ləi¹]，这种读音跟主体读音明显不同，很可能根据声旁"娄"类推出来的，因为以"娄"为声旁的字多为流摄侯韵字，如"楼搂篓"等，而高淳方言流摄侯韵字多读[ei/əi]韵，如淳溪：楼 lei²²。

4.2.4 蟹止摄的读音演变

蟹摄和止摄在汉语方言中大都有合流现象，它们的一些音类在读音的演变方向上具有一致性，本小节放在一起讨论。

1. 蟹止摄开口字

蟹摄开口一等有咍泰二韵，二等有皆佳夬三韵，三等有祭废二韵，四等有齐韵；止摄开口只有三等支脂之微四韵。高淳各方言点蟹摄开口一二等字的读音比较一致，内部没有明显差异，以淳溪、桠溪、砖墙为例，例字读音见表4-27。

表4-27 高淳方言蟹摄开口一二等字读音举例

	贝泰	胎咍	泰泰	抬咍	灾咍	盖泰	开咍	埋皆	派佳	败夬
淳溪	pei³⁵	tʰɛ⁵⁵	tʰɛ³⁵	dɛ²²	tsɛ⁵⁵	kɛ³⁵	kʰɛ⁵⁵	mɛ²²	pʰɛ³⁵	bɛ¹⁴
桠溪	pei³²	tʰɛ⁴⁵	tʰɛ³²	dɛ²¹³	tsɛ⁴⁵	kɛ³²	kʰɛ⁴⁵	mɛ²¹³	pʰɛ³²	pɛ⁵²
砖墙	pəi⁴³⁵	tʰɛ⁵⁵	tʰɛ⁴³⁵	rʰɛ³¹	tsɛ⁵⁵	kɛ⁴³⁵	kʰɛ⁵⁵	mɛ³¹	pʰɛ⁴³⁵	βʰɛ²⁴

北京话蟹摄开口一等（咍泰韵）、二等（皆佳夬）非见系字读[ai]，但泰韵开口帮组的"贝、沛"读[ei]，与端系、见系的[ai]读音不同。吴语太湖片的苏州方言跟北京官话的分化情况一致，泰韵帮读[ɛ]，端系、见系读[ɑ/iɑ]，常州方言则是另外一种类型，咍泰韵帮组和其他声组都读[æi]。高淳方言咍泰韵的读音分化跟苏州吴语和多数官话方言一致，但在具体音质上有别，泰韵帮组的"贝沛"读[ei/əi]，其他组读[ɛ]。高淳方言咍泰韵的主元音处于苏州的[ɛ]和常州的[æ]之间。

高淳方言蟹摄开口二等见系部分字存在文白异读，白读为[ɛ]，文读为[ie]。这一点与江淮官话区和北部吴语区也是一致的，以淳溪镇为例，文白读举例见表4-28。

表4-28　淳溪方言蟹摄开口二等见系文白读举例

	皆	阶	界	械	解~开
文读	tɕie⁵⁵	tɕie⁵⁵	tɕie³⁵	tɕie³⁵	tɕie³³
白读	kʰɛ⁵⁵	kɛ⁵⁵	kɛ³⁵	kɛ³⁵	kɛ³³

高淳方言蟹摄开口一二等字还有个别特殊的读音形式，蟹摄开口一等咍韵字"猜"西部读为合口呼韵母[uɛ]，与邻接的江淮官话相似。蟹摄开口二等佳韵字"稗"大都读[a]韵，应属底层读音形式。蟹摄开口二等佳韵字"罢"读[a]，属官话方言影响下的文读音。

止摄开口只有三等字，高淳方言蟹止摄开口三四等字的读音分化规律相类，基本都是按声母类型分化，读音举例见表4-29。

表4-29　高淳方言蟹、止摄开口三四等字读音举例

	蟹摄									
	闭帮	币並	迷明	底端	弟定	例来	挤精	齐从	西心
淳溪	pi³⁵	bi¹⁴	mi²²	ti³³	di¹⁴	l̩³⁵	tɕi³³	zi²²	ɕi⁵⁵
固城	pi⁴⁵	bi²⁵	mi²¹	ti⁴²	di²⁵	l̩⁴⁵	tsɿ⁴²	zɿ²¹	sɿ⁵⁵
桠溪	pi³²	pi⁵²	mi²¹³	ti⁵⁵	ti⁵²	ɚ̯³²	tɕi⁵⁵	dʑi²¹³	ɕi⁴⁵
砖墙	pi⁴³⁵	zy²⁴	mi³¹	ti⁴³⁵	r̥ʰi²⁴	l̩⁴³⁵	tɕi⁴³⁵	zi³¹	ɕi⁵⁵

	蟹摄				止摄				
	制章	世书	鸡见	艺疑	碑帮	比滂	皮並	眉明	梨来
淳溪	tsɿ³⁵	sɿ³⁵	tɕi⁵⁵	i³⁵	pei⁵⁵	pi³³	bi²²	mei²²/m̩²²	l̩²²
固城	tsɿ⁴⁵	sɿ⁴⁵	tsɿ⁵⁵	l̩⁴⁵	pei⁵⁵	pi⁴²	bi²¹	mei²¹/m̩²¹	l̩²¹
桠溪	tsɿ³²	sɿ³²	tɕi⁴⁵	fii²¹³	pei⁴⁵	pi⁵⁵	bi²¹³	mei²¹³/mi²¹³	ɚ̯²¹³
砖墙	tsɿ⁴³⁵	sɿ⁴³⁵	tɕi⁵⁵	i²⁴	pəi⁵⁵	pi⁴³⁵	zy³¹	məi³¹/m̩³¹	l̩³¹

	止摄								
	紫精	磁从	知知	池澄	师生	纸章	寄见	骑群	喜晓
淳溪	tsɿ³³	zɿ²²	tsɿ⁵⁵	zɿ²²	sɿ⁵⁵	tsɿ³³	tɕi³⁵	zi²²	ɕi³³
固城	tsɿ⁴²	zɿ²¹	tsɿ⁵⁵	zɿ²¹	sɿ⁵⁵	tsɿ⁴²	tsɿ⁴⁵	zɿ²¹	sɿ³³
桠溪	tsɿ⁵⁵	zɿ²¹³	tsɿ⁴⁵	dzɿ²¹³	sɿ⁴⁵	tsɿ⁵⁵	tɕi³²	dʑi²¹³	ɕi⁵⁵
砖墙	tsɿ⁴³⁵	zɿ³¹	tsɿ⁵⁵	zɿ³¹	sɿ⁵⁵	tsɿ⁴³⁵	tɕi⁴³⁵	zi³¹	ɕi⁴³⁵

高淳方言[i]韵的音质与北部吴语、江淮官话一致，带有较强的摩擦成分，摩擦特征在声学上主要表现为两点（侯超2009）：（1）声波图上有毛刺成分；（2）频谱图有高频乱纹。我们可将表4-29中的韵母依据声母（泥组和日母除外）分化的情况归纳为表4-30。

第4章 高淳吴语的语音演变

表4-30 高淳方言蟹、止摄开口三四等字的读音分化

	蟹摄					止摄				
	帮组	端组	精组	知系	见系	帮组	端组	精组	知系	见系
淳溪	i	i	i	ɿ	i	ei/i	i	ɿ	ɿ	i
固城	i	i	ɿ	ɿ	ɿ	ei/i	i	ɿ	ɿ	ɿ
桠溪	i	i	i	ɿ	i	ei/i	i	ɿ	ɿ	i
砖墙	i	i	i	ɿ	i	ei/i/y	i	ɿ	ɿ	i

从声母的分组读音来看，高淳方言蟹止摄开口三四等的主体读音情况是：

（1）知系字的韵母都读舌尖元音[ɿ]；帮组、端组主体读音是[i]。

（2）大部分方言点精组字和见系字读[i]，固城读[ɿ]。

从蟹止摄开口三四等字的舌尖化情况来看，所有方言点知系都舌尖化，固城方言精组、见系也舌尖化了。朱晓农（2004）归纳了汉语方言舌尖化音变的次序，先是齿擦音/塞擦音声母（精组），接着是龈腭音声母（见系），然后是齿塞音声母（端系），最后是唇音声母（帮系），高淳方言目前只有固城出现了精组和见系的舌尖化。

下面说说主体层之外的特殊读音。高淳方言止摄开口三等帮组部分字读[ei]/[əi]韵，与蟹摄开口二等泰韵帮组以及蟹止摄合口帮系读音相同（止开三的"眉"有文白异读，文读为[mei]/[məi]，白读为[mi]或[m̩]，[m̩]是[mi]的韵母失落的结果），这种读音现象跟北部吴语的苏州、常州等地以及邻接的江淮官话是一致的。此外，高淳方言止摄开口三等字"鼻"读为入声(如淳溪读[biɛ¹³])，也与北部吴语相同。李荣先生（1994）指出，汉语方言中止摄开口三等帮组字改音现象是因为回避"屄"字的读音。我们认为，高淳方言止摄开口三等字帮组读[ei]韵母和"鼻"读入声韵的情况也应属于避讳读法。值得注意的是砖墙方言止摄开口三等并母字变读为撮口韵[y]，如"币髌皮脾"读成[ʑy]。该方言韵母发生了[i]>[y]的音变，声母也舌面化了。

高淳方言蟹止摄来母和日母字都有读自成音节[l̩]（桠溪进一步演变为[ºl̩]）的现象，这种音变在前文已有讨论。日母字"儿"在口语中声母自成音节，读[n̩]。还有少数止摄开口疑母、泥母字也读成自成音节的[n̩]，如"疑你尼"等，这些都是韵母[i]脱落的结果。从声母来看，高淳方言自成音节的边音有两个来源：一是蟹止摄开口三等来母字，二是止摄开口三等日母字。据王力《汉语语音史》（1985/2010），这两类字的韵母在隋唐时代已经由复合元音变为单元音[i]，明清以降，止开三日母字变为卷舌音[ɚ]，这个音变在现代北方方言中基本保留下来，而南方方言止开三日母字基本上没有发生卷舌音变，而是保留了[i]的读法。高淳方言中"二耳"等的白读音是[ni]或[n̩]，前者是早期层次的遗留，后者则是在前者基础上丢失韵母的结果。蟹摄开口三四等祭齐韵来母字和止开三支脂之韵来母字演变成自成音节的边音是很容易解释的，即韵母[i]丢失，只留下声母。从发音上来看，自成音节的音素需要具备两个条件，一是具有一定的时长，即可以延长，所以塞音声母不能自成音节；二是具有一定的响度，所以清辅音一般不能自成音节（在语流中，[s]、[f]等可以自成音节）。最符合这两个条件的辅音是鼻音，因此汉语方言中鼻音自成音节的现象比较普遍。边音声母具有一定的时长，也有一定的响度（声带振动），因此也具备自成音节的条件。显然，自成音节的[l]是音节[li]丢失元音[i]所致，但是[ni]丢失元音以后自然应该是[n]，高淳日母变成自成音节的边音，显然不属于此类音变。止摄开口三等日母字读成[l̩]与卷舌音[ɚ]或[°l]有关，是由于[l̩]和[ɚ/°l]音近造成的偶然的语音混同现象。

2. 蟹止摄合口字的读音演变

蟹摄合口四等俱全，一等灰泰韵，二等皆佳夬韵，三等祭废韵，四等齐韵；止摄合口只有三等支脂微韵。高淳方言内部蟹、止摄合口字的读音比较一致，以淳溪、桠溪、砖墙为例，例字读音见表4-31。

表4–31 高淳方言蟹止摄合口字读音举例

	蟹摄							
	杯帮	培並	对端	腿透	雷来	崔清	罪从	盃溪	灰晓
淳溪	pei⁵⁵	bei²²	tei³⁵	tʰei³³	lei²²	tsʰei⁵⁵	zei¹⁴	kʰuei⁵⁵	fei⁵⁵
桠溪	pei⁴⁵	bei²¹³	tei³²	tʰei⁵⁵	lei²¹³	tsʰei⁴⁵	tsei⁵²	kʰuei⁴⁵	fei⁴⁵
砖墙	pəi⁵⁵	βʱəi³¹	təi⁴³⁵	tʰəi⁴³⁵	ləi³¹	tsʰəi⁵⁵	zəi²⁴	kʰuəi⁵⁵	huəi⁵⁵

	蟹摄							
	回匣	外疑	怪见	淮匣	挂见	蛙影	岁心	税书	废非
淳溪	ɦuei²²	uɛ³⁵	kuɛ³⁵	ɦuɛ²²	kua³⁵	ua⁵⁵	sei³⁵	suei³⁵	fei³⁵
桠溪	ɦuei²¹³	uɛ³²	kuɛ³²	ɦuɛ²¹³	kua³²	ua⁴⁵	sei³²	suei³²	fei³²
砖墙	βʱəi³¹/ɦuəi³¹	uɛ²⁴	kuɛ⁴³⁵	ɦuɛ³¹	kua⁴³⁵	ua⁵⁵	səi⁴³⁵	suəi⁴³⁵	fəi⁴³⁵

	蟹摄		止摄						
	桂见	惠匣	类来	嘴精	吹昌	规见	喂影	翠清	穗邪
淳溪	kuei³⁵	ɦuei¹⁴	lei³⁵	tsei³³	tsʰuei⁵⁵	kuei⁵⁵	uei³⁵	tsʰei³⁵	zei³⁵
桠溪	kuei³²	uei³²	lei³²	tsei⁵⁵	tsʰuei⁴⁵	kuei⁴⁵	uei³²	tsʰei³²	sei³²
砖墙	kuəi⁴³⁵	βʱəi²⁴	ləi⁴³⁵	tsəi⁴³⁵	tsʰuəi⁵⁵	kuəi⁵⁵	uəi⁴³⁵	tsʰəi⁴³⁵	zəi²⁴

	止摄								
	追知	帅生	水书	龟见	飞非	味微	鬼见	辉晓	伟云
淳溪	tsuei⁵⁵	suɛ³⁵	suei³³	kuei⁵⁵	fei⁵⁵	bei¹⁴	kuei³³	fei⁵⁵	uei²²
桠溪	tsuei⁴⁵	suɛ³²	suei⁵⁵	kuei⁴⁵	fei⁵⁵	uei³²	kuei⁴⁵	fei⁴⁵	ɦuei²¹³
砖墙	tsuəi⁵⁵	suɛ⁴³⁵	suəi⁴³⁵	kuəi⁵⁵	fəi⁵⁵	βʱəi²⁴/uəi²⁴	kuəi⁴³⁵	fəi⁵⁵	uəi³¹

根据4-31，高淳方言蟹摄合口二等部分字读[ua]韵，如"挂、蛙"等；蟹摄合口二等多数字、合口一等见系个别字和止摄合口三等庄组字读[uɛ]，如"怪、外、帅"等。除这两类读音外，蟹止摄合口字分化为[ei/əi]或[uei/uəi]两类，分化的依据是声母的不同，帮组、端系基本都读[ei/əi]（微母除外），知系、见系基本都读[uei/uəi]。从读音分布来看，高淳方言蟹止摄合口字读开口呼韵母的范围比普通话大，普通话读[ei]韵的主要是帮系和泥组，而高淳方言除了帮系、泥组外，还包括整个端系。

蟹止摄合口微母字的情况比较特别，高淳东部桠溪地区读合口呼[uei]，西部多数字读[uei/uəi]，但有少数字读[ei/əi]，如淳溪的"味bei¹⁴"等，这种读音跟声母的演变有关（详见4.1.1）。高淳方言蟹止摄合口知系、见系字大都保留合口[u]介音，但也有一些特别的情况，因为晓匣母有[h]＞[f]的音变，导致合口[u]介音消失，如淳溪：灰fei⁵⁵ | 歪fɛ⁵⁵ | 毁fei³³。

高淳定埠方言中有一些跟其他方言不同的情况，它的止摄合口三等泥精组字有保留合口[u]介音的现象，如：累luei³² | 泪luei³² | 翠tsʰuei³² | 尿suei⁴⁵。

4.2.5 流摄的读音演变

中古流摄只有开口字，分一等侯韵，三等尤、幽韵，其中三等尤、幽为重韵关系，幽韵几无口语常用字，本节只讨论侯、尤韵的读音问题。此外，流摄唇音声母字至迟在晚唐五代时期已混入遇摄（顾黔2016），因此在多数官话方言和吴语中并不参与流摄的读音演变，本节的讨论也不涉及流摄唇音声母字。

1. 侯韵的读音演变

高淳方言流摄一等侯韵主要有[ei/əi]、[ɤ]两种读音类型。表4-32是高淳六方言点侯韵例字的读音情况。

表4-32 高淳方言侯韵读音举例

	抖端	偷透	豆定	楼来	漏来	走精	凑清	狗见	口溪	藕疑
阳江	tei³²	tʰei⁵⁵	dei¹⁴	lei²²	lei³⁵	tsei³²	tsʰei³⁵	kei³²	kʰei³²	ei⁵⁵
淳溪	tei³³	tʰɤ⁵⁵	dei¹⁴	lei²²	lei³⁵	tsei³³	tsʰei³⁵	kei³³	kʰei³³	ei⁵⁵
固城	tei⁴²	tʰɤ⁵⁵	dei²⁵	lɤ²¹	lɤ⁴⁵	tsei⁴²	tɕʰɤ⁴⁵	kɤ⁴²	kʰɤ⁴¹	ŋei⁵⁵
定埠	tɤ⁵⁵	tʰɤ⁴⁵	tɤ⁵²	lɤ³²⁴	lɤ³²	tɕɤ⁵⁵	tɕʰɤ³²	kei⁵⁵	kʰei⁵⁵	ŋei⁴⁵
东坝	tɤ⁴²	tʰɤ⁵⁵	dəi²⁴	lɤ²¹	lɤ⁴³⁵	tɕɤ⁴²	tɕʰɤ⁴³⁵	kɤ⁴²	kʰɤ⁴²	nɤ⁵⁵
砖墙	təi⁴³⁵	tʰɤ⁵⁵/tʰəi⁵⁵	rʰəi²⁴	ləi³¹	lɤ⁴³⁵/ləi⁴³⁵	tsəi⁴³⁵	tsʰəi⁴³⁵	kəi⁴³⁵	kʰəi⁴³⁵	ŋəi⁵⁵

根据表4-32，六方言点侯韵跟声母的配合关系可概括为表4-33。

表4-33 高淳方言侯韵字声韵配合情况

	阳江	淳溪	固城	定埠	东坝	砖墙
端泥组	ei	ei/ʏ	ei/ʏ	ʏ	əi/ʏ	əi/ʏ
精组	ei	ei	ei/ʏ	ʏ	ʏ	əi
见系	ei	ei	ei/ʏ	ei	ʏ	əi

据表4-33，高淳方言侯韵的读音可分为单一型和两分型两大类，阳江为单一型，侯韵读[ei]；其余方言点为两分型，侯韵读[ei/əi]和[ʏ]。

高淳方言侯韵的[ei]（包括[əi]，下同）、[ʏ]两种读音在同一个方言中不是文白异读的关系。[ʏ]跟苏州方言一致，但并非苏州型吴语覆盖的结果，而是本地方言的早期读音形式。高淳以东的常州、溧阳、宜兴地区侯韵读[ei]。从地理位置上看，高淳跟苏州之间被常州型吴语的[ei]所分隔，苏州方言的[ʏ]不大可能越过常州南部影响到这一地区。高淳东部与常州地区连成一体，可见在一定程度上受到常州吴语的影响，但高淳方言的[ei]也并非完全是由方言接触所造成的。一方面，苏州年轻人也有侯韵读[ei]的现象，张家茂、石汝杰（1987）倾向于将其看作自发音变（[øʏ]＞[eʏ]＞[ei]），汪平（2011）认为[øʏ]和[ei]的差别只在圆唇与否，倾向于将其看作在周围方言影响下的音变；另一方面，高淳方言的[ʏ]还出现在咸山摄一二等字（如淳溪镇：男nʏ²¹|短tʏ³³），而常州方言咸山摄一二等字主体读音是[ɤ]。可见，高淳地区的[ei]并非完全受常州吴语的影响。综合以上两点，我们更倾向于认为高淳方言侯韵读[ei]是一种自然音变，常州方言应该只是从外部加速了这个音变过程。从地理差异来看，高淳方言[ʏ]＞[ei]的音变存在不平衡性，定埠只有见系读[ei]，东坝只有端泥组部分字读[əi]，固城方言则是所有声组都有读[ei]的现象，淳溪、砖墙方言则只剩端泥组个别字读[ʏ]了，可见，这个音变过程是扩散式的。

2. 尤韵的读音演变

流摄三等尤韵（唇音声母除外）在高淳方言中主要有[ʏ]、[ei/əi]、[iu]三种读音。江淮官话和北部吴语的尤韵知系大都失去[i]介音并入一等侯韵，因此尤韵知系的演变规律通常跟侯韵一致而与尤韵主体读音不同，这里暂不讨论。高淳各方言点尤韵的读音差异比侯韵小，表4-34列出淳溪、桠溪两个方言点尤韵例字的读音。

表4-34 高淳方言流摄尤韵读音举例

	纽泥	刘来	流来	酒精	秋清	袖邪	九见	球群	有喻
淳溪	nʏ⁵⁵	nʏ²²	nʏ²²	tçʏ³³	tçʰʏ³³	zʏ¹⁴	tçʏ³³	zʏ²²	ʏ⁵⁵
桠溪	niu⁴⁵	lei²¹³	liu²¹³	tçiu⁵⁵	tçʰiu⁴⁵	çiu⁵²	tçiu⁵⁵	dʑiu²¹³	iu⁴⁵

根据表4-34，桠溪方言来母字有读入一等侯韵的现象，该现象也发生在常州、苏州方言之中，当属后来发生的音变。排除来母读入一等侯韵的字，高淳方言尤韵字的

读音类型均为单一型，以淳溪为代表的圩区读[ʏ]，以桠溪为代表的山乡多读[iu]。[ʏ]分布在高淳及其南北部的延伸区域，这种读音跟苏州方言的[iʏ]一致，是这一地区吴语的底层读音形式。桠溪老派方言尤韵读[iu]，邻接的常州地区方言读[iɤɯ/iəɯ]类，桠溪方言的[iu]应是[iəu]的央元音丢失的结果。[iəu]类读音是官话方言的读音形式，对高淳方言来说，这种读音应属外源层次，目前这一外源形式有覆盖本土层[ʏ]的趋势。

3. 侯尤韵的音类分合

高淳地区处于吴语和江淮官话接触的前沿地带，周边方言侯、尤韵的读音分合类型大体可以分为三类，以南京、常州、苏州为代表，见表4-35。

表4-35 南京、常州、苏州方言侯、尤韵的分合

		南京	常州	苏州
侯韵		məɯ	ei	ʏ
尤韵	知系	əɯ	ei	ʏ
	泥组	iəɯ	ei/iɤɯ	ʏ/iʏ
	精组	iəɯ	iɤɯ	ʏ
	见系	iəɯ	iɤɯ	iʏ

先讨论一下尤韵三等知系的读音问题。一般认为知照合流始于唐五代，大约在南宋时期，合流已经完成，而知照合流后的卷舌化音变在元代周德清《中原音韵》里已经发生。知系声母的卷舌化音变使得它与三等韵的配合成为问题，因为从音理上说，卷舌音声母很难跟齐、撮韵相配，解决这个矛盾的路径只有两条，一是改变声母（如腭化），如吴语咸山摄开口三等声母腭化为[tɕ]组（如"闪、善"读[ɕiɪ]类），二是韵母的[i]介音丢失直接变为开口呼（如支思韵的产生）。汉语方言大部分选择了后一种路径，南京、常州、苏州尤韵知系丢失[i]介音并入一等侯韵的情况也符合这一演变模式。精组声母拼三等[i]介音时也不稳定，可能导致声母腭化或者韵母[i]介音的丢失，南京、常州方言的尤韵精组字仍然保留[i]介音，而苏州方言的尤韵精组字则失去[i]介音跑到一等侯韵中去了。至于泥组，尤韵来母字由于受到一等侯韵来母字（如"楼"）的吸引，也可能变到侯韵里去，如常州的"流"读[lei²]，苏州的"刘"读[lʏ²]。尤韵泥母字由于没有对应的侯韵泥母字的吸引，依旧保留在三等韵里。见系跟[i-]韵相拼则会导致声母的腭化音变，这一点早已被语言事实所证明。见系疑母的中古拟音是[ŋ]，跟其他声母相比，它跟[i-]的拼合更加困难，所以在官话方言中变成零声母，唯独尤韵疑母字"牛"的声母腭化为[n/ȵ]。"牛"字在有的方言中也读零声母，比如中原官话的阜阳方言把"牛"说成[əu²]，在保留[ŋ]声母的方言里，"牛"的[i]介音则会丢失，如吴语的温州方言读作[ŋau²]。

根据上文分析，高淳方言尤韵知系、精组、泥组读入侯韵的情况都是早期发生的，当它们并入侯韵之后，就跟侯韵的音变规律一致而跟尤韵的音变不同步了，

所以我们在观察侯、尤分合类型时重点关注侯韵和尤韵见系的读音分合情况，同时将读音特殊的疑母字排除在外。以此为据，南京、苏州、常州都是侯、尤分立型方言，表现为[i]介音的有无，这也是延续中古以来的一、三等分立的模式，但三地具体音质不同，南京是[əɯ]、[iəɯ]型分立，常州是[ei]、[iɤɯ]型分立，苏州是[ɤ]、[iɤ]型分立，这种不同是由后期音变引起的。

从音类分合的角度来看，南京、常州、苏州的侯、尤韵都属于一、三等分立型，但都有三等并入一等的情况。从南京到常州再到苏州，侯、尤合流有扩大的趋势，南京只涉及知系，常州扩大到泥组，苏州则进一步扩大到精组。从侯、尤韵的读音来看，南京、苏州方言侯、尤韵的主元音和韵尾相同，从语音事实来看，它们的发展具有平行性；常州方言侯、尤韵的主元音和韵尾有别，它们的发展则是不平行的。吴语萧山方言侯韵读[io]，陶寰（2003）认为吴语侯韵的早期形式是[*eu]，萧山方言发生了增生[i]介音的音变，主元音的圆唇化音变则跟[u]韵尾的影响有关。又因为北部吴语强烈的单元音化倾向，导致[u]韵尾丢失，圆唇特征转移到韵腹之上，照此推测，音变的过程应该是*eu＞*ieu＞*iou＞io。萧山方言尤韵也读[io]，它的侯韵增生[i]介音之后与尤韵合流，然后两者又发生了平行性音变。多数北部吴语侯、尤韵的发展并不平行，这种不平行的发展在通泰、客赣方言中也有很多，见表4-36。

表4-36 通泰、吴、赣部分方言点侯、尤韵读音

方言	侯韵	尤韵	方言	侯韵	尤韵	方言	侯韵	尤韵	方言	侯韵	尤韵
南通	e	y	嘉定	ø	ʏ	杭州	ei	iʏ	南昌	ɛu	iu
泰兴	əi	iɤɯ	常熟	E	iɤɯ	湖州	øu	iʉ	萍乡	œ	iu
如皋	ei	yʊ	无锡	ei	iɤɯ	宁波	œø	iʏ	上饶	io	iu
四甲	e	iɤ	常州	ei	iɤɯ	长兴	ei	i	修水	ei	iu

说明：表中材料主要根据鲍明炜/王均（2002）、顾黔（2001、2016）、汤珍珠/陈忠敏（1996）、鲍明炜（1998）、徐越（2007）、刘纶鑫（1999）。

表4-36中各方言点侯、尤韵有的存在有无[i]介音的区别，有的没有，但不管是哪一种，侯、尤韵的主元音都不同，这说明两者的发展出现了不平行现象。这种不平行性的发展使得侯、尤对立由一、三等有无[i]介音的对立发展为其他形式的对立，如南通是开口和撮口对立，嘉定是舌位高低的对立，无锡是整个韵母的对立。苏州方言侯、尤的对立表面上是有无[i]介音的对立（[ʏ]和[iʏ]），但前贤认为苏州方言侯韵的实际音质是[øʏ]，这样看来，它的侯、尤韵很可能也不是平行发展的。根据前文对侯、尤韵语音层次的分析，高淳方言侯、尤韵的底层读音形式是[ʏ]，这一地区侯、尤韵的早期分合类型应该跟苏州型一致，后来尤韵的[i]介音丢失，即[iʏ]＞[ʏ]，这种音变导致侯、尤合流。在[ʏ | ʏ]合流的基础上，高淳方言的侯韵又进一步发生了[ʏ]＞[ei]的音变，最终结果是产生新的[ei | ʏ]型对立，目前高淳地区的方言正处于这一对立类型的形成过程中。

4.2.6 咸山摄的读音演变[1]

咸山摄在中古十六摄当中包含的韵类最多，这两摄在汉语方言中有分有合，通常放在一起讨论。咸山摄（不含入声韵）开口四等俱全，咸摄开口为一等覃谈韵，二等咸衔韵，三等盐严韵，四等添韵；山摄开口为一等寒韵，二等山删韵，三等仙元韵，四等先韵。咸摄合口为三等凡韵；山摄合口为一等桓韵，二等山删韵，三等仙元韵，四等先韵。本节主要以淳溪镇方言为例讨论这些韵类在高淳方言中的读音演变。

1. 山摄开口一二等字的读音层次及音类分合

《切韵》山摄一等寒桓韵是开合口的关系，二等山删韵是重韵关系，这四个韵在高淳方言中的今读举例见表4-37。

表4-37　高淳方言山摄开口一二等字的读音举例

韵	例字	读音	韵	例字	读音	韵	例字	读音
寒韵	丹端	tie⁵⁵	桓韵	官见	kʊ⁵⁵	山删开口	艰见	tɕɿ⁵⁵
	炭透	tʰie³⁵		宽溪	kʰʊ⁵⁵		拣见	tɕɿ³³
	蛋定	die¹⁴		玩疑	ʊ²²		眼疑	ie⁵⁵
	难泥	nie²²		欢晓	hʊ⁵⁵		闲匣	zie²²
	兰来	nie²²		完匣	ʊ²²		班帮	pie⁵⁵
	赞精	tɕie³⁵		碗影	ʊ³³		攀滂	pʰie⁵⁵
	餐清	tɕʰie⁵⁵		短端	tʏ³³		蛮明	mie²²
	残从	ze²²		断定	dʏ¹⁴		栈崇	zie¹⁴
	伞心	ɕie³³		暖泥	nʏ⁵⁵		删生	ɕie⁵⁵
	肝见	kei⁵⁵		乱来	nʏ³⁵		奸见	tɕie⁵⁵
	看溪	kʰei³⁵		钻精	tɕʏ⁵⁵		颜疑	ie²²
	岸疑	ŋɛ³⁵		窜清	tɕʰʏ³⁵		晏影	ie³⁵
	汉晓	hei³⁵		酸心	ɕʏ⁵⁵	山删合口	幻匣	hfiue¹⁴
	寒匣	hfiei²²		扮帮	pie³⁵		篡初	tɕʰʏ³⁵
	安影	ei⁵⁵		盼滂	pʰie³⁵		撰崇	tɕʏ¹⁴
桓韵	搬帮	pʊ⁵⁵	山删开口	办並	bie¹⁴		闩生	ɕʏ⁵⁵
	潘滂	pʰʊ⁵⁵		盏庄	tɕie³³		关见	tɕye⁵⁵
	盘並	bʊ²²		铲初	tɕʰie³³		环匣	hfiue²²
	瞒明	mʊ²²		山生	ɕie⁵⁵		弯影	ye⁵⁵

据表4-37可归纳出高淳方言山摄一二等舒声字的读音类型，将其与宜兴等地吴

---
[1] 本节主要内容发表于《南京师范大学文学院学报》2015年第3期，略有改动。

语做一比较，结果见表4-38。

表4-38 高淳及周边方言山摄一二等字的音类分合

	寒韵		桓韵			山删开口		山删合口	
	锐音	钝音	唇音	锐音	钝音	锐音	钝音	锐音	钝音
高淳	ie、ɛ	ei、ɛ	ʊ	ʏ	ʊ	ie、ɪ		ʏ	ye、uɛ
宜兴	a、ə	ə	ə	ə	uə	a、iɪ	ə	uə、ua
常州	ɛ、ɤ	ɤ	ɤ	ɤ	uɤ	ɛ、iɪ	ɤ	uɤ、uɛ
苏州	ɛ、ø	ø	ø	ø	uø	ɛ、iɪ	ø	uø、uE

说明：宜兴据叶祥苓、郭宗俊（1991）《宜兴方言同音字汇》，常州、苏州据鲍明炜主编（1998）《江苏省志·方言志》。表中锐音指端系、知系声母，钝音指帮系、见系声母。

分析方言音类分合关系和历史演变，需进行"析层拟测"[1]，高淳方言及周边方言山摄一二等舒声字读音层次有：

（1）表中四地山删开口字顿号之后的读音辖字有限，属于后起层次。

（2）宜兴、常州、苏州三地山删合口字按声母分为两类，锐音后读开口单元音韵母，钝音后为合口双元音韵母。高淳方言山删合口字的音类分合关系与上述三地基本一致，但具体音值不同。四地山删合口钝音声母字均有两类读音，与锐音声母字主元音相同的一类为早期层次，另一类为后起的层次。高淳方言山删合口锐音声母字与钝音声母字均为撮口韵，[ʏ]属于桓与山删以及元韵见系合流的层次，[ye]属于山删与元韵唇音声母字（如"反çye³³、翻çye⁵⁵、挽ye⁵⁵"）合流的层次。

（3）宜兴、常州、苏州三地寒韵锐音类顿号之后的读音与寒韵钝音类以及桓韵唇音、锐音类合流，属于后起的寒、桓不分层。高淳方言寒韵锐音类顿号之后的读音与桓韵读音不同，显然不能归为寒、桓不分层，读[ɛ]韵的"残、岸"二字，分属锐音和钝音，也不应看作寒韵的早期读音形式，相反，它跟常州、苏州寒韵的[ɛ]、[E]音一致，应是太湖吴语影响下的外源层次。

去除后起层次和外源层次，得到整理后高淳、宜兴、常州、苏州四地山摄一二等字的主要读音形式，见表4-39。

表4-39 整理后高淳及周边方言山摄一二等字的音类分合

	寒韵		桓韵			山删开口		山删合口	
	锐音	钝音	唇音	锐音	钝音	锐音	钝音	锐音	钝音
高淳	ie	ei	ʊ	ʏ	ʊ	ie		ʏ	ye
宜兴	a	ə	ə	ə	uə	a	ə	uə
常州	ɛ	ɤ	ɤ	ɤ	uɤ	ɛ	ɤ	uɤ
苏州	E	ø	ø	ø	uø	E	ø	uø

---

[1] "析层拟测法"参见王洪君（2006）《层次与演变阶段——苏州话文白读析层拟测三例》。

第 4 章 高淳吴语的语音演变

从表4-39来看，高淳方言寒韵读音的分合类型与宜兴等地吴语基本上是一致的。据郑伟（2013），吴语寒韵字有两个层次，层次Ⅰ表现为一等寒韵不按声母类型分化，同时有别于二等山删韵；层次Ⅱ表现为寒韵锐音声母字和山删韵字合流，寒韵钝音声母字和桓韵字为另一类。宜兴、常州、苏州三地吴语寒韵的读音形式属于层次Ⅱ，其寒、桓之别体现为寒韵锐音声母字与桓韵钝音声母字的差异，这种差异属于开合口的不同[1]。高淳方言寒韵锐音声母字也与山删合流，而且与桓韵钝音形成开合口的对立，但与其他吴语不同的是，高淳方言寒韵钝音声母字未与桓韵锐音合并，而是像锐音一样与桓韵形成对立，这种语音格局是如何形成的？理论上有两种可能，其一是高淳方言寒韵早期为一种读音形式，后来根据声母的不同分为两种读音，这两种读音都与桓韵形成对立；其二是与其他吴语一样，高淳方言寒韵只有锐音与桓韵形成对立，而钝音本来与桓韵锐音合流，但后来又发生了新的音变，导致寒韵钝音也与桓韵形成对立。我们认为第二种可能更符合高淳方言的实际情况，结合后文咸摄谈覃韵字读音的分合关系，高淳方言寒韵的[ei]属于晚期的自发音变。

表4-39还显示，宜兴、常州、苏州三地桓韵与山删韵合口字合流，锐音为一类，钝音为一类。与三地不同，高淳方言桓韵与山删韵的合流只体现为锐音声母字，而钝音字有别，高淳方言桓韵与山删韵钝音的读音差异体现了桓韵与山删韵有别的层次。此外，宜兴等地桓韵唇音声母字与锐音声母字同音，而高淳方言桓韵唇音声母字与钝音声母字相同，与寒韵一样，高淳方言桓韵也体现出按声母锐、钝分化的迹象。

2．咸摄一二等字的语音层次及音类分合

《切韵》咸摄一等谈覃韵、二等咸衔韵均为重韵关系，这四个韵在高淳方言中的今读举例见表4-40。

表4-40　高淳方言咸摄一二等字的读音举例

韵	例字	读音	韵	例字	读音	韵	例字	读音
覃韵	耽端	tie55	谈韵	胆端	tie33	咸韵衔韵	站知	ɕie35
	贪透	thɤ55/thei55		毯透	thie33		斩庄	tɕie33
	潭定	dɤ22/die22		谈定	die22		谗崇	ʑie22
	南泥	nɤ22		蓝来	nie22		杉生	ɕie55
	参清	tshei55		惭从	zie22		减见	tɕi33
	蚕从	zɤ22		三心	ɕie55		搀初	tɕhie55
	感见	kei33		甘见	kei55		衫生	ɕie55
	堪溪	khei55		敢见	kei33/kɤ33		监见	tɕie55
	含匣	ɦei22		憨晓	hei55		嵌溪	tɕhie55
	庵影	ŋei55		酣匣	hã55/hei55		舰匣	tɕie35

---

[1] 吴语寒桓之别的性质详见《也谈吴方言覃谈寒桓四韵的关系》（王洪君2004：358-363）。

据表4-40可归纳出高淳方言咸摄一二等舒声字的读音类型,将其与宜兴等地吴语做一比较,见表4-41。

表4-41　高淳及周边方言咸摄一二等字的音类分合

	谈韵		覃韵		咸衔	
	舌齿	牙喉	舌齿	牙喉	舌齿	牙喉
高淳	ie	ei、ʏ、ã	ʏ、ie、ei	ei	ie、ɪ	
宜兴	a	ə	ə、a	ə	a、iɪ	
常州	ɛ	ɤ	ɤ、ɛ	ɤ	ɛ、iɪ	
苏州	E	ø	ø、E	ø、E	E、iɪ	

据表4-41,高淳及宜兴等地方言咸摄一等舒声字读音层次有:

(1) 四地咸衔韵部分字读细音,属于后起的与三四等字合流的层次。

(2) 高淳方言读[ã]韵的个别字属于官话影响下的语音折合现象,如:坎 $kʰã^{33}$ | 憾 $hã^{14}$。官话方言的[an]、[ang]韵与高淳方言的[ã]韵匹配。

(3) 宜兴、常州、苏州三地覃韵锐音顿号之后的读音与谈韵锐音、咸衔韵合流,属后起的谈覃合流的文读层次(王洪君2004)。高淳方言覃韵锐音的读音形式[ie]也与谈韵锐音以及咸衔韵合流,是与上述三地对应的后起层次。联系寒韵的锐钝分化和其他吴语的读音情况来看,[ie]韵属于层次Ⅱ,源于晚唐—北宋以后的北方官话(郑伟2011)。北方官话谈覃韵的读音进入吴语后经过语音折合和后期演变,在高淳方言中实现为[ie][1]。

(4) 高淳方言谈韵读[ʏ]的只有"敢"字,为少数老派口中的读音形式,这个读音很可能是谈韵早期读音形式的残留。

去除后起和外源层次,得到高淳等地咸摄一二等字的主要读音类型,见表4-42。

表4-42　整理后高淳及周边方言咸摄一二等字的音类分合

	谈韵		覃韵		咸衔	
	锐音	钝音	锐音	钝音	锐音	钝音
淳溪	ie	ei	ʏ、ei	ei	ie	
宜兴	a	ə	ə	ə	a	
常州	ɛ	ɤ	ɤ	ɤ	ɛ	
苏州	E	ø	ø	ø	E	

表4-42显示,四地方言谈韵字的读音按声母锐钝分化,锐音声母字与二等咸衔合流,钝音声母字与覃韵钝音合流。宜兴、常州、苏州的覃韵只有一种读音,谈

---

[1] 吴语的覃韵只有一种读音,通泰方言覃韵多有文白两读,白读为原有音,文读为近现代通语影响所致。南通方言较为特殊,锐音之后为[ỹ],钝音之后为[ũ],是"声韵谐接原则"所致,南通方言的古覃韵字今音韵母实为一读。(鲁国尧2003)

韵钝音声母读同覃韵，属于后起的谈覃不分的层次。进一步扩大考察范围，我们发现通泰方言、吴语、赣语的一条普遍性语音规律：覃韵不分锐钝，且与谈韵钝音声母字合流。若与宜兴等地进行比较，高淳方言与其他吴语对应的覃韵读音形式应为[ei]，也就是说高淳方言的[ei]与宜兴的[ə]、常州的[ɤ]、苏州的[ø]对应，属于较早时期的语音层次。但这种论断无法解释覃韵锐音声母读[ɤ]的来源。事实上，高淳方言的覃韵锐音声母读[ei]是一种比较后起的语音现象，而[ɤ]则是早期的语音形式，理由有四点：

（1）吴语覃韵的早期读音形式基本都是单元音，高淳方言的[ɤ]当早于[ei]。从语音历史来源看，覃韵属于一等韵，前人的拟音有[*ɒm]、[*ʌm]、[*əm]、[*um]等，不管哪一种构拟，都是单一元音韵母，[ɤ]是单元音，而[ei]是复合元音，前者与早期读音形式具有一致性，后者则是晚期演变的结果[1]。

（2）高淳方言覃韵读[ɤ]韵的字多在老派口中出现，相应地，新派读成[ei]韵[2]。

（3）不独覃韵，桓韵、侯韵读[ɤ]的字也在向[ei]转化，如"团、偷"老派多读[dɤ²²]、[tʰɤ⁵⁵]，新派多读[dei²²]、[tʰei⁵⁵]。

（4）苏州方言近期发生了[ø]（[øy/ɤ]）＞[ei]音变（南部郊区先变，然后城区新派也跟着变）[3]，高淳方言与此相类。

综上所述，高淳方言覃韵锐音声母读[ɤ]的层次属于早期层次，可看作层次Ⅰ。相应地，高淳方言覃韵锐音声母读[ei]是晚近的语音层次，由[ɤ]韵演变而来，即高淳方言覃韵字近期发生了[ɤ]＞[ei]的音变。顺着这条演变路径往前推，覃谈韵以及寒韵钝音声母字的早期读音形式应是[ɤ]，这样一来，高淳方言的谈韵钝音与覃韵合流，其早期音类分合关系见表4-43。

表4-43 高淳方言咸摄一二等字的早期音类分合

	谈韵		覃韵		咸衔	
	锐音	钝音	锐音	钝音	锐音	钝音
淳溪	ie	*ɤ	ɤ	*ɤ	ie	ie

表4-43显示，高淳方言咸摄一等字的早期音类分合关系与宜兴等地吴语一致。结合前文的讨论，高淳方言覃韵锐音声母字的三种读音代表三种层次：层次Ⅰ读[ɤ]，层次Ⅱ读[ie]，层次Ⅲ读[ei]。

---

[1] 吴语寒覃韵的[ø]化现象比较常见，如苏州、上海（郑张尚芳2005），而[ɤ]在音质上跟[ø]接近，只有舌位高低之别，两者很可能具有同源关系。

[2] 1988年出版的《高淳县志》载"潭"字老年人读[dɤ²²]，青年人读[tʰei²²]或[die²²]；2010年出版的《高淳县志（1986—2005）》载，"南、男"二字，老、中、青（每组3人）三组各有2人读[ɤ]，1人读[ie]，而中学生组4人中只有1人"男"字读[ɤ]韵，其余均读[ie]。

[3] 相关报道见王福堂《汉语方言语音的演变和层次》（2005：13-14），张家茂、石汝杰《苏州市方言志》（1987：18）。

3. 咸山摄一二等字的音类分合及演变

据上文所论，排除晚期音变以及官话方言和周边吴语影响下的叠置式音变，得到高淳谈覃寒桓四韵较早时期的读音形式，将其与苏州方言进行比较，结果见表4-44。

表4-44 高淳与苏州方言谈覃寒桓的读音分合

	谈韵		覃韵		寒韵		桓	
	锐音	钝音	锐音	钝音	锐音	钝音	端系	见系
高淳	ie	*ʏ	ʏ	ʏ	ie	ʏ	*ʏ	u
苏州	ɛ	ø	ø	ø	ɛ	ø	ø	uø

通过表4-44中对高淳方言较早时期语音形式的重建，发现其谈覃寒桓的音类分合关系与以苏州方言为代表的吴语是一致的，只是各韵在具体音值上有所不同。高淳方言与苏州等地吴语山咸摄一二等字分合规律的一致性从一个侧面表明，两者早期应属同一类吴语。

与其他吴语不同的是，晚期高淳方言还发生了新的自发音变，以下就来讨论谈覃寒桓四韵在高淳方言中的历史演变。

据郑伟（2013），吴语寒韵锐音声母字的读音（不含少数字的白读音）为晚唐—北宋时代的层次，属外源层次；寒韵钝音声母字的读音为《切韵》的层次，属自源层次。高淳方言谈寒韵锐音声母字的读音来源与吴语的主流一致，属晚唐—北宋时代的外源层次，但高淳方言谈寒韵锐音声母字读复合元音[ie]，与其他吴语相比，后期经历了自发的高化、裂化音变，若向前拟测，有理由相信其前身为苏州型的[ɛ]类音，音变路径为[*ɛ]＞[*e]＞[ie]。与此同时，已与谈寒锐音声母合流的二等咸衔韵字、山删韵开口字也发生了同样的音变。

据郑张尚芳（2005），吴语跟赣语的寒谈覃有过一个共同的[ɑn]＞[on]的历史演变过程，然后吴语发生了[on]＞[õ]＞[ø]的音变，即吴语出现了后续的前化和单化过程，比之赣语前进了一大步。高淳方言的覃韵正是沿着这条路径发展的，只不过与其他吴语相比，又前进了一步，由[ø]进一步高化为[ʏ]。覃韵在高淳方言中的发展路径可能是[*ɑm]＞[*on]＞[*õ]＞[*ø]＞[ʏ]，这说明高淳方言覃韵跟其他吴语方言有过共同[ø]韵时期。与覃韵相类，高淳方言谈寒韵钝音声母字也发生了同类性质的音变。值得注意的是，高淳方言覃韵和谈寒韵钝音声母字演变为[ʏ]后，又发生了[ʏ]＞[ei]的音变，这跟苏州地区新近发生的[ø]（[øy/ʏ]）＞[ei]恰好重合，只是苏州方言[ø]（[øy/ʏ]）＞[ei]的音变目前只发生在流摄部分字。除谈覃寒韵外，高淳方言的流摄部分字也发生了[ʏ]＞[ei]，如"透[tʰʏ]＞[tʰei]"、"狗[kʏ]＞[kei]"、"抽[tsʰʏ]＞[tsʰei]"等。高淳和苏州两地的此类音变是在共同的语音机制下发生的，如果从苏州来推，高淳方言[ʏ]＞[ei]的音变也可能首先发生在流摄字，然后类推到覃谈寒韵字。高淳方言谈寒韵读[ie]、[ei]的现象是晚期发生的一种自发性音变,其他吴语尚未出现这种读音形式,它们一般发展到[ɛ]/[ø]类单元音就停止了。

山摄合口桓韵拟音为[*uɑn],历史上有[*uɑn]＞[uon]的音变,在吴语中很可能经历过[o]的历史时期(郑张尚芳2005),后来沿着不同路径演化,在高淳方言中按声母锐钝分化为两类,锐音声母后前高化为[ʏ],钝音声母后高化为[o],这种分化属于条件式音变,其路径为:

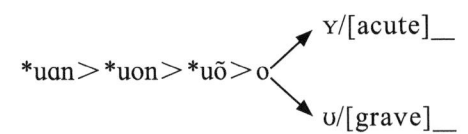

$$*uɑn > *uon > *uõ > o \begin{cases} ʏ/[acute]\_\_ \\ ʊ/[grave]\_\_ \end{cases}$$

前文指出,山摄合口二等山删韵有[uɛ]、[ye]两读,[uɛ]为官话方言影响下的后起层次,[ye]为早期层次,出现在删韵见系字。此外,山摄合口三等元韵、咸摄合口三等凡韵非组读[ye]、[ie],读音例字见表4-45。

表4-45 高淳方言删韵见系、凡元韵非组的读音举例

韵	删	凡	元	凡	元
例字	关见	反非	翻敷	范奉	晚微
读音	tɕye⁵⁵	ɕye³²	ɕye⁵⁵	bie¹⁴	mie⁵⁵

高淳方言元凡韵非组声母字读[ie],显然也是外源层次,因为官话方言凡元韵非组字与寒谈覃合流,受此影响,同时依据类推原则,高淳方言的元凡韵非组声母字也读[ie]。与之相对,元凡韵非组以及删韵见系声母字读[ye]属于自源层次,高淳西南部的砖墙镇元凡韵非组声母字几乎只有[ye]一种读音形式,显然是保留的早期读音。排除[ie]、[uɛ]的外源层次,高淳方言山咸摄合口山删、元凡韵主体读音为[ʏ]、[ye],这两种读音源于早期同一韵母,后来由于声母的不同产生条件式音变,其中山删、元韵见系读[ye],元凡韵非组、删韵庄组读[ʏ],与桓韵合流。

4.2.7 深臻曾梗摄和通摄的读音演变

高淳方言深臻曾梗摄合流,通摄也有跟上述四摄合流的情况,本小节将这五摄的字放在一起讨论。

1. 深臻曾梗摄

中古深臻摄的主元音基本一致,为前高元音[e],主要区别在于韵尾,深摄收[m]尾,臻摄收[n]尾。曾梗摄都收[ŋ]尾,主元音有别,曾摄为[ə],梗摄为[a]等。现代北方方言大都有深臻韵尾合流(收[n]尾)和曾梗主元音合流(收[ŋ]尾)的音变,但深臻和曾梗的韵尾仍然有别。大部分江淮官话和吴语方言深臻曾梗四摄的主体读音是全部合流,韵尾相同,主元音也基本一致。高淳方言深臻曾梗四摄的读音跟江淮官话和

吴语的主流分合类型一致,只是东部收前鼻音韵尾[n]、西部收后鼻音韵尾[ŋ]。以淳溪、桠溪、砖墙为例,高淳方言深臻曾梗四摄开口字的读音举例见表4-46。

表4-46 高淳方言深臻曾梗摄开口字读音举例

	深摄						臻摄			
	林来	心心	金见	音影	沉澄	森生	彬帮	邻来	新心	真章
淳溪	niŋ²²	ɕiŋ⁵⁵	tɕiŋ⁵⁵	iŋ⁵⁵	zəŋ²²	səŋ⁵⁵	piŋ⁵⁵	niŋ²²	ɕiŋ⁵⁵	tsəŋ⁵⁵
桠溪	nin²¹³	ɕin⁴⁵	tɕin⁴⁵	in⁴⁵	dzən²¹³	sən⁴⁵	pin⁴⁵	lin²¹³	ɕin⁴⁵	tsən⁴⁵
砖墙	liŋ²²	ɕiŋ⁵⁵	tɕiŋ⁵⁵	iŋ⁵⁵	zəŋ³¹	səŋ⁵⁵	piŋ⁵⁵	liŋ³¹	ɕiŋ⁵⁵	tsəŋ⁵⁵

	臻摄				曾摄					
	忍日	银疑	吞透	根见	崩帮	灯端	增精	肯溪	冰帮	陵来
淳溪	zəŋ¹⁴	niŋ²²	tʰəŋ⁵⁵	kəŋ⁵⁵	pəŋ⁵⁵	təŋ⁵⁵	tsəŋ⁵⁵	kʰəŋ³³	piŋ⁵⁵	niŋ²²
桠溪	ʐəŋ⁵²	nin²¹³	tʰən⁴⁵	kən⁴⁵	poŋ⁴⁵	tən⁴⁵	tsən⁴⁵	kʰən⁵⁵	pin⁴⁵	lin²¹³
砖墙	zəŋ²⁴	niŋ³¹	tʰəŋ⁵⁵	kəŋ⁵⁵	pəŋ⁵⁵	təŋ⁵⁵	tsəŋ⁵⁵	kʰəŋ⁴³⁵	piŋ⁵⁵	liŋ³¹

	曾摄			梗摄						
	征知	升书	蝇影	彭並	冷来	撑知	生生	耕见	幸匣	兵帮
淳溪	tsəŋ⁵⁵	səŋ⁵⁵	iŋ²²	bəŋ²²	nəŋ⁵⁵	tsʰəŋ⁵⁵	səŋ⁵⁵	kəŋ⁵⁵	ziŋ¹⁴	piŋ⁵⁵
桠溪	tsən⁴⁵	sən⁴⁵	ɦin²¹³	bən²¹³	nən⁴⁵	tsʰən⁴⁵	sən⁴⁵	kən⁴⁵	ɕin³²	pin⁴⁵
砖墙	tsəŋ⁵⁵	səŋ⁵⁵	iŋ⁵⁵	βʰəŋ²²	nəŋ⁵⁵	tsʰəŋ⁵⁵	səŋ⁵⁵	kəŋ⁵⁵	ziŋ²⁴	piŋ⁵⁵

	梗摄									
	领来	井见	贞知	声书	轻溪	婴影	瓶並	丁端	青清	经见
淳溪	niŋ⁵⁵	tɕiŋ³³	tsəŋ⁵⁵	səŋ⁵⁵	tɕʰiŋ⁵⁵	iŋ⁵⁵	biŋ²²	tiŋ⁵⁵	tɕʰiŋ⁵⁵	tɕiŋ⁵⁵
桠溪	lin⁴⁵	tɕin⁵⁵	tsən⁴⁵	sən⁴⁵	tɕʰin⁴⁵	in⁴⁵	bin²¹³	tin⁴⁵	tɕʰin⁴⁵	tɕin⁴⁵
砖墙	liŋ⁵⁵	tɕiŋ⁴³⁵	tsəŋ⁵⁵	səŋ⁵⁵	tɕʰiŋ⁵⁵	iŋ⁵⁵	βʰiŋ³¹	tiŋ⁵⁵	tɕʰiŋ⁵⁵	tɕiŋ⁵⁵

表4-46显示,桠溪方言曾梗摄帮组字韵母[oŋ]跟主体读音不同。高淳方言东部多数方言点曾梗摄帮组读[əŋ],也跟主体读音[ən]不同,如东坝。高淳西部多数方言点曾梗摄开口帮组字跟主体读音相同,造成这种现象的原因在于一方面这些方言帮组声母字发生了[oŋ]>[əŋ]的音变,另一方面这些方言曾梗摄读后鼻音韵尾,从而形成了帮组与主体读音的合流,换句话说,这些方言早期曾梗摄帮组字跟主体读音也是不同的。

从韵母分等的情况来看,深臻曾梗摄一二等字的主元音为[ə];三等知系并入一二等(这属于早期知系声母后[i]介音丢失的音变),其他声母后的主元音是[i]。除帮组外,高淳方言曾梗深臻四摄合流,有收前鼻音韵尾[n]、收后鼻音韵尾[ŋ]两种类型。收前鼻音韵母的方言集中在高淳东部,如桠溪、东坝、定埠等,收后鼻音韵尾的方言集中在高淳西部,如淳溪、砖墙、阳江等。高淳方言曾梗深臻四摄语音合流现象造成前后鼻音不分，如淳溪：心＝辛＝兴~奋＝星ɕiŋ⁵⁵；桠溪：针＝珍＝增＝征tsən⁴⁵。从周边方言来看，南京型的江淮官话收[ŋ]尾，镇江型的江淮官话洪音后收[n]，细音后收[ŋ]，苏州、常州型吴语收[n]尾。可见高淳东部方言是苏州、常州型的，西部则是南京型的。高淳北部邻接的溧水地区的吴语基本都是苏州、常州型的，从地理上来看，高淳型收后鼻音韵尾的方言与南京型江淮官话之间被太湖吴语型分割，应该是该区域方言自身发展起来的特点。

深摄没有合口字，曾梗臻三摄对应的合口韵母有曾摄合口一等登韵，梗摄合口二等庚耕韵、三等庚清韵、四等青韵，臻摄合口一等魂韵、三等谆文韵。其中曾合一辖字很少，《方言调查字表》只录"弘"，且不常用。梗摄合口二等庚韵也只收"矿"、"横"二字，耕韵字不常用。表4-47列出高淳方言臻曾梗摄合口例字的读音。

表4-47　高淳方言臻曾梗摄合口字读音举例

	臻合一					臻合三				
	奔帮	敦端	村清	昆见	昏晓	轮来	遵精	春昌	均见	允以
淳溪	pəŋ⁵⁵	təŋ⁵⁵	tsʰəŋ⁵⁵	kʰuəŋ⁵⁵	fəŋ⁵⁵	nəŋ²²	tsəŋ⁵⁵	tsʰuəŋ⁵⁵	tɕyŋ⁵⁵	yŋ⁵⁵
阳江	pəŋ⁵⁵	təŋ⁵⁵	tsʰəŋ⁵⁵	kʰuəŋ⁵⁵	fəŋ⁵⁵	nəŋ²²	tsəŋ⁵⁵	tsʰuəŋ⁵⁵	tɕyŋ⁵⁵	yŋ⁵⁵
砖墙	pəŋ⁵⁵	təŋ⁵⁵	tsʰəŋ⁵⁵	kʰuəŋ⁵⁵	fəŋ⁵⁵	ləŋ³¹	tsəŋ⁵⁵	tsʰuəŋ⁵⁵	tɕyŋ⁵⁵	yŋ⁵⁵
桠溪	pən⁴⁵	tən⁴⁵	tsʰən⁴⁵	kʰuən⁴⁵	fən⁴⁵	nən²¹³	tsən⁵⁵	tsʰuən⁵⁵	tsuen⁵⁵	ȵuen⁵⁵

	臻合三	梗合三四				梗合二			曾合一
	分非	群群	兄晓	荣云	营以	萤匣	矿见	横匣	宏匣	弘匣
淳溪	fəŋ⁵⁵	zyŋ²²	ɕyŋ⁵⁵	yŋ²²	iŋ²²	iŋ²²	kʰuã³⁵	uəŋ²²	ɦiəŋ²²	ɦiəŋ²²
阳江	fəŋ⁵⁵	zyŋ²²	ɕyŋ⁵⁵	yŋ²²	iŋ²²	iŋ²²	kʰuã³⁵	uəŋ²²	ɦiəŋ²²	ɦiəŋ²²
砖墙	fəŋ⁵⁵	zyŋ²²	ɕyŋ⁵⁵	yŋ³¹	iŋ³¹	iŋ³¹	kʰuɑŋ⁴³⁵	uəŋ³¹	ɦiəŋ³¹	ɦiəŋ³¹
桠溪	fən⁴⁵	dzuen²¹³	son⁴⁵	ɹoŋ²¹³	in²¹³	in²¹³	kʰuã³²	ɦuen²¹³	ɦioŋ²¹³	ɦioŋ²¹³

表4-47显示，臻摄合口一等字在高淳方言中的分化情况一致，都是见系保留合口呼读法，其他声母后失去[u]介音（因为高淳方言晓匣母字有[h]＞[f]的音变，导致合口[u]韵头消失，如：婚fən¹）。各方言点内部的差异主要是鼻音韵尾的不同，东部收前鼻音韵尾[n]，西部收后鼻音韵尾[ŋ]，这种分化格局与开口呼韵母一致。

高淳方言臻摄合口三等微母部分字（多数为开口呼，如淳溪：文bən²²）受官话方言影响有合口零声母读法。臻摄合口三等见系西部读撮合呼韵母（除淳溪、砖墙读[yŋ]外，西部其余方言点大都读[yn]），东部读合口呼韵母。臻摄合口三等知系保留合口呼读法，除知系、见系之外的字读开口呼韵母。

高淳方言梗摄合口二等字以读合口呼韵母为主，梗摄合口三四等庚韵以读撮口呼为主，清青韵以读齐齿呼为主。曾摄合口一等"弘"有开口、合口两种读法。在内部差异方言，高淳东部桠溪地区撮口呼韵母较少，臻曾梗摄没有读撮口呼的现象。

从总体上看，高淳方言臻曾梗摄合口字的韵尾跟开口字一致，但部分方言点见系声母字韵尾跟开口字不一致。

2. 通摄

通摄只有合口，分为一、三等，高淳方言通摄字读音举例见表4-48。

表4-48　高淳方言通摄字读音举例

	通合一						通合三			
	蒙明	东端	葱清	公见	红匣	农泥	风非	蜂敷	浓泥	虫澄
淳溪	məŋ²²	təŋ⁵⁵	tsʰəŋ⁵⁵	kəŋ⁵⁵	ɦiəŋ²²	ləŋ²²	fəŋ⁵⁵	fəŋ⁵⁵	nəŋ⁵⁵	zəŋ²²
阳江	məŋ²²	təŋ⁵⁵	tsʰəŋ⁵⁵	kəŋ⁵⁵	ɦiəŋ²²	ləŋ²²	fəŋ⁵⁵	fəŋ⁵⁵	ləŋ⁵⁵	zəŋ²²
砖墙	məŋ³¹	təŋ⁵⁵	tsʰəŋ⁵⁵	kəŋ⁵⁵	ɦiəŋ³¹	nəŋ³¹	fəŋ⁵⁵	fəŋ⁵⁵	nəŋ³¹	zəŋ³¹
桠溪	moŋ²¹³	toŋ⁴⁵	tsʰoŋ⁴⁵	koŋ⁴⁵	ɦioŋ²¹³	loŋ²¹³	foŋ⁴⁵	foŋ⁴⁵	loŋ⁴⁵	dzoŋ²¹³

	通合三									
	从从	终章	钟章	绒日	弓见	恐溪	穷群	胸晓	熊云	容以
淳溪	zəŋ²²	tsəŋ⁵⁵	tsəŋ⁵⁵	yŋ²²	kəŋ⁵⁵	kʰəŋ³³	zyŋ²²	ɕyŋ⁵⁵	zyŋ²²	yŋ²²
阳江	zəŋ²²	tsəŋ⁵⁵	tsəŋ⁵⁵	yŋ²²	kəŋ⁵⁵	kʰəŋ³²	zyŋ²²	ɕyŋ⁵⁵	zyŋ²²	yŋ²²
砖墙	zəŋ³¹	tsəŋ⁵⁵	tsəŋ⁵⁵	yŋ³¹	kəŋ⁵⁵	kʰəŋ⁴³⁵	zyŋ³¹	ɕyŋ⁵⁵	zyŋ³¹	yŋ³¹
桠溪	zoŋ²¹³	tsoŋ⁴⁵	tsoŋ⁴⁵	ioŋ²¹³	koŋ⁴⁵	kʰoŋ⁵⁵	dzoŋ²¹³	soŋ⁵⁵	zoŋ²¹³	ioŋ²¹³

根据表4-48，高淳方言通摄可分为东部和西部两种类型，西部（淳溪、阳江、砖墙）读[əŋ]、[yŋ/yŋ]，东部（桠溪）读[oŋ]。西部方言中，以阳江为代表的多数方言点通摄合口三等见系读[yŋ]，桠溪、砖墙读[yŋ]，这种分化也跟前述臻摄合口三等、梗摄合口三等一致。

大部分汉语方言通摄一、三等合流（见系除外），读合口呼或开口呼韵母。高淳周边的江淮官话和北部吴语也是如此，但北部吴语通摄一、三等合流后大都读合口呼韵母，如苏州读[oŋ]。江淮官话一、三等合流后则有合口和开口两种读法，有的是按条件分化，如南京帮系读[əŋ]，其他读[oŋ]；有的不按条件分化，一律读[oŋ]或[əŋ]，如扬州读[oŋ]，合肥读[ɣe]。高淳方言通摄的读音跟江淮官话和北部吴语总体上是一致的，一、三等有合流现象，以桠溪为代表的东部方言合流后读[oŋ]，跟苏州方言一致；以淳溪为代表的西部方言合流后发生主元音央化的音变，即[oŋ]＞[əŋ]。

与宣州吴语杂处的安徽江淮官话部分方言点也存在通摄部分字与曾梗深臻摄部分字同韵的现象，如桐城（孙宜志2006）。江淮官话的合肥方言通摄多数字虽然与曾梗深臻摄不同韵，但主元音相同，前者读[ən]，后者读[əŋ]，这种读音类型跟高淳东部定埠、东坝等地方言一致。在高淳地区那些曾梗深臻收后鼻音[ŋ]的方言里有跟通摄合流的现象，如淳溪：针＝真＝增＝争＝终tsəŋ⁵⁵。高淳东部方言中，梗摄和通摄见系还有个别字因为声母读舌尖音导致韵母的[i]韵头丢失,如桠溪方言"兄、穷、熊"的韵母为[oŋ],声母为舌尖音[s]、[z]。

4.2.8 宕江摄的读音演变

中古宕摄包括一三等开合口,一等唐韵,三等阳韵;江摄只有开口二等江韵。中古宕江摄唐、阳、江韵属于阳声韵,带后鼻音韵尾[ŋ],三韵主元音有别。官话方言这三个韵的主元音基本都已合流,吴语宕江摄阳声韵大都保留鼻音韵尾或主元音鼻化。高淳方言宕江摄阳声韵有保留鼻音韵尾、主元音鼻化、失去鼻音成分三种类型,以淳溪、砖墙、桠溪方言为例,读音例字见表4-49。

表4-49 高淳方言通摄字读音举例

	宕开一						宕开三			
	帮帮	党端	狼来	脏精	钢见	杭匣	娘泥	想心	张知	装庄
淳溪	pã⁵⁵	tã³³	lã²²	tsã⁵⁵	kã⁵⁵	ɦiã²²	niã²²	ɕiã³³	tsã⁵⁵	tsuã⁵⁵
砖墙	paŋ⁵⁵	taŋ⁴³⁵	laŋ³¹	tsaŋ⁵⁵	kaŋ⁵⁵	ɦiaŋ³¹	niaŋ³¹	ɕiaŋ⁴³⁵	tsaŋ⁵⁵	tsuaŋ⁵⁵
桠溪	pã⁴⁵	tã⁵⁵	lã²¹³	tsã⁴⁵	kã⁴⁵	ɦiã²¹³	nie²¹³	ɕie⁵⁵	tɕie⁵⁵	tsuã⁴⁵

	宕开三			江开二						
	章章	姜见	羊喻	胖滂	撞澄	窗初	江见	讲见	巷匣
淳溪	tsã⁵⁵	tɕiã⁵⁵	iã²²	pʰã³⁵	zuã¹⁴	tsʰuã⁵⁵	tɕiã⁵⁵	kã³³/tɕiã³³	ɦiã¹⁴
砖墙	tsaŋ⁵⁵	tɕiaŋ⁵⁵	iaŋ³¹	pʰaŋ⁴³⁵	zuaŋ²⁴	tsʰuaŋ⁵⁵	tɕiaŋ⁵⁵	kaŋ⁴³⁵	ɦiaŋ²⁴
桠溪	tɕie⁴⁵	tɕie⁴⁵	ɦie²¹³	pʰã³²	tsuã⁵²	tsʰuã⁴⁵	kã⁴⁵/tɕie⁴⁵	kã⁵⁵/tɕie⁵⁵	hã⁵²

	宕合一				宕合三					
	光见	荒晓	黄匣	汪影	方非	房奉	网微	筐溪	况晓	王喻
淳溪	kuã⁵⁵	fã⁵⁵	uã²²	uã⁵⁵	fã⁵⁵	bã²²	mã⁵⁵	kʰuã⁵⁵	fã³⁵	uã²²
砖墙	kuaŋ⁵⁵	faŋ⁵⁵	uaŋ³¹	uaŋ⁵⁵	faŋ⁵⁵	βʰaŋ³¹	maŋ⁵⁵	kʰuaŋ⁵⁵	faŋ⁴³⁵	uaŋ³¹
桠溪	kuã⁴⁵	fã⁴⁵	ɦuã²¹³	uã⁴⁵	fã⁴⁵	ɦuã²¹³	mã⁴⁵	kʰuã⁴⁵	fã³²	ɦuã²¹³

表4-49显示,根据韵尾情况,高淳方言宕江摄的读音可分为三类:

(1)鼻音韵尾型。砖墙方言属于该类型[1]。
(2)鼻化元音型。淳溪等多数方言点属于该类型。
(3)鼻化元音和非鼻化、非鼻尾混合型。桠溪方言属于该类型。

三种类型之中,鼻化元音型占主流。三种类型有演变关系:鼻音韵尾型为早期形式,首先变成鼻化元音型然后再变成无韵尾非鼻化型,即[aŋ]＞[ã],[iaŋ]＞[iã]＞[ie]。

---
[1] 本书的砖墙方言语音系统采用主要发音人杨保庭(木樨村人),该发音人宕、江摄字有后鼻音韵尾[ŋ],但在实际调查中,砖墙多数乡村的宕江摄是鼻化元音,没有明显的鼻音韵尾。

从声母的分化情况来看，各方言点宕摄开口一等字和江摄开口二等帮组字的读音表现一致，主元音为后[ɑ]。高淳方言江摄开口见系二等字有文白读现象，白读没有[i]介音，文读有[i]介音，文读层读音跟宕摄开口三等知系之外的字合流。从总体上来看，高淳方言江摄见系二等的白读层正在被文读层取代，仅个别字在口语只有白读层，如"巷hɦɑ̃"。

高淳东部桠溪地区方言宕摄开口三等字读[iɛ]，无鼻尾，同时主要元音高化，其语音发展的路径应是[*iɑŋ]＞[*iɑ̃]＞[*iæ̃]＞[iɛ]。桠溪南部原定埠地区宕摄开口三等字读[iæ̃]韵，正反映了这种语音链变的过程。

高淳方言宕摄合口字依据声母分化为开口呼和合口呼两种，非组读开口呼[ɑ̃]/[ɑŋ]（少数方言点不包括微母字，如定埠）；晓母字读[ɑ̃]/[ɑŋ]，主要跟声母[h]＞[f]的音变有关，因为声母变成唇音声母字，致使韵母的[u]介音丢失。

高晓虹（2009）总结了官话方言宕江摄阳声韵知系字的读音分合类型，其中二组型（张章≠装撞双）最为普遍。二组型中又有韵基相同和韵基不同二类，韵基相同的情况下，若声母相同，又有"开口-合口"、"齐齿-撮口"两种类型，若声母不同，则有"开口-合口"、"开口-撮口"、"齐齿-合口"、"开口-开口"四种类型。韵基不同的情况下，若声母相同，又有"开口-合口"、"开口-开口"两种类型，若声母不同，则有"开口-开口"一种类型。按照高文的分类，苏州方言"张章装撞双"声母同组，但"张章≠装撞双"，"张章"的韵母为[ã]，"装撞双"的韵母为[ɑ̃]，属于二组型中的韵基不同情况下的"开口-开口"型，跟官话方言的大方（贵州）、文山（云南）同类。常州吴语也属于二组型，但"张章"和"装撞双"不是前[a]和后[ɑ]的区别，而是开合口的区别，前者韵母为[aŋ]，后者韵母为[uaŋ]，这种类型跟南京型江淮官话一致。高淳方言宕江摄知系字的读音分合属于二分型，如表4-49中"张≠装"，分化的类型有"开口-合口"和"齐齿-合口"两类。高淳方言西部都属于跟江淮官话和常州吴语一致的"开口-合口"型，只有桠溪地区属于"齐齿-合口"型。桠溪型的读音分化比较特别，它的对立是齐齿呼与合口呼的对立，合口呼读法比较自然。关键是解释宕摄开口三等知章组的[i]介音是存古还是后来产生的，从目前的材料来看，周边吴语和江淮官话都没有这种现象，说明知章组后面的三等[i]介音可能早期已经消失，这两个方言点独立存古的可能性不大。从高淳地区的方言来看，高淳方言点咸山摄一二等字的韵母有增生[i]介音的现象，路径是[*ɛ]＞[*ᴇ]＞[*e]＞[ie]，如淳溪方言"三、山"读[ɕie⁵⁵]。但桠溪方言咸山摄只有个别字存在增生[i]介音的现象，如"山"，这很可能是西部方言扩散的结果。就目前的材料来说，桠溪方言宕江摄知组字[i]介音的来源还不好解释。

4.3 声调的发展演变[1]

声调属于超音段成分，声学上跟音高关系密切，本书在第2章对高淳方言声调进行了声学实验研究，在此基础上整理出各方言点的声调系统。汉语方言分区的诸因素之中，声调的分化规律占据重要地位，李荣（1985）曾将入声的分化作为官话方言分区的主要依据。官话方言的声调通常在六个以下，以四个为主，江淮官话大都是五个声调的方言，保留入声调类，吴语大多数地区则有七至八个声调。本节在第2章声调实验的基础上讨论高淳方言的声调演变。

4.3.1 声调系统

根据第2章语音实验的结果，高淳各方言点的声调系统归纳为表4-50。

表4-50　高淳各方言点的单字调系统

	阴平	阳平	阴上	全浊上	次浊上	阴去	全浊去	次浊去	阴入	阳入
淳溪	55	22	33			35	14		32	13
阳江	55	22	32			35	14		32	13
固城	55	21	42			45	25		31	13
东坝	55	21	42			435	24		31	13
古柏	55	21	42	归阳去	归阴平	445	14	归阴去	42	13
漆桥	55	21	41			45	14		41	13
砖墙	55	31	归阴去			435	24		52	31
桠溪	45	213	55			32	52		55	42
定埠	45	324	55			32	52		54	41

表4-50显示，除砖墙外，各乡镇共有7个声调：阴平、阳平、阴上、阴去、阳去、阴入、阳入。从具体调值来看，东部（桠溪、定埠）和西部（砖墙除外）多数调类的调值有明显差异[2]：阴平西部都是平调，东部则是高升调；阳平西部均为低平或低降，东部则是曲折调；上声西部以降调为主，东部则是高平调；阴去西部为高升或曲折调，东部则为略降型；阳去西部都是低升调，东部则为高降；阴入西部以中降为主，东部则为高平调；阳入西部均为低升，东部则为高降。砖墙镇位于高淳的西南部，声调系统与高淳主体方言略有不同，主要表现在古阴上的归并和阴阳入的具体调值上。

---
[1] 本节主要内容发表于《语言研究》2016年第3期，略有改动。
[2] 桠溪镇和原定埠镇为高淳东部方言代表点，其他乡镇属于西部方言点。

调长是声调的重要区别性特征之一。从相对调长数据来看（表4-51），高淳各方言点的阴入调都是明显的短促调，阳入则不同，除砖墙、桠溪外，相对调长均在1.0以上，在所属声调系统中位居前列，固城甚至是所有调类中最长的，这说明淳溪片方言的阳入调已经明显长化，失去短促特征，只是多数还能保持独立的调类。东部桠溪以及西南地区的砖墙，阳入调的调值都相对短促，调长仅长于阴入，但砖墙的阳入调也有长化趋势。除阳入以外，各方言的阴去和阳去以及变作阳去的全浊上声字的调长都相对较长，阴去和阳去在各方言点中通常为升调，东坝的阴去为曲折调，曲折调和升调一般具有长调特征。

表4-51　高淳方言单字调相对调长

	阴平	阳平	阴上	全上	次上	阴去	全去	次去	阴入	阳入
淳溪	0.65	1.01	0.78	1.32	0.65	1.15	1.30	1.35	0.58	1.21
固城	0.94	0.96	0.89	1.02	0.97	1.07	1.04	1.16	0.76	1.20
东坝	0.72	0.98	0.88	1.25	0.67	1.15	1.25	1.27	0.68	1.17
古柏	0.83	1.00	0.85	1.31	0.77	1.07	1.24	1.17	0.62	1.15
漆桥	0.98	0.98	0.96	1.14	0.92	1.07	1.17	1.02	0.69	1.06
阳江	0.76	1.04	0.91	1.23	0.78	1.13	1.25	1.16	0.71	1.03
砖墙	0.90	0.98	1.17	1.17	0.82	1.21	1.23	1.27	0.53	0.75
桠溪	1.07	1.71	0.83	0.93	1.25	1.08	0.90	1.05	0.54	0.64
定埠	1.12	1.91	0.86	0.92	1.10	1.06	0.95	1.01	0.46	0.62

高淳方言声调与北部吴语的一致性表现在：① 有七至八个声调；② 古全浊上声归入阳去；③ 声调调值呈现阴高阳低的格局；④ 阴平以高平调为主。高淳方言声调与北部吴语的差异表现在：① 次浊上大多数归阴平，而非自成调类或者并入阴上；② 次浊去与阴去合为一类，全浊去自成一类；③ 砖墙方言阴去和阴上合并，浊去为一类；④ 西部（砖墙除外）的阳入是个舒声调。从声调特点来看，高淳方言与北部吴语接近，与宣州吴语有别，但与北部吴语相比，高淳方言在声调演变方面又具有自身特点。

4.3.2　声调的演变

多数吴语方言的古平、去、入各分阴阳，古全浊上归阳去，古次浊上有的归阴去（如靖江），有的大部分归阴去，其余归阳去（如衢州），有的全部浊上字都归阳去（如宁波）（钱乃荣1992：20）。高淳方言的古平、去、入也各分阴阳，但在浊上和浊去的演变细节上与其他吴语不同。本节先拟测早期高淳方言声调系统，然后分析高淳方言声调演变的动因和历程。

1. 高淳方言早期声调系统

丁邦新（1984）提出了"基调"的概念，认为变调是基调，同时也有可能是原调，"在小方言的'基调'确定之后，就来拟测次方言的'原调'，然后才是大方言的古调系统"（丁邦新1998：260）。丁邦新确定吴语基调时主要依据双字组连调中重读成分的变调，轻读部分作为参考。本节依据丁邦新的研究思路，结合方音比较拟测高淳方言早期声调系统。首先根据双字组连读变调（见第3章表3-36）初步拟测淳溪镇方言的基调。

有些吴语方言的某个调类在单字中消失，但在连调中保存，如苏州方言的阳上调。我们试图在连调中找到高淳方言的阳上，但结果是：次浊上的变调模式与阴平一致，全浊上的变调模式与阳去一致，似乎没有留下一点阳上的痕迹。同样，已归入阴去的次浊去也未能在连调中有所体现。这说明高淳方言中全浊上归阳去、次浊上归阴平、次浊去归阴去的声调演变由来已久。

我们只能先根据连调表拟测淳溪镇方言现存7个调类的"基调"：阴平做前字时有44和55两种，但只是语音差异，基调可按单字定为55；阳平和上声作前字时不变调，基调可分别定为22和33；阴去作前字时的调值分别是35和33，作后字时的调型也是平调和升调，因33已经定为上声的基调，阴去的基调只能定为35；阳去作前字时有三种调值，分别是22、34和24，22、33已分别定为阳平和阴上的基调，34和24只是起点略有区别，阳去的基调宜定为24；阴入作前字时有33和43两种调值，43只是连调的内部调节，不构成音类区别，基调可定为33；阳入作前字时变为22和33，两者只是语音的细微差异，多数变为22，阳平的调值也是22，与之对应，阳入的基调可定为22。淳溪镇方言7个单字调的基调为：阴平55，阳平22，上声33，阴去35，阳去24，阴入33，阳入22。

下面进一步构拟高淳方言的早期声调形式，构拟方法是方音比较。首先是淳溪片的内部比较，根据表4-50显示，高淳方言各乡镇之间（不包括东部的桠溪和西南部的砖墙）阴平、阳去、阳入的调值基本一致，可以直接把淳溪镇的这3个声调的基调作为早期形式，阳平调值21占优势，可作为早期声调形式。高淳各乡镇阴去有曲折调和升调两种，数量大体相当，考虑到有曲折调的方言点阴去都是读升调的情况，我们认为升调是由曲折调发展而来的，从另一方面来说，一个方言的声调系统有一个曲折调更为合理，因此，我们将阴去的早期调值定为435。各乡镇之间的阴上和阴入差异较大，可分为平调和降调两种，需要进行早期形式的构拟。淳溪、阳江两地阴上、阴入调值基本一致，可作一类，选淳溪作代表；固城、东坝、古柏、漆桥的阴上、阴入调值基本一致，可作一类，选古柏作代表。淳溪、古柏和周边吴语的声调比较见表4-52。

表4-52　高淳方言与周边吴语声调对照表

	阴平	阳平	阴上	阳上	阴去	阳去	阴入	阳入
淳溪	55	22	33		35	14	32	13
古柏	55	21	42		45	14	42	13
湖阳	44	24	33		35	31	45	31
溧阳	44	312	52	24	423	31	55	23
宜兴	55	23	52	24	324	31	5	23
金坛	434	31	44	21	423	213	5	23
丹阳	22	213	44		324	41	33	24
常州	55	213	34		523	24	5	23
无锡	55	13	324	232	35	213	5	23
苏州	44	23	52		412	31	5	23

说明：淳溪、古柏、湖阳为本文调查，其他点据《江苏省志·方言志》（鲍明炜1998）。

先从阴入着手，除湖阳、古柏、淳溪外，其他方言点的阴入调都是平调，有充分的理由相信高淳方言的阴入早期也是平调，调值应为33、44或55中的一个，我们取中间值44。难度较大是阴上，有4个平调，4个降调，1个微升调，1个曲折调，升调和曲折调属个例，主要是定为平调还是降调的问题。常州、无锡、苏州离高淳较远，内部也不一致，可暂不考虑。溧阳、宜兴是高淳东部的近邻，金坛、丹阳是高淳东北部的近邻，湖阳位于高淳西部，与高淳方言接近。值得注意的是，高淳跟金坛、丹阳形成一条线，都处于吴语和江淮官话的交界地带。我们倾向于选择湖阳、金坛、丹阳作高淳早期声调的参照点，即认为早期高淳方言的阴上是个平调，调值拟为*33。这个推测还有两点证明：一是以桠溪镇为代表的高淳东部方言的阴上调是个高平调，与同属毗陵小片的近邻溧阳、宜兴不同；二是虽然西部的多数乡镇阴上单字为降调，但在连读调中只是微降，调值多数为32/43，还有的是平调33，这与淳溪方言的单字调和连读调接近[1]，如"火车、酒瓶、草鞋、粉笔、宝马、草席"等词，东坝镇东坝村方言连调模式为43/33+32，东坝镇沛桥村（靠近固城镇）的连调模式为32/33+32。从双字连调来看，高淳方言阴上基调可定为32，但进一步往前拟测应是33或44，因此，我们将其早期形式定为*33。

古吴语为8个声调，早期高淳方言理应如此，尚需构拟高淳方言的阳上调。虽然溧阳、宜兴的阳上为低升，金坛为低降，但很可能已经不是早期形式了，加之方言点又少，不能作为拟测早期高淳阳上调的参照点。从吴语声调阴高阳低的规律来看，阳上与阴上相对，高淳方言的阳上调应该是个低平调。高淳方言中有少数阳上字读22，归入阳平，有的读33，归入阴上，如"蟹妇渐皖演勇"，这很可能是早期

---

[1] 淳溪镇的阴上虽定为平调，但实验数据显示其斜差为0.5，处于平调和降调的临界点，调值定为32也未尝不可，且阴上作后字时也有调值为43的，这说明淳溪镇的阴上已经不是一个纯粹的平调了。

阳上为平调的证据。另外，低平发展为低升和高一些的平调都是比较容易的事情，拟为平调容易解释全浊并入阳去、次浊并入阴平的现象。基于以上几点，我们将早期高淳方言的阳上调拟为低平调。由于平调22被阳平占据，33被阴上占据，阳上只能是*11。

综上，我们所构拟出的高淳方言早期的声调系统为：

*阴平55 *阳平21 *阴上33 *阳上11 *阴去435 *阳去24 *阴入44 *阳入22

上述声调系统中，阴平与阳平相对，阴上与阳上相对，阴入与阳入相对，都是阴高阳低的平调，阴去与阳去相对，是阴高阳低的曲折调和低升调，对应非常整齐，符合吴语声调早期的分化规律。需要指出的是，这个声调系统只能代表高淳方言早期形式，不一定代表古高淳方言的声调，如果继续往前构拟，阴上、阴入的调值可能还要高些，其他声调的调型、调值也可能略有变化，但因资料缺乏，尚无法构拟古高淳方言的声调系统。

2. 高淳方言次浊声母字归阴调类的演变

高淳方言最引人注目的声调演变是次浊上归阴平和次浊去归阴去。吴语区有不少方言点的次浊上归阴调类，如靖江、衢州。[1]另据徐越（2007），浙北杭嘉湖地区存在丰富的次浊声母字归阴调类的现象。值得注意的是吴语阴阳调类的合并一般只发生在次浊声母字中，如果"合并发生在全浊阳调类字，那就意味着浊声母的清化"（钱乃荣1988：66）。除吴语外，客赣方言的浊上归阴平现象曾引起热议，如黄雪贞（1988），王福堂（1998），项梦冰、曹晖（2013）等。与吴语不同的是，客赣方言的次浊上和全浊上都有归阴调的现象。只要留意一下客赣方言全浊声母字清化为送气清音的事实，就能解释为何全浊上也能归入阴平。从某种意义上来说，客赣方言的次浊上归阴平可能先于全浊上归阴平，而全浊上归阴平很可能是在浊声母清化之后发生的。

次浊声母字归入阴调类源于其"游离性"的语音特点。次浊音是指鼻音、边音、通音，这类辅音被称为响辅音，发音时声带振动同时引起鼻腔或口腔共鸣。语音实验表明，浊塞音声母有压低其后元音的F0起始部分的倾向，而清塞音则相反。次浊音不像全浊音那样把后接元音的F0压得很低，也不像清辅音那样有抬高后接元音F0的倾向，而是使后接元音的F0处于全浊辅音和清辅音的中间偏低位置，偶尔也会处于较低的位置[2]。这说明次浊声母本身具有不稳定性，游离于全浊声母和清声母之间。次浊音的"游离性"特点使得次浊声母字的声调既可以随全浊音一起归入阳调类（如苏州、宁波等），也可以独自成调或者并入调型接近的阴调类（如宜

---

[1] 吴语次浊上变入阴调类有三种类型：变入阴上（如靖江、江阴、常州）、部分变入阴去（如衢州）、少数变入阴平（文读为主，如宜兴、溧阳、无锡）。

[2] 相关实验参见《实验语音学概要（增订版）》（鲍怀翘、林茂灿主编2014：204-208）。

兴、高淳等）。从汉语方言的语音事实来看，次浊声母字归入阴调类的现象非常普遍，吴、闽、客、赣、湘以及一些官话方言都有发生。据王莉宁（2012）对《汉语方言地图集》930个点的统计，有730个点的上声字发生不同程度的全次浊分调现象。由此可见，高淳方言次浊上归阴平、次浊去归阴去的现象符合声调分合的普遍规律，只是归并的方向与其他吴语不同。

从时间的先后上看，高淳方言全浊上归阳去可能发生在次浊上归阴平之前。原因有三：其一，"浊上作去"是官话方言和吴语方言演变的普遍规律，而这种声调归并发生的时间较早。前人普遍认为"浊上作去"始于唐五代，宋代承继这一音变（刘纶鑫1997、丁治民2005），至元代周德清《中原音韵》时期已经完成。其二，两宋时期，北人避祸南迁，开始进入高淳境内。据高淳民间谱牒记载，境内万人以上大姓居民多为南宋期间徙入者的后裔。"700多年来，宋室后裔在高淳境内衍生3000多户，1万余人，主要分布在淳溪、固城两地"[1]。这批宋室后裔的方言不可能不对高淳方言产生影响，而此时宋人的声调系统中"浊上作去"的音变已经发生，加上北部吴语浊上作去的普遍规律，移民因素和外部环境无疑促成了高淳方言全浊上归阳去的音变。其三，从语音条件来看，高淳方言全浊上的早期调值为*11，只要发音时尾部稍稍一抬，就变成了低升调，而高淳方言的阳去调为24，两者合并非常自然。全浊上变入阳去之后，剩下了次浊上，基于次浊声母的游离性，它具有变入阴调类的条件，加上高淳方言次浊上本身是个平调，变入同类调型的可能性大。而高淳方言的平调有阴平、阳平和阴上，那么为何大部分次浊上声字没有变入更为接近的阳平，也没有变入阴上，而是变入了阴平呢？我们认为有两个原因：其一，高淳方言的阳平、阴上都有略降趋势，多数方言点的调值是21，阴上的实际调值则接近32，而此时次浊上很可能受全浊上的影响而具有略升的倾向，调值接近12；其二，次浊声母字可能更容易变成高调，进入阴调类，而高淳方言的阴平调是个高调，且有微升倾向（如淳溪的阴平实际接近45），两者接近。基于以上两点，高淳方言次浊上声字变入阴平也是可以预料的。再来看次浊去归入阴去的现象，高淳方言阳去的早期调值是24，次浊去自然也是如此，这个调值跟阴去的435还是具有一定差异的。那么次浊去为何不待在阳去中，而非要变入阴去呢？这很可能也跟次浊声母的"游离性"特点有关。

3. 高淳方言阴上、阴入的调值演变

高淳各乡镇的阴上、阴入调值有异，分平调和降调两种。据前文拟测的高淳方言早期声调系统，阴上、阴入都是平调，调值分别为*33和*44。结合各乡镇的具体调值，阴上的音变路径是*33＞32＞31＞41/42，阴入的演变路径为*44＞*33＞32＞31＞41/42，只要观察一下高淳各乡镇阴上和阴入的具体调值，就能发现这个演变过程

[1] 参见《高淳县志（1986—2005）》（高淳县地方志编纂委员会编2010：10）。

近乎完整地保留在活的语言中，而且阴上和阴入几乎是朝着相同的方向同步变化。从时间层次上来看，阴上、阴入的在各乡镇中的调值变化显然是一种比较晚近的音变现象，而且这种变化还在持续之中，如淳溪镇的阴上调值向32演变。那么是什么促成了高淳方言阴上、阴入的调值变化呢？我们认为这是语音系统为保持一定的区别度而进行内部调节的结果，表现在两方面：其一，从我们拟测的早期高淳方言声调系统来看，阴平、阳平、阴上、阴入、阳入都是平调或接近平调，原来这些平调之间（主要是阴阳调类之间）尚可以凭借声母清浊加以区别，而晚期高淳方言显然发生了浊音清化的音变，目前这种演变趋势还在持续，声母清浊对立逐渐消失，致使阴阳调类之间依靠高低相区别的基础削弱了。为了保持声调之间的区别性，必然会有一些声调的具体调值发生异化。其二，阴上的调值*33/32与阳平的调值*22/21，阴入的调值*33与阳入的调值*22非常接近，这是发生声调异化的直接因素。至于平调的阴上和阴入为何转向降调，原因有二：一是降势音高符合普遍的发音规律，二是高淳方言的阴去调值35，如果阴平、阴入转为中升调，仍然难以实现声调之间的区别。在上述因素的综合作用下，高淳方言阴上、阴入演变为降调也就是顺理成章的事了。

第 5 章

高淳吴语特征分布图

方言地图是方言分区和方言差异最直观的表现形式，本书在第1章概说部分绘制了高淳方言分区示意图，本章以分布图的形式展现高淳方言内部的语音差异和个别词汇差异，同时也对分布图作一定的解释说明。本章选择的特征项共24条，其中语音19条，词汇5条。

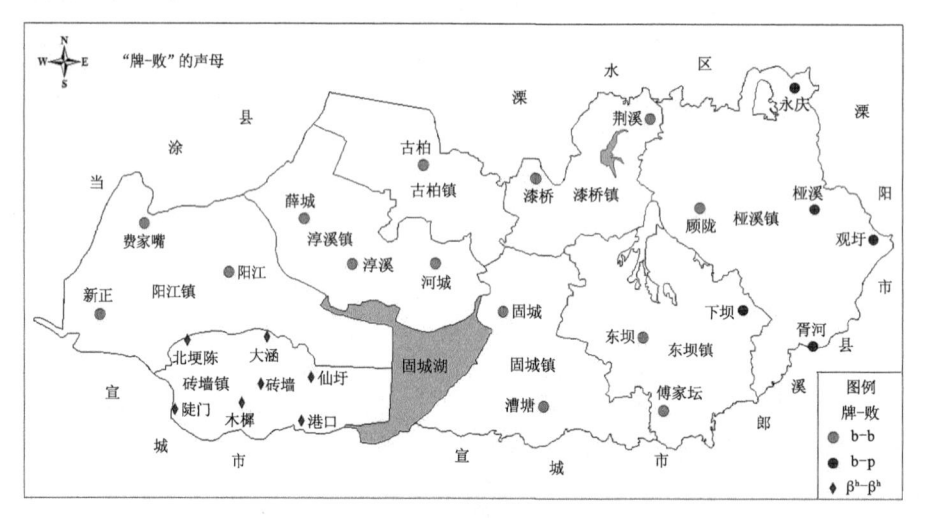

图5-1 "牌-败"的声母[1]

说明：高淳方言古浊音声母呈三分格局，内部分化情况有所不同，以并母为例，淳溪地区读浊塞音[b]，砖墙地区读强气流浊擦音[β^h]，桠溪地区按声调平仄分化为清、浊两类，平声读[b]，仄声读[p]。本图以"牌-败"为例，反映高淳方言古浊音声母的内部分化情况。图5-1显示："牌、败"二字的声母在以淳溪为中心的大部分地区读浊塞音[b]，砖墙地区全部读为强气流型浊擦音声母[β^h]，桠溪大部分

---

[1] 图中"胥河"代表原定埠镇所在地。后同。

第5章 高淳吴语特征分布图 215

地区及东坝东部少数点按声调分化为浊塞音[b]和清塞音[p]。

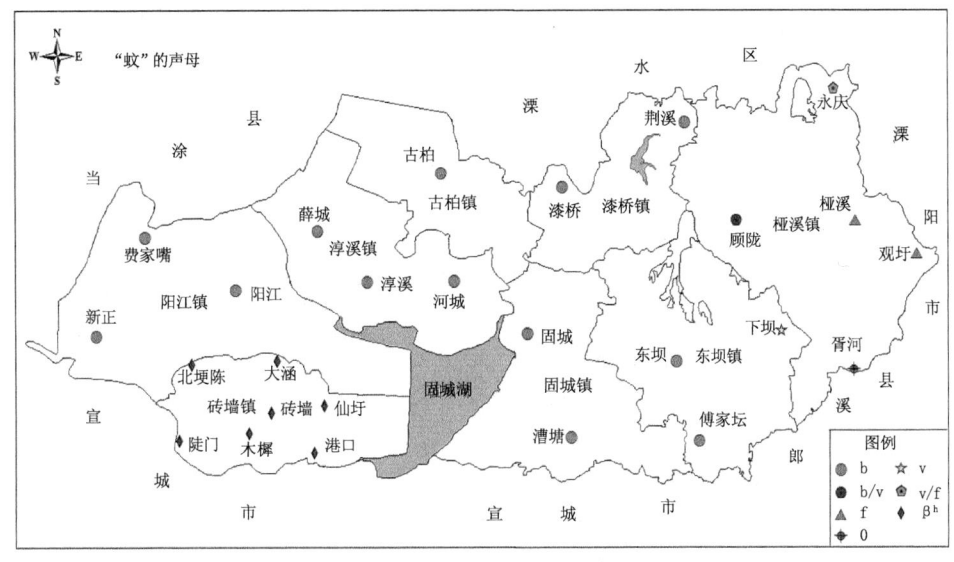

图5-2 "蚊"的读音

说明：高淳方言古奉微曾发生[v]＞[b]的创新音变，这种音变导致奉、微母读重唇音声母的比例明显高于吴语其他地区。本图以微母字"蚊"为例，反映高淳方言古微母的读音特点。图5-2显示："蚊"字的声母在以淳溪为中心的大部分地区读浊塞音[b]，砖墙地区读强气流浊擦音[βʰ]，桠溪地区则以读唇齿擦音[f]、[v]为主，胥河读零声母，西部的顾陇有[b]、[v]两种读法。"蚊"在地理分布上的差异反映了声母演变的过程。

图5-3 "桃"的声母

说明：高淳方言定母的地理分化情况跟并母等浊声母一致，东部地区也有根据声调分化的情况。本图选择平声字"桃"来突显砖墙地区方言跟其他方言点的不同。图5-3显示：砖墙地区"桃"的声母读强气流闪音[ɾʱ]，其他地区读浊塞音[d]。

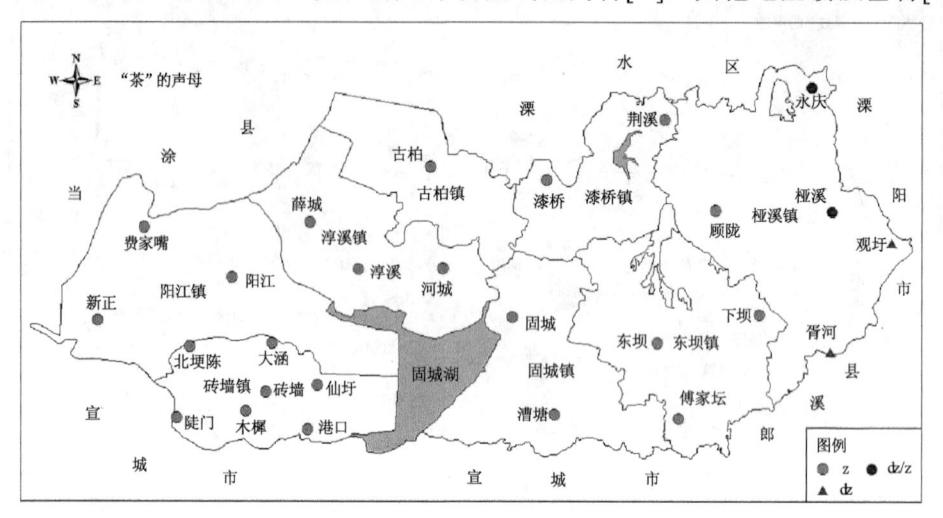

图5-4 "茶"的声母

说明：古"从邪崇澄船禅"母在吴语地区的读音非常复杂，多数地区程度不等地存在读浊塞擦音声母的现象，这些声母在宣州吴语中一般只读擦音声母。跟宣州吴语一致，古浊塞擦音声母在高淳西部读浊擦音声母。高淳东部地区部分古浊塞擦音字保留浊塞擦音读法。图5-4以澄母字"茶"为例，反映高淳方言古浊塞擦音声母读音的地理差异：以淳溪为中心的大部分地区读浊擦音[z]，以桠溪镇为代表的东部地区读浊塞擦音[ʥ]或浊擦音[z]。

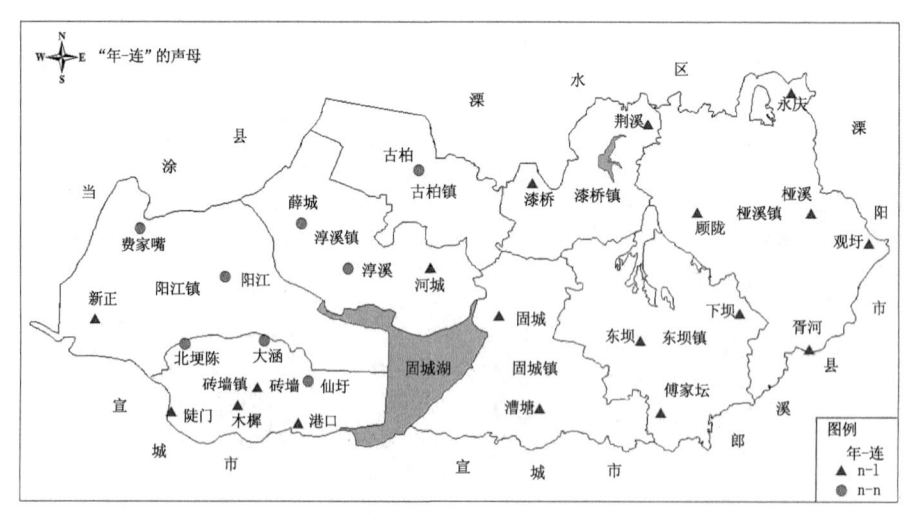

图5-5 "年-连"的声母

说明：江淮官话泥来母大都相混，吴语古泥来母不混。高淳多数地区泥来母的读音也跟吴语一致，但淳溪、阳江、古柏以及砖墙北部的来母细音字混入泥母。图5-5以"年-连"为例，反映高淳地区古泥来母的分混情况。

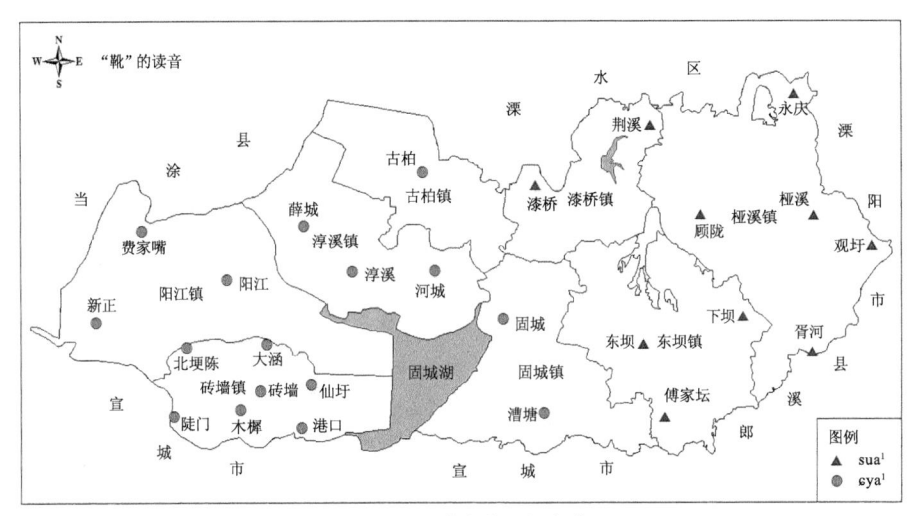

图5-6 "靴"的读音

说明："靴"是果摄合口三等晓母字，普通话读[ɕye¹]，苏州、常州方言读[ɕio¹]。高淳方言的"靴"字有[sua¹]、[ɕya¹]两种读音，图5-6为两种读音的地理分布情况，该图显示：读音[sua¹]分布在东部的漆桥、东坝、桠溪三镇，读音[ɕya¹]分布在其余乡镇。

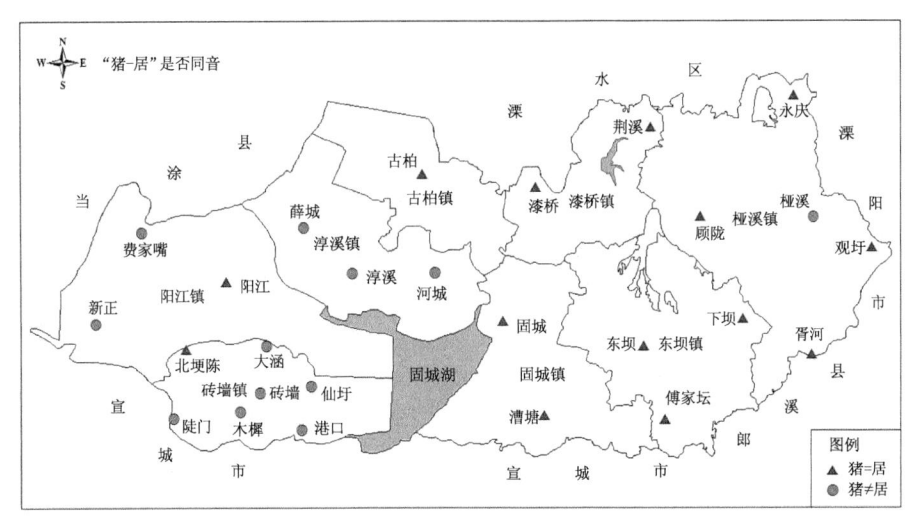

图5-7 "猪-居"是否同音

说明："猪"、"居"均是遇摄合口三等鱼韵字，前者为知母字，后者为见母字，普通话和吴语二者大都不同音。高淳西部及东西部过渡地区"猪"、"居"也不同音，但东部多数方言点有同音现象，有同音现象的方言点基本都读舌尖元音

[ʮ]/[ʯ]，只有桠溪、淳溪为舌面元音[y]。图5-7显示："猪＝居"的方言主要在东部，"猪≠居"的方言主要分布在西部。

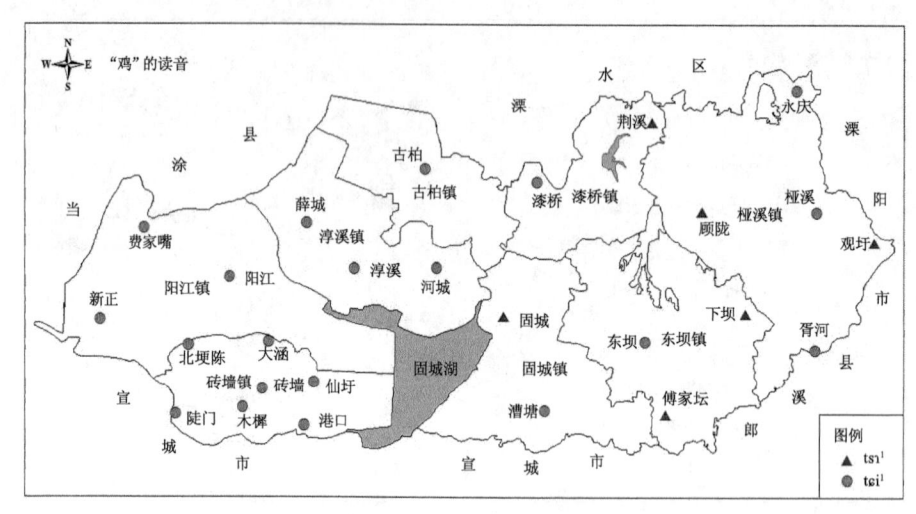

图5-8　"鸡"的读音

说明：北部吴语的[i]虽有强摩擦性，但目前大都尚未出现舌尖化音变。江淮官话洪巢片的合肥、巢湖等地[i]大都已完成舌尖化音变，但南京、芜湖等地没有发生舌尖化音变。高淳东部部分方言点已有[i]＞[ɿ]的舌尖化音变。图5-8以"鸡"的读音为例，反映高淳地区舌尖化音变的地理分布。该图显示：舌尖化音变只分布在东部个别方言点，多数地区尚未发生此类音变。

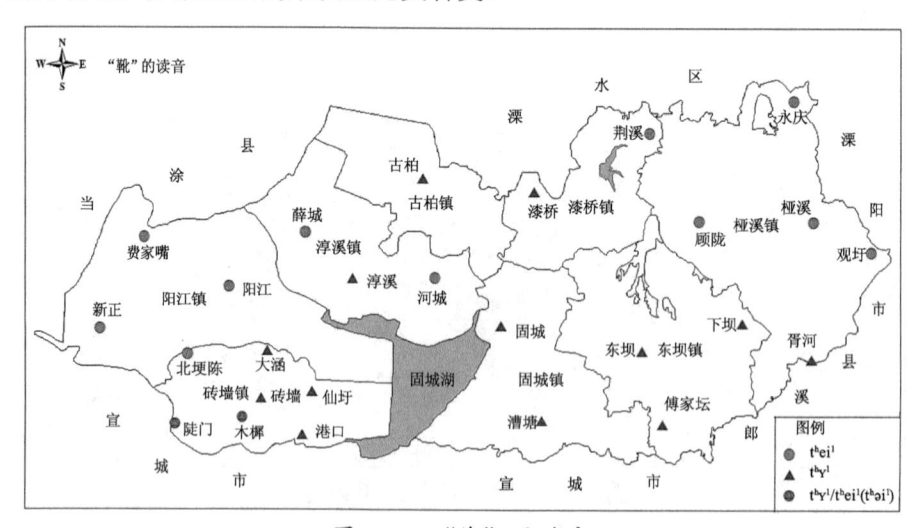

图5-9　"偷"的读音

说明：高淳方言流摄侯韵有[ei]/[əi]、[ɤ]两类读音形式，[ɤ]属早期读音形式，[ei]/[əi]属后期音变。图5-9以"偷"为例，反映两类读音形式在高淳方言中的地理分布，由图可知，[ɤ]主要分布在中部、南部地区，[ei]/[əi]主要分布在东北部和西部，可见在地理上这两类读音具有一定空间间隔。另外，有的方言两类读音形式并存，淳溪方言老派读[ɤ]，新派读[ei]，说明这两类读音目前正处于相互竞争的过程中。

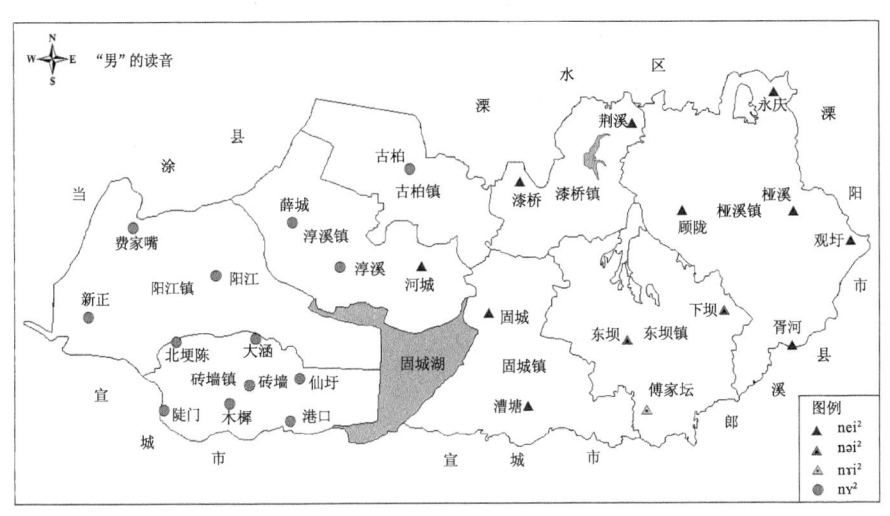

图5-10　"男"的读音

说明：咸山两摄中的一二等字在高淳方言中读音复杂。"男"是咸摄开口一等覃韵泥母字，常州方言中读[nɤ²]，苏州方言中读[nø²]，南京方言读[lã²]。图5-10反映高淳方言"男"字读音及其地理分布情况：高淳西部地区读[nɤ²]，中东部地区读[nei²]、[nəi²]、[nɤi²]等。

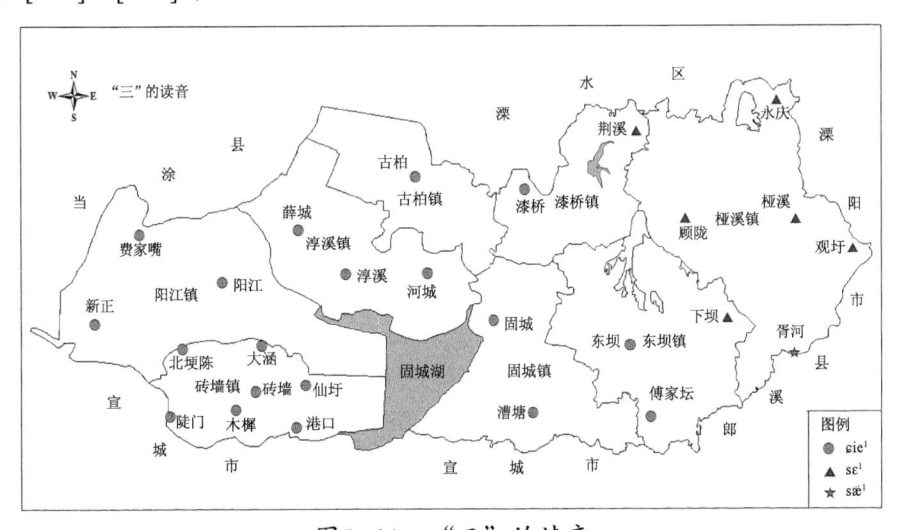

图5-11　"三"的读音

说明：高淳西部地区咸山摄开口一二等字有读[ie]的层次，该读音在周边吴语和官话中均不存在。本图以咸摄开口一等谈韵字"三"为例，展示其读音类型的地理分布。图5-11显示："三"在高淳东部基本都读[sɛ¹]，而高淳西部都读[ɕie¹]，只有桠溪南部胥河村（原定埠镇）读[sæ¹]，跟官话方言接近。

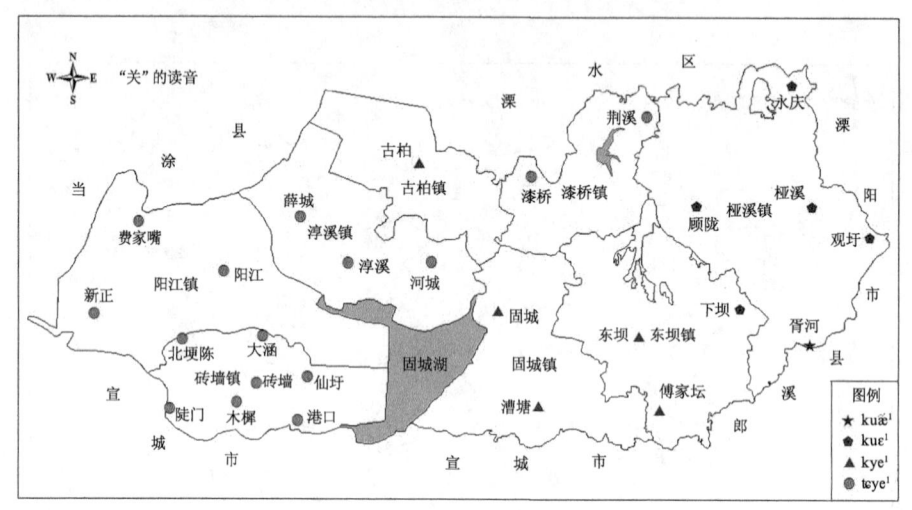

图5-12　"关"的读音

说明："关"是山摄合口二等见母字，第4章我们讨论了与之相关的读音演变问题。图5-12表现了"关"的不同读音类型的演变过程：[kuæ¹]>[kuɛ¹]>[kye¹]>[tɕye¹]。从地理分布上来看，"关"读[tɕye¹]的方言分布在高淳区的西部，读[kye¹]的方言分布中南部，读[kuɛ¹]、[kuæ¹]分布在东部，可见这一音变是从东往西逐步进行的。

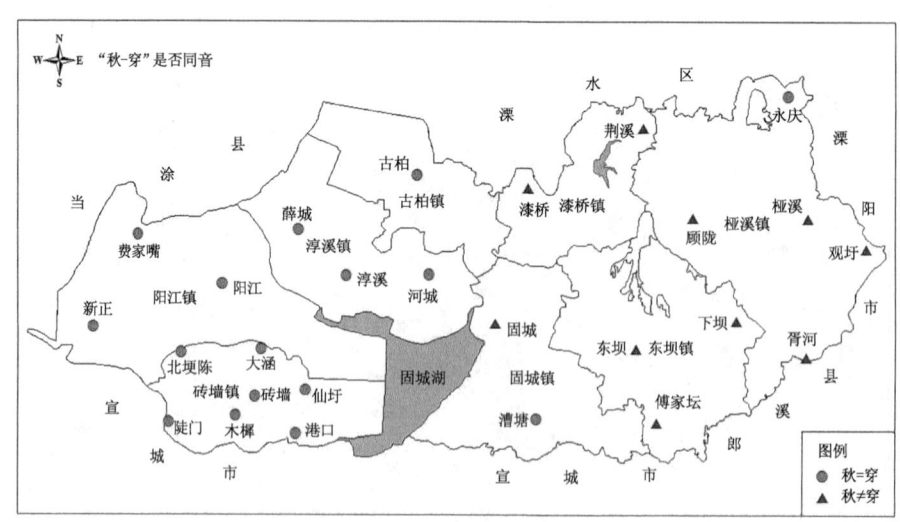

图5-13　"秋-穿"是否同音

说明："秋"是流摄开口三等尤韵字，高淳西部地区一般读[ʏ]，东部一般读

[iu]；"穿"是山摄合口三等仙韵字，高淳西部也读[ɤ]，但东部及东西部过渡区大都读[uei]。图5-13显示，西部地区"秋-穿"同音，东部及东西过渡区"秋-穿"大都不同音。

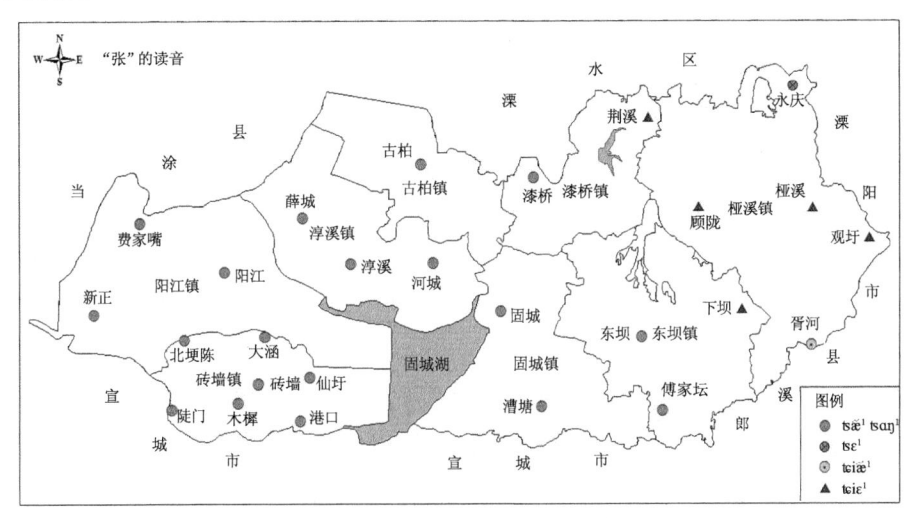

图5-14 "张"的读音

说明：高淳东部桠溪地区宕摄开口三等字（庄组除外）和江摄见系部分字的韵母读[iɛ]。"张"是宕摄开口三等知母字，该字的读音可以代表高淳方言宕江摄读[iɛ]的地理分布情况。由图5-14可知，桠溪镇及西部邻接地区"张"字基本都读[tɕiɛ¹]，胥河读[tɕiæ¹]，永庆读[tsɛ¹]，这几种读音之间可能存在音变关系。"张"读[ã]/[aŋ]韵的方言分布在桠溪以外的大部分地区。

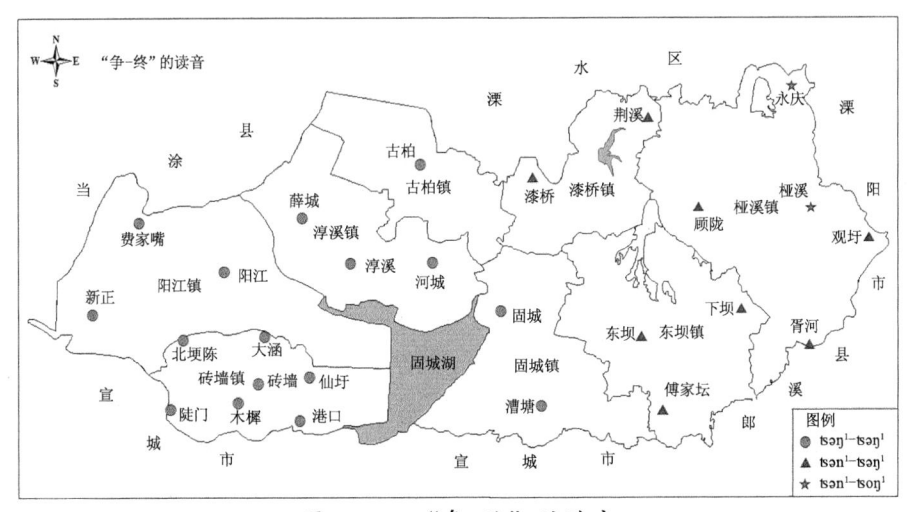

图5-15 "争-终"的读音

说明：高淳大部分地区通摄字主元音发生央化音变(读[əŋ])，这种央化音变往往导致通摄和深臻曾梗摄字的合流。图5-15以梗摄字"争"和通摄字"终"为例，反映这种语音合流的地理分布情况。由图可知，以淳溪为中心的高淳西部地区都出现了"争＝终"的合流现象，高淳东部及东西部过渡地区虽然没有出现"争-终"合流的现象，但大部分地区通摄主元音跟西部一样有央化音变，没有合流的原因在于深臻曾梗摄收前鼻音韵尾。

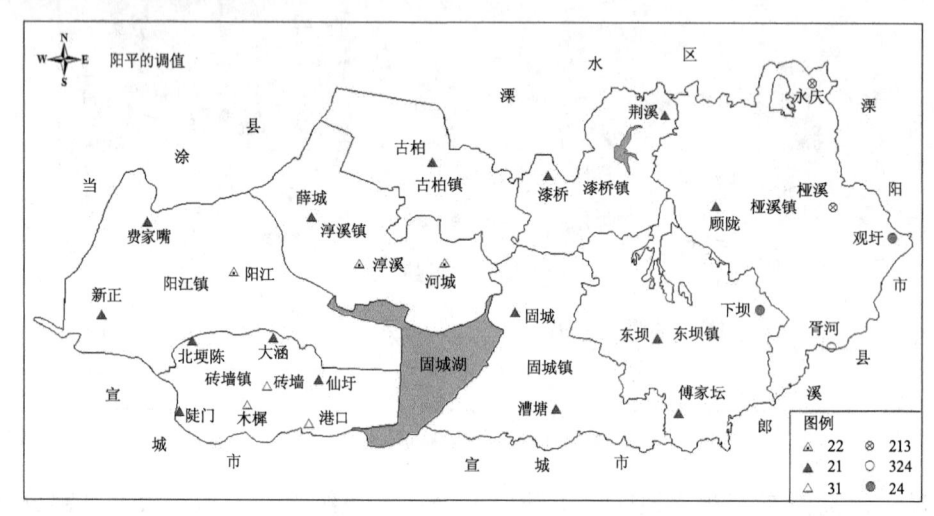

图5-16 阳平的调值

说明：根据图5-16，从阳平调型上来看，高淳西部和东部调型不同，西部地区读低平和低降调，东部靠近溧阳的地区读曲折调或升调。从具体调值的地理分布差异可以发现阳平演变的轨迹，西部是21/22＞31，东部是213/324＞24。

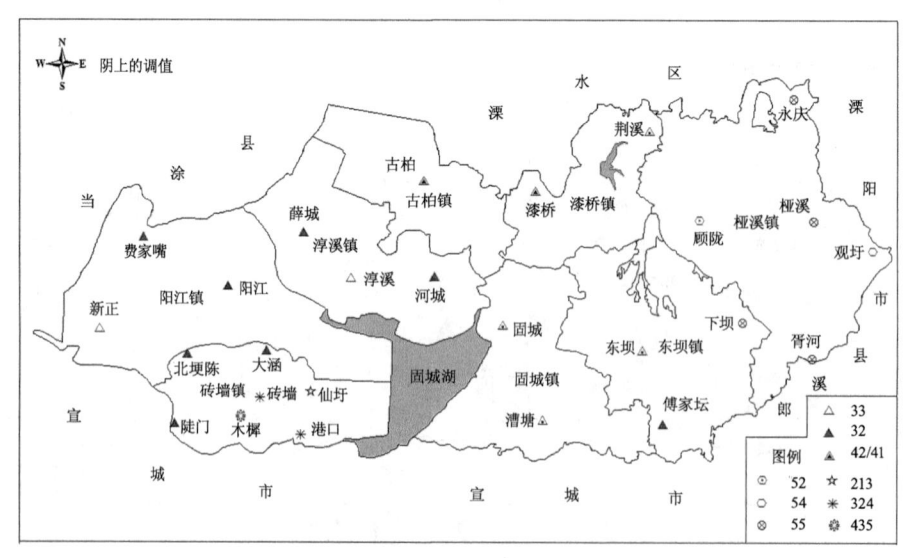

图5-17 阴上的调值

说明：根据图5-17，从调型上看，高淳方言阴上有平调、降调、曲折调三种，平调和降调分布在西部大部分地区，曲折调分布在桠溪东部和砖墙东南部。从具体调值的地理分布差异，大体上可以发现阴上演变的轨迹，淳溪片是33＞32＞31＞42/41＞52（只大体代表调型的发展趋势，不完全代表调值的具体演变过程，后同），砖墙片是213＞324＞435（其中木樨村的阴上已并入阴去），桠溪片是55＞54。

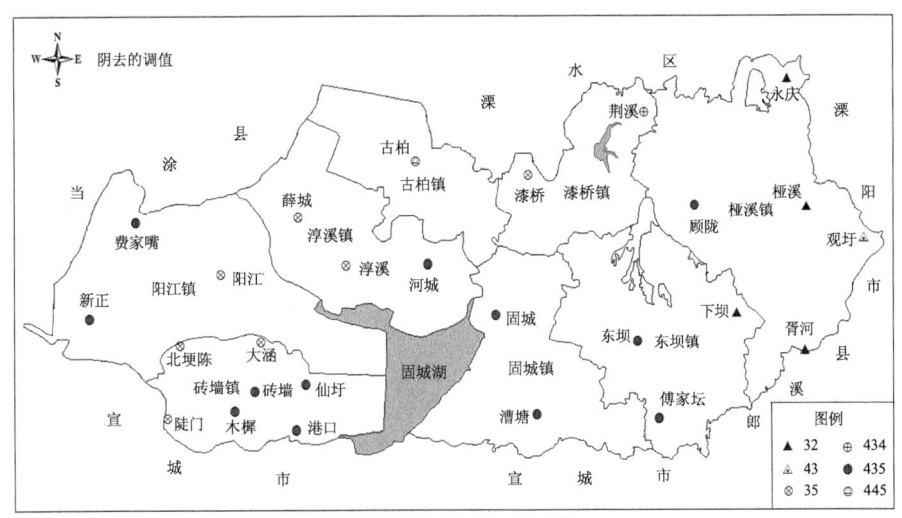

图5-18 阴去的调值

说明：根据图5-18，从调型上看，高淳方言阴去有升调、曲折调和略降调三种，升调和曲折调分布在高淳的西部，略降型的声调分布在桠溪东部及东坝东南部。从具体调值的地理分布差异，也大体上可以发现西部阴去的演变轨迹：435/434＞445＞35。从声调发展的角度来看，高淳西部阴去的早期调型是曲折调。

图5-19 阳入的调值

说明：根据图5-19，从调型上看，高淳方言阳入有升调（升调调值为24的已并入阳去）和降调两种，升调主要分布在淳溪片及砖墙片的部分地区，降调主要分布在桠溪东部、东坝东南部及砖墙片的部分地区。阳入早期应为低调，从降调型阳入的具体调值来看，声调发展轨迹可能是31/32＞43＞42/41。

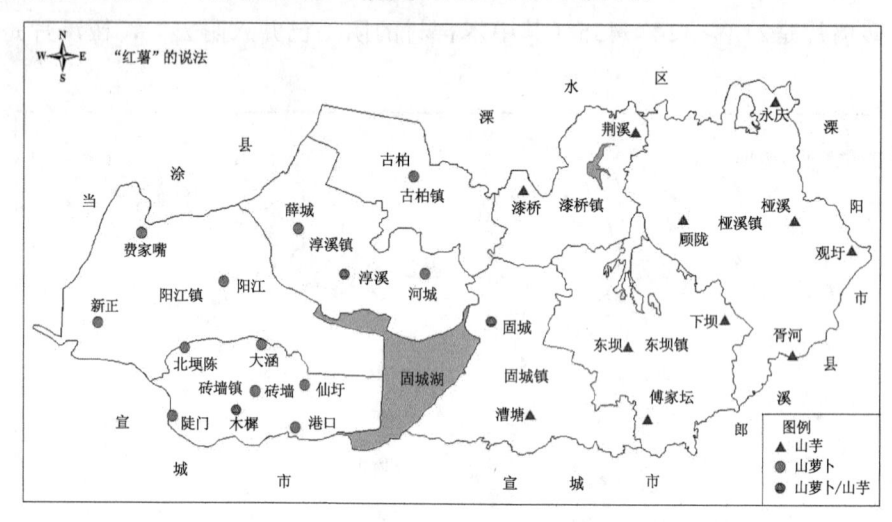

图5-20 "红薯"的说法

说明：跟语音相比，方言词汇更容易产生接触性变化，因此，依据词汇区分不同的方言难度比语音大得多。图5-20反映"红薯"在高淳各方言点的说法，由图可知，高淳西部和东部对"红薯"的称说有别，高淳西部以说"山萝卜"为主，个别方言兼有"山芋"的说法，高淳东部基本上只有"山芋"一种说法。

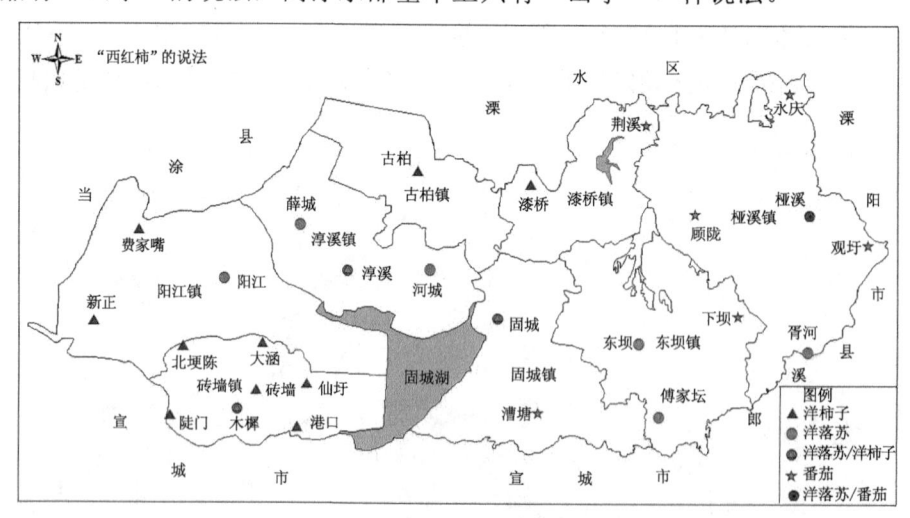

图5-21 "西红柿"的说法

说明："西红柿"属外来作物，国内栽培历史不长，该作物在苏南吴语地区大都说"番茄",高淳周边的江淮官话一般说"洋柿子"。图5-21反映"西红柿"在高淳地区的不同说法,由图可知,靠近吴语的东部地区大都说"番茄";西部、北部边界地区大都说"洋柿子";中部以说"洋落苏"为主,有的方言有"洋落苏"、"洋柿子"两种说法。可见,高淳地区对"西红柿"的称说是本地方言(洋落苏)、太湖吴语(番茄)和江淮官话(洋柿子)多种说法的混合。

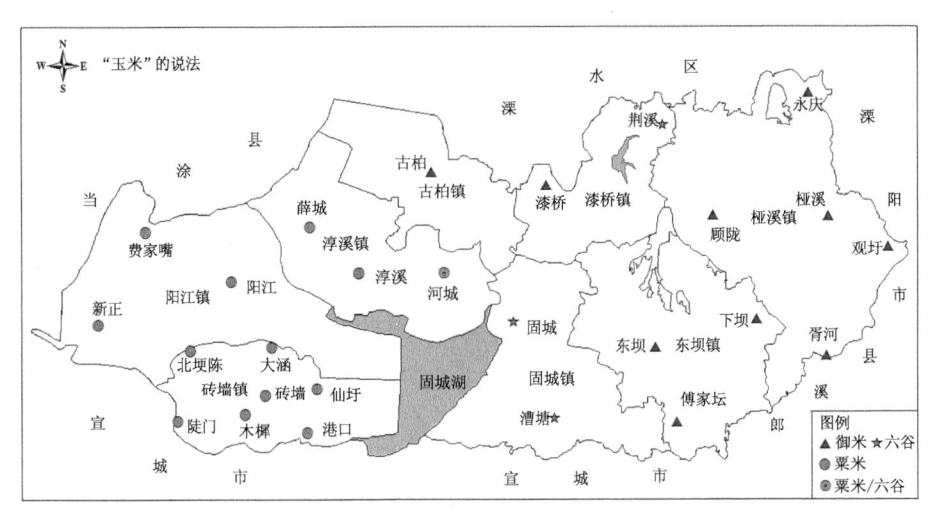

图5-22 "玉米"的说法

说明:"玉米"也属外来作物,在我国只有400多年的种植历史。"玉米"常州称"御米"、苏州称"御麦",南京称"包罗",芜湖称"六谷子"。高淳方言"玉米"有"御米"、"粟米"、"六谷"三种说法,图5-22展示其地理分布情况。由图可知,"御米"分布在中东部靠近常州的地区,"粟米"分布在西部,"六谷"分在固城以及漆桥的荆溪地区。

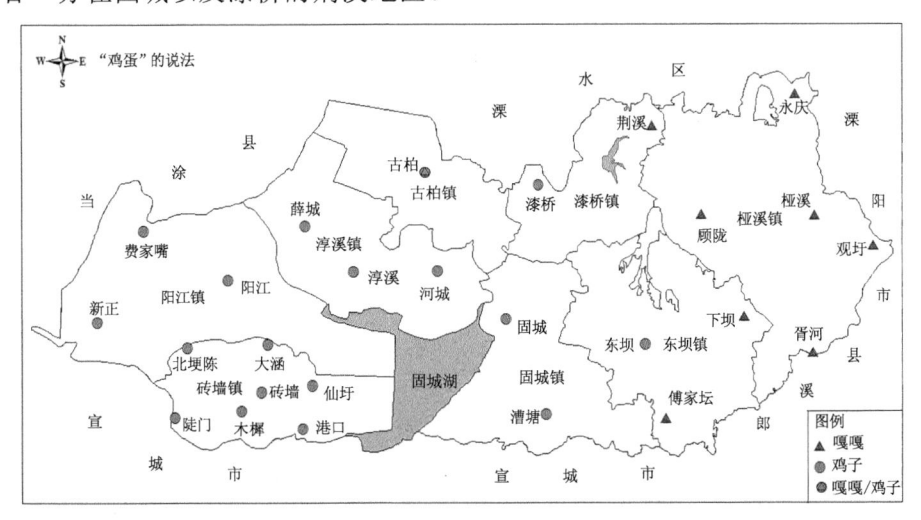

图5-23 "鸡蛋"的说法

说明："鸡蛋"南京方言说"鸡蛋"，苏州方言说"蛋/鸡蛋"，常州方言说"鸡子"，高淳大部分地区跟常州方言一致，说"鸡子"，但桠溪及其邻接地区说"嘎嘎"。这种说法应该是模仿母鸡生蛋的叫声创造的词语。"嘎嘎"一词一开始用于儿语，后来才泛化为鸡蛋的普通称谓。图5-23展示"鸡蛋"的不同说法在高淳方言中的地理分布情况。

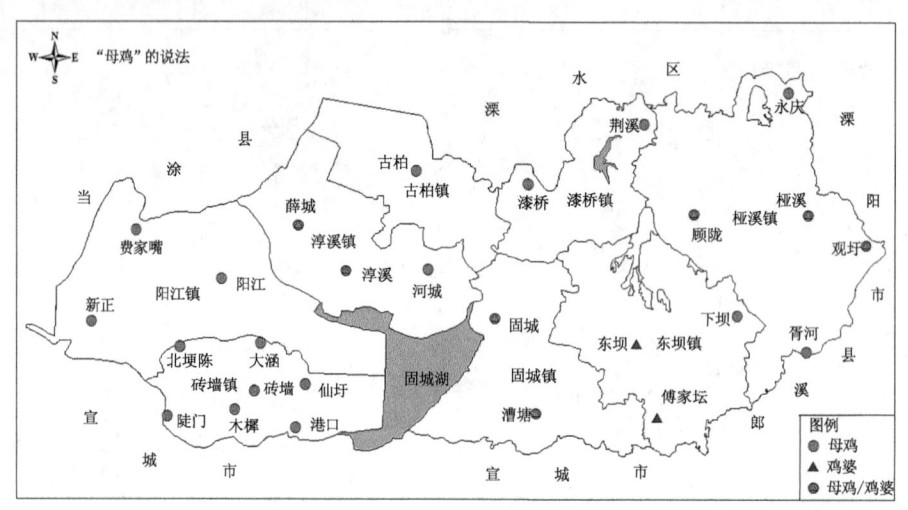

图5-24 "母鸡"的说法

说明："母鸡"在苏州地区一般称"雌鸡"，常州地区称"鸡婆"，南京方言称"母鸡"，高淳方言中有"母鸡"、"鸡婆"两种说法，显然是常州型吴语和江淮官话相互接触的结果。由图5-24可知，"母鸡"的说法分布区域较广，只说"鸡婆"的方言很少，部分方言有"鸡婆"、"母鸡"两种说法，可见常州型的"鸡婆"正在逐渐被官话型的"母鸡"替代。

第 6 章

结 语

语音是语言的基本要素之一。语音研究主要依靠文献和活的口语。二十世纪后半期以来，新的科学技术为语音学的发展注入了活力，语音的描写、分析也因此进入了一个可验证的数字化时代。依靠数字化的语音资料和便捷的语音分析软件，现代语音学的研究取得了很大进步。本书既有传统语音描写，又有语音实验，同时也涉及语音演变和语音特征的地理分布，是一次将传统方言学、实验语音学、历史语言学和方言地理学相结合的尝试。

方言语音研究的基础是描写语音事实，描写的方法有两种，一种是传统的口说耳辨法，另一种是语音实验法。两种方法各有优劣，前者胜在迅捷，但因调查者不同，描写结果往往差异较大；后者胜在可靠，但因处理过程复杂，往往无法做出实时判断。本书的研究理念之一是利用现代录音技术采录第一手的语音资料，建成方言语音数据库，在此基础上利用语音分析软件绘制语图、提取语音声学参数、分析语音统计数据，从实验的角度分析语音特征。在多年田野语音调查的基础上，我们建成了高淳方言语音资料数据库，主要包括：9个镇级方言点（含原定埠镇）3900条左右的单字音、800条左右的词汇，多个方言点双字组连读变调和部分方言口语语料，20多个村级方言点的语音、词汇、语法对比材料。十余年来，我们多次赴高淳采集、核实语音材料，基于这些材料所建的语音数据库是本书的研究基础。

本书利用语音实验技术对高淳方言中的一些语音现象做了比较详细的分析、描写，有以下重要发现：

（1）高淳方言的古浊音声母今读有三种形式：一是"清音浊流"型浊辅音（breathy voice）。该类型的辅音本身是清音，韵母前段有气嗓音现象，声学表现有：a）声波振动幅度较小，往往有毛刺成分；b）宽带频谱图颜色淡，F2及其上的共振峰不清晰；c）韵母前1/4时刻点的谐波振幅小，规律性差，H1-H2值为正且明显大于对应的清声母字；d）韵母前1/4时刻点的LPC预测性较弱。二是"强气流"

辅音，分布在砖墙地区，包括强气流的擦音和闪音（颤音）。"强气流"辅音的实质是送气类辅音，声母本身具有弱化特征，后段有送气特征，声学特征表现为：声波图大多分为两段，后段有较大的波动和能量释放；韵母前段保持气嗓音特征；颤音发音时有的有连续爆破现象，声波图上表现为一系列周期性的小爆破，宽带语图上表现为间隔性的能量集中区。三是普通的清辅音，没有浊流特征，也没有强气流特征，分布在桠溪地区，主要跟高调值声调相配。三类辅音的差异可概括为6-1。

表6-1 高淳吴语古浊音声母的今读类型

	清音浊流型（淳溪）	强气流型（砖墙）	普通清辅音（桠楔仄声）
气嗓音	+	+	−
强气流	−	+	−
声母弱化	−	+	−

（2）高淳地区方言中还有一种唇颤音，即[ts]/[tʃ]组声母与[u]/[ʮ]相拼时，双唇有明显颤动，颤唇现象贯穿整个音节（以韵母段最为突出），声学上表现为：a）声波图呈不规则波动，带有明显毛刺成分；b）韵母部分脉冲信号不稳定，特别是振幅峰值和谷值很不规整，多有断层式空白；c）韵母前段的颤动比较明显，随着能量的释放而逐步消失，频谱图显示有气流冲击造成的准周期性间隔。这种双唇颤音是因韵母[u]/[ʮ]发音时气流通道过窄所引起的。

（3）高淳多数方言点的[i]、[ɪ]在声学表现上有别，[i]带有比较明显的摩擦，而[ɪ]则跟普通话的[i]一致。[i]的强摩擦特性在有的方言点已经导致舌尖化的出位音变，这种演变具有连续性，在声学元音图上表现为距离[ɿ]的远近。高淳方言的[ʊ]在声学表现上更接近于普通话的[u]，而高淳方言的[u]跟普通话明显不同，它的气流通道很窄，具有摩擦特征，这种特性是导致舌尖化音变和唇颤的重要因素。

（4）语音实验表明，淳溪片的阳入已经舒声化，没有喉塞尾。阳入只是在时长和音区跨度上跟阳去还有细微的差异，但这种差异应该很快就会消失，有的方言点已经并入阳去。

实验语音学不仅在描写方言音系、确定语音音质方面具有重要作用，还能帮助我们揭示语音的动态变异，还原语音的历史演变。实验语音学家Ohala曾经做过许多这方面的探索。通过语音实验，我们在高淳方言语音的变异和演变研究方面也有新的发现。比如，通过古並母音质的实验分析，发现这一地区的古並母读音存在清音浊流型、强气流型和清音型三大类，其中强气流型本身有气流强弱的差异，声母也有不同类型的变异。这些动态的语音变异一方面体现了音质的不稳定性，另一方面也显示了音变的方向，如[b]＞[bʱ]＞[βʱ]＞[ɸ]/[f]。这条路径可能跟历史上浊塞音声母变清擦音声母有相通之处，具有重要的启示意义。又如，高淳方言匣母在洪音前的音质有[ɦ]、[hɦ]、[h]三种，形成一个[ɦ]＞[hɦ]＞[h]的音变链，反映了浊音清化的历史进程。

本书从传统方言学角度对高淳方言语音进行了比较全面的描写性研究。高淳方言保留浊音声母，显然属于吴语。我们根据浊声母的具体读音情况将高淳方言划分为三个片区：淳溪片属于宣州吴语太高小片，该片有浊塞音和浊擦音声母，但没有浊塞擦音声母；桠溪片属于太湖吴语毗陵小片，该片有浊塞音、浊擦音和浊塞擦音声母；砖墙片属于宣州吴语铜泾小片，该片的古浊塞音声母今读强气流型辅音声母。高淳东部的漆桥、东坝属于淳溪片，但其方言残留一些桠溪片的特征，如个别字读浊塞擦音声母。除浊声母的读音不同外，高淳各片方言还有一些比较特殊的语音现象，如淳溪片阳入读低升调（没有喉塞尾）；桠溪片古全浊仄声母字清化，宕江摄开口字读[iɛ]，阳入读降调；砖墙片只有六个调，阳入读低降调（保留喉塞尾）。跟其他地区的吴语相比，高淳吴语有一些独特的个性特征，如奉微母多读重唇音[b]，咸山摄开口一二等字读[ie]，次浊上声字今归阴平，次浊去声字今归阴去，边音自成音节等。

宣州吴语太高小片的"太"指太平县，是今安徽黄山市的主要辖地，"高"指江苏省高淳县（今为南京市高淳区），用两地名称的首字作为片区名称，划片的依据是古全浊音声母仍读塞音，奉微母读重唇音[b]的字较多。从方言语音之间的比较来看，高淳方言跟太平方言在声、韵、调方面共性不足，除保留浊塞音声母外，仅在晓组声母的读音、次浊上归阴平上相近。高淳方言跟常州、苏州方言的共性明显多于太平，除保留浊塞音声母外，还包括日母读[z]、微母读[f]（高淳、常州）、疑母读[ŋ]和自成音节、见系二等字有文白读、保留入声韵、流摄读[ei]、咸山摄无鼻尾、保留入声且分阴阳等。从吴语语音的历史发展角度来看，高淳方言的底层应该是太湖吴语，这在高淳方言中还能找到一些比较明显的痕迹，如阳入读低升调、覃韵读[ɤ]/[ie]等，都跟苏州或常州方言一致。另外，砖墙型的强气流辅音是从清音浊流型发展而来的，一个最直接的证明是砖墙方言点微母字有读强气流擦音的现象，如：蚊$β^{h}ən^{21}$ | 味$β^{h}ei^{24}$。微母的[$β^{h}$]来源于[b]，这说明砖墙方言微母字的早期读音跟淳溪方言存在一致性。此外，砖墙方言在韵母和声调的分合类型上也跟淳溪片一致，进一步印证了两者之间的渊源关系，从某种程度上来看，宣州吴语铜泾小片的前身也应该是太湖吴语。高淳地区的宣州吴语没有浊塞擦音声母，以常州方言为代表的毗陵小片吴语中的浊塞擦音声母在高淳西部地区读擦音声母，这种语音表现跟苏州型吴语一致。据陈忠敏（2015），北部吴语的浊塞擦音声母源于杭州型吴语的扩散，苏州吴语早期也应该是有浊塞擦音声母的方言，只不过这种浊塞擦音可能是外源的。宣州吴语地处吴语的边缘地带，远离中心城市，杭州型浊塞擦音声母很可能并没有扩散到宣州吴语地区。学界一般认为宣州吴语"从澄"等声母的擦音读法

是晚近时期浊塞擦音失去塞音成分的结果，看来也未必尽然，也许它的早期面貌就是擦音型的。

在语音演变方面，高淳方言古浊音声母有两条演化路径。其一是声母本身失去浊流特征，直接变成清辅音，主要发生在桠溪片。淳溪片和砖墙片虽然还保留浊音读法，但浊流已经比较微弱了，目前正在往清化的方向发展。其二是在砖墙片，声母产生强气流特征，同时发生弱化音变，变成送气擦音或闪音（颤音）。高淳方言中奉微母读[b]的比例很高，跟江浙吴语明显不同，前人大都认为这是一种存古现象。高淳地处官话方言和吴语接触的前沿地带，却能保留较多的古音特征，不能不令人生疑。本书的研究表明，奉微母读[b]并非存古，而是一种创新型音变，即高淳方言奉微母早期是跟北部吴语一致的[v]，但是后来发生了[v]＞[b]的音变，这种音变发生的时间是很晚的。北部吴语的匣母正在发生增生擦音[ɦ]的音变，但主要发生在洪音前，高淳方言不仅出现了洪音前增生[ɦ]的现象，还出现了细音前增生擦音声母[ʑ]/[ɕ]的平行音变。此外，高淳方言声母所发生的创新型音变还有：个别影母字增生鼻音声母[ŋ]的音变，晓匣母部分字[h]＞[f]的音变。

高淳方言语音演变类型比较复杂，常见的还有以下几种：

（一）元音高化（裂化）。包括：（1）果摄一等歌戈韵的高化音变（今读为[ʊ]）。（2）咸山摄开口一等谈覃寒韵*ɛ＞*ɛ＞*e＞ie的高化、裂化音变。（3）舌面音声母[i]＞[ɿ]和[y]＞[ʮ]的出位音变。

（二）成音节化（声化韵）。高淳方言自成音节的辅音有[l̩]、[m̩]、[n̩]、[ŋ̍]四种，第一种为边音，后三种为鼻音，鼻音自成音节在汉语方言中比较常见，边音自成音节比较稀有。高淳方言普遍存在边音自成音节的现象，有两种来源，其一是li＞l̩，发生在蟹止摄开口三等来母字；其二是ɚ/əl＞l̩，发生在止摄开口三等日母字。

（三）其他音变。主要包括：（1）砖墙地区止摄开口三等并母字*βʰi＞*βʰy＞zy/ɕy的音变；（2）高淳西部流摄ɤ＞ei的音变；（3）咸山摄合口三等凡、元韵非组声母字uã＞uɛ＞yɛ＞ye的撮口化音变；（4）通摄主元音央化的音变；（5）桠溪地区江摄开口二等见系和宕摄开口三等泥精组、见系字iaŋ＞iã＞iæ̃＞iɛ̃的音变；（6）淳溪片方言阳入声调的长化音变。

语音演变不仅导致音质的改变，也常常导致音类的合并，比如：（1）通摄主元音央化导致它和深臻曾梗摄的合流；（2）西部流摄、咸摄一二等谈覃桓韵都有读[ɤ]的层次，导致音类合流，如淳溪"刘＝男nɤ²²"；（3）部分方言点流摄和咸山摄一等字都有读[ei]的层次，导致二者合流，如阳江方言"狗＝敢＝赶kei³²"。

高淳方言语音的复杂面貌还体现在同一个字或者同一音类往往有多种不同读音形式，这些不同的读音有些是语音演变的结果，有些则是不同来源的外源层次的覆盖。

（一）文白异读。汉语方言中有比较丰富的文白异读现象，据张光宇

（1993），在纷繁复杂的方言文白异读现象中，见系二等文白异读的分布面积（兼指地理分布和辖字范围）最广。我们调查的长江沿岸的江淮官话及其毗连的吴语也不例外，不过江淮官话的文白异读辖字数量一般少于邻接吴语。据叶祥苓（1988），苏州方言中有近300个字存在文白异读，所举例字中接近一半是见系二等字，足见辖字范围之广。高淳方言中见系二等字同样也存在文白异读，不过辖字数量明显少于苏州，有的字已经很难调查出白读音层次，比如"夏介孝闲江月甲"等字在多数方言点就只有文读形式，这显然是因为地处吴语和江淮官话交界的前沿地带，受江淮官话影响较深的缘故。不过跟邻接的江淮官话相比，高淳方言见系二等字辖字数量要多一些，如"牙哑姐写斜夜咬眼人讲学"等字在高淳方言还存在白读层次，但在江淮官话中已经很少有白读层的读音了。

（二）层次叠置。同一音类有多种互不关联的读音形式，这些形式之间往往是层次关系。由于多种来源的语音形式相互竞争，高淳方言中的一些字有的有不止一种读音，它们在多数口语环境下都可以相互替换。这种一字多音的现象，大都是外源层次和内源层次相互竞争的暂时性结果，经过一段时间的发展，必然有一种形式取得优势，另一种形式被淘汰。如淳溪方言的"夜"有[ia^{35}]、[ɿ^{35}]两种读音，变换比较自由。这种多音现象反映了不同来源的语音形式在高淳地区形成相互竞争的态势。汉语方言中的异读很多是不同历史时期的语音叠置，但在多方言交界和混杂的区域，尤其是有多个方言中心的区域，方言之间的竞争不仅是单个强势方言对弱势方言的侵蚀，还表现为多个强势方言蚕食同一个弱势方言的现象，高淳即是如此。以流摄为例，它的底层读音形式[ɤ]反映的是苏州型方言的特点，但是除了读[ɤ]外，它还有常州型的[ei]，虽说[ei]很大程度上是方言自身演变的结果，但这种演变显然受到了常州吴语的影响而得以加速。高淳方言侯韵有[ɤ]＞[ei]的音变，这种音变后来又被南京型官话介入，产生读[ue]的层次，形成了侯韵[ɤ]、[ei]、[ue]并存的读音现象，如固城。除流摄外，高淳方言咸山摄的语音层次也非常复杂，以谈覃韵字为例，他们在高淳方言中有[ɤ]、[ei]、[ie]三种读音，其中[ɤ]属于跟苏州型[ø]一致的底层形式，[ie]是跟苏州方言[ɛ]、常州方言[ɛ]一致的外源层次（经历了[ɛ]＞[E]＞[e]＞[ie]的高化、裂化音变），[ei]则是[ɤ]＞[ei]晚期音变的结果。三种形式在高淳地区相互竞争，外源形式[ie]中断了[ɤ]＞[ei]的音变，同时也留下音变的滞后层[ɤ]，最终形成三种形式并存的局面。

地理语言学以收集语言要素的空间分布资料、编制语言地图、研究语言的地理分布特征、探讨语言发展演变规律为主要目的。通过语言特征的地理空间分布的差异，我们可以进行以下工作：（1）依据方言的空间差异进行方言分区；（2）比较方言之间的异同，归纳方言的区域性特征；（3）通过方言的地理空间，推测方言演变。历史比较语言学本身包含着语言项目的纵横比较，纵向比较依据历史文献，横向比较依靠方言差异。通过不同时空的语言比较，历史语言学家发现了其中的音变规律，找出了语言之间的亲属关系。地理语言学正是在历史比较语言学的基础上发展起来的。有时通过语音要素在地理空间分布上的差异，我们很容易发现语音演变的过程。比如在高淳地区南部，"关、惯"二字自东向西在地理空间上呈现出逐级演变（kuã＞kuɛ＞tɕye）的语音走廊。这种"横"的共时性差异为我们展现了"纵"的历时性演变，具有非常重要的启示意义。

针对汉语演变的特点，陈忠敏先生（2013：75）提出了"一中心多层次"的汉语演变模型："汉语长期以来以中原官话为中心，对周边语言由近及远地渗透和影响，形成汉语方言官话化、民族语言汉语化的局面。"该模型抓住了汉语历史演变的总特点，是从宏观层面对汉语演变类型的准确概括。中国的方言十分复杂，方言内部分歧严重，早期学者做了很多具体的方言比较工作，也取得了不少成果，但边界地区的方言研究非常薄弱，学界往往将其视为"不纯"的方言而置之不问，受到重点关注的大都是中心城市或者方言归属清晰的小城，如北京、上海、苏州、杭州、广州等。从语言现实来看，多方言混合交界的地带，方言正在发生着巨变，那里的语言演变模式往往十分特别，经常出现"一中心多层次"大背景下的区域性"多中心多层次"的演变模式。在这种模式之下，一种弱势的语言（方言）直接面临多个强势语言（方言）中心，它们在弱势地区像争夺领地一样互相竞争，导致弱势地区的语言（方言）呈现出非常复杂的多层次混合的特点。很多语音特征显示，高淳地区的吴语早期跟苏州型吴语比较接近。太湖吴语毗陵小片的常州方言跟苏沪嘉小片的苏州方言相比，因为地理上更接近江淮地区，致使其方言含有更多的官话方言层次，比如常州流摄读[ɤɯ/iɤɯ]等，长此以往，常州型吴语跟苏州型吴语的差异扩大，由于行政区划的原因，常州型吴语逐渐向南覆盖，延伸到溧阳、宜兴地区。高淳地区的吴语长期面临南京型江淮官话和常州型吴语两个中心的竞争，使得这一地区的方言产生了双接触式音变，如前文所论流摄的读音演变，目前这种音变还在进行中。在多方言竞争的模式下，高淳地区的吴语变得很不稳定，有时候它会奋起抵抗，或者干脆另起炉灶，所以出现了不少创新型音变。多方言竞争加上方言自身的演变，正是这一地区方言异常复杂的原因所在。

由于时间、人力、财力和个人能力等方面的条件限制，本书的研究还存在很多不足和有待继续开拓的地方。首先是在方言材料方面，本书调查了近三十个点的语音、词汇资料，但布点还需要更加密集。其次，本书调查的主要是老派方言，对中派、新派的调查比较缺乏，因此对高淳方言的代际差异把握不准。再次，在语音实验研究方面，我们只是有选择性地对一些语音现象作了实验分析，而实验语音学应该是一项全面的系统性的描写。第四，本书的研究基本上还是传统的语音描写、语音层次分析、语音历史发展演变的研究，而高淳地区的方言正在发生快速的动态变异，本书尚未采用社会语言学大数据统计分析的方法来考察这一地区方言变异现状、规律和趋势。第五，高淳方言面貌及语音层次复杂，各种读音之间相互竞争，本书虽然理清了一些层次问题，对一些语音演变现象也提出了新的看法，但仍然有许多问题尚未涉及或者需要做进一步的深入研究，如古入声韵的今读等。最后，本书的材料很多，但我们对材料的驾驭还存在一些不足，对一些问题的分析还有不少推测的成分。上述种种问题都是今后进一步研究的内容，我们将在未来的研究工作中继续深入下去。

参考文献

一、著作

鲍怀翘，林茂灿[主编].实验语音学概要（增订版）[M].北京：北京大学出版社，2014.

鲍明炜，王均[主编].南通地区方言研究[M].南京：江苏教育出版社，2002.

鲍明炜[主编].江苏省志·方言志[M].南京：南京大学出版社，1998.

彼得赖福吉.语音学教程（第五版）[M].张维佳译，北京：北京大学出版社，2011.

曹剑芬.语音研究与探索[M].北京：商务印书馆，2007.

曹志耘.汉语方言地图集：语音卷[M].北京：商务印书馆，2008.

曹志耘.南部吴语语音研究[M].北京：商务印书馆，2002.

陈忠敏.汉语方言语音史研究与历史层次分析法[M].北京：中华书局，2013.

当涂县志编纂委员会.当涂县志[M].北京：中华书局，1996.

高本汉.中国音韵学研究[M].北京：商务印书馆，1940/1994.

高淳县地方志编纂委员会.高淳县志[M].南京：江苏古籍出版社，1988.

高淳县地方志编纂委员会.高淳县志（1986—2005）[M].北京：方志出版社，2010.

葛庆华.近代苏浙皖交界地区人口迁移研究[M].上海：上海社会科学院出版社，2002.

顾黔.通泰方言音韵研究[M].南京：南京大学出版社，2001.

贺登崧.汉语方言地理学[M].石汝杰，岩田礼译，上海：上海教育出版社，2003.

蒋冰冰.吴语宣州片方言音韵研究[M].上海：华东师范大学出版社，2003.

参考文献

孔江平.论语言发声[M].北京：中央民族大学出版社，2001.
李小凡，项梦冰.汉语方言学基础教程[M].北京：北京大学出版社，2010.
溧水县地方志编纂委员会.溧水县志[M].南京：江苏人民出版社，1990.
溧阳县志编纂委员会.溧阳县志[M].南京：江苏人民出版社，1992.
刘复.四声实验录[M].上海：中华书局，1924/1951.
刘俐李，侯超等.江阴方言新探[M].北京：世界图书出版公司，2013.
刘俐李等.江淮方言声调实验研究和折度分析[M].成都：巴蜀书社，2007.
刘纶鑫[主编].客赣方言比较研究[M].北京：中国社会科学出版社，1999.
刘泽民.客赣方言历史层次研究[M].兰州：甘肃民族出版社，2004.
罗常培.唐五代西北方音[M].北京：商务印书馆，2012.
孟庆惠.安徽省志·方言志[M].北京：方志出版社，1997.
南京市地方志编纂委员会.南京方言志[M].南京：南京出版社，1993.
潘悟云.汉语历史音韵学[M].上海：上海教育出版社，2000.
钱乃荣.北部吴语研究[M].上海：上海大学出版社，2003.
钱乃荣.当代吴语研究[M].上海：上海教育出版社，1992.
桥本万太郎著.语言地理类型学[M].余志鸿译,北京：北京大学出版社，1985.
沈明.安徽宣城（雁翅）方言[M].北京：中国社会科学出版社，2016.
史皓元，石汝杰，顾黔.江淮官话与吴语边界的方言地理学研究[M].上海：上海教育出版社，2006.
侍建国.历史语言学：方音比较与层次[M].北京：中国社会科学出版社，2011.
司马迁.史记[M].北京：中华书局，2011.
苏州市地方志编纂委员会办公室（张家茂、石汝杰）.苏州市方言志[M].非正式出版，1987.
孙宜志.安徽江淮官话语音研究[M].合肥：黄山书社，2006.
谭其骧[主编].中国历史地图集[M].北京：中国地图出版社，1982.
汤珍珠，陈忠敏.嘉定方言研究[M].北京：社会科学文献出版社，1993.
汪平.苏州方言研究[M].北京：中华书局，2011.
王福堂.汉语方言语音的演变和层次（增订本）[M].北京：语文出版社，2005.
王洪君.历史语言学方法论与汉语方言音韵史个案研究[M].北京：商务印书馆，2013.
王力.汉语语音史[M].北京：商务印书馆，1985/2010.
王士元.王士元语言学论文集[C].北京：商务印书馆，2002.
芜湖市地方志编纂委员会.芜湖市志[M].北京：社会科学文献出版社，1995.

项梦冰，曹晖.汉语方言地理学——入门与实践[M].北京：中国文史出版社，2005.

谢留文.江苏高淳（古柏）方言[M].北京：中国社会科学出版社，2018.

徐通锵.历史语言学[M].北京：商务印书馆，1991.

徐越.浙北杭嘉湖方言语音研究[M].北京：中国社会科学出版社，2007.

宣城地区地方志编纂委员会.宣城地区志[M].北京：方志出版社，1998.

岩田礼[编].汉语方言解释地图[M].东京（日本）：白帝社，2009.

叶祥苓.苏州方言志[M].南京：江苏教育出版社，1988.

游汝杰、杨剑桥[主编]，平悦玲等著.吴语声调的实验研究[M].上海：复旦大学出版社，2001.

袁丹.基于实验分析的吴语语音变异研究[M].上海：上海人民出版社，2015.

赵元任.现代吴语的研究[M].北京：科学出版社，1928/1956.

郑伟.吴方言比较韵母研究[M].北京：商务印书馆，2013.

郑伟[主编].边界方言语音与音系演变论集[C].上海：中西书局，2016.

郑张尚芳.温州方言志[M].北京：中华书局，2008.

中国社会科学院，澳大利亚人文科学院.中国语言地图集[M].香港：香港朗文（远东）有限公司，1987/1990.

中国社会科学院语言研究所，中国社会科学院民族学与人类学研究所，香港城市大学语言资讯科学研究中心.中国语言地图集（第2版）[M].北京：商务印书馆，2012.

朱晓农.上海声调实验录[M].上海：上海教育出版社，2005.

朱晓农.音法演化：发声活动[M].北京：商务印书馆，2012.

朱晓农.语音学[M].北京：商务印书馆，2010.

Campbell, L. Historical Linguistics: An Introduction (3rd Edition) [M]. Edinburgh: Edinburgh University Press, 2013.

Fant, G. The Acoustic Theory of Speech Production[M]. The Hague, Mouton, 1960.

Labov, W. Principles of Linguistic Change: Internal Factors[M]. Oxford: Blackwell, 1994.

Labov, W. Principles of Linguistic Change: Social Factors[M]，Oxford: Blackwell, 2001.

Labov, W., Ash, S. & Boberg C. The Atlas of North American English：Phonetics, Phonology and Sound Change[M]. Berlin: Mouton de Gruyter, 2007.

Ladefoged, P. Phonetic Data Analysis[M]. Oxford: Blackwell, 2003.

Ladefoged, P. & Johnson, K. A course in Phonetics（Seventh Edition）[M]. 北京：

北京大学出版社, 2015.

Roger, L. Historical Linguistics and Language Change[M]. Cambridge: Cambridge University Press, 1997.

Thomason, S. G. Language Contact: An Introduction[M].北京:世界图书出版公司，2014.

Wang, S-Y. The Lexicon in Phonological Change[C]. The Hague: Mouton, 1977.

Weinreich, U. Languages in Contact: Findings and Problems[M]. The Hague: Mouton, 1953/1968.

二、论文

鲍怀翘，周植志.佤语浊送气声学特征分析[J].民族语文，1990(2)：62-70.

曹剑芬.常阴沙话古全浊声母的发音特点——吴语清浊音辨析之一[J].中国语文，1982(4)：273-278.

曹剑芬.论清浊与带音不带音的关系[J].中国语文，1987(2)：101-109.

曹志耘.地理语言学及其在中国的发展[J].中国方言学报，2006(1)：171-184.

陈庆延.古全浊声母今读送气清音的研究[J].语文研究，1989(4)：25-27.

陈瑶.流摄一三等韵在徽州方言中的分合研究[J].中国方言学报(第四期)，2015：70-76.

陈忠敏.论160年前上海话声母[ʥ]/[z]变异——兼论北部吴语从邪澄崇船禅等母读音变异现象[J].方言，2015(4)：340-345.

陈忠敏.气嗓音与低调[J].Journal of Chinese Linguistics.2015(1)：90-118.

陈忠敏.吴语清音浊流的声学特征及鉴定标志——以上海话为例[J].语言研究，2010(3)：20-34.

陈忠敏.有关历史层次分析法的几个问题[J].汉语史学报(第五辑)，2005：207-229.

陈忠敏.语音层次与滞后音变、扩散音变的区别[C]，丁邦新、张洪年、邓思颖、钱志安[编辑].汉语研究的新貌：方言、语法与文献——献给余霭芹教授.香港：香港中文大学中国文化研究所吴多泰中国语文研究中心，2016：1-14.

陈忠敏：再论160前上海话[ʥ]/[z]变异——回应钱乃荣先生[C].陈忠敏，陆道平[主编].吴语研究（第九辑）.上海：上海教育出版社，2018：2-13.

丁邦新.吴语声调之研究[J].历史语言研究所集刊，第55本第4分，1984：755-788.

丁治民.浊上变去见于北宋考[J].中国语文，2005(2)：172-176.

方进.芜湖县方村话记音[J].中国语文,1966(2):137–146.

方强,李爱军.普通话鼻化元音的研究[C].第六届全国现代语音学学术会议论文集(上),2003:44–48.

冯法强.江淮官话泥来母的今读类型及演变[J].南开语言学刊,2014(2):40–47.

傅国通,蔡勇飞,鲍士杰等.吴语的分区(稿)[J].方言,1986(1):1–7.

高晓虹.官话方言宕江摄阳声韵知系字读音分合类型及其演变关系[J].中国语文,2009(2):153–165.

高云峰.150年来中古咸山摄舒声字在上海话中的语音变迁[J].语言研究,1996(2):53–62.

顾黔,史皓元,石汝杰.江苏境内长江两岸江淮官话与吴语边界的同言线[J].语言研究,2007(3):14–25.

顾黔.江苏泰兴方言流摄的内部差异及历史演变[J].方言,2016(2):193–196.

侯超.合肥方言带擦元音[ʅ]的实验研究[J].南京师范大学文学院学报,2009(1):172–177.

侯超.基于语音实验的调系规整策略再议[J].实验语言学,2016(1):42–45+63.

侯超.江苏高淳(淳溪镇)方言音系[J].开篇,2010(32):266–282.

侯超.江苏高淳方言古奉微母的特殊音变[J].方言,2018(3):287–291.

侯超.江苏高淳方言山咸摄一二等字的层次、分合及演变[J].南京师范大学文学院学报,2016(3):182–188.

侯超.江苏高淳方言声调的格局及历史演变[J].语言研究,2016(4):45–52.

胡方.汉语方言的实验语音学研究旨趣[J].方言,2018(4):385–400.

胡方.论厦门话[mb ŋg nd]声母的声学特性及其他[J].方言,2005(1):9–19.

黄笑山.《切韵》于母独立试析[J].古汉语研究,1997(3):7–14.

黄雪贞.客家方言声调的特点[J].方言,1988(4):241–246.

孔江平.苗语浊送气的声学研究[J].民族语文,1993(1):67–73.

李荣.禁忌字举例[J].方言,1994(3):161–169.

李荣.从现代方言论古群母有一、二、四等[J].中国语文,1965(5):337–342.

李荣.官话方言的分区[J].方言,1985(1):2–5.

栗华益.江西都昌方言溪群母零声母化现象[J].中国语文,2017(04):68–76+129.

廖荣容.苏州话单字调、双字调的实验研究[J].语言研究,1983(2):41–83.

林茂灿.北京话声调分布区的知觉研究[J].声学学报,1995(6):437–445.

林茂灿.普通话两音节间F0过渡及其感知[J].中国社会科学,1996(4):159–174.

刘丹青.《南京方言词典》引论[J].方言,1994(2):81–102.

刘俐李.汉语声调的曲拱特征和降势音高[J].中国语文,2005(3):255–268.

刘俐李.吴语声调的音区特征、曲拱特征、调类合并和包络式变调[C].第三届国际吴方言学术研讨会论文集.上海：上海教育出版社，2003：320-330.

刘纶鑫.浊上变去见于南宋考[J].中国语文，1997(1)：63-66.

刘祥柏，陈丽.安徽芜湖六郎方言语音系统[J].方言，2018(3)：276-286.

鲁国尧."颜之推谜题"及其半解[C].鲁国尧.鲁国尧语言学论文集.南京：江苏教育出版社，2003：136-180.

鲁国尧.客、赣、通泰方言源于南朝通语说[C].鲁国尧.鲁国尧语言学论文集.南京：江苏教育出版社，2003：123-135.

孟庆惠.皖南铜太方言与吴语的关系[C].吴语论丛.上海：上海教育出版社，1988：315-321.

潘悟云.汉语方言的历史层次及其类型[C].乐在其中：王士元教授七十华诞庆祝文集，石锋、沈钟伟主编，天津：南开大学出版社，2004.

潘悟云.历史层次分析的若干理论问题[J].语言研究，2010(2)：1-15.

潘悟云.吴语的语音特征[J].温州师专学报(社会科学版)，1986(2)：1-7.

钱乃荣.从19世纪英国传教士上海方言著作中的五项音变看词汇扩散[C].石锋、彭刚主编.大江东去，王士元教授八十岁贺寿文集.香港：香港城市大学出版社，2013：557-576.

钱乃荣.论北部吴语从邪澄崇船禅母音变中的词汇扩散——答陈忠敏先生[J].方言，2016，38(3)：309-315.

钱乃荣.吴语声调系统的类型及其变迁[J].语言研究，1988(2)：63-80.

秋谷裕幸.早期吴语支脂之韵和鱼韵的历史层次[J].中国语文，2002(5)：65-69+98.

沈炯.北京话声调的音域和语调[C]，载林焘、王理嘉等.北京语音实验录.北京：北京大学出版社，1985：73-130.

石锋.苏州话浊塞音的声学特征[J].语言研究，1983(1)：49-83.

石锋.苏州话浊音声母的再分析[C].石锋.语音学探微.北京：北京大学出版社.1988：164-176.

石锋.天津方言双字组声调分析[J].语言研究，1986(1)：77-90.

石汝杰.汉语方言中高元音的强摩擦倾向[J].语言研究，1998(1)：100-109.

石汝杰.贺登崧和汉语方言地理学[J].语言教学与研究，2003(6)：72-76.

孙锐欣.普通话鼻音韵尾的实验分析与矫正训练[C].第三届全国语言文字应用学术研讨会论文集.香港：香港科技联合出版社，2004：470-477.

谭其骧.晋永嘉丧乱后之民族迁徙[J].燕京学报，1934(15)：51-76.

陶寰.吴语一等韵带介音研究——以侯韵为例[C].第二届国际吴方言学术研讨会论

文集.上海：上海教育出版社.2003：15-21.

陶寰.吴语浊音声母的类型及其音系地位[J].方言，2017(03)：25-35.

田恒金.汉语方言"泥""来"二母相混类型研究[J].河北师范大学学报（哲学社会科学版），2009(1)：108-113.

王福堂.关于客家话和赣方言的分合问题[J].方言，1998(1)：14-19.

王洪君.层次与演变阶段——苏州话文白读析层拟测三例[J].语言暨语言学，2006(1)：63-86.

王洪君.从开口一等重韵的现代反映形式看汉语方言的历史关系[J].语言研究，1999(1)：61-75.

王洪君.也谈古吴方言覃谈寒桓四韵的关系[J].中国语文，2004(4)：358-363.

王理嘉，贺宁基.北京话儿化韵的听辨实验和声学分析[C].林焘，王理嘉等.北京语音实验录.北京：北京大学出版社，1985：27-72.

王莉宁.汉语方言上声的全次浊分调现象[J].语言科学，2012(1)：52-59.

王双成，陈忠敏.安多藏语送气擦音的实验研究[J].民族语文，2010(2)：7-15.

伍巍.中古全浊声母不送气探讨[J].语文研究，2000(4)：41-50.

夏俐萍.论全浊声母的弱化音变[J].中国语文，2015(5)：417-427.

谢留文.江苏高淳(古柏)方言同音字汇[J].方言，2016(3)：272-286.

颜逸明.高淳方言调查报告[C].语文论丛(第二辑).上海：上海教育出版社，1983：223-231。

颜逸明.江苏境内吴语的北部边界[J].方言，1984(1)：1-2.

杨茂荣.高淳方言中自成音节的鼻辅音[m][n][ŋ][J].南京师范大学文学院学报，2001(2)：91-95.

杨苏平.西北汉语方言泥来母混读的类型及历史层次[J].北方民族大学学报：哲学社会科学版，2015(3)：64-68.

叶祥苓，郭宗俊.宜兴方言同音字汇[J].方言，1991(2)：88-98.

叶祥苓.苏浙皖三省交界处的方言[J].方言，1984(4)：243-246.

叶祥苓.苏州方言中的文白异读[C].吴语论丛.上海：上海教育出版社，1988：18-26.

袁丹.皖南吴语铜泾片送气擦音s^h-/$ɕ^h$-的来源及其音变——以新博方言为例[J].中国语文，2019(1)：40-50.

袁丹.吴语常熟、常州、海门方言中匣母字的语音变异[J].语言学论丛，2015(2)：133-160.

张光宇.汉语方言见系二等文白读的几种类型[J].语文研究，1993(2)：26-36.

张琨.《切韵》侯韵明母字在现代汉语方言中的演变[J].中国语文，1995(5)：

353-356.

张盛裕.太平(仙源)方言的声韵调[J].方言，1983(2)：92-98.

张盛裕.太平(仙源)方言同音字汇[J].方言，1991(3)：188-199.

张世禄，杨剑桥.汉语轻重唇音的分化问题[J].扬州大学学报(人文社会科学版)，1986(2)：1-7.

张薇.高淳方言古全浊声母的今读及演变[C].陈忠敏，陆道平[主编].吴语研究（第九辑）.上海：上海教育出版社，2018：177-187.

赵元任.南京音系[J].科学，1929(8).载赵元任.赵元任语言学论文集[C].北京：商务印书馆，2002：273-297.

赵元任：音位标音法的多能性[J].历史语言研究所集刊（四本四分），1934.载赵元任.赵元任语言学论文集[C].北京：商务印书馆，2002：750-795.

郑伟，袁丹，沈瑞清.安徽当涂湖阳吴语同音字汇[J].方言，2012(4)：314-325.

郑张尚芳.皖南方言的分区(稿)[J].方言，1986(1)：8-18.

郑张尚芳.皖南方言中强送气弱通音声母的分布及变异[C].郑伟[主编].边界方言语音与音系演变论集.上海：中西书局，2016：1-20.

郑张尚芳.温州话流摄一三等交替的特点[J].温州师范学院学报（哲学社会科学版），1989(4)：97-100.

郑张尚芳2005.吴语寒覃韵的[ø]化历程及分区意义[C]，吴语研究——第三届国际吴方言学术研讨会论文集．上海：上海教育出版社，2005：173-175.

朱蕾.宣州吴语铜泾型古全浊声母的演变[J].方言，2009(2)：171-181.

朱晓农.汉语元音的高顶出位[J].中国语文，2004(5)：440-451.

朱晓农.全浊弛声论——兼论全浊清化(消弛)低送高不送[J].语言研究，2010(3)：1-19.

House, A. S. & Stevens, K. N. Analog studies of the nasalization of vowels[J]. Journal of Speech and Hearing Disorders, 1956, 21(2)：218-232.

Chen, M.Y. & Wang, S. Y. Sound change: actuation and implementation[J]. Language 1975, 51(2)：255-281.

Ohala, J. J. The listener as a source of sound change[J]. In: Masek C. S., Hendrik R. A. & Miller M. F (eds.), Parasession on language and behavior 1981：178-203.

Wang, S. Y. Competing changes as a cause of residue[J]. Language 1969, 45(1)：9-25.

三、学位论文

钱晶.常州方言声调实验研究[D].南京师范大学硕士学位论文,2007.
盛芳.北部吴语语音研究[D].上海师范大学博士学位,2005.
施俊.南部吴语韵母的历史层次及其演变[D].浙江大学博士学位论文,2013.
孙锐欣.元音的实验和计算研究[D].复旦大学博士学位论文,2008.
徐金益.无锡方言声调实验研究[D].南京师范大学硕士学位论文,2007.
徐娟娟.丹阳方言语音层次与历史演变[D].南京大学博士学位论文,2012.

附　录

附录一　字音对照表

（1）本表收录高淳三小片方言代表点、一个过渡点和一个南部边界点的字音材料；收录的例字1027个，按《方言调查字表》的顺序排列，例字注明古音地位。

（2）有文白读的，白读在前，文读在后。有多个读音但非文白读关系的顺序不分。

（3）调值下面加下划线"＿"表示短促。

	多	拖	大~小	罗	左	歌	可	鹅
	果开一平歌端	果开一平歌透	果开一去个定	果开一平歌来	果开一上哿精	果开一平歌见	果开一上哿溪	果开一平歌疑
淳溪	tʊ⁵⁵	tʰʊ⁵⁵	dʊ¹⁴/da¹⁴	lʊ²²	tsʊ³³	kʊ⁵⁵	kʰʊ³³	ʊ²²
砖墙	tʊ⁵⁵	tʰʊ⁵⁵	rʰʊ²⁴/rʰa²⁴	lʊ³¹	tsʊ⁴³⁵	kʊ⁵⁵	kʰʊ⁴³⁵	ŋʊ³¹
桠溪	tʊ⁴⁵	tʰʊ⁴⁵	tʊ⁵²/ta⁵²	lʊ²¹³	tsʊ⁵⁵	kʊ⁴⁵	kʰʊ⁵⁵	ŋʊ²¹³
东坝	tʊ⁵⁵	tʰʊ⁵⁵	dʊ²⁴/da²⁴	lʊ²¹	tsʊ⁴²	kʊ⁵⁵	kʰʊ⁴²	ŋʊ²¹
定埠	tʊ⁴⁵	tʰʊ⁴⁵	tʊ⁵²/ta⁵²	lʊ³²⁴	tsʊ⁵⁵	kʊ⁴⁵	kʰʊ⁵⁵	ŋʊ³²⁴

	我	饿	河	贺	茄	波	破	婆
	果开一上哿疑	果开一去个疑	果开一平歌匣	果开一去个匣	果开三平戈群	果合一平戈帮	果合一去过滂	果合一平戈并
淳溪	ŋ̍⁵⁵/ʊ⁵⁵	ʊ³⁵	ɦʊ²²	ɦʊ¹⁴	tɕia⁵⁵	pʊ⁵⁵	pʰʊ³⁵	bʊ²²
砖墙	ŋʊ⁵⁵	ʊ⁴³⁵	ɦʊ³¹	ɦʊ²⁴	tɕia⁷³¹	pʊ⁵⁵	pʰʊ⁴³⁵	βʰʊ³¹
桠溪	ŋʊ⁴⁵	ŋʊ³²	ɦʊ²¹³	hʊ⁵²	tɕia³²	pʊ⁴⁵	pʰʊ³²	bʊ²¹³

续表

	我	饿	河	贺	茄	波	破	婆
	果开一上哿疑	果开一去个疑	果开一平歌匣	果开一去个匣	果开三平戈群	果合一平戈帮	果合一去过滂	果合一平戈并
东坝	ŋʊ⁵⁵	ŋʊ⁴³⁵	hfiʊ²¹	hfiʊ²⁴	tɕia⁵⁵	pʊ⁵⁵	pʰʊ⁴³⁵	bʊ²¹
定埠	ŋʊ⁴⁵	ŋʊ³²	hʊ³²⁴	hʊ⁵²	tɕia⁴⁵	pʊ⁴⁵	pʰʊ³²	bʊ³²⁴

	馍	躲	糯	螺~蛳	坐	锁	锅	果
	果合一平戈明	果合二上戈端	果合一去过泥	果合一平戈来	果合一上果从	果合一上果心	果合一平戈见	果合一上果见
淳溪	mʊ²²	tʊ³³	nəŋ³⁵	lʊ²²	zʊ¹⁴	sʊ³³	kʊ⁵⁵	kʊ³³
砖墙	mʊ³¹	tʊ³²	nəŋ⁴³⁵	lʊ³¹	zʊ²⁴	sʊ⁴³⁵	kʊ⁵⁵	kʊ⁴³⁵
桠溪	mʊ²¹³	tʊ⁵⁵	noŋ³²	lʊ²¹³	sʊ⁵²	sʊ⁵²	kʊ⁵⁵	kʊ⁵⁵
东坝	mʊ²¹	tʊ⁴²	nəŋ⁴²	lʊ²¹	zʊ²⁴	sʊ⁴²	kʊ⁵⁵	kʊ⁴²
定埠	mʊ³²⁴	tʊ⁵⁵	nʊ³²	lʊ³²⁴	sʊ⁵²	sʊ⁵⁵	kʊ⁴⁵	kʊ⁵⁵

	过	科	课	火	货	祸	窝	靴
	果合一去过见	果合一平戈溪	果合一去过溪	果合一上果晓	果合一去过晓	果合一上果匣	果合一平戈影	果合三平戈晓
淳溪	kʊ³⁵	kʰʊ⁵⁵	kʰʊ³⁵	hʊ³³	hʊ³⁵	hfiʊ¹⁴	ʊ⁵⁵	ɕya⁵⁵
砖墙	kʊ⁴³⁵	kʰʊ⁵⁵	kʰʊ⁴³⁵	hʊ⁴³⁵	hʊ⁴³⁵	hfiʊ²⁴	ʊ⁵⁵	ɕya⁵⁵
桠溪	kʊ³²	kʰʊ⁴⁵	kʰʊ³²	hʊ⁵⁵	hʊ³²	hʊ⁵²	ʊ⁴⁵	sua⁴⁵
东坝	kʊ⁴³⁵	kʰʊ⁵⁵	kʰʊ⁴³⁵	hʊ⁴²	hʊ⁴³⁵	hfiʊ²⁴	ʊ⁵⁵	sua⁵⁵
定埠	kʊ³²	kʰʊ⁴⁵	kʰʊ³²	hʊ⁵⁵	hʊ³²	hʊ⁵²	ʊ⁴⁵	sua⁴⁵

	巴	霸	爬	麻	马	骂	拿	茶
	假开二平麻帮	假开二去祃帮	假开二平麻并	假开二平麻明	假开二上马明	假开二去祃明	假开二平麻泥	假开二平麻澄
淳溪	pa⁵⁵	pa³⁵	ba²²	ma²²	ma⁵⁵	ma³⁵	na²²	za²²
砖墙	pa⁵⁵	pa⁴³⁵	βʰa³¹	ma³¹	ma⁵⁵	ma⁴³⁵	na³¹	za³¹
桠溪	pa⁴⁵	pa³²	ba²¹³	ma²¹³	ma⁴⁵	ma³²	na²¹³	dza²¹³
东坝	pa⁵⁵	pa⁴³⁵	ba²¹	ma²¹	ma⁵⁵	ma⁴³⁵	na²¹	za²¹
定埠	pa⁴⁵	pa³²	ba³²⁴	ma³²⁴	ma⁴⁵	ma³²	na³²⁴	dza³²⁴

	沙	嫁	价	牙	虾	下	夏
	假开二平麻生	假开二去祃见	假开二去祃见	假开二平麻疑	假开二平麻晓	假开二上马匣	假开二去祃匣
淳溪	sa⁵⁵	ka³⁵/tɕia³⁵	ka³⁵/tɕia³⁵	ŋa²²/ia²²	ha⁵⁵/ɕia⁵⁵	ɦia¹⁴/ʑia¹⁴	ʑia¹⁴
砖墙	sa⁵⁵	ka⁴³⁵/tɕia⁴³⁵	ka⁴³⁵/tɕia⁴³⁵	ŋa³¹/ia³¹	ha⁵⁵/ɕia⁵⁵	ɦia²⁴/ʑia²⁴	ɦia²⁴/ʑia²⁴
桠溪	sa⁴⁵	ka³²/tɕia³²	tɕia³²	ŋa²¹³/ɦia²¹³	ha⁴⁵/ɕia⁴⁵	ha⁵²/ɕia⁵²	ha⁵²/ɕia⁵²
东坝	sa⁵⁵	ka⁴³⁵/tɕia⁴³⁵	tɕia⁴³⁵	ŋa²¹	ha⁵⁵	ɦia²⁴/ʑia²⁴	ʑia²⁴
定埠	sa⁴⁵	ka³²/tɕia³²	ka³²	ŋa³²⁴	ha⁴⁵	ha⁵²	ɕia⁵²

	鸦	哑	姐	借	写	斜	谢
	假开二平麻影	假开二上马影	假开三上马精	假开三去祃精	假开三上马心	假开三平麻邪	假开三去祃邪
淳溪	ia⁵⁵	ŋa³³/ia³³	tɕia³³/tɕɿ³³	tɕia³⁵	ɕia³³/ɕɿ³³	ʑia²²	ʑia¹⁴/ʑɿ¹⁴
砖墙	ia⁵⁵	ŋa⁴³⁵/ia⁴³⁵	tɕia⁴³⁵/tɕɿ⁴³⁵	tɕia⁴³⁵	ɕia⁴³⁵/ɕɿ⁴³⁵	ʑia³¹	ʑia²⁴/ʑɿ²⁴
桠溪	ia⁴⁵	ia⁵⁵	tɕia⁵⁵	tɕia³²	ɕia⁵⁵	ʑia²¹³	ɕia⁵²
东坝	ia⁵⁵	ŋa⁴²/ia⁴²	tɕia⁴²	tɕia⁴³⁵	ɕia⁴²	ʑia²¹	ʑia²⁴/ʑɿ²⁴
定埠	ia⁵⁵	a⁵⁵/ia⁵⁵	tɕia⁵⁵	tɕia³²	ɕia⁵⁵	ʑia³²⁴	ɕia⁵²/ɕɿ⁵²

	爹	遮	者	车~子	蛇	社	爷	夜
	假开三平麻知	假开三平麻章	假开三上马章	假开三平麻昌	假开三平麻船	假开三上马禅	假开三平麻以	假开三去祃以
淳溪	tia⁵⁵/tɿ⁵⁵	tsa⁵⁵	tɕie³³	tsʰa⁵⁵/tsʰei⁵⁵	za²²	za¹⁴	ia²²/ɿ²²	ia³⁵/ɿ³⁵
砖墙	tia⁵⁵/tɿ⁵⁵	tsa⁵⁵	tɕie⁴³⁵/tsɛ⁴³⁵	tsʰa⁵⁵	za³¹	za²⁴	ia³¹	ia⁴³⁵/ɿ⁴³⁵
桠溪	tia⁴⁵/tɿ⁴⁵	tsa⁴⁵	tsɛ⁵⁵	tsʰa⁴⁵	za²¹³	sa⁵²	ɦia²¹³	ia³²
东坝	tia⁵⁵/tɿ⁵⁵	tsa⁵⁵	tɕie⁴²	tsʰa⁵⁵	za²¹	za²⁴	ɦia²¹/ɦɿ²¹	ia⁴³⁵
定埠	tia⁴⁵/tɿ⁴⁵	tsa⁴⁵	tsɛ⁵⁵	tsʰa⁴⁵	za³²⁴	sa⁵²	ia³²⁴	ia³²

	瓜	瓦	花	华中~	谱家~	布	铺店~	步
	假合二平麻见	假合二上马疑	假合二平麻晓	假合二平麻匣	遇合一上姥帮	遇合一去暮帮	遇合一去暮滂	遇合一去暮并
淳溪	kua⁵⁵	ŋa⁵⁵/ua⁵⁵	fa⁵⁵	ua²²	pʰu³³	pu³⁵	pʰu³⁵	bu¹⁴/fu³⁵
砖墙	kua⁵⁵	ŋa⁵⁵	fa⁵⁵	ua³¹	pʰu⁴³⁵	pu⁴³⁵	pʰu⁴³⁵	βʰu²⁴
桠溪	kua⁴⁵	ŋa⁴⁵	fa⁴⁵	ɦua²¹³	pʰu⁵⁵	pu³²	pʰu³²	pu⁵²
东坝	kua⁵⁵	ŋa⁵⁵	fa⁵⁵	ɦua²¹	pʰu⁴²	pu⁴³⁵	pʰu⁴³⁵	bu²⁴
定埠	kua⁴⁵	ŋa⁴⁵	fa⁴⁵	ua³²⁴	pʰu⁵⁵	pu³²	pʰu³²	pu⁵²

	墓	赌	兔	图	杜	怒	路	祖
	遇合一去暮明	遇合一上姥端	遇合一去暮透	遇合一平模定	遇合一上姥定	遇合一去暮泥	遇合一去暮来	遇合一上姥精
淳溪	mʊ^{35}	tsu^{33}	tsʰu^{35}	du^{22}	du^{14}	nu^{35}	lu^{35}	tsu^{33}
砖墙	mʊ^{435}	tsʅ^{435}	tsʰʅ^{435}	rʰu^{31}	tsʅ^{24}	nu^{435}	lu^{435}	tsʅ^{435}
桠溪	mʊ^{32}	tu^{55}	tʰu^{32}	du^{213}	tu^{52}	nu^{32}	lu^{32}	tɕy^{55}
东坝	mʊ^{435}	tsʅ^{42}	tsʰʅ^{435}	du^{21}	du^{24}	nu^{435}	lu^{435}	tsʅ^{42}
定埠	mʊ^{32}	tu^{55}	tʰu^{32}	du^{324}	du^{324}	lu^{32}	lu^{32}	tsʅ^{55}

	粗	醋	错对~	苏	孤	古	苦	裤
	遇合一平模清	遇合一去暮清	遇合一去暮清	遇合一平模心	遇合一平模见	遇合一上姥见	遇合一上姥溪	遇合一去暮溪
淳溪	tsʰu^{55}	tsʰu^{35}	tsʰu^{35}	su^{55}	ku^{55}	ku^{33}	kʰu^{33}	kʰu^{35}
砖墙	tsʰʅ^{55}	tsʰʅ^{55}	tsʰʅ^{435}	sʅ^{55}	ku^{55}	ku^{435}	kʰu^{435}	kʰu^{435}
桠溪	tɕʰy^{45}	tɕʰy^{32}	tsʰʊ^{32}	ɕy^{45}	ku^{45}	ku^{55}	kʰu^{55}	kʰu^{32}
东坝	tsʰʅ^{45}	tsʰʅ^{32}	tsʰʊ^{435}	sʅ^{45}	ku^{45}	ku^{42}	kʰu^{42}	kʰu^{435}
定埠	tsʰʅ^{45}	tsʰʅ^{32}	tsʰʊ^{32}	sʅ^{45}	ku^{45}	ku^{55}	kʰu^{55}	kʰu^{32}

	吴	五	虎	壶	户	乌	女	吕
	遇合一平模疑	遇合一上姥疑	遇合一上姥晓	遇合一平模匣	遇合一上姥匣	遇合一平模影	遇合三上语泥	遇合三上语来
淳溪	u^{22}	n̩^{55}/u^{55}	fu^{33}	u^{22}	fu^{14}	u^{55}	n̩^{55}	y^{55}
砖墙	u^{31}	u^{55}	fu^{435}	u^{31}	fu^{24}	u^{55}	n̩^{55}	y^{55}
桠溪	fiu^{213}	u^{45}	fu^{55}	fiu^{213}	fu^{52}	u^{45}	ny^{45}	y^{45}
东坝	fiu^{21}	u^{55}	fu^{42}	fu^{21}	fu^{24}	u^{55}	ny^{55}	ʮ^{55}
定埠	u^{324}	u^{55}	fu^{55}	u^{324}	fu^{52}	u^{45}	ny^{45}	ʮ^{45}

	徐	猪	除	初	锄	蔬	处到~	书
	遇合三平鱼邪	遇合三平鱼知	遇合三平鱼澄	遇合三平鱼初	遇合三平鱼崇	遇合三平鱼生	遇合三去御昌	遇合三平鱼书
淳溪	zy^{22}	tsu^{55}	zy^{22}	tsʰu^{55}	zu^{22}	su^{55}	tsʰu^{35}	su^{55}
砖墙	zy^{31}	tsʅ^{55}	zy^{31}	tsʰʅ^{55}	zʅ^{31}	sʅ^{55}	tsʰʅ^{435}	sʅ^{55}
桠溪	zy^{213}	tɕy^{45}	dʑy^{213}	tsʰy^{45}	zy^{213}	ɕy^{45}	tɕʰy^{32}	ɕy^{45}
东坝	zʅ^{21}	tsʅ^{45}	zʅ^{21}	tsʰʅ^{55}	zʅ^{21}	sʅ^{55}	tsʰʅ^{435}	sʅ^{55}
定埠	zʅ^{324}	tsʅ^{45}	zʅ^{324}	tsʰʅ^{45}	zʅ^{324}	sʅ^{32}	tsʰʅ^{32}	sʅ^{45}

附　录　247

	鼠	如	居	举	锯	去	渠	距
	遇合三 上语书	遇合三 平鱼日	遇合三 平鱼见	遇合三 上语见	遇合三 去御见	遇合三 去御溪	遇合三 平鱼群	遇合三 上语群
淳溪	tsʰu³³	zu²²	tɕy⁵⁵	tɕy³³	tɕy³⁵	kʰə%^{32}/tɕʰy³⁵	ʑy²²	ʑy¹⁴
砖墙	tsʰʅ⁴³⁵	zʅ³¹	tɕy⁵⁵	tɕy⁴³⁵	tɕy⁴³⁵	kʰəʔ³¹/tɕʰy⁴³⁵	ʑy³¹	ʑy²⁴
桠溪	tɕy⁵⁵	lu²¹³	tɕy⁴⁵	tɕy⁵⁵	tɕy³²	kʰei³²/tɕʰy³²	tɕy⁵²	tɕy⁵²
东坝	tsʰʅ⁴²	lu²¹	tsʅ⁵⁵	tsʅ⁴²	tsʅ⁴³⁵	kʰəi⁴³⁵/tsʰʅ⁴³⁵	zʅ²⁴	zʅ²⁴
定埠	tsʰʅ⁵⁵	lu³²⁴	tsʅ⁴⁵	tsʅ⁵⁵	tsʅ³²	kʰei³²/tsʰʅ³²	tsʅ⁵²	tsʅ⁵²

	鱼	许	余	府	付	父	武	雾
	遇合三 平鱼疑	遇合三 上语晓	遇合三 平鱼以	遇合三 上虞非	遇合三 去遇非	遇合三 上虞奉	遇合三 上虞微	遇合三 去遇微
淳溪	n̩²²/y²²	ɕy³³	y²²	fu³³	fu³⁵	fu¹⁴	fu⁵⁵	u³⁵
砖墙	n̩³¹/y³¹	ɕy⁴³⁵	y³¹	fu⁴³⁵	fu⁴³⁵	fu²⁴	fu⁵⁵	u⁴³⁵
桠溪	ny²¹³	ɕy⁵⁵	fiy²¹³	fu⁵⁵	fu³²	fu⁵²	fu⁵²	u³²
东坝	nʅ²¹	sʅ⁴²	fiʅ²¹	fu⁴²	fu⁴³⁵	fu²⁴	fu⁴³⁵	fiu²⁴
定埠	ny³²⁴	sʅ⁵⁵	ʅ³²⁴	fu⁵²	fu³²	fu⁵²	u⁵²	u³²

	取	橱	住	数~字	珠	主	输	竖
	遇合三 上虞清	遇合三 平虞澄	遇合三 去遇澄	遇合三 去遇生	遇合三 平虞章	遇合三 上虞章	遇合三 平虞书	遇合三 上虞禅
淳溪	tɕʰy³³	zu²²	zu¹⁴	su³⁵	tsu⁵⁵	tsu³³	ɕy⁵⁵	zu¹⁴
砖墙	tɕʰy⁴³⁵	zʅ³¹	zʅ²⁴	sʅ⁴³⁵	tsʅ⁵⁵	tsʅ⁴³⁵	sʅ⁵⁵	zʅ²⁴
桠溪	tɕʰy⁵⁵	dʑy²¹³	tɕy⁵²	ɕy³²	tɕy⁴⁵	tɕy⁵⁵	ɕy⁴⁵	ɕy⁵²
东坝	tsʰʅ⁴²	zʅ²¹	zʅ²⁴	sʅ⁴³⁵	tsʅ⁵⁵	tsʅ⁴²	sʅ⁵⁵	zʅ²⁴
定埠	tsʰʅ⁵⁵	dzʅ³²⁴	tsʅ⁵²	sʅ³²	tsʅ⁴⁵	tsʅ⁵⁵	sʅ⁴⁵	sʅ⁵²

	树	句	区	具	遇	雨	芋	裕
	遇合三 去遇禅	遇合三 去遇见	遇合三 平虞溪	遇合三 去遇群	遇合三 去遇疑	遇合三 上虞云	遇合三 去遇云	遇合三 去遇以
淳溪	zu¹⁴	tɕy³⁵	tɕʰy⁵⁵	ʑy¹⁴	y³⁵	y⁵⁵	y³⁵	y³⁵
砖墙	zʅ²⁴	tɕy⁴³⁵	tɕʰy⁵⁵	ʑy²⁴	y²⁴	y⁵⁵	y⁴³⁵	y⁴³⁵
桠溪	ɕy⁵²	tɕy³²	tɕʰy⁴⁵	tɕy⁵²	y³²	y⁴⁵	y³²	y³²
东坝	zʅ²⁴	tsʅ⁴³⁵	tsʰʅ⁵⁵	zʅ²⁴	ʅ⁴³⁵	ʅ⁵⁵	ʅ⁴³⁵	ʅ⁴³⁵
定埠	sʅ⁵²	tsʅ³²	tsʰʅ⁴⁵	tsʅ⁵²	ʅ³²	ʅ⁴⁵	ʅ³²	ʅ³²

	贝	带	胎	袋	来	灾	猜	菜
	蟹开一去泰帮	蟹开一去泰端	蟹开一平咍透	蟹开一去代定	蟹开一平咍来	蟹开一平咍精	蟹开一平咍清	蟹开一去代清
淳溪	pei³⁵	tɛ³⁵	tʰɛ⁵⁵	dɛ¹⁴	lɛ²²	tsɛ⁵⁵	tsʰuɛ⁵⁵	tsʰɛ³⁵
砖墙	pəi⁴³⁵	tɛ⁴³⁵	tʰɛ⁵⁵	rʰɛ²⁴	lɛ³¹	tsɛ⁵⁵	tsʰuɛ⁵⁵	tsʰɛ⁴³⁵
桠溪	pei³²	tɛ³²	tʰɛ⁴⁵	tɛ⁵²	lɛ²¹³	tsɛ⁴⁵	tsʰɛ⁴⁵	tsʰɛ³²
东坝	pəi⁴³⁵	tɛ⁴³⁵	tʰɛ⁵⁵	dɛ²⁴	lɛ²¹	tsɛ⁵⁵	tsʰuɛ⁵⁵	tsʰɛ⁴³⁵
定埠	pei³²	tɛ³²	tʰɛ⁴⁵	tɛ⁵²	lɛ³²⁴	tsɛ⁴⁵	tsʰɛ⁴⁵	tsʰɛ³²

	财	该	盖	开	海	害	爱	拜
	蟹开一平咍从	蟹开一平咍见	蟹开一去泰见	蟹开一平咍溪	蟹开一上海晓	蟹开一去泰匣	蟹开一去代影	蟹开二去怪帮
淳溪	zɛ²²	kɛ⁵⁵	kɛ³⁵	kʰɛ⁵⁵	hɛ³³	hfiɛ¹⁴	ŋɛ³⁵	pɛ³⁵
砖墙	zɛ³¹	kɛ⁵⁵	kɛ⁴³⁵	kʰɛ⁵⁵	hɛ⁴³⁵	hfiɛ²⁴	ŋɛ⁴³⁵	pɛ⁴³⁵
桠溪	zɛ²¹³	kɛ⁴⁵	kɛ³²	kʰɛ⁴⁵	hɛ⁵⁵	hɛ⁵²	ɛ³²	pɛ³²
东坝	zɛ²¹	kɛ⁵⁵	kɛ⁴³⁵	kʰɛ⁴⁵	hɛ⁴²	hfiɛ²⁴	ɛ⁴³⁵	pɛ⁴³⁵
定埠	zɛ³²⁴	kɛ⁴⁵	kɛ³²	kʰɛ⁴⁵	hɛ⁵⁵	hɛ⁵²	ɛ³²	pɛ³²

	排	埋	界	摆	派	牌	罢	买
	蟹开二平皆并	蟹开二平皆明	蟹开二去怪见	蟹开二上蟹帮	蟹开二去卦滂	蟹开二平佳并	蟹开二上蟹并	蟹开二上蟹明
淳溪	bɛ²²	mɛ²²	kɛ³⁵/tɕiɛ³⁵	pɛ³³	pʰɛ³⁵	bɛ²²	ba¹⁴	mɛ⁵⁵
砖墙	βʰɛ³¹	mɛ³¹	kɛ⁴³⁵	pɛ⁴³⁵	pʰɛ⁴³⁵	βʰɛ³¹	βʰa²⁴	mɛ⁵⁵
桠溪	bɛ²¹³	mɛ²¹³	kɛ³²	pɛ⁵⁵	pʰɛ³²	bɛ²¹³	pa⁵²	mɛ⁴⁵
东坝	bɛ²¹	mɛ²¹	kɛ⁴³⁵	pɛ⁴²	pʰɛ⁴³⁵	bɛ²¹	ba²⁴	mɛ⁵⁵
定埠	bɛ³²⁴	mɛ³²⁴	kɛ³²	pɛ⁵⁵	pʰɛ³²	bɛ³²⁴	pa⁵²	mɛ⁴⁵

	卖	柴	晒	街	解~开	鞋	蟹	矮
	蟹开二去卦明	蟹开二平佳崇	蟹开二去卦生	蟹开二平佳见	蟹开二上蟹见	蟹开二平佳匣	蟹开二上蟹匣	蟹开二上蟹影
淳溪	mɛ³⁵	zɛ²²	sɛ³⁵	kɛ⁵⁵	kɛ³³/tɕiɛ³³	hfiɛ²²	hɛ³³	ŋɛ³³
砖墙	mɛ⁴³⁵	zɛ³¹	sɛ⁴³⁵	kɛ⁵⁵	kɛ⁴³⁵	hfiɛ³¹	hɛ⁴³⁵	ŋɛ⁴³⁵
桠溪	mɛ³²	zɛ²¹³	sɛ³²	kɛ⁴⁵	kɛ⁵⁵	hfiɛ²¹³	hɛ⁵⁵	ɛ⁵⁵
东坝	mɛ⁴³⁵	zɛ²¹	sɛ⁴³⁵	kɛ⁵⁵	kɛ⁴²/tɕiɛ⁴²	hfiɛ²¹	hɛ⁴²	ɛ⁴²
定埠	mɛ³²	zɛ³²⁴	sɛ³²	kɛ⁴⁵	kɛ⁵⁵	hfiɛ³²⁴	hɛ⁵⁵	ŋɛ⁵⁵

附　录　249

	败	币	厉	制	世	艺	闭	批
	蟹开二去夬並	蟹开三去祭並	蟹开三去祭来	蟹开三去祭章	蟹开三去祭书	蟹开三去祭疑	蟹开四去霁帮	蟹开四平齐滂
淳溪	bɛ¹⁴	bi¹⁴	l̩³⁵	tsʅ³⁵	sʅ³⁵	i³⁵	pi³⁵	pʰi⁵⁵
砖墙	βʰɛ²⁴	ʑy²⁴	l̩⁴³⁵	tsʅ⁴³⁵	sʅ⁴³⁵	i⁴³⁵	pi⁴³⁵	pʰi⁵⁵
桠溪	pɛ⁵²	pi⁵²	ʅl̩³²	tsʅ³²	sʅ³²	ɦi²¹³	pi³²	pʰi⁴⁵
东坝	bɛ²⁴	bi²⁴	l̩⁴³⁵	tsʅ⁴³⁵	sʅ⁴³⁵	i⁴³⁵	pi⁴³⁵	pʰi⁵⁵
定埠	pɛ⁵²	pi⁵²	li³²	tsʅ³²	sʅ³²	i³²	pi³²	pʰi⁴⁵

	米	低	梯	弟	泥	犁	礼	妻
	蟹开四上荠明	蟹开四平齐端	蟹开四平齐透	蟹开四上荠定	蟹开四平齐泥	蟹开四平齐来	蟹开四上荠来	蟹开四平齐清
淳溪	n̩⁵⁵/mi⁵⁵	ti⁵⁵	tʰi⁵⁵	di¹⁴	n̩²²	l̩²²	l̩⁵⁵	tɕʰi⁵⁵
砖墙	mi⁵⁵	ti⁵⁵	tʰi⁵⁵	rʰi²⁴	n̩³¹	l̩³¹	l̩⁵⁵	tɕʰi⁵⁵
桠溪	mi⁴⁵	ti⁴⁵	tʰi⁴⁵	ti⁵²	n̩²¹³/ni²¹³	ʅ²¹³	ʅ⁴⁵	tɕʰi⁴⁵
东坝	mi⁵⁵	ti⁵⁵	tʰi⁵⁵	di²⁴	ni²¹	l̩²¹	l̩⁵⁵	tɕʰi⁵⁵
定埠	mi⁴⁵	ti⁴⁵	tʰi⁴⁵	ti⁵²	ni³²⁴	l̩³²⁴	l̩⁴⁵	tɕʰi⁴⁵

	齐	西	洗	鸡	溪	杯	配	赔
	蟹开四平齐从	蟹开四平齐心	蟹开四上荠心	蟹开四平齐见	蟹开四平齐溪	蟹合一平灰帮	蟹合一去队滂	蟹合一平灰並
淳溪	ʑi²²	ɕi⁵⁵	ɕi³³	tɕi⁵⁵	tɕʰi⁵⁵	pei⁵⁵	pʰei³⁵	bei²²
砖墙	ʑi³¹	ɕi⁵⁵	ɕi⁴³⁵	tɕi⁵⁵	tɕʰi⁵⁵	pəi⁵⁵	pʰəi⁴³⁵	βʰəi³¹
桠溪	dʑi²¹³	ɕi⁴⁵	ɕi⁵⁵	tɕi⁴⁵	tɕʰi⁴⁵	pei⁴⁵	pʰei³²	bei²¹³
东坝	ʑi²¹	ɕi⁵⁵	ɕi⁴²	tɕi⁵⁵	tɕʰi⁵⁵	pəi⁵⁵	pʰəi⁴³⁵	bəi²¹
定埠	dʑi³²⁴	ɕi⁴⁵	ɕi⁵⁵	tɕi⁴⁵	tɕʰi⁴⁵	pei⁴⁵	pʰei³²	bei³²⁴

	煤	妹	对	退	雷	罪	碎	灰
	蟹合一平灰明	蟹合一去队明	蟹合一去队端	蟹合一去队透	蟹合一平灰来	蟹合一上贿从	蟹合一去队心	蟹合一平灰晓
淳溪	mei²²	mei³⁵	tei³⁵	tʰei³⁵	lei²²	zei¹⁴	sei³⁵	fei⁵⁵
砖墙	məi³¹	məi⁴³⁵	təi⁴³⁵	tʰəi⁴³⁵	ləi³¹	zəi²⁴	səi⁴³⁵	huəi⁵⁵
桠溪	mei²¹³	mei³²	tei³²	tʰei³²	lei²¹³	tsei⁵²	sei³²	fei⁴⁵
东坝	məi²¹	məi⁴³⁵	təi⁴³⁵	tʰəi⁴³⁵	ləi²¹	zəi²⁴	səi⁴³⁵	huəi⁵⁵
定埠	mei³²⁴	mei³²	tei³²	tʰei³²	lei³²⁴	tsei⁵²	sei³²	huei⁴⁵

	回	外	会~议	怪	块	怀	坏	拐
	蟹合一平灰匣	蟹合一去泰疑	蟹合一去泰匣	蟹合二上怪见	蟹合二去怪溪	蟹合二平皆匣	蟹合二去怪匣	蟹合二上蟹见
淳溪	ɦiuei²²	uɛ³⁵	uei¹⁴	kuɛ³⁵	kʰuɛ³⁵	ɦiuɛ²²	uɛ¹⁴	kuɛ³³
砖墙	ɦiuəi³¹	uɛ⁴³⁵	uəi⁴³⁵	kuɛ⁴³⁵	kʰuɛ⁴³⁵	ɦiuɛ³¹	uɛ⁴³⁵	kuɛ⁴³⁵
桠溪	ɦuei²¹³	uɛ³²	uei³²	kuɛ³²	kʰuɛ³²	ɦuɛ²¹³	uɛ⁵²	kuɛ⁵⁵
东坝	ɦiuəi²¹	uɛ⁴³⁵	ɦuəi²⁴	kuɛ⁴³⁵	kʰuɛ⁴³⁵	ɦuɛ²¹	ɦuɛ²⁴	kuɛ⁴²
定埠	huei³²⁴	uɛ³²	uei³²	kuɛ³²	kʰuɛ³²	uɛ³²⁴	uɛ⁵²	kuɛ⁵⁵

	挂	歪	画	快	话	岁	卫	废
	蟹合二去卦见	蟹合二平佳晓	蟹合二去卦匣	蟹合二去夬溪	蟹合二去夬匣	蟹合三去祭心	蟹合三去祭云	蟹合三去废非
淳溪	kua³⁵	fɛ⁵⁵	ua¹⁴	kʰuɛ³⁵	ua¹⁴	sei³⁵	uei³⁵	fei³⁵
砖墙	kua⁴³⁵	fɛ⁵⁵	ua⁴³⁵	kʰuɛ⁴³⁵	ua⁴³⁵	səi⁴³⁵	uəi⁴³⁵	huəi⁴³⁵
桠溪	kua³²	fɛ⁴⁵/huɛ⁴⁵	ua³²	kʰuɛ³²	ua³²	sei³²	uei⁴⁵	fei³²
东坝	kua⁴³⁵	uɛ⁵⁵	ɦua²⁴	kʰuɛ⁴³⁵	ɦua²⁴	səi³²	uəi⁴³⁵	huəi⁴³⁵
定埠	kua³²	uɛ⁴⁵	ua⁵²	kʰuɛ³²	ua³²	sei³²	uei³²	fei³²

	肺	桂	碑	皮	被	离	紫	刺
	蟹合三去废敷	蟹合四去霁见	止开三平支帮	止开三平支并	止开三上纸并	止开三平支来	止开三上纸精	止开三去寘清
淳溪	fei³⁵	kuei³⁵	pei⁵⁵	bi²²	bi¹⁴	l̩²²	tsɿ³³	tsʰɿ³⁵
砖墙	fəi⁴³⁵	kuəi⁴³⁵	pəi⁵⁵	ʑy³¹	ʑy²⁴	l̩³¹	tsɿ⁴³⁵	tsʰɿ⁴³⁵
桠溪	fei³²	kuei³²	pei⁴⁵	bi²¹³	pi⁵²	əl̩²¹³	tsɿ⁵⁵	tsʰɿ³²
东坝	huəi⁴³⁵	kuəi⁴³⁵	pəi⁵⁵	bi²¹	bi²⁴	l̩²¹	tsɿ⁴²	tsʰɿ⁴³⁵
定埠	fei³²	kuei³²	pei⁴⁵	bi³²⁴	pei⁵²	l̩³²⁴	tsɿ⁵⁵	tsʰɿ³²

	知	池	枝	纸	是	儿	寄	骑
	止开三平支知	止开三平支澄	止开三平支章	止开三上纸章	止开三上纸禅	止开三平支日	止开三去寘见	止开三平支群
淳溪	tsɿ⁵⁵	zɿ²²	tsɿ⁵⁵	tsɿ³³	zɿ¹⁴	ŋ̍²²/l̩²²	tɕi³⁵	ʑi²²
砖墙	tsɿ⁴⁵	zɿ³¹	tsɿ⁵⁵	tsɿ⁴³⁵	zɿ²⁴	ŋ̍³¹/l̩³¹	tɕi⁴³⁵	ʑi³¹
桠溪	tsɿ⁴⁵	dʐɿ²¹³	tsɿ⁴⁵	tsɿ⁵⁵	ʂɿ⁵²	əl̩²¹³	tɕi⁵⁵	dʑi²¹³
东坝	tsɿ⁵⁵	zɿ²¹	tsɿ⁵⁵	tsɿ⁴²	zɿ²⁴	l̩²¹	tɕi⁴³⁵	ʑi²¹
定埠	tsɿ⁵⁵	zɿ³²⁴	tsɿ⁴⁵	tsɿ⁵⁵	ʂɿ⁵²	l̩³²⁴	tɕi³²	dʑi³²⁴

	义	戏	椅	移	比	屁	鼻	眉
	止开三去寘疑	止开三去寘晓	止开三上纸影	止开三平支以	止开三上旨帮	止开三去至滂	止开三去至並	止开三平脂明
淳溪	i³⁵	çi³⁵	i³³	i²²	pi³³	pʰi³⁵	biɛ¹³	m̩³¹/mei²²
砖墙	i⁴³⁵	çi⁴³⁵	i⁴³⁵	i³¹	pi⁴³⁵	pʰi⁴³⁵	βʰieʔ³¹	m̩³¹/məi³¹
桠溪	i³²	çi³²	i⁵⁵	ɦi²¹³	pi⁵⁵	pʰi³²	pieʔ⁴²	mi²¹³/mei²¹³
东坝	i⁴³⁵	çi⁴³⁵	i⁴²	ɦi²⁴	pi⁴²	pʰi⁴³⁵	biɛ¹³	məi²¹
定埠	i³²	çi³²	i⁵⁵	i³²⁴	pi⁵⁵	pʰi³²	pieʔ⁵²	mi³²⁴

	美	地	梨	利	资	次	瓷	四
	止开三上旨明	止开三去至定	止开三平脂来	止开三去至来	止开三平脂精	止开三去至清	止开三平脂从	止开三去至心
淳溪	mei⁵⁵	di¹⁴	l̩²²	l̩³⁵	tsɿ⁵⁵	tsʰɿ³⁵	zɿ²²	sɿ³⁵
砖墙	məi⁵⁵	rʰi²⁴	l̩³¹	l̩⁴³⁵	tsɿ⁵⁵	tsʰɿ⁴³⁵	zɿ³¹	sɿ⁴³⁵
桠溪	mei⁴⁵	ti⁵²	ɚ̍²¹³	ɚ̍³²	tsɿ⁴⁵	tsʰɿ³²	dʑ̩²¹³	sɿ³²
东坝	məi⁵⁵	di²⁴	l̩²¹	l̩⁴³⁵	tsɿ⁵⁵	tsʰɿ⁴³⁵	zɿ²¹	sɿ⁴³⁵
定埠	mei⁴⁵	ti⁵²	l̩³²⁴	l̩³²	tsɿ⁴⁵	tsʰɿ³²	zɿ³²⁴	sɿ³²

	师	指	视	二	饥	器	姨	你
	止开三平脂生	止开三上旨章	止开三去至禅	止开三去至日	止开三平脂见	止开三去至溪	止开三平脂以	止开三上止泥
淳溪	sɿ⁵⁵	tsɿ³³	zɿ¹⁴	n̩³⁵/l̩³⁵	tçi⁵⁵	tçʰi³⁵	i²²	n̩⁵⁵/ni⁵⁵
砖墙	sɿ⁵⁵	tsɿ⁴³⁵	zɿ²⁴	n̩⁴³⁵/l̩⁴³⁵	tçi⁵⁵	tçʰi⁴³⁵	i³¹	n̩⁵⁵/ni⁵⁵
桠溪	sɿ⁴⁵	tsɿ⁵⁵	zɿ⁵²	ɚ̍³²	tçi⁴⁵	tçʰi³²	i²¹³	n̩⁴⁵/ni⁴⁵
东坝	sɿ⁵⁵	tsɿ⁴²	zɿ²⁴	l̩⁴³⁵	tçi⁵⁵	tçʰi⁴³⁵	i²¹	n̩⁵⁵/ni⁵⁵
定埠	sɿ⁴⁵	tsɿ⁵⁵	zɿ⁵²	l̩³²	tçi⁴⁵	tçʰi³²	i³²⁴	n̩⁴⁵/ni⁴⁵

	李	字	丝	祠	寺	治	事	使
	止开三上止来	止开三去志从	止开三平之心	止开三平之邪	止开三去志邪	止开三去志澄	止开三去志崇	止开三上止生
淳溪	l̩⁵⁵	zɿ¹⁴	sɿ⁵⁵	zɿ²²	zɿ¹⁴	zɿ¹⁴	zɿ¹⁴	sɿ³³
砖墙	l̩⁵⁵	zɿ²⁴	sɿ⁵⁵	zɿ³¹	zɿ²⁴	zɿ²⁴	zɿ²⁴	sɿ⁴³⁵
桠溪	ɚ̍⁴⁵	sɿ⁵²	sɿ⁴⁵	zɿ²¹³	sɿ⁵²	sɿ⁵²	sɿ⁵²	sɿ⁵⁵
东坝	l̩⁵⁵	zɿ²⁴	sɿ⁵⁵	zɿ²¹	zɿ²⁴	zɿ²⁴	zɿ²⁴	sɿ⁴²
定埠	l̩⁴⁵	sɿ⁵²	sɿ⁴⁵	zɿ³²⁴	sɿ⁵²	tsɿ⁵²	sɿ⁵²	sɿ⁵⁵

	齿	试	时	市	耳	记	旗	喜
	止开三上止昌	止开三去志书	止开三平之禅	止开三上止禅	止开三上止日	止开三去志见	止开三平之群	止开三上止晓
淳溪	tsʰɿ³³	sɿ³⁵	zɿ²²	zɿ¹⁴	n̩⁵⁵/l̩⁵⁵	tɕi³⁵	zi²²	ɕi³³
砖墙	tsʰɿ⁴³⁵	sɿ⁴³⁵	zɿ³¹	zɿ²⁴	l̩⁵⁵	tɕi⁴³⁵	zi³¹	ɕi⁴³⁵
桠溪	tsʰɿ⁵⁵	sɿ³²	zɿ²¹³	sɿ⁵²	əɹ⁴⁵	tɕi³²	dʑi²¹³	ɕi⁵⁵
东坝	tsʰɿ⁴²	sɿ⁴³⁵	zɿ²¹	sɿ⁵²	l̩⁵⁵	tɕi⁴³⁵	zi²¹	ɕi⁴²
定埠	tsʰɿ⁵⁵	sɿ³²	zɿ³²⁴	sɿ⁵²	l̩⁴⁵	tɕi³²	dʑi³²⁴	ɕi⁵⁵

	医	意	机	气	稀	衣	嘴	随
	止开三平之影	止开三去志影	止开三平微见	止开三去未溪	止开三平微晓	止开三平微影	止合三上纸精	止合三平支邪
淳溪	i⁵⁵	i³⁵	tɕi⁵⁵	tɕʰi³⁵	ɕi⁵⁵	i⁵⁵	tsei³³	zei²²
砖墙	i⁵⁵	i⁴³⁵	tɕi⁵⁵	tɕʰi⁴³⁵	ɕi⁵⁵	i⁵⁵	tsəi⁴³⁵	zəi³¹
桠溪	i⁴⁵	i³²	tɕi⁴⁵	tɕʰi³²	ɕi⁴⁵	i⁴⁵	tsei⁵⁵	zei²¹³
东坝	i⁵⁵	i⁴³⁵	tɕi⁵⁵	tɕʰi⁴³⁵	ɕi⁵⁵	i⁵⁵	tsəi⁴²	zəi²¹
定埠	i⁴⁵	i³²	tɕi⁴⁵	tɕʰi³²	ɕi⁴⁵	i⁴⁵	tsei⁵⁵	zei³²⁴

	吹	垂	睡	规	亏	跪	危	毁
	止合三平支昌	止合三平支禅	止合三去寘禅	止合三平支见	止合三平支溪	止合三上纸群	止合三平支疑	止合三上纸晓
淳溪	tsʰuei⁵⁵	zuei²²	zuei¹⁴	kuei⁵⁵	kʰuei⁵⁵	kʰuei³³	uei²²	fei³³
砖墙	tsʰuəi⁵⁵	zuəi³¹	zuəi²⁴	kuəi⁵⁵	kʰuəi⁵⁵	kʰuəi⁴³⁵	uəi³¹	huəi⁴³⁵/fəi⁴³⁵
桠溪	tsʰuei⁴⁵	zuei²¹³	suei⁵²	kuei⁴⁵	kʰuei⁴⁵	kʰuei⁵⁵	ɦuei²¹³	fei⁵⁵
东坝	tsʰuəi⁵⁵	zuəi²¹	zuəi²⁴	kuəi⁵⁵	kʰuəi⁵⁵	kʰuəi⁴²	ɦuəi²¹	huəi⁴²
定埠	tsʰuei⁴⁵	zuei³²⁴	suei⁵²	kuei⁴⁵	kʰuei⁴⁵	kʰuei⁵²	uei³²⁴	huei⁵⁵

	喂	泪	醉	追	锤	帅	水	龟
	止合三去寘影	止合三去至来	止合三去至精	止合三平脂知	止合三平脂澄	止合三去至生	止合三上旨书	止合三平脂见
淳溪	uei³⁵	lei³⁵	tsei³⁵	tsuei⁵⁵	zuei²²	suɛ³⁵	suei³³	kuei⁵⁵
砖墙	uəi⁴³⁵	ləi⁴³⁵	tsəi⁴³⁵	tsuəi⁵⁵	zuəi³¹	suɛ⁴³⁵	suəi⁴³⁵	kuəi⁵⁵
桠溪	uei³²	lei³²	tsei³²	tsuei⁴⁵	zuei²¹³	suɛ³²	suei⁵⁵	kuei⁴⁵
东坝	uəi⁴³⁵	ləi⁵⁵	tsəi⁴³⁵	tsuəi⁵⁵	zuəi²¹	suɛ⁴³⁵	suəi⁴²	kuəi⁵⁵
定埠	uei³²	luei³²	tsuei³²	tsuei⁴⁵	zuei³²⁴	suɛ³²	suei⁵⁵	kuei⁴⁵

	季	柜	位	飞	费	肥	尾
	止合三去至见	止合三去至群	止合三去至云	止合三平微非	止合三去未敷	止合三平微奉	止合三上尾微
淳溪	tɕi³⁵	ɦiuei¹⁴	uei³⁵	fei⁵⁵	fei³⁵	bei²²	m̩⁵⁵/bei¹⁴
砖墙	tɕi⁴³⁵	βʰəi²⁴/ɦiuəi²⁴	uəi⁴³⁵	fəi⁵⁵	fəi⁴³⁵	βʰəi³¹	m̩⁵⁵/uəi⁵⁵
桠溪	tɕi³²	kuei⁵²	uei³²	fei⁴⁵	fei³²	fei²¹³	m̩⁴⁵/uei⁴⁵
东坝	tɕi⁴³⁵	guəi²⁴	uəi⁴³⁵	fəi⁵⁵	fəi⁴³⁵	bəi²¹	m̩⁵⁵/bəi²⁴
定埠	tɕi³²	kuei⁵²	uei³²	fei⁴⁵	fei³²	fei³²⁴	m̩⁴⁵/uei⁴⁵

	味	贵	挥	围	宝	抱	帽	刀
	止合三去未微	止合三去未见	止合三平微晓	止合三平微云	效开一上皓帮	效开一上皓并	效开一去号明	效开一平豪端
淳溪	bei¹⁴	kuei³⁵	fei⁵⁵	uei²²	pɔ³³	bɔ¹⁴	mɔ³⁵	tɔ⁵⁵
砖墙	βʰəi²⁴/uəi²⁴	kuəi⁴³⁵	fəi⁵⁵	uəi³¹	pɔ⁴³⁵	βʰɔ²⁴	mɔ⁴³⁵	tɔ⁵⁵
桠溪	uei³²	kuei³²	fei⁴⁵	uei²¹³	pɔ⁵⁵	pɔ⁵²	mɔ³²	tɔ⁴⁵
东坝	uəi⁴³⁵	kuəi⁴³⁵	fəi⁵⁵	uəi²¹	pɔ⁴²	bɔ²⁴	mɔ⁴³⁵	tɔ⁵⁵
定埠	uei³²	kuei³²	fei⁴⁵	uei³²⁴	pɔ⁵⁵	pɔ⁵²	mɔ³²	tɔ⁴⁵

	岛	讨	桃	道	脑	老	早	草
	效开一上皓端	效开一上皓透	效开一平豪定	效开一上皓定	效开一上皓泥	效开一上皓来	效开一上皓精	效开一上皓清
淳溪	tɔ³³	tʰɔ³³	dɔ²²	dɔ¹⁴	nɔ⁵⁵	lɔ⁵⁵	tsɔ³³	tsʰɔ³³
砖墙	tɔ⁴³⁵	tʰɔ⁴³⁵	rʰɔ³¹	rʰɔ²⁴	nɔ⁵⁵	lɔ⁵⁵	tsɔ⁴³⁵	tsʰɔ⁴³⁵
桠溪	tɔ⁵⁵	tʰɔ⁵⁵	dɔ²¹³	tɔ⁵²	nɔ⁴⁵	lɔ⁴⁵	tsɔ⁵⁵	tsʰɔ⁵⁵
东坝	tɔ⁴²	tʰɔ⁴²	dɔ²¹	dɔ²⁴	nɔ⁵⁵	lɔ⁵⁵	tsɔ⁴²	tsʰɔ⁴²
定埠	tɔ⁵⁵	tʰɔ⁵⁵	dɔ³²⁴	tɔ⁵²	nɔ⁴⁵	lɔ⁴⁵	tsɔ⁵⁵	tsʰɔ⁵⁵

	造	嫂	高	靠	熬	好	号~码	袄
	效开一上皓从	效开一上皓心	效开一平豪见	效开一去号溪	效开一平豪疑	效开一上皓晓	效开一去号匣	效开一上皓影
淳溪	zɔ¹⁴	sɔ³³	kɔ⁵⁵	kʰɔ³⁵	ŋɔ²²	hɔ³³	ɦɔ¹⁴	ŋɔ³³
砖墙	zɔ²⁴	sɔ⁴³⁵	kɔ⁵⁵	kʰɔ⁴³⁵	ŋɔ³¹	hɔ⁴³⁵	ɦɔ²⁴	ŋɔ⁴³⁵
桠溪	sɔ⁵²	sɔ⁵⁵	kɔ⁴⁵	kʰɔ³²	ŋɔ²¹³	hɔ⁵⁵	hɔ⁵²	ɔ⁵⁵
东坝	zɔ²⁴	sɔ⁴²	kɔ⁵⁵	kʰɔ⁴³⁵	ŋɔ²¹	hɔ⁴²	ɦɔ²⁴	ɔ⁵⁵
定埠	tsɔ⁵²	sɔ⁵⁵	kɔ⁴⁵	kʰɔ³²	ŋɔ³²⁴	hɔ⁵⁵	hɔ⁵²	ŋɔ⁵⁵

	包	饱	炮	猫	闹	罩	找	抄
	效开二平肴帮	效开二上巧帮	效开二去效滂	效开二平肴明	效开二去效泥	效开二去效知	效开二上巧庄	效开二平肴初
淳溪	pɔ⁵⁵	pɔ³³	pʰɔ³⁵	mɔ²²	nɔ³⁵	tsɔ³⁵	tsɔ³³	tsʰɔ⁵⁵
砖墙	pɔ⁵⁵	pɔ⁴³⁵	pʰɔ⁴³⁵	mɔ³¹	nɔ⁴³⁵	tsɔ⁴³⁵	tsɔ³³	tsʰɔ⁵⁵
桠溪	pɔ⁴⁵	pɔ⁵⁵	pʰɔ³²	mɔ²¹³	nɔ³²	tsɔ³²	tsɔ⁵⁵	tsʰɔ⁴⁵
东坝	pɔ⁵⁵	pɔ⁴²	pʰɔ⁴³⁵	mɔ²¹	nɔ⁴³⁵	tsɔ³²	tsɔ⁴²	tsʰɔ⁵⁵
定埠	pɔ⁴⁵	pɔ⁵⁵	pʰɔ⁵²	mɔ³²⁴	nɔ³²	tsɔ³²	tsɔ⁵⁵	tsʰɔ⁴⁵

	巢	交	敲	孝	标	票	苗	庙
	效开二平肴崇	效开二平肴见	效开二平肴溪	效开二去效晓	效开三平宵帮	效开三平宵滂	效开三平宵明	效开三去笑明
淳溪	zɔ²²	tɕiɔ⁵⁵	kʰɔ⁵⁵/tɕʰiɔ⁵⁵	ɕiɔ³⁵	piɔ⁵⁵	pʰiɔ³⁵	miɔ²²	miɔ³⁵
砖墙	zɔ³¹	tɕiɔ⁵⁵	kʰɔ⁵⁵/tɕʰiɔ⁵⁵	ɕiɔ⁴³⁵	piɔ⁵⁵	pʰiɔ²⁴	miɔ³¹	miɔ⁴³⁵
桠溪	zɔ²¹³	tɕiɔ⁴⁵	kʰɔ⁴⁵/tɕʰiɔ⁴⁵	ɕiɔ³²	piɔ⁴⁵	pʰiɔ³²	miɔ²¹³	miɔ³²
东坝	zɔ²¹	tɕiɔ⁵⁵	kʰɔ⁵⁵/tɕʰiɔ⁵⁵	ɕiɔ⁴³⁵	piɔ⁵⁵	pʰiɔ⁴³⁵	miɔ²¹	miɔ⁴³⁵
定埠	zɔ³²⁴	tɕiɔ⁴⁵	kʰɔ⁴⁵/tɕʰiɔ⁴⁵	ɕiɔ³²	piɔ⁴⁵	pʰiɔ³²	miɔ³²⁴	miɔ³²

	焦	小	笑	超	照	烧	扰	绕
	效开三平宵精	效开三上小心	效开三去笑心	效开三平宵彻	效开三去笑章	效开三平宵书	效开三上小日	效开三上小日
淳溪	tɕiɔ⁵⁵	ɕiɔ³³	ɕiɔ³⁵	tsʰɔ⁵⁵	tsɔ³⁵	sɔ⁵⁵	lɔ⁵⁵	niɔ³⁵
砖墙	tɕiɔ⁵⁵	ɕiɔ⁴³⁵	ɕiɔ⁴³⁵	tsʰɔ⁵⁵	tsɔ⁴³⁵	sɔ⁵⁵	lɔ⁵⁵	niɔ⁴³⁵/lɔ⁴³⁵
桠溪	tɕiɔ⁴⁵	ɕiɔ⁵⁵	ɕiɔ³²	tsʰɔ⁴⁵	tsɔ³²	sɔ⁴⁵	lɔ²¹³	niɔ³²
东坝	tɕiɔ⁵⁵	ɕiɔ⁴²	ɕiɔ⁴³⁵	tsʰɔ⁵⁵	tsɔ⁴³⁵	sɔ⁵⁵	ʑɔ²⁴	niɔ²⁴
定埠	tɕiɔ⁴⁵	ɕiɔ⁵⁵	ɕiɔ³²	tsʰɔ⁴⁵	tsɔ³²	sɔ⁴⁵	ʑɔ⁴⁵	niɔ⁴⁵

	桥	轿	腰	摇	鸟	钓	条	料
	效开三平宵群	效开三去笑群	效开三平宵影	效开三平宵以	效开四上篠端	效开四去啸端	效开四平萧定	效开四去啸来
淳溪	ziɔ²²	tɕiɔ¹⁴	iɔ⁵⁵	iɔ²²	niɔ⁵⁵	tiɔ³⁵	diɔ²²	niɔ³⁵
砖墙	ziɔ³¹	ziɔ²⁴	iɔ⁵⁵	iɔ³¹	niɔ⁵⁵	tiɔ⁴³⁵	tʰiɔ³¹	liɔ⁴³⁵
桠溪	dʑiɔ²¹³	tɕiɔ⁵²	iɔ⁴⁵	ɦiɔ²¹³	niɔ⁴⁵	tiɔ³²	diɔ²¹³	liɔ³²
东坝	ziɔ²¹	ziɔ²⁴	iɔ⁵⁵	ɦiɔ²¹	niɔ⁵⁵	tiɔ⁴³⁵	diɔ²¹	liɔ⁴³⁵
定埠	dʑiɔ³²⁴	tɕiɔ⁵²	iɔ⁴⁵	iɔ³²⁴	niɔ⁴⁵	tiɔ³²	diɔ³²⁴	liɔ³²

	萧	叫	窍	晓	母	抖	偷
	效开四平萧心	效开四去啸见	效开四去啸溪	效开四上篠晓	流开一上厚明	流开一上厚端	流开一平候透
淳溪	ɕiɔ⁵⁵	tɕiɔ³⁵	tɕʰiɔ³⁵	ɕiɔ³³	m̩⁵⁵/mʊ⁵⁵	tei³³	tʰʏ⁵⁵/tʰei⁵⁵
砖墙	ɕiɔ⁵⁵	tɕiɔ⁴³⁵	tɕʰiɔ⁴³⁵	ɕiɔ⁴³⁵	m̩⁵⁵/mʊ⁵⁵	təi⁴³⁵	tʰʏ⁵⁵/tʰəi⁵⁵
桠溪	ɕiɔ⁴⁵	tɕiɔ³²	tɕʰiɔ³²	ɕiɔ⁵⁵	m̩⁴⁵/mʊ⁴⁵	tei⁵⁵	tʰei⁴⁵
东坝	ɕiɔ⁵⁵	tɕiɔ⁴³⁵	tɕʰiɔ⁴³⁵	ɕiɔ⁴²	m̩⁵⁵/mʊ⁵⁵	tʏ⁴²	tʰʏ⁵⁵
定埠	ɕiɔ⁴⁵	tɕiɔ³²	tɕʰiɔ³²	ɕiɔ⁵⁵	m̩⁴⁵/mʊ⁴⁵	tʏ⁵⁵	tʰʏ⁴⁵

	头	豆	楼	走	凑	狗	够	口
	流开一平侯定	流开一去候定	流开一平侯来	流开一上厚精	流开一去候清	流开一上厚见	流开一去候见	流开一上厚溪
淳溪	dei²²	dei¹⁴	lei²²	tsei³³	tsʰei³⁵	kei³³	kei³⁵	kʰei³³
砖墙	ɦəi³¹	ɦəi²⁴	ləi³¹	tsəi⁴³⁵	tsʰəi⁴³⁵	kəi⁴³⁵	kəi⁴³⁵	kʰəi⁴³⁵
桠溪	dei²¹³	tei⁵²	lei²¹³	tsei⁵⁵	tɕʰiu³²	kei⁵⁵	kei⁵⁵	kʰei⁵⁵
东坝	dəi²¹	dəi²⁴	lʏ²¹	tɕʏ⁴²	tɕʰʏ⁴³⁵	kʏ⁴²	kʏ⁴³⁵	kʰʏ⁴²
定埠	dei³²⁴	tʏ⁵²	lʏ³²⁴	tsei⁵⁵	tɕʰʏ³²	kei⁵⁵	kei³²	kʰei⁵⁵

	藕	猴	后	厚	富	副	妇	流
	流开一上厚疑	流开一平侯匣	流开一上厚匣	流开一上厚匣	流开三去宥非	流开三去宥敷	流开三上有奉	流开三平尤来
淳溪	ŋei⁵⁵	ɦɦei²²	ɦɦei¹⁴	ɦɦei¹⁴	fu³⁵	fu³⁵	fu¹⁴	nʏ²²
砖墙	ŋəi⁵⁵	ɦɦəi³¹	ɦɦəi²⁴	ɦɦəi²⁴	fu⁴³⁵	fu⁴³⁵	fu²⁴	lʏ³¹
桠溪	ŋei⁴⁵	ɦɦei²¹³	hei⁵²	hei⁵²	fu³²	fu³²	fu⁵²	liu²¹³
东坝	nʏ⁵⁵	ʑʏ²¹	ʑʏ²⁴	gəi²⁴	fu⁴³⁵	fu⁴³⁵	fu²⁴	lʏ²¹
定埠	ŋei⁴⁵	ɦɦei³²⁴	hei⁵²	hei⁵²	fu³²	fu³²	fu⁵²	lʏ³²⁴

	酒	秋	修	袖	抽	绸	愁	瘦
	流开三上有精	流开三平尤清	流开三平尤心	流开三去宥邪	流开三平尤彻	流开三平尤澄	流开三平尤崇	流开三去宥生
淳溪	tɕʏ³³	tɕʰʏ⁵⁵	ɕʏ⁵⁵	ʑʏ¹⁴	tsʰei⁵⁵	zei²²	zei²²	sei³⁵
砖墙	tɕʏ⁴³⁵	tɕʰʏ⁵⁵	ɕʏ⁵⁵	ʑʏ²⁴	tsʰʏ⁵⁵	zəi³¹	ʑʏ³¹/zəi³¹	ɕʏ⁴³⁵/səi⁴³⁵
桠溪	tɕiu⁵⁵	tɕʰiu⁴⁵	ɕiu⁴⁵	ɕiu⁵²	tɕʰiu⁴⁵	dʑiu²¹³	dʑiu²¹³	ɕiu³²
东坝	tɕʏ⁴²	tɕʰʏ⁵⁵	ɕʏ⁵⁵	ʑʏ²⁴	tɕʰʏ⁵⁵	ʑʏ²¹	ʑʏ²¹	ɕʏ⁴³⁵
定埠	tɕʏ⁵⁵	tɕʰʏ⁴⁵	ɕʏ⁴⁵	ɕʏ⁵²	tɕʰʏ⁴⁵	dʑʏ³²⁴	dʑʏ³²⁴	ɕʏ³²

	周	臭	手	寿	柔	九	救	球
	流开三平尤章	流开三去宥昌	流开三上有书	流开三去宥禅	流开三平尤日	流开三上有见	流开三去宥见	流开三平尤群
淳溪	tsei^{55}	tsʰei^{35}	sei^{33}	zei^{14}	zei^{22}	tɕʏ^{33}	tɕʏ^{35}	ʑʏ^{22}
砖墙	tɕʏ^{55}/tsəi^{55}	tɕʰʏ^{435}	ɕʏ^{435}/səi^{435}	ʑʏ^{24}/zəi^{24}	nʏ^{31}	tɕʏ^{435}	tɕʏ^{435}	ʑʏ^{31}
桠溪	tɕiu^{45}	tɕʰiu^{32}	ɕiu^{55}	ɕiu^{52}	niu^{213}	tɕiu^{55}	tɕiu^{32}	dʑiu^{213}
东坝	tɕʏ^{55}	tɕʰʏ^{435}	ɕʏ^{42}	ʑʏ^{24}	nʏ^{21}	tɕʏ^{42}	tɕʏ^{435}	ʑʏ^{21}
定埠	tɕʏ^{45}	tɕʰʏ^{32}	ɕʏ^{55}	ɕʏ^{52}	nʏ^{324}	tɕʏ^{55}	tɕʏ^{32}	dʑʏ^{324}

	旧	牛	休	优	有	右	油	丢
	流开三去宥群	流开三平尤疑	流开三平尤晓	流开三平尤影	流开三上有云	流开三去宥云	流开三平尤以	流开三平尤端
淳溪	ʑʏ^{14}	nʏ^{22}	ɕʏ^{55}	ʏ^{55}	ʏ^{55}	ʏ^{35}	ʏ^{22}	tʏ^{55}
砖墙	ʑʏ^{24}	nʏ^{31}	ɕʏ^{55}	ʏ^{55}	ʏ^{55}	ʏ^{24}	ʏ^{31}	tʏ^{55}
桠溪	tɕiu^{52}	niu^{213}	ɕiu^{45}	iu^{45}	iu^{45}	iu^{32}	ɦiu^{213}	tiu^{45}
东坝	ʑʏ^{24}	nʏ^{21}	ɕʏ^{55}	ʏ^{55}	ʏ^{55}	ʏ^{435}	ɦiʏ^{21}	tʏ^{55}
定埠	tɕʏ^{52}	nʏ^{324}	ɕʏ^{45}	ʏ^{45}	ʏ^{45}	ʏ^{32}	ʏ^{324}	tʏ^{45}

	幼	贪	潭	南	蚕	感	含	暗
	流开三去幼影	咸开一平覃透	咸开一平覃定	咸开一平覃泥	咸开一平覃从	咸开一上感见	咸开一平覃匣	咸开一去勘影
淳溪	ʏ^{35}	tʰei^{55}	dʏ^{22}/die^{22}	nʏ^{22}	ʑʏ^{22}	kei^{33}	ɦiei^{22}	ŋei^{35}
砖墙	ʏ^{435}	tʰʏ^{55}	rʰie^{31}	nʏ^{31}	ʑʏ^{31}	kəi^{435}	ɦiəi^{31}	ŋəi^{435}
桠溪	iu^{32}	tʰei^{45}	de^{213}	nei^{213}	zei^{213}	kei^{55}	ɦiei^{213}	ei^{32}
东坝	ʏ^{435}	tʰəi^{55}	die^{21}	nəi^{21}	zəi^{21}	kəi^{42}	ɦiəi^{21}	əi^{435}
定埠	ʏ^{32}	tʰæ^{45}	tʰæ^{324}	nei^{324}	zei^{324}	kei^{55}	ɦiei^{324}	ŋei^{32}

	搭	杂	鸽	喝	盒	胆	毯	谈
	咸开一入合端	咸开一入合从	咸开一入合见	咸开一入合晓	咸开一入合匣	咸开一上敢端	咸开一上敢透	咸开一平谈定
淳溪	taʔ^{32}	zaʔ^{13}	kuaʔ^{32}	haʔ^{32}	ɦia^{13}	tie^{33}	tʰie^{33}	die^{22}
砖墙	taʔ^{52}	zaʔ^{31}	kuaʔ^{52}	haʔ^{52}	ɦiaʔ^{31}	tie^{435}	tʰie^{435}	rʰie^{31}
桠溪	taʔ^{55}	saʔ^{42}	kəʔ^{55}	həʔ^{55}	haʔ^{42}	te^{55}	tʰɛ^{55}	de^{213}
东坝	taʔ^{31}	zaʔ^{13}	kəʔ^{31}	haʔ^{31}	ɦia^{13}	tie^{42}	tʰie^{42}	die^{21}
定埠	tæʔ^{54}	sæʔ^{41}	kəʔ^{54}	həʔ^{54}	həʔ^{41}	tæ^{55}	tʰæ^{55}	dæ^{324}

附　录　257

	淡	蓝	三	敢	喊	塔	蜡	磕
	咸开一去阚定	咸开一平谈来	咸开一平谈心	咸开一上敢见	咸开一上敢晓	咸开一入盍透	咸开一入盍来	咸开一入盍溪
淳溪	die¹⁴	nie²²	ɕie⁵⁵	kɤ³³/kei³³	ɕie³³	tʰaʔ³²	la¹³	kʰuaʔ³²
砖墙	rʰie²⁴	lie³¹	ɕie⁵⁵	kəi⁴³⁵	ɕie⁴³⁵	tʰaʔ⁵²	laʔ³¹	kʰuaʔ³¹
桠溪	te⁵²	le²¹³	sɛ⁴⁵	kei⁵⁵	he⁵²	tʰaʔ⁵⁵	laʔ⁴²	kʰəʔ⁵⁵
东坝	die²⁴	lie²¹	ɕie⁵⁵	kəi⁴²	ɕie⁴²	tʰaʔ³¹	la¹³	kʰəʔ³¹
定埠	tæ̃⁵²	læ̃³²⁴	sæ̃⁴⁵	kæ̃⁵⁵	hæ̃⁵⁵	tʰæʔ⁵⁴	læʔ⁴¹	kʰəʔ⁴¹

	站	杉	减	咸	插	闸	夹	搀
	咸开二去陷知	咸开二平咸生	咸开二上豏见	咸开二平咸匣	咸开二入洽初	咸开二入洽崇	咸开二入洽见	咸开二平衔初
淳溪	ɕie³⁵	ɕie⁵⁵	tɕɿ³³	zɿ²²/zie²²	tsʰaʔ³²	zaʔ¹³	kaʔ³²/tɕiaʔ³²	tɕʰie⁵⁵
砖墙	ɕie⁴³⁵	ɕie⁵⁵	tɕɿ⁴³⁵	zie³¹	tsʰaʔ⁵²	zaʔ³¹	kaʔ⁵²	tɕʰie⁵⁵
桠溪	tse⁵²	sɛ⁴⁵	tɕɿ⁵⁵	hfie²¹³	tsʰaʔ⁵⁵	saʔ⁴²	kaʔ⁵⁵	tɕʰie⁴⁵
东坝	ɕie⁴³⁵	sɛ⁵⁵	tɕɿ⁴²	hfie²¹	tsʰaʔ³¹	saʔ⁴²	kaʔ³¹	tɕʰie⁵⁵
定埠	tsæ̃³²	sæ̃⁴⁵	tɕɿ⁵⁵	hæ̃³²⁴	tsʰæʔ⁴¹	sæʔ⁴¹	kæʔ⁵⁴	tsʰæ̃⁴⁵

	衫	监	岩	甲	鸭	镰	尖	签
	咸开二平衔生	咸开二平衔见	咸开二平衔疑	咸开二入狎见	咸开二入狎影	咸开三平盐来	咸开三平盐精	咸开三平盐清
淳溪	ɕie⁵⁵	ke⁵⁵/tɕie⁵⁵	ŋe²²	tɕiaʔ³²	ŋa¹³	nɿ²²	tɕɿ⁵⁵	tɕʰɿ⁵⁵
砖墙	ɕie⁵⁵	tɕie⁵⁵	ŋe³¹	tɕiaʔ⁵²	ŋaʔ⁵²	lɿ³¹	tɕɿ⁵⁵	tɕʰɿ⁵⁵
桠溪	sɛ⁴⁵	kɛ⁴⁵/tɕie⁴⁵	ŋe²¹³	tɕiaʔ⁵⁵	aʔ⁵⁵	lɿ²¹³	tɕɿ⁴⁵	tɕʰɿ⁴⁵
东坝	ɕie⁵⁵	tɕie⁵⁵	ŋe²¹	tɕiaʔ³¹	ŋaʔ³¹	lɿ²¹	tɕɿ⁵⁵	tɕʰɿ⁵⁵
定埠	sæ̃⁴⁵	tɕiæ̃⁴⁵	ŋe³²⁴	tɕiæʔ⁵⁴	iæʔ⁵⁴	lɿ³²⁴	tɕɿ⁴⁵	tɕʰɿ⁴⁵

	占	闪	染	钳	验	险	淹	厌
	咸开三去艳章	咸开三上琰书	咸开三上琰日	咸开三平盐群	咸开三去艳疑	咸开三上琰晓	咸开三平盐影	咸开三去艳影
淳溪	tɕɿ³⁵	ɕɿ³³	nɿ⁵⁵	zɿ²²	nɿ³⁵	ɕɿ³³	ɿ⁵⁵	ɿ³⁵
砖墙	tɕɿ⁴³⁵	ɕɿ⁴³⁵	nɿ⁵⁵	zɿ³¹	nɿ⁴³⁵	ɕɿ⁴³⁵	ɿ⁵⁵	ɿ⁴³⁵
桠溪	tɕɿ³²	ɕɿ⁵⁵	nɿ⁴⁵	dʑɿ²¹³	nɿ³²	ɕɿ⁵⁵	ɛ⁴⁵	ɿ³²
东坝	tɕɿ⁴³⁵	ɕɿ⁴²	nɿ⁵⁵	zɿ²¹	nɿ⁴³⁵	ɕɿ⁴²	ɿ⁵⁵	ɿ⁴³⁵
定埠	tsæ̃³²	sæ̃⁵⁵	nɿ⁴⁵	dʑɿ³²⁴	nɿ³²	ɕɿ⁵⁵	ŋæ̃⁴⁵	ɿ³²

	炎	盐	猎	接	折	叶	剑	欠
	咸开三平盐云	咸开三平盐以	咸开三入叶来	咸开三入叶精	咸开三入叶章	咸开三入叶以	咸开三去酽见	咸开三去酽溪
淳溪	ɿ²²	ɿ²²	nieʔ¹³	tɕieʔ³²	tsəʔ³²	ieʔ¹³	tɕɿ³⁵	tɕʰɿ³⁵
砖墙	ɿ³¹	ɿ³¹	lieʔ³¹	tɕieʔ⁵²	tsəʔ⁵²	ieʔ²⁴	tɕɿ⁴³⁵	tɕʰɿ⁴³⁵
桠溪	ɦɿ²¹³	ɦɿ²¹³	laʔ⁴²	tɕieʔ⁵⁵	tsəʔ⁵⁵	ieʔ⁴²	tɕɿ³²	tɕʰɿ³²
东坝	ɦɿ²¹	ɦɿ²¹	lieʔ¹³	tɕieʔ³¹	tsəʔ³¹	ieʔ¹³	tɕɿ⁴³⁵	tɕʰɿ⁴³⁵
定埠	ɿ³²⁴	ɿ³²⁴	lieʔ⁴¹	tɕieʔ⁵⁴	tsəʔ⁵⁴	ieʔ⁴¹	tɕɿ³²	tɕʰɿ³²

	严	业	点	店	添	甜	念	歉
	咸开三平严疑	咸开三入业疑	咸开四上忝端	咸开四去㮇端	咸开四平添透	咸开四平添定	咸开四去㮇泥	咸开四上忝溪
淳溪	nɿ²²	nieʔ¹³	tɿ³³	tɿ³⁵	tʰɿ⁵⁵	dɿ²²	nɿ³⁵	tɕʰɿ³³
砖墙	nɿ³¹	nieʔ³¹	tɿ⁴³⁵	tɿ⁴³⁵	tʰɿ⁵⁵	rʰɿ³¹	nɿ⁴³⁵	tɕʰɿ⁴³⁵
桠溪	nɿ²¹³	nieʔ⁴²	tɿ⁵⁵	tɿ³²	tʰɿ⁴⁵	dɿ²¹³	nɿ³²	tɕʰɿ³²
东坝	nɿ²¹	nieʔ¹³	tɿ⁴²	tɿ⁴³⁵	tʰɿ⁵⁵	dɿ²¹	nɿ⁴³⁵	tɕʰɿ⁴³⁵
定埠	nɿ³²⁴	ieʔ⁴¹	tɿ⁵⁵	tɿ³²	tʰɿ⁴⁵	dɿ³²⁴	nɿ³²	tɕʰɿ³²

	嫌	贴	碟	协	泛	犯	法	品
	咸开四平添匣	咸开四入帖透	咸开四入帖定	咸开四入帖匣	咸合三去梵敷	咸合三上范奉	咸合三入乏非	深开三上寝滂
淳溪	ɿ²²	tʰieʔ³²	dieʔ¹³	zieʔ¹³	ɕye³⁵	bie¹⁴	faʔ³²	pʰin³³
砖墙	zɿ³¹	tʰieʔ⁵²	rʰieʔ³¹	zieʔ³¹	ɕye⁴³⁵	ʑye²⁴	faʔ⁵²	pʰin⁴³⁵
桠溪	ɦɿ²¹³	tʰieʔ⁵⁵	tieʔ⁴²	ɕieʔ⁵⁵	fe³²	fɛ⁵²	faʔ⁵⁵	pʰin⁵⁵
东坝	ɦɿ²¹	tʰieʔ³¹	dieʔ¹³	ɕieʔ³¹	fe⁴³⁵	bie²⁴	faʔ³¹	pʰin⁴²
定埠	ɿ³²⁴	tʰieʔ⁵⁴	tieʔ⁴¹	ɕieʔ⁴¹	fæ̃³²	fæ̃⁵²	fæʔ⁵⁴	pʰin⁵⁵

	林	浸	心	寻	沉	森	针	深
	深开三平侵来	深开三去沁精	深开三平侵心	深开三平侵邪	深开三平侵澄	深开三平侵生	深开三平侵章	深开三平侵书
淳溪	nin²²	tɕʰin³⁵	ɕin⁵⁵	zin²²	zən²²	sən⁵⁵	tsən⁵⁵	sən⁵⁵
砖墙	lin³¹	tɕin⁴³⁵	ɕin⁵⁵	zin³¹	zən³¹	sən⁵⁵	tsən⁵⁵	sən⁵⁵
桠溪	lin²¹³	tɕin³²	ɕin⁴⁵	zin²¹³	dʐən²¹³	sən⁴⁵	tsən⁴⁵	sən⁴⁵
东坝	lin²¹	tɕin⁴³⁵	ɕin⁵⁵	zin²¹	zən²⁴	sən⁵⁵	tsən⁵⁵	sən⁵⁵
定埠	lin³²⁴	tɕʰin³²	ɕin⁴⁵	ʑin³²⁴	dʐən³²⁴	sən⁴⁵	tsən⁴⁵	sən⁴⁵

附 录

	任~务	金	琴	音	立	集	习	汁
	深开三去沁日	深开三平侵见	深开三平侵群	深开三平侵影	深开三入缉来	深开三入缉从	深开三入缉邪	深开三入缉章
淳溪	zəŋ³⁵	tɕiŋ⁵⁵	ʑiŋ²²	iŋ⁵⁵	nie¹³	ʑie¹³	ʑie¹³	tsəʔ³²
砖墙	zəŋ²⁴	tɕiŋ⁵⁵	ʑiŋ³¹	iŋ⁵⁵	lieʔ³¹	ʑieʔ³¹	ʑieʔ³¹	tsəʔ⁵²
桠溪	ɻneɻ⁵²	tɕin⁴⁵	dʑin²¹³	in⁴⁵	lie⁴²	ɕieʔ⁴²	ɕieʔ⁴²	tsəʔ⁵⁵
东坝	zən²⁴	tɕin⁵⁵	ʑin²¹	in⁵⁵	lie¹³	ʑie¹³	ʑie¹³	tsəʔ³¹
定埠	ɻneɻ³²⁴	tɕin⁴⁵	dʑin³²⁴	in⁴⁵	lieʔ⁴¹	tɕieʔ⁴¹	ɕieʔ⁴¹	tsəʔ⁵⁴

	十	入	急	及	吸	单	炭	坛
	深开三入缉禅	深开三入缉日	深开三入缉见	深开三入缉群	深开三入缉晓	山开一平寒端	山开一去翰透	山开一平寒定
淳溪	zə¹³	zuə¹³	tɕieʔ³²	ʑie¹³	ɕieʔ³²	tie⁵⁵	tʰie³⁵	dɣ²²/die²²
砖墙	zəʔ³¹	zuəʔ³¹	tɕieʔ⁵²	ʑieʔ³¹	ɕieʔ⁵²	tie⁵⁵	tʰie⁴³⁵	rʱie³¹
桠溪	səʔ⁴²	suəʔ⁴²	tɕiɛʔ⁵⁵	tɕieʔ⁴²	ɕieʔ⁵⁵	tɛ⁴⁵	tʰɛ³²	dɛ²¹³/dei²¹³
东坝	zə¹³	zuə¹³	tɕiɛʔ³¹	ʑie¹³	ɕieʔ³¹	tie⁵⁵	tʰie⁴³⁵	die²¹
定埠	səʔ⁴¹	suəʔ⁴¹	tɕieʔ⁵⁴	tɕieʔ⁴¹	ɕieʔ⁵⁴	tæ̃⁴⁵	tʰæ̃³²	tʰæ̃³²⁴

	难	兰	懒	烂	残	伞	肝	看
	山开一平寒泥	山开一平寒来	山开一上旱来	山开一去翰来	山开一平寒从	山开一上旱心	山开一平寒见	山开一去翰溪
淳溪	nie²²	nie²²	nie⁵⁵	nie³⁵	zɛ²²	ɕie³³	kei⁵⁵	kʰei³⁵
砖墙	nie³¹	lie³¹	lie⁵⁵	lie⁴³⁵	zɛ³¹	ɕie⁴³⁵	kəi⁵⁵	kʰəi⁴³⁵
桠溪	nɛ²¹³	lɛ²¹³	lɛ⁴⁵	lɛ³²	zɛ²¹³	sɛ⁵⁵	kei⁴⁵	kʰei³²
东坝	nie²¹	lie²¹	lie⁵⁵	lie⁴³⁵	zɛ²¹	ɕie⁴²	kəi⁵⁵	kʰəi⁴³⁵
定埠	næ̃³²⁴	læ̃³²⁴	læ̃⁴⁵	læ̃³²	zæ̃³²⁴	sæ̃⁵⁵	kei⁴⁵	kʰei³²

	岸	汉	汗	安	达	辣	擦	割
	山开一去翰疑	山开一去翰晓	山开一去翰匣	山开一平寒影	山开一入曷定	山开一入曷来	山开一入曷清	山开一入曷见
淳溪	ŋɛ³⁵/ŋei³⁵	hei³⁵	ɦiei¹⁴	ŋei⁵⁵	da¹³	la¹³	tsʰaʔ³²	kaʔ³²
砖墙	ŋɛ⁴³⁵	həi⁴³⁵	ɦiəi²⁴	ŋəi⁵⁵	rʱaʔ³¹	laʔ³¹	tsʰaʔ⁵²	kuaʔ³¹
桠溪	ŋ³²	hei³²	hei⁵²	ei⁴⁵	taʔ⁴²	laʔ⁴²	tsʰaʔ⁵⁵	kəʔ⁵⁵
东坝	ŋɛ⁴³⁵	həi⁴³⁵	ɦiəi²⁴	əi⁵⁵	da¹³	la¹³	tsʰaʔ³¹	kəʔ³¹
定埠	ŋei³²	hei³²	hei⁵²	ŋei⁴⁵	tæ̃ʔ⁴¹	læʔ⁴¹	tsʰæʔ⁴¹	kəʔ⁵⁴

	渴	扮	办	铲	山	产	间	眼
	山开一入曷溪	山开二去裥帮	山开二去裥並	山开二上产初	山开二平山生	山开二上产生	山开二平山见	山开二上产疑
淳溪	kʰaʔ³²	pie³⁵	bie¹⁴	tɕʰie³³	ɕie⁵⁵	tsʰie³³	kɛ⁵⁵/tɕi⁵⁵	ie⁵⁵
砖墙	kʰuaʔ⁵²	pie⁴³⁵	βʰie²⁴	tɕʰie⁴³⁵	ɕie⁵⁵	tsʰie⁴³⁵	kɛ⁵⁵/tɕi⁵⁵	ɲie⁵⁵
桠溪	kʰəʔ⁵⁵	pɛ³²	pɛ⁵²	tsʰɛ⁵⁵	ɕie⁴⁵/sɛ⁴⁵	tsʰɛ⁵⁵	kɛ⁴⁵/tɕie⁴⁵	ŋɛ⁴⁵
东坝	kʰəʔ³¹	pie⁴³⁵	bie²⁴	tɕʰie⁴²	ɕie⁵⁵	tsʰie⁴²	tɕɿ⁵	ɲie⁵⁵
定埠	kʰəʔ⁴¹	pæ̃³²	pæ̃⁵²	tɕʰiæ̃⁵⁵	sæ̃⁴⁵	tsʰæ̃⁵⁵	tɕɿ⁴⁵	ŋæ̃⁴⁵

	闲	限	八	扎	杀	班	板	慢
	山开二平山匣	山开二上产匣	山开二入黠帮	山开二入黠庄	山开二入黠生	山开二平删帮	山开二上潸帮	山开二去谏明
淳溪	ʑie²²	ʑie¹⁴	paʔ³²	tsaʔ³²	saʔ³²	pie⁵⁵	pie³³	mie³⁵
砖墙	ʑie³¹	ʑie²⁴	paʔ⁵²	tsaʔ⁵²	saʔ⁵²	pie⁵⁵	pie⁴³⁵	mie⁴³⁵
桠溪	hɕie²¹³	hɛ⁵²	paʔ⁵⁵	tsaʔ⁵⁵	saʔ⁵⁵	pɛ⁴⁵	pɛ⁵⁵	mɛ³²
东坝	ʑɿ²¹	ʑie²⁴	paʔ³¹	tsaʔ³¹	saʔ³¹	pie⁵⁵	pie⁴²	mie⁴³⁵
定埠	hæ̃³²⁴	hæ̃⁵²	pæʔ⁵⁴	tsæʔ⁵⁴	sæʔ⁵⁴	pæ̃⁴⁵	pæ̃⁵⁵	mæ̃³²

	颜	铡	瞎	变	骗	便~宜	棉	面
	山开二平删疑	山开二入鎋崇	山开二入鎋晓	山开三去线帮	山开三去线滂	山开三平仙並	山开三平仙明	山开三去线明
淳溪	ie²²	zaʔ¹³	haʔ³²	pɿ³⁵	pʰɿ³⁵	bɿ²²	mɿ²²	mɿ³⁵
砖墙	ɲie³¹/ie³¹	zaʔ³¹	haʔ⁵²	pɿ⁴³⁵	pʰɿ⁴³⁵	βʰɿ³¹	mɿ³¹	mɿ⁴³⁵
桠溪	ŋe²¹³	saʔ⁴²	haʔ⁵⁵	pɿ³²	pʰɿ³²	bɿ²¹³	mɿ²¹³	mɿ³²
东坝	ɲie²¹	zɑ¹³	haʔ³¹	pɿ⁴³⁵	pʰɿ⁴³⁵	bɿ²¹	mɿ²¹	mɿ⁴³⁵
定埠	ɿ³²⁴	tsæʔ⁴¹	hæʔ⁵⁴	pɿ³²	pʰɿ³²	bɿ³²⁴	mɿ³²⁴	mɿ³²

	连	剪	浅	钱	鲜	线	展	缠
	山开三平仙来	山开三上狝精	山开三上狝清	山开三平仙从	山开三平仙心	山开三去线心	山开三上狝知	山开三平仙澄
淳溪	nɿ²²	tɕɿ³³	tɕʰɿ³³	zɿ²²	ɕɿ⁵⁵	ɕɿ³⁵	tɕɿ³³	zɿ²²
砖墙	lɿ³¹	tɕɿ⁴³⁵	tɕʰɿ⁴³⁵	zɿ³¹	ɕɿ⁵⁵	ɕɿ⁴³⁵	tɕɿ⁴³⁵	zɿ³¹
桠溪	lɿ²¹³	tɕɿ⁵⁵	tɕʰɿ⁵⁵	zɿ²¹³	ɕɿ⁴⁵	ɕɿ⁵⁵	tɕɿ⁵⁵	dʑɿ²¹³
东坝	lɿ²¹	tɕɿ⁴²	tɕʰɿ⁴²	zɿ²¹	ɕɿ⁵⁵	ɕɿ⁴³⁵	tɕɿ⁴²	zɿ²¹
定埠	lɿ³²⁴	tɕɿ⁵⁵	tɕʰɿ⁵⁵	zɿ³²⁴	ɕɿ⁴⁵	ɕɿ³²	tsæ̃⁵⁵	tsʰæ̃³²⁴

	战	扇	善	燃	件	谚	延	演
	山开三去线章	山开三去线书	山开三上狝禅	山开三平仙日	山开三上狝群	山开三去线疑	山开三平仙以	山开三上狝以
淳溪	tɕɪ³⁵	ɕɪ³⁵	ʑɪ¹⁴	ʑɪ²²	ʑɪ¹⁴	nɪ²²	ɪ²²	iŋ⁵⁵
砖墙	tɕɪ⁴³⁵	ɕɪ⁴³⁵	ʑɪ²⁴	ʑɪ³¹	ʑɪ²⁴	ie³¹	ɪ³¹	iŋ⁵⁵
桠溪	tɕɪ³²	ɕɪ³²	ɕɪ⁵²	ɦɪ²¹³	tɕɪ⁵²	nɪ³²	ɦɪ²¹³	in²¹³
东坝	tɕɪ⁴³⁵	ɕɪ⁴³⁵	ʑɪ²⁴	ɦɪ²¹	ʑɪ²⁴	ɦɪ²¹	ɦɪ²¹	in⁴²
定埠	tsæ̃³²	ɕɪ³²	sæ̃⁵²	ʑæ̃³²⁴	tɕɪ⁵²	ɪ³²	ɪ³²⁴	ɪ⁴⁵

	鳖	灭	列	撤	舌	设	热	杰
	山开三入薛帮	山开三入薛明	山开三入薛来	山开三入薛彻	山开三入薛船	山开三入薛书	山开三入薛日	山开三入薛群
淳溪	pieʔ³²	mie¹³	nie¹³	tsʰəʔ³²	zə¹³	səʔ³²	nie¹³	zie¹³
砖墙	pieʔ⁵²	mieʔ³¹	lieʔ³¹	tsʰəʔ⁵²	zəʔ³¹	səʔ⁵²	nieʔ³¹	zieʔ³¹
桠溪	pieʔ⁵⁵	mie⁴²	lie⁴²	tsʰəʔ⁵⁵	səʔ⁴²	səʔ⁵⁵	nie⁴²	tɕieʔ⁴²
东坝	pieʔ³¹	mie¹³	lie¹³	tsʰəʔ³¹	zə¹³	səʔ³¹	nie¹³	zie¹³
定埠	pieʔ⁵⁴	mieʔ⁴¹	lieʔ⁴¹	tsʰəʔ⁴¹	səʔ⁴¹	səʔ⁵⁴	nieʔ⁴¹	tɕieʔ⁴¹

	孽	建	言	歇	边	扁	片	典
	山开三入薛疑	山开三去愿见	山开三平元疑	山开三入月晓	山开四平先帮	山开四上铣帮	山开四去霰滂	山开四上铣端
淳溪	nie¹³	tɕɪ³⁵	ɪ²²	ɕieʔ³²	pɪ⁵⁵	pɪ³³	pʰɪ³⁵	tɪ³³
砖墙	nieʔ³¹	tɕɪ⁴³⁵	ɪ³¹	ɕieʔ⁵²	pɪ⁵⁵	pɪ⁴³⁵	pʰɪ⁴³⁵	tɪ⁴³⁵
桠溪	nieʔ⁴²	tɕɪ³²	ɦɪ²¹³	ɕieʔ⁵⁵	pɪ⁴⁵	pɪ⁵⁵	pʰɪ³²	tɪ⁵⁵
东坝	nie¹³	tɕɪ⁴³⁵	ɦɪ²¹	ɕieʔ³¹	pɪ⁵⁵	pɪ⁴²	pʰɪ⁴³⁵	tɪ⁴²
定埠	nieʔ⁴¹	tɕɪ³²	ɪ³²⁴	ɕieʔ⁵⁴	pɪ⁴⁵	pɪ⁵⁵	pʰɪ³²	tɪ⁵⁵

	天	田	垫	年	莲	前	先	肩
	山开四平先透	山开四平先定	山开四去霰定	山开四平先泥	山开四平先来	山开四平先从	山开四平先心	山开四平先见
淳溪	tʰɪ⁵⁵	dɪ²²	dɪ¹⁴	nɪ²²	nɪ²²	zɪ²²	ɕɪ⁵⁵	tɕɪ⁵⁵
砖墙	tʰɪ⁵⁵	tʰɪ³¹	tʰɪ²⁴	nɪ³¹	lɪ³¹	zɪ³¹	ɕɪ⁵⁵	tɕɪ⁵⁵
桠溪	tʰɪ⁴⁵	dɪ²¹³	tɪ⁵²	nɪ²¹³	lɪ²¹³	zɪ²¹³	ɕɪ⁴⁵	tɕɪ⁴⁵
东坝	tʰɪ⁵⁵	dɪ²¹	dɪ²⁴	nɪ²¹	lɪ²¹	zɪ²¹	ɕɪ⁵⁵	tɕɪ⁵⁵
定埠	tʰɪ⁴⁵	dɪ³²⁴	tɪ⁵²	nɪ³²⁴	lɪ³²⁴	zɪ³²⁴	ɕɪ⁴⁵	tɕɪ⁴⁵

	见	牵	显	现	烟	跌	憋	篾
	山开四 去霰见	山开四 平先溪	山开四 上铣晓	山开四 去霰匣	山开四 平先影	山开四 入屑定	山开四 入屑帮	山开四 入屑明
淳溪	tɕɪ³⁵	tɕʰɪ⁵⁵	ɕɪ³³	zɪ¹⁴	ɪ⁵⁵	tieʔ³²	pieʔ³²	mie¹³
砖墙	tɕɪ⁴³⁵	tɕʰɪ⁵⁵	ɕɪ⁴³⁵	zɪ²⁴	ɪ⁵⁵	tieʔ⁵²	pieʔ⁵²	mieʔ³¹
桠溪	tɕɪ³²	tɕʰɪ⁴⁵	ɕɪ³²	ɕɪ⁵²	ɪ⁴⁵	tieʔ⁵⁵	pieʔ⁵⁵	mieʔ⁴²
东坝	tɕɪ⁴³⁵	tɕʰɪ⁵⁵	ɕɪ⁴²	zɪ²⁴	ɪ⁵⁵	tieʔ³¹	pieʔ³¹	mie¹³
定埠	tɕɪ³²	tɕʰɪ⁴⁵	ɕɪ⁵⁵	ɕɪ⁵²	ɪ⁴⁵	tieʔ⁵⁴	pieʔ⁵⁴	mieʔ⁴¹

	铁	捏	节	切	结	般	搬	半
	山开四 入屑透	山开四 入屑泥	山开四 入屑精	山开四 入屑清	山开四 入屑见	山合一 平桓帮	山合一 平桓帮	山合一 去换帮
淳溪	tʰieʔ³²	nie¹³	tɕieʔ³²	tɕʰieʔ³²	tɕieʔ³²	pie⁵⁵	pʊ⁵⁵	pʊ³⁵
砖墙	tʰieʔ⁵²	nieʔ³¹	tɕieʔ⁵²	tɕʰieʔ⁵²	tɕieʔ⁵²	pie⁵⁵	pʊ⁵⁵	pʊ⁴³⁵
桠溪	tʰieʔ⁵⁵	nieʔ⁴²	tɕieʔ⁵⁵	tɕʰieʔ⁵⁵	tɕieʔ⁵⁵	pɛ⁴⁵	pʊ⁴⁵	pʊ³²
东坝	tʰieʔ³¹	nie¹³	tɕieʔ³¹	tɕʰieʔ³¹	tɕieʔ³¹	pie⁵⁵	pʊ⁵⁵	pʊ⁴³⁵
定埠	tʰieʔ⁴¹	nieʔ⁴¹	tɕieʔ⁵⁴	tɕʰieʔ⁴¹	tɕieʔ⁵⁴	pæ̃⁴⁵	pʊ⁴⁵	pʊ³²

	判	盘	满	漫	端	短	断	团
	山合一 去换滂	山合一 平桓並	山合一 上缓明	山合一 去换明	山合一 平桓端	山合一 上缓端	山合一 去换端	山合一 平桓定
淳溪	pʰʊ³⁵	bʊ²²	mʊ⁵⁵	mie³⁵	tʏ⁵⁵	tʏ³³	tʏ³⁵	dʏ²²
砖墙	pʰʊ⁴³⁵	βʰʊ³¹	mʊ⁵⁵	mie⁴³⁵	tʏ⁵⁵	tʏ⁴³⁵	tʏ⁴³⁵	tʰʏ³¹
桠溪	pʰʊ³²	bʊ²¹³	mʊ⁴⁵	mɛ³²	tei⁴⁵	tei⁵⁵	tei⁵²	dei²¹³
东坝	pʰʊ⁴³⁵	bʊ²¹	mʊ⁵⁵	mie⁴³⁵	təi⁵⁵	təi⁴²	təi⁴³⁵	dəi²¹
定埠	pʰʊ³²	bʊ³²⁴	mʊ⁴⁵	mæ̃³²	tei⁴⁵	tei⁵⁵	tei⁵²	dei³²⁴

	暖	乱	酸	官	宽	欢	完	换
	山合一 上缓泥	山合一 去换来	山合一 平桓心	山合一 平桓见	山合一 平桓溪	山合一 平桓晓	山合一 平桓匣	山合一 去换匣
淳溪	nʏ⁵⁵	nʏ³⁵	ɕʏ⁵⁵	ku⁵⁵	kʰʊ⁵⁵	hʊ⁵⁵	ʊ²²	ʊ¹⁴
砖墙	nʏ⁵⁵	lʏ⁴³⁵	ɕʏ⁵⁵	ku⁵⁵	kʰʊ⁵⁵	hʊ⁵⁵	ʊ³¹	ʊ⁴³⁵
桠溪	nei⁴⁵	lei³²	sei⁴⁵	ku⁴⁵	kʰʊ⁴⁵	hʊ⁴⁵	ɦʊ²¹³	hʊ³²
东坝	nəi⁵⁵	lʊ⁵⁵	səi⁵⁵	ku⁵⁵	kʰʊ⁵⁵	hʊ⁵⁵	ɦʊ²¹	ɦʊ²⁴
定埠	nei⁴⁵	luei³²	suei⁴⁵	ku⁴⁵	kʰʊ⁴⁵	hʊ⁴⁵	ʊ³²⁴	hʊ⁵²

	碗	拨	泼	末	脱	夺	阔	活
	山合一上缓影	山合一入末帮	山合一入末滂	山合一入末明	山合一入末透	山合一入末定	山合一入末溪	山合一入末匣
淳溪	ʊ³³	paʔ³²	pʰaʔ³²	ma¹³	tʰəʔ³²	da¹³	kʰua²³²	ua¹³
砖墙	ʊ⁴³⁵	paʔ⁵²	pʰaʔ⁵²	ma³¹	tʰəʔ⁵²	ɦaʔ³¹	kʰuaʔ⁵²	uəʔ³¹
桠溪	ʊ⁵⁵	pəʔ⁴²	pʰəʔ⁵⁵	məʔ⁴²	tʰəʔ⁵⁵	təʔ⁴²	kʰuaʔ⁵⁵	uəʔ⁴²
东坝	ʊ⁴²	paʔ³¹	pʰaʔ³¹	ma¹³	tʰəʔ³¹	da¹³	kʰuaʔ³¹	ɦua¹³
定埠	ʊ⁵⁵	pəʔ⁵⁴	pʰəʔ⁴¹	məʔ⁴¹	tʰəʔ⁴¹	təʔ⁴¹	kʰuæʔ⁴¹	uəʔ⁴¹

	顽	滑	闩	关	惯	还~有	弯	刷
	山合二平山疑	山合二入黠匣	山合二平删生	山合二平删见	山合二去谏见	山合二平删匣	山合二平删影	山合二入鎋生
淳溪	uã²²	ua¹³	ɕʏ⁵⁵	tɕye⁵⁵	tɕye³⁵	uɛ²²	ye⁵⁵	suaʔ³²
砖墙	uaŋ³¹	uaʔ³¹	ɕʏ⁵⁵	tɕye⁵⁵	tɕye⁴³⁵	ɦiã³¹	ye⁵⁵	suaʔ⁵²
桠溪	uɛ²¹³	uaʔ⁴²	suei⁴⁵	kuɛ⁴⁵	kuɛ³²	ɦia²¹³	uɛ⁴⁵	suaʔ⁵⁵
东坝	uɛ²¹	ɦua¹³	ɕʏ⁵⁵	kye⁵⁵	kye⁴³⁵	ɦiɛ³¹	ye⁵⁵	suaʔ³¹
定埠	uæ̃³²⁴	uæʔ⁴¹	suei⁴⁵	kuæ⁴⁵	kuæ³²	uæ̃³²⁴	uæ⁴⁵	suæʔ⁵⁴

	刮	全	选	转~眼	传~播	砖	船	软
	山合二入鎋见	山合三平仙从	山合三上狝心	山合三上狝知	山合三平仙澄	山合三平仙章	山合三平仙船	山合三上狝日
淳溪	kuaʔ³²	ʑɪ²²	ɕɪ³³	tɕʏ³³	ʑʏ²²	tɕʏ⁵⁵	ʑʏ²²	nʏ⁵⁵
砖墙	kuaʔ⁵²	ʑɪ³¹	ɕɪ⁴³⁵	tɕʏ⁴³⁵	ʑʏ³¹	tɕʏ⁵⁵	ʑʏ³¹	nʏ⁵⁵
桠溪	kuaʔ⁵⁵	ʑɪ²¹³	ɕɪ⁵⁵	tsuei⁵⁵	dzuei²¹³	tsuei⁴⁵	zuei²¹³	niu⁴⁵
东坝	kuaʔ³¹	ʑɪ²¹	ɕɪ⁴²	tsuəi⁴²	zuəi²¹	tsuəi⁵⁵	ʑʏ²¹	nʏ⁵⁵
定埠	kuæʔ⁵⁴	ʑɪ³²⁴	ɕɪ⁵⁵	tsuei⁵⁵	dzuei³²⁴	tsuei⁴⁵	zuei³²⁴	nʏ⁴⁵

	卷	拳	权	圆	院	铅	绝	雪
	山合三上狝见	山合三平仙群	山合三平仙群	山合三平仙云	山合三去线云	山合三平仙以	山合三入薛从	山合三入薛心
淳溪	tɕʏ³³	ʑʏ²²	ʑʏ²²	ʏ²²	ʏ³⁵	tɕʰie⁵⁵	ʑie¹³	ɕieʔ³²
砖墙	tɕʏ⁴³⁵	ʑʏ³¹	ʑʏ³¹	ʏ³¹	ʏ⁴³⁵	kʰie⁵⁵	ʑieʔ³¹/tɕyeʔ⁵²	ɕieʔ⁵²
桠溪	tsuei⁵⁵	dzuei²¹³	dzuei²¹³	ɦiu²¹³	iu³²	kʰɛ⁴⁵	ɕieʔ⁴²	ɕieʔ⁵⁵
东坝	tɕʏ⁴²	ʑʏ²¹	zuei²¹	ɦiʏ²¹	ʏ⁴³⁵	kʰɛ⁵⁵	ʑie¹³	ɕieʔ³¹
定埠	tsuei³²	dzuei³²⁴	dzuei³²⁴	ʏ³²⁴	ʏ³²	kʰæ̃³²⁴	tɕyeʔ⁴¹	ɕieʔ⁵⁴

	阅	反	饭	翻	晚	挽	万	劝
	山合三入薛以	山合三上阮非	山合三去愿奉	山合三平元敷	山合三上阮微	山合三上阮微	山合三去愿微	山合三去愿溪
淳溪	yɛ¹³	çye³³	bie¹⁴	çye⁵⁵	mie⁵⁵	ye⁵⁵	bie³⁵	tɕʰY³⁵
砖墙	yeʔ³¹	çye⁴³⁵	βʰieʔ²⁴/ʑye²⁴	çye⁵⁵	mie⁵⁵	ye⁵⁵	βʰie²⁴/ʑye²⁴	tɕʰY⁴³⁵
桠溪	yəʔ⁴²	fɛ⁵⁵	fɛ⁵²	fɛ⁴⁵	mɛ⁴⁵	uɛ⁴⁵	fɛ⁵²	tsʰuei³²
东坝	ɦiyɛ¹³	fɛ⁴²	bie²⁴	fɛ⁵⁵	mie⁵⁵	uei⁴²	bie²⁴	tsʰuei⁴³⁵
定埠	yeʔ⁴¹	fæ⁵⁵	fæ⁵²	fæ⁴⁵	mæ⁴⁵	uæ⁴⁵	uæ⁵²	tsʰuei³²

	原	冤	远	发	罚	袜	月	越
	山合三平元疑	山合三平元影	山合三上阮云	山合三入月非	山合三入月奉	山合三入月微	山合三入月疑	山合三入月云
淳溪	Y²²	Y⁵⁵	Y⁵⁵	faʔ³²	ba¹³	ma¹³	yɛ¹³	yɛ¹³
砖墙	Y³¹	Y⁵⁵	Y⁵⁵	faʔ⁵²	βʰaʔ³¹	maʔ³¹	yeʔ³¹	yeʔ³¹
桠溪	ɦiu²¹³	iu⁴⁵	iu⁴⁵	faʔ⁵⁵	faʔ⁴²	maʔ⁴²	nyəʔ⁴²	yəʔ⁴²
东坝	ɦiY²¹	Y⁵⁵	Y⁵⁵	faʔ³¹	ba¹³	ma¹³	ɦiyɛ¹³	ɦiyɛ¹³
定埠	Y³²⁴	Y⁴⁵	Y⁴⁵	fæʔ⁵⁴	fæʔ⁴¹	mæʔ⁴¹	nyəʔ⁴¹	yəʔ⁴¹

	县	决	缺	血	穴	吞	根	恨
	山合四去霰匣	山合四入屑见	山合四入屑溪	山合四入屑晓	山合四入屑匣	臻开一平痕透	臻开一平痕见	臻开一去恨匣
淳溪	ʑɪ¹⁴	tɕyeʔ³²	tɕʰyeʔ³²	çyeʔ³²	ʑye¹³	tʰəŋ⁵⁵	kəŋ⁵⁵	ɦiəŋ¹⁴
砖墙	ʑɪ²⁴	tɕyeʔ⁵²	tɕʰyeʔ⁵²	çyeʔ⁵²	ʑieʔ³¹	tʰəŋ⁵⁵	kəŋ⁵⁵	ɦiəŋ²⁴
桠溪	çɪ⁵²	tsuəʔ⁵⁵	tsʰuəʔ⁵⁵	suəʔ⁵⁵	suəʔ⁵⁵	tʰən⁴⁵	kən⁴⁵	ɦən⁵²
东坝	ʑɪ²⁴	tsuəʔ³¹	tsʰuəʔ³¹	suəʔ³¹	zuə¹³	tʰən⁵⁵	kən⁵⁵	ɦiən²⁴
定埠	çɪ⁵²	tɕyəʔ⁵⁴	tsʰuəʔ⁴¹	suəʔ⁵⁴	suəʔ⁴¹	tʰən⁴⁵	kən⁴⁵	ɦən⁵²

	恩	宾	贫	民	邻	进	新	镇
	臻开一平痕影	臻开三平真帮	臻开三平真並	臻开三平真明	臻开三平真来	臻开三去震精	臻开三平真心	臻开三去震知
淳溪	ŋ̍⁵⁵	piŋ⁵⁵	biŋ²²	miŋ²²	niŋ²²	tɕiŋ³⁵	çiŋ⁵⁵	tsəŋ³⁵
砖墙	ŋ̍⁵⁵	piŋ⁵⁵	βʰiŋ³¹	miŋ³¹	liŋ³¹	tɕiŋ⁴³⁵	çiŋ⁵⁵	tsəŋ⁴³⁵
桠溪	ən⁴⁵	pin⁴⁵	bin²¹³	min²¹³	lin²¹³	tɕin³²	çin⁴⁵	tsən³²
东坝	ən⁵⁵	pin⁵⁵	bin²¹	min²¹	lin²¹	tɕin⁴³⁵	çin⁵⁵	tsən⁴³⁵
定埠	ən⁴⁵	pin⁴⁵	bin³²⁴	min³²⁴	lin³²⁴	tɕin³²	çin⁴⁵	tsən³²

	陈	真	震	神	身	辰	人	认
	臻开三 平真澄	臻开三 平真章	臻开三 去震章	臻开三 平真船	臻开三 平真书	臻开三 平真禅	臻开三 平真日	臻开三 去震日
淳溪	zəŋ²²	tsəŋ⁵⁵	tsəŋ³⁵	zəŋ²²	səŋ⁵⁵	zəŋ²²	nin²²/zəŋ²²	nin¹⁴/zəŋ¹⁴
砖墙	zəŋ³¹	tsəŋ⁵⁵	tsəŋ⁴³⁵	zəŋ³¹	səŋ⁵⁵	zəŋ³¹	nin³¹/zəŋ³¹	nin²⁴/zəŋ²⁴
桠溪	dzən²¹³	tsən⁴⁵	tsən³²	dzən²¹³	sən⁴⁵	dzən²¹³	nin²¹³/ɳeʅ²¹³	nin⁵²/ɳeʅ⁵²
东坝	zən²¹	tsən⁵⁵	tsən⁴³⁵	zən²¹	sən⁵⁵	zən²¹	nin²¹/zən²¹	nin²⁴/zən²⁴
定埠	dzən³²⁴	tsən⁴⁵	tsən³²	zən³²⁴	sən⁴⁵	zən³²⁴	nin³²⁴/ɳeʅ³²⁴	nin³²/ɳeʅ³²

	紧	银	印	引	笔	匹	密
	臻开三 上轸见	臻开三 平真疑	臻开三 去震影	臻开三 上轸以	臻开三 入质帮	臻开三 入质滂	臻开三 入质明
淳溪	tɕin³³	nin²²	in³⁵	in⁵⁵	pieʔ³²	pʰieʔ³²	mie¹³
砖墙	tɕin⁴³⁵	nin³¹	in⁴³⁵	in⁵⁵	pieʔ⁵²	pʰieʔ⁵²	mie³¹
桠溪	tɕin⁵⁵	nin²¹³	in³²	in⁴⁵	pieʔ⁵⁵	pʰieʔ⁵⁵	mieɛʔ⁴²
东坝	tɕin⁴²	nin²¹	in⁴³⁵	in⁵⁵	pieʔ³¹	pʰieʔ³¹	mie¹³
定埠	tɕin⁵⁵	nin³²⁴	in³²	in⁴⁵	pieʔ⁵⁴	pʰieʔ⁴¹	mieʔ⁴¹

	栗	七	侄	实	失	日	吉	一
	臻开三 入质来	臻开三 入质清	臻开三 入质澄	臻开三 入质船	臻开三 入质书	臻开三 入质日	臻开三 入质见	臻开三 入质影
淳溪	nie¹³	tɕʰieʔ³²	zəʔ¹³	zəʔ¹³	səʔ³²	nieɛʔ¹³/zəʔ¹³	tɕieɛʔ³²	ieɛʔ³²
砖墙	lieʔ³¹	tɕʰieʔ⁵²	zəʔ³¹	zəʔ³¹	səʔ⁵²	nieɛʔ³¹/zəʔ³¹	tɕieʔ³¹	ieʔ⁵²
桠溪	lieʔ⁴²	tɕʰieʔ⁵⁵	tsəʔ⁴²	səʔ⁴²	səʔ⁵⁵	nieɛʔ⁴²/səʔ⁴²	tɕieɛʔ⁵⁵	ieʔ⁴²
东坝	lie¹³	tɕʰieʔ³¹	zəʔ¹³	zəʔ¹³	səʔ³¹	nieɛʔ¹³/zəʔ¹³	tɕieʔ³¹	ɦie¹³
定埠	lieʔ⁴¹	tɕʰieʔ⁴¹	tsəʔ⁴¹	səʔ⁴¹	səʔ⁵⁴	nieɛʔ⁴¹/səʔ⁴¹	tɕieʔ⁵⁴	ieʔ⁵⁴

	斤	劲	勤	近	隐	本	盆	门
	臻开三 平殷见	臻开三 去焮见	臻开三 平殷群	臻开三 上隐群	臻开三 上隐影	臻合一 上混帮	臻合一 平魂并	臻合一 平魂明
淳溪	tɕiŋ⁵⁵	tɕiŋ³⁵	ʑiŋ²²	ʑiŋ¹⁴	iŋ³³	pən³³	bən²²	mən²²
砖墙	tɕin⁵⁵	tɕin⁴³⁵	ʑin³¹	ʑin²⁴	in⁴³⁵	pən⁴³⁵	βʰən³¹	mən³¹
桠溪	tɕin⁴⁵	tɕin³²	dʑin²¹³	tɕin⁵²	in⁵⁵	pən⁵⁵	bən²¹³	mən²¹³
东坝	tɕin⁵⁵	tɕin⁴³⁵	ʑin²¹	ʑin²⁴	in⁴²	pən⁴²	bən²¹	mən²¹
定埠	tɕin⁴⁵	tɕin³²	dʑin³²⁴	tɕin⁵²	in⁵⁵	pən⁵⁵	bən³²⁴	mən³²⁴

	墩	嫩	村	寸	孙	滚	困	婚
	臻合一平魂端	臻合一去恩泥	臻合一平魂清	臻合一去恩清	臻合一平魂心	臻合一上混见	臻合一去恩溪	臻合一平魂晓
淳溪	təŋ⁵⁵	nəŋ³⁵	tsʰəŋ⁵⁵	tsʰəŋ³⁵	səŋ⁵⁵	kuəŋ³³	kʰuəŋ³⁵	fəŋ⁵⁵
砖墙	təŋ⁵⁵	nəŋ⁴³⁵	tsʰəŋ⁵⁵	tsʰəŋ⁴³⁵	səŋ⁵⁵	kuəŋ⁴³⁵	kʰuəŋ⁴³⁵	fəŋ⁵⁵
桠溪	tən⁴⁵	nən³²	tsʰən⁴⁵	tsʰən³²	sən⁴⁵	kuən⁵⁵	kʰuən³²	fən⁴⁵
东坝	tən⁵⁵	nən⁴³⁵	tsʰən⁵⁵	tsʰən⁴³⁵	sən⁵⁵	kuən⁴²	kʰuən⁴³⁵	fən⁵⁵
定埠	tən⁴⁵	nən³²	tsʰən⁴⁵	tsʰən³²	sən⁴⁵	kuən⁵⁵	kʰuən³²	fən⁴⁵

	魂	温	骨	轮	俊	笋	巡	准
	臻合一平魂匣	臻合一平魂影	臻合一入没见	臻合三平谆来	臻合三去稕精	臻合三上准心	臻合三平谆邪	臻合三上准章
淳溪	uəŋ²²	uəŋ⁵⁵	kuəʔ³²	nəŋ²²	tɕyŋ³⁵	səŋ³³	ʑiŋ²²	tsuəŋ³³
砖墙	uəŋ³¹	uəŋ⁵⁵	kuəʔ⁵²	ləŋ³¹	tɕyŋ⁴³⁵	səŋ⁴³⁵	ʑyŋ³¹	tɕyŋ⁴³⁵
桠溪	ɦuən²¹³	uən⁴⁵	kuəʔ⁵⁵	nən²¹³	tɕin³²	sən⁵⁵	ʑin²¹³	tsuən⁵⁵
东坝	ɦuən²¹	uən⁵⁵	kuəʔ³¹	nən²¹	tɕyn⁴³⁵	sən⁴²	ʑin²¹	tsuən⁴²
定埠	uən³²⁴	uən⁴⁵	kuəʔ⁵⁴	nən³²⁴	tɕyn⁴⁵	sən⁵⁵	ʑyn³²⁴	tɕyn⁵⁵

	春	唇	顺	纯	闰	均	匀	律
	臻合三平谆昌	臻合三平谆船	臻合三去稕船	臻合三平谆禅	臻合三去稕日	臻合三平谆见	臻合三平谆以	臻合三入术来
淳溪	tsʰuəŋ⁵⁵	zəŋ²²	zuəŋ¹⁴	zuəŋ²²	zuəŋ³⁵	tɕyŋ⁵⁵	yŋ²²	niɛ¹³
砖墙	tsʰuəŋ⁵⁵	zəŋ³¹	zuəŋ²⁴	zuəŋ³¹	zuəŋ²⁴	tɕyŋ⁵⁵	yŋ³¹	liɛʔ³¹
桠溪	tsʰuən⁴⁵	zuən²¹³	suən⁵²	zuən²¹³	suən⁵²	tsuən⁴⁵	zuən²¹³	liɛʔ⁴²
东坝	tsʰuən⁵⁵	zən²¹	zuən²⁴	zuən²¹	zuən²⁴	tsuən⁵⁵	ɦyn²⁴	liɛ¹³
定埠	tɕʰyn⁴⁵	zən³²⁴	ɕyn⁵²	ʑyn³²⁴	ɕyn³²	tɕyn⁴⁵	yn³²⁴	liɛʔ⁴¹

	卒兵~	出	橘	分	粉	坟	蚊	问
	臻合三入术精	臻合三入术昌	臻合三入术见	臻合三平文非	臻合三上吻非	臻合三平文奉	臻合三平文微	臻合三去问微
淳溪	tsəʔ³²	tsʰuəʔ³²	tɕyɛʔ³²	fəŋ⁵⁵	fəŋ³³	bəŋ²²	bəŋ²²	bəŋ³⁵
砖墙	tsəʔ⁵²	tsʰuəʔ⁵²	tɕyeʔ⁵²	fəŋ⁵⁵	fəŋ⁴³⁵	βʰəŋ³¹	βʰəŋ³¹	βʰəŋ²⁴
桠溪	tsəʔ⁵⁵	tsʰuəʔ⁵⁵	tsuəʔ⁵⁵	fən⁴⁵	fən⁵⁵	fən²¹³	fən²¹³	fən⁵²
东坝	tsəʔ³¹	tsʰuəʔ³¹	tsuəʔ³¹	fən⁵⁵	fən⁴²	bən²¹	bən²¹	bən²⁴
定埠	tsəʔ⁵⁴	tsʰuəʔ⁴¹	tsuəʔ⁵⁴	fən⁴⁵	fən⁵⁵	uən³²⁴	uən³²⁴	uən⁵²

	军	群	熏	云	佛	物	帮	旁
	臻合三平文见	臻合三平文群	臻合三平文晓	臻合三平文云	臻合三入物奉	臻合三入物微	宕开一平唐帮	宕开一平唐并
淳溪	tɕyŋ⁵⁵	ʑyŋ²²	ɕyŋ⁵⁵	yŋ²²	bə¹³	bə¹³	pã⁵⁵	bã²²
砖墙	tɕyŋ⁵⁵	ʑyŋ³¹	ɕyŋ⁵⁵	yŋ³¹	βʰəʔ³¹	uəʔ³¹	paŋ⁵⁵	βʰaŋ³¹
桠溪	tsuən⁴⁵	dzuən²¹³	suən⁴⁵	zuən²¹³	fəʔ⁴²	fəʔ⁴²	pã⁴⁵	bã²¹³
东坝	tsuən⁵⁵	zuən²¹	suən⁵⁵	ɦiyn²¹	bə¹³	ɦuə¹³	pã⁵⁵	bã²¹
定埠	tɕyn⁴⁵	dʑyn³²⁴	ɕyn⁴⁵	yn³²⁴	fəʔ⁴¹	uəʔ⁴¹	pã⁴⁵	bã³²⁴

	忙	党	汤	糖	狼	仓	桑	钢
	宕开一平唐明	宕开一上荡端	宕开一平唐透	宕开一平唐定	宕开一平唐来	宕开一平唐清	宕开一平唐心	宕开一平唐见
淳溪	mã²²	tã³³	tʰã⁵⁵	dã²²	lã²²	tsʰã⁵⁵	sã⁵⁵	kã⁵⁵
砖墙	maŋ³¹	taŋ⁴³⁵	tʰaŋ⁵⁵	rʰaŋ³¹	laŋ³¹	tsʰaŋ⁵⁵	saŋ⁵⁵	kaŋ⁵⁵
桠溪	mã²¹³	tã⁵⁵	tʰã⁴⁵	dã²¹³	lã²¹³	tsʰã⁴⁵	sã⁴⁵	kã⁴⁵
东坝	mã²¹	tã⁴²	tʰã⁵⁵	dã²¹	lã²¹	tsʰã⁵⁵	sã⁵⁵	kã⁵⁵
定埠	mã³²⁴	tã⁵⁵	tʰã⁴⁵	dã³²⁴	lã³²⁴	tsʰã⁴⁵	sã⁴⁵	kã⁴⁵

	糠	杭	薄～荷	摸	托	落	作	索
	宕开一平唐溪	宕开一平唐匣	宕开一入铎并	宕开一入铎明	宕开一入铎透	宕开一入铎来	宕开一入铎精	宕开一入铎心
淳溪	kʰã⁵⁵	ɦfã²²	ba¹³	mʊ⁵⁵	tʰaʔ³²	la¹³	tsaʔ³²	suaʔ³²
砖墙	kʰaŋ⁵⁵	ɦfaŋ³¹	βʰəʔ³¹	mʊ⁵⁵	tʰaʔ⁵²	laʔ³¹	tsaʔ⁵²	suaʔ⁵²/suəʔ⁵²
桠溪	kʰã⁵⁵	ɦfã²¹³	pəʔ⁴²	mʊ⁴⁵	tʰəʔ⁵⁵	ləʔ⁴²	tsəʔ⁵⁵	səʔ⁵⁵
东坝	kʰã⁴⁵	ɦfã²¹	ba¹³	mʊ⁵⁵	tʰaʔ³¹	la¹³	tsaʔ³¹	səʔ³¹
定埠	kʰã⁴⁵	hã³²⁴	pəʔ⁴¹	mʊ⁴⁵	tʰəʔ⁴¹	ləʔ⁴¹	tsəʔ⁵⁴	suəʔ⁵⁴

	各	鹤	娘	亮	浆	抢	墙	匠
	宕开一入铎见	宕开一入铎匣	宕开三平阳泥	宕开三去漾来	宕开三平阳精	宕开三上养清	宕开三平阳从	宕开三去漾从
淳溪	kuaʔ³²	ɦfiua¹³	niã²²	niã³⁵	tɕiã⁵⁵	tɕʰiã³³	ʑiã²²	iã¹⁴
砖墙	kuaʔ⁵²	faʔ³¹/ɦfiaʔ³¹	niaŋ³¹	liaŋ⁴³⁵	tɕiaŋ⁵⁵	tɕʰiaŋ⁴³⁵	ʑiaŋ³¹	ʑiaŋ²⁴
桠溪	kəʔ⁵⁵	həʔ⁴²	nie²¹³	nie³²	tɕiɛ⁴⁵	tɕʰiɛ⁵⁵	ʑiɛ²¹³	iɛ³²
东坝	kaʔ³¹	ɦfia¹³	niã²¹	liã⁴³⁵	tɕiã⁴³⁵	tɕʰiã⁴²	ʑiã²¹	ʑiã²⁴
定埠	kəʔ⁵⁴	həʔ⁴¹	niæ³²⁴	liæ³²	tɕiæ⁴⁵	tɕʰiæ⁵⁵	ʑiæ³²⁴	iæ⁵²

	想	详	像	张	长~短	装	壮	疮
	宕开三上养心	宕开三平阳邪	宕开三上养邪	宕开三平阳知	宕开三平阳澄	宕开三平阳庄	宕开三去漾庄	宕开三平阳初
淳溪	ɕiã³³	ziã²²	ziã¹⁴	tsã⁵⁵	zã²²	tsuã⁵⁵	tsuã³⁵	tsʰuã⁵⁵
砖墙	ɕiaŋ⁴³⁵	ziaŋ³¹	ziaŋ²⁴	tsaŋ⁵⁵	zaŋ³¹	tsuaŋ⁵⁵	tsuaŋ⁴³⁵	tsʰuaŋ⁵⁵
桠溪	ɕie⁵⁵	zie⁴⁵	ɕie⁵²	tɕie⁴⁵	dʑie²¹³	tsuã⁴⁵	tsuã³²	tsʰuã⁴⁵
东坝	ɕiã⁴²	ziã²¹	ziã²⁴	tsã⁵⁵	zã²¹	tsuã⁵⁵	tsuã⁴³⁵	tsuã⁴³⁵
定埠	ɕiæ̃⁵⁵	ziæ̃³²⁴	ɕiæ̃⁵²	tɕiæ̃⁴⁵	dʑiæ̃³²⁴	tsuã⁴⁵	tsuã³²	tsʰuã⁴⁵

	床	霜	章	唱	伤	常	尝	上
	宕开三平阳崇	宕开三平阳生	宕开三平阳章	宕开三去漾昌	宕开三平阳书	宕开三平阳禅	宕开三平阳禅	宕开三上养禅
淳溪	zuã²²	suã⁵⁵	tsã⁵⁵	tsʰã³⁵	sã⁵⁵	zã²²	zã²²	niã¹⁴/zã¹⁴
砖墙	zuaŋ³¹	suaŋ⁵⁵	tsaŋ⁵⁵	tsʰaŋ⁴³⁵	saŋ⁵⁵	zaŋ³¹	zaŋ³¹	niaŋ²⁴/zaŋ²⁴
桠溪	zuã²¹³	suã⁴⁵	tɕie⁴⁵	tɕʰie³²	ɕie⁴⁵	dʑie²¹³	zie²¹³	nie⁵²/ɕie⁵²
东坝	zuã²¹	suã⁵⁵	tsã⁵⁵	tsʰã⁴³⁵	sã⁵⁵	zã²¹	zã²¹	niã²⁴/zã²⁴
定埠	zuã³²⁴	suã⁴⁵	tɕiæ̃⁴⁵	tɕʰiæ̃³²	ɕiæ̃⁴⁵	zæ̃³²⁴	zæ̃³²⁴	niæ̃⁵²/ɕiæ̃⁵²

	让	姜	强	香	响	秧	羊	样
	宕开三去漾日	宕开三平阳见	宕开三平阳群	宕开三平阳晓	宕开三上养晓	宕开三平阳影	宕开三平阳以	宕开三去漾以
淳溪	zã³⁵	tɕiã⁵⁵	ziã²²	ɕiã⁵⁵	ɕiã³³	iã⁵⁵	iã²²	iã³⁵
砖墙	zaŋ²⁴	tɕiaŋ⁵⁵	ziaŋ³¹	ɕiaŋ⁵⁵	ɕiaŋ⁴³⁵	iaŋ⁵⁵	iaŋ³¹	iaŋ⁴³⁵
桠溪	nie³²	tɕie⁴⁵	dʑie²¹³	ɕie⁴⁵	ɕie⁵⁵	ie⁴⁵	ɦie²¹³	ie³²
东坝	niã²⁴	tɕiã⁴⁵	ziã²¹	ɕiã⁵⁵	ɕiã⁴²	iã⁵⁵	ɦiã²¹	iã⁴³⁵
定埠	niæ̃³²	tɕiæ̃⁴⁵	dʑiæ̃³²⁴	ɕiæ̃⁴⁵	ɕiæ̃⁵⁵	iæ̃⁴⁵	iæ̃³²⁴	iæ̃³²

	掠	雀	削	勺	弱	脚	约	药
	宕开三入药来	宕开三入药精	宕开三入药心	宕开三入药禅	宕开三入药日	宕开三入药见	宕开三入药影	宕开三入药以
淳溪	nia¹³	tɕʰiaʔ³²	ɕiaʔ³²	zaʔ¹³	zaʔ¹³	tɕiaʔ³²	iaʔ³²	ia¹³
砖墙	lieʔ³¹	tɕʰiaʔ⁵²	ɕiaʔ⁵²	zaʔ³¹	zaʔ³¹	tɕiaʔ⁵²	iaʔ⁵²	iaʔ³¹
桠溪	niaʔ⁴²	tɕʰiaʔ⁵⁵	ɕiaʔ⁵⁵	saʔ⁴²	saʔ⁴²	tɕiaʔ⁵⁵	iaʔ⁵⁵	iaʔ⁴²
东坝	lia¹³	tɕʰiaʔ³¹	ɕiaʔ³¹	zaʔ¹³	zaʔ¹³	tɕiaʔ³¹	iaʔ³¹	ia¹³
定埠	lieʔ⁴¹	tɕʰieʔ⁴¹	ɕieʔ⁵⁴	sæʔ⁴¹	sɔʔ⁴¹	tɕieʔ⁵⁴	ieʔ⁵⁴	ieʔ⁴¹

附　录　269

	光	慌	黄	郭	霍	方	纺	房
	宕合一平唐见	宕合一平唐晓	宕合一平唐匣	宕合一入铎见	宕合一入铎晓	宕合三平阳非	宕合三上养敷	宕合三平阳奉
淳溪	kuã⁵⁵	fã⁵⁵	uã²²	kuaʔ³²	faʔ³²	fã⁵⁵	fã³³	bã²²
砖墙	kuaŋ⁵⁵	faŋ⁵⁵	uaŋ³¹	kuaʔ⁵²	faʔ⁵²/huaʔ⁵²	faŋ⁵⁵	faŋ⁴³⁵	βʰaŋ³¹
桠溪	kuã⁴⁵	fã⁴⁵	ɦuã²¹³	kəʔ⁵⁵	həʔ⁵⁵	fã⁴⁵	fã³²	fã²¹³
东坝	kuã⁵⁵	fã⁵⁵	ɦuã²¹	kuaʔ³¹	huaʔ³¹	fã⁵⁵	fã⁴²	bã²¹
定埠	kuã⁴⁵	huã⁴⁵	uã³²⁴	kəʔ⁵⁴	həʔ⁵⁴	fã⁴⁵	fã³²⁴	fã³²⁴

	网	忘	筐	狂	王	绑	胖	桩
	宕合三上养微	宕合三去漾微	宕合三平阳溪	宕合三平阳群	宕合三平阳云	江开二上讲帮	江开二去绛滂	江开二平江知
淳溪	mã⁵⁵	mã³⁵	kʰuã⁵⁵	ɦuã²²/uã²²	uã²²	pã³³	pʰã³⁵	tsuã⁵⁵
砖墙	maŋ⁵⁵	maŋ⁴³⁵	kʰuaŋ⁵⁵	βʰaŋ³¹	uaŋ³¹	paŋ⁵⁵	pʰaŋ⁴³⁵	tsuaŋ⁵⁵
桠溪	mã⁴⁵	mã³²	kʰuã⁴⁵	guã²¹³	ɦuã²¹³	pã⁵⁵	pʰã³²	tsuã⁴⁵
东坝	mã⁵⁵	mã⁴³⁵	kʰuã⁵⁵	ɦuã²¹	ɦuã²¹	pã³²	pʰã⁴³⁵	tsuã⁵⁵
定埠	mã⁴⁵/uã⁴⁵	mã³²/uã³²	kʰuã⁴⁵	guã³²⁴	uã³²⁴	pã⁵⁵	pʰã³²	tsuã⁴⁵

	撞	窗	双	江	讲	项	剥	桌
	江开二去绛澄	江开二平江初	江开二平江生	江开二平江见	江开二上讲见	江开二上讲匣	江开二入觉帮	江开二入觉知
淳溪	zuã¹⁴	tsʰuã⁵⁵	suã⁵⁵	tɕiã⁵⁵	kã³³/tɕiã³³	ɦɦiã¹⁴	paʔ³²	tsuəʔ³²
砖墙	zuaŋ²⁴	tsʰuaŋ⁵⁵	suaŋ⁵⁵	tɕiaŋ⁵⁵	kaŋ⁴³⁵	ɦɦiaŋ²⁴	paʔ⁵²	tsuəʔ⁵²
桠溪	tsuã⁵²	tsʰuã⁴⁵	suã⁴⁵	kã⁴⁵/tɕiã⁴⁵	kã⁵⁵/tɕiɛ⁵⁵	ɦã⁵²	pəʔ⁵⁵	tsuəʔ⁵⁵
东坝	zuã²⁴	tsʰuã⁵⁵	suã⁵⁵	tɕiã⁵⁵	kã⁴²/tɕiã⁴²	ɦɦiã²⁴	paʔ³¹	tsuəʔ³¹
定埠	tsuã⁵²	tsʰuã⁴⁵	suã⁴⁵	tɕiæ⁴⁵	kã⁵⁵/tɕiæ⁵⁵	ɦã⁵²	pəʔ⁵⁴	tsuəʔ⁵⁴

	镯	角	壳	学	握	朋	灯	等
	江开二入觉崇	江开二入觉见	江开二入觉溪	江开二入觉匣	江开二入觉影	曾开一平登并	曾开一平登端	曾开一上等端
淳溪	ʐya¹³	kuaʔ³²	kʰuaʔ³²	fa¹³/ua¹³/ʑya¹³	uə¹³	bəŋ²²	təŋ⁵⁵	təŋ³³
砖墙	zuaʔ³¹	kaʔ⁵²	kʰuaʔ⁵²	βʰaʔ³¹/ʑyaʔ³¹	uəʔ⁵²	βʰəŋ³¹	təŋ⁵⁵	təŋ⁴³⁵
桠溪	tsuəʔ⁴²	kəʔ⁵⁵	kʰəʔ⁵⁵	haʔ⁴²/suəʔ⁴²	uəʔ⁵⁵	boŋ²¹³	təŋ⁴⁵	təŋ⁵⁵
东坝	zua¹³	kuaʔ³¹	kʰuaʔ³¹	zua¹³	ɦuə¹³	bəŋ²¹	təŋ⁵⁵	təŋ⁴²
定埠	tsuəʔ⁴¹	kəʔ⁵⁴	kʰəʔ⁴¹	həʔ⁴¹/suəʔ⁴¹	uəʔ⁵⁴	bəŋ³²⁴	təŋ⁴⁵	təŋ⁵⁵

	凳	藤	能	层	僧	肯	北	墨
	曾开一 去嶝端	曾开一 平登定	曾开一 平登泥	曾开一 平登从	曾开一 平登心	曾开一 上等溪	曾开一 入德帮	曾开一 入德明
淳溪	təŋ³⁵	dəŋ²²	nəŋ²²	zəŋ²²	tsəŋ⁵⁵	kʰəŋ³³	pəʔ³²	məʔ¹³
砖墙	təŋ⁴³⁵	rʰəŋ³¹	nəŋ³¹	zəŋ³¹	səŋ⁵⁵	kʰəŋ⁴³⁵	pəʔ⁵²	məʔ³¹
桠溪	tən³²	dən²¹³	nən²¹³	dzon²¹³	tsən⁴⁵	kʰən⁵⁵	pəʔ⁵⁵	məʔ⁴²
东坝	tən⁴³⁵	dəŋ²¹	nən²¹	zən²¹	sən⁵⁵	kʰən⁴²	pəʔ³¹	mə¹³
定埠	tən³²	dən³²⁴	nən³²⁴	dzon³²⁴	sən⁴⁵	kʰən⁵⁵	pəʔ⁵⁴	məʔ⁴¹

	得	则	贼	塞	克	黑	冰	证
	曾开一 入德端	曾开一 入德精	曾开一 入德从	曾开一 入德心	曾开一 入德溪	曾开一 入德晓	曾开三 平蒸帮	曾开三 去证章
淳溪	təʔ³²	tsəʔ³²	zə¹³	səʔ³²	kʰəʔ³²	həʔ³²	pin⁵⁵	tsəŋ³⁵
砖墙	təʔ⁵²	tsəʔ⁵²	zəʔ³¹	səʔ⁵²	kʰəʔ⁵²	həʔ⁵²	pin⁵⁵	tsəŋ⁴³⁵
桠溪	təʔ⁵⁵	tsəʔ⁵⁵	səʔ⁴²	səʔ⁵⁵	kʰəʔ⁵⁵	həʔ⁵⁵	pin⁴⁵	tsən³²
东坝	təʔ³¹	tsəʔ³¹	zə¹³	səʔ³¹	kʰəʔ³¹	həʔ³¹	pin⁵⁵	tsən⁴³⁵
定埠	təʔ⁵⁴	tsəʔ⁵⁴	səʔ⁴¹	səʔ⁵⁴	kʰəʔ⁴¹	həʔ⁵⁴	pin⁴⁵	tsən³²

	秤	绳	剩	升	兴	鹰	蝇	孕
	曾开三 去证昌	曾开三 平蒸船	曾开三 去证船	曾开三 平蒸书	曾开三 去证晓	曾开三 平蒸影	曾开三 平蒸以	曾开三 去证以
淳溪	tsʰəŋ³⁵	zəŋ²²	zəŋ¹⁴	səŋ⁵⁵	ɕin³⁵	iŋ⁵⁵	iŋ²²	yŋ³⁵
砖墙	tsʰəŋ⁴³⁵	zəŋ³¹	zəŋ²⁴	səŋ⁵⁵	ɕin⁴³⁵	iŋ⁵⁵	iŋ³¹	yŋ⁴³⁵
桠溪	tsʰən³²	dzon²¹³	tsən⁵²	sən⁴⁵	ɕin³²	in⁴⁵	in⁵⁵	ɹuen³²
东坝	tsʰən⁴³⁵	zən²¹	zən²⁴	sən⁵⁵	ɕin⁵⁵	in⁵⁵	in⁵⁵	in⁴³⁵
定埠	tsʰən³²	zən³²⁴	sən⁵²	sən⁴⁵	ɕin⁵⁵	in⁴⁵	in³²⁴	yn³²

	逼	力	息	直	测	色	织	食
	曾开三 入职帮	曾开三 入职来	曾开三 入职心	曾开三 入职澄	曾开三 入职初	曾开三 入职生	曾开三 入职章	曾开三 入职船
淳溪	piɛʔ³²	niɛ¹³	ɕiɛʔ³²	zə¹³	tsʰəʔ³²	səʔ³²	tsəʔ³²	zə¹³
砖墙	piɛʔ⁵²	liɛ³¹	ɕiɛʔ⁵²	zəʔ³¹	tsʰəʔ⁵²	səʔ⁵²	tsəʔ⁵²	zəʔ³¹
桠溪	piɛʔ⁵⁵	liɛʔ⁴²	ɕiɛʔ⁵⁵	tsəʔ⁴²	tsʰəʔ⁵⁵	səʔ⁵⁵	tsəʔ⁵⁵	səʔ⁴²
东坝	piɛʔ³¹	liɛ¹³	ɕiɛʔ³¹	zə¹³	tsʰəʔ³¹	səʔ³¹	tsəʔ³¹	zə¹³
定埠	piɛʔ⁵⁴	liɛʔ⁴¹	ɕiɛʔ⁵⁴	tsəʔ⁴¹	tsʰəʔ⁴¹	səʔ⁵⁴	tsəʔ⁵⁴	səʔ⁴¹

附录 271

	式	极	国	或	域	猛	打	冷
	曾开三入职书	曾开三入职群	曾合一入德见	曾合一入德匣	曾合三入职云	梗开二上梗明	梗开二上梗端	梗开二上梗来
淳溪	səʔ³²	ʑie¹³	kuəʔ³²	ɦuɑ¹³	yɛ¹³	məŋ⁵⁵	ta³³	nəŋ⁵⁵
砖墙	səʔ⁵²	ʑie³¹	kuəʔ⁵²	ɦuɑʔ³¹	yeʔ³¹	məŋ⁵⁵	ta⁴³⁵	nəŋ⁵⁵
桠溪	səʔ⁵⁵	tɕieʔ⁴²	kuəʔ⁵⁵	fəʔ⁴²	yəʔ⁴²	moŋ³²	ta⁵⁵	nən⁴⁵
东坝	səʔ³¹	ʑie¹³	kuəʔ³¹	ɦuə¹³	ɦye¹³	məŋ⁵⁵	ta⁴²	nən⁵⁵
定埠	səʔ⁵⁴	tɕieʔ⁴¹	kuəʔ⁵⁴	huæʔ⁴¹	yəʔ⁴¹	məŋ⁴⁵	ta⁵⁵	nən⁴⁵

	生	省 江苏~	梗	坑	硬	行~为	百	拍
	梗开二平庚生	梗开二上梗生	梗开二上梗见	梗开二平庚溪	梗开二去映疑	梗开二平庚匣	梗开二入陌帮	梗开二入陌滂
淳溪	ɕʏ⁵⁵/səŋ⁵⁵	səŋ³³	kəŋ³³	kʰəŋ⁵⁵	ŋəŋ³⁵	ʑin²²	pəʔ³²	pʰəʔ³²
砖墙	ɕʏ⁵⁵/səŋ⁵⁵	səŋ⁴³⁵	kəŋ⁴³⁵	kʰəŋ⁵⁵	ŋəŋ⁴³⁵	ʑin³¹	pəʔ⁵²	pʰəʔ⁵²
桠溪	sən⁴⁵	sən⁵⁵	kən⁵⁵	kʰən⁴⁵	ŋən³²	ʑin²¹³	pəʔ⁵⁵	pʰəʔ⁵⁵
东坝	sən⁵⁵	sən⁴²	kən⁴²	kʰən⁵⁵	ŋən⁴³⁵	ʑin²¹	pəʔ³¹	pʰəʔ³¹
定埠	sən⁴⁵	sən⁵⁵	kən⁵⁵	kʰən⁴⁵	ŋən³²	ʑin³²⁴	pəʔ⁵⁴	pʰəʔ⁵⁴

	白	拆	择	格	客	额	棚	争
	梗开二入陌並	梗开二入陌彻	梗开二入陌澄	梗开二入陌见	梗开二入陌溪	梗开二入陌疑	梗开二平耕並	梗开二平耕庄
淳溪	bə¹³	tsʰəʔ³²	zə¹³	kəʔ³²	kʰəʔ³²	ŋə¹³	bəŋ²²	tsəŋ⁵⁵
砖墙	βʰə¹³	tsʰəʔ⁵²	tsəʔ³¹	kəʔ⁵²	kʰəʔ⁵²	ŋəʔ³¹	βʰəŋ³¹	tsəŋ⁵⁵
桠溪	pəʔ⁴²	tsʰəʔ⁵⁵	səʔ⁴²	kəʔ⁵⁵	kʰəʔ⁵⁵	ŋəʔ⁴²	boŋ²¹³	tsəŋ⁴⁵
东坝	bə¹³	tsʰəʔ³¹	zə¹³	kəʔ³¹	kʰəʔ³¹	ŋə¹³	bəŋ²¹	tsəŋ⁵⁵
定埠	pəʔ⁴¹	tsʰəʔ⁴¹	səʔ⁵⁴	kəʔ⁵⁴	kʰəʔ⁴¹	ŋəʔ⁴¹	bəŋ³²⁴	tsəŋ⁴⁵

	耕	麦	摘	策	革	兵	平	病
	梗开二平耕见	梗开二入麦明	梗开二入麦知	梗开二入麦初	梗开二入麦见	梗开三平庚帮	梗开三平庚並	梗开三去映並
淳溪	kəŋ⁵⁵	mə¹³	tsəʔ³²	tsʰəʔ³²	kəʔ³²	piŋ⁵⁵	biŋ²²	biŋ¹⁴
砖墙	kəŋ⁵⁵	məʔ³¹	tsəʔ⁵²	tsʰəʔ⁵²	kəʔ⁵²	piŋ⁵⁵	βʰiŋ³¹	βʰiŋ²⁴
桠溪	kən⁴⁵	məʔ⁴²	tsəʔ⁵⁵	tsʰəʔ⁵⁵	kəʔ⁵⁵	pin⁴⁵	bin²¹³	pin⁵²
东坝	kən⁵⁵	mə¹³	tsəʔ³¹	tsʰəʔ³¹	kəʔ³¹	pin⁵⁵	bin²¹	bin²⁴
定埠	kən⁴⁵	məʔ⁴¹	tsəʔ⁵⁴	tsʰəʔ⁴¹	kəʔ⁵⁴	pin⁴⁵	bin³²⁴	pin⁵²

	明	镜	庆	迎	影	剧	饼	名
	梗开三平庚明	梗开三去映见	梗开三去映溪	梗开三平庚疑	梗开三上梗影	梗开三入陌群	梗开三上静帮	梗开三平清明
淳溪	miŋ²²	tɕiŋ³⁵	tɕʰiŋ³⁵	iŋ²²	iŋ³³	tɕy³⁵	piŋ³³	miŋ²²
砖墙	miŋ³¹	tɕiŋ⁴³⁵	tɕʰiŋ⁴³⁵	iŋ³¹	iŋ⁴³⁵	tɕy⁴³⁵	piŋ⁴³⁵	miŋ³¹
桠溪	min²¹³	tɕin³²	tɕʰin³²	ɦin²¹³	in⁵⁵	tɕy³²	pin⁵⁵	min²¹³
东坝	min²¹	tɕin⁴³⁵	tɕʰin⁴³⁵	ɦin²¹	in⁴²	tsʅ⁴³⁵	pin⁴²	min²¹
定埠	min³²⁴	tɕin³²	tɕʰin³²	in³²⁴	in⁵⁵	tɕy³²	pin⁵⁵	min³²⁴

	领	井	清	静	姓	贞	程	整
	梗开三上静来	梗开三上静精	梗开三平清清	梗开三上静从	梗开三去劲心	梗开三平清知	梗开三平清澄	梗开三上静章
淳溪	niŋ⁵⁵	tɕiŋ³³	tɕʰiŋ⁵⁵	ʑiŋ¹⁴	ɕiŋ³⁵	tsəŋ⁵⁵	zəŋ²²	tsəŋ³³
砖墙	liŋ⁵⁵	tɕiŋ⁴³⁵	tɕʰiŋ⁵⁵	ʑiŋ²⁴	ɕiŋ⁴³⁵	tsəŋ⁵⁵	zəŋ³¹	tsəŋ⁴³⁵
桠溪	lin⁴⁵	tɕin⁵⁵	tɕʰin⁴⁵	tɕin⁵²	ɕin³²	tsən⁴⁵	dʑən²¹³	tsən⁵⁵
东坝	lin⁵⁵	tɕin⁴²	tɕʰin⁵⁵	ʑin²⁴	ɕin⁴³⁵	tsən⁵⁵	zən²⁴	tsən⁴²
定埠	lin⁴⁵	tɕin⁵⁵	tɕʰin⁴⁵	tɕin⁵²	ɕin³²	tsən⁴⁵	dʑən³²⁴	tsən⁵⁵

	声	城	轻	赢	积	惜	席	尺
	梗开三平清书	梗开三平清禅	梗开三平清溪	梗开三平清以	梗开三入昔精	梗开三入昔心	梗开三入昔邪	梗开三入昔昌
淳溪	səŋ⁵⁵	zəŋ²²	tɕʰiŋ⁵⁵	iŋ²²	tɕieʔ³²	ɕieʔ³²	zieʔ¹³	tsʰəʔ³²
砖墙	səŋ⁵⁵	zəŋ³¹	tɕʰiŋ⁵⁵	yŋ³¹	tɕieʔ⁵²	ɕieʔ⁵²	zieʔ³¹	tsʰəʔ⁵²
桠溪	sən⁴⁵	dʑən²¹³	tɕʰin⁴⁵	ɹuən²¹³	tɕieʔ⁵⁵	ɕieʔ⁵⁵	ɕieʔ⁴²	tsʰəʔ⁵⁵
东坝	sən⁵⁵	zən²¹	tɕʰin⁵⁵	ɦyn²¹	tɕieʔ³¹	ɕieʔ³¹	zieʔ¹³	tsʰəʔ⁵⁵
定埠	sən⁴⁵	dʑən³²⁴	tɕʰin⁴⁵	yn³²⁴	tɕieʔ⁵⁴	ɕieʔ⁵⁴	ɕieʔ⁴¹	tsʰəʔ⁴¹

	石	益	瓶	钉	顶	厅	听	停
	梗开三入昔禅	梗开三入昔影	梗开四平青并	梗开四平青端	梗开四上迥端	梗开四平青透	梗开四去径透	梗开四平青定
淳溪	zəʔ¹³	ieʔ¹³	biŋ²²	tiŋ⁵⁵	tiŋ³³	tʰiŋ⁵⁵	tʰiŋ⁵⁵	diŋ²²
砖墙	zəʔ³¹	ieʔ⁵²	βʰiŋ³¹	tiŋ⁵⁵	tiŋ⁴³⁵	tʰiŋ⁵⁵	tʰiŋ⁵⁵	rʰiŋ³¹
桠溪	səʔ⁴²	ieʔ⁴²	bin²¹³	tin⁴⁵	tin⁵⁵	tʰin⁴⁵	tʰin⁴⁵	din²¹³
东坝	zəʔ¹³	ɦieʔ¹³	bin²¹	tin⁵⁵	tin⁴²	tʰin⁵⁵	tʰin⁵⁵	din²¹
定埠	səʔ⁴¹	ieʔ⁵⁴	bin³²⁴	tin⁴⁵	tin⁵⁵	tʰin⁴⁵	tʰin⁴⁵	din³²⁴

附　录　273

	定	零	青	星	经	形	壁	劈
	梗开四 去径定	梗开四 平青来	梗开四 平青清	梗开四 平青心	梗开四 平青见	梗开四 平青匣	梗开四 入锡帮	梗开四 入锡滂
淳溪	diŋ¹⁴	niŋ²²	tɕʰiŋ⁵⁵	ɕiŋ⁵⁵	tɕiŋ⁵⁵	ʑiŋ²²	pieʔ³²	pʰieʔ³²
砖墙	ɦiŋ²⁴	liŋ³¹	tɕʰiŋ⁵⁵	ɕiŋ⁵⁵	tɕiŋ⁵⁵	ʑiŋ³¹	pieʔ⁵²	pʰieʔ⁵²
桠溪	tin⁵²	lin²¹³	tɕʰin⁴⁵	ɕin⁴⁵	tɕin⁴⁵	ʑin²¹³	pieʔ⁵⁵	pʰieʔ⁵⁵
东坝	din²⁴	lin²¹	tɕʰin⁵⁵	ɕin⁵⁵	tɕin⁵⁵	ʑin²¹	pieʔ³¹	pʰieʔ³¹
定埠	tin⁵²	lin³²⁴	tɕʰin⁴⁵	ɕin⁴⁵	tɕin⁴⁵	ʑin³²⁴	pieʔ⁵⁴	pʰieʔ⁴¹

	滴	踢	笛	历	锡	击	吃	横
	梗开四 入锡端	梗开四 入锡透	梗开四 入锡定	梗开四 入锡来	梗开四 入锡心	梗开四 入锡见	梗开四 入锡溪	梗合二 平庚匣
淳溪	tieʔ³²	tʰieʔ³²	diɛ¹³	niɛ¹³	ɕieʔ³²	tɕieʔ³²	tɕʰieʔ³²	uəŋ²²
砖墙	tieʔ⁵²	ɦieʔ⁵²	ɦieʔ³¹	lieʔ³¹	ɕieʔ⁵²	tɕieʔ⁵²	tɕʰieʔ⁵²	uəŋ³¹
桠溪	tieʔ⁵⁵	tʰieʔ⁵⁵	tieʔ⁴²	lieʔ⁴²	ɕieʔ⁵⁵	tɕieʔ⁵⁵	tɕʰieʔ⁵⁵	ɦuəŋ²¹³
东坝	tieʔ³¹	tʰieʔ³¹	diɛ¹³	liɛ¹³	ɕieʔ³¹	tɕieʔ³¹	tɕʰieʔ³¹	uəŋ²¹
定埠	tieʔ⁵⁴	tʰieʔ⁴¹	tieʔ⁴¹	lieʔ⁴¹	ɕieʔ⁵⁴	tɕieʔ⁵⁴	tɕʰieʔ⁴¹	uəŋ³²⁴

	轰	兄	荣	永	营	蓬	东	懂
	梗合二 平耕晓	梗合三 平庚晓	梗合三 平庚云	梗合三 上梗云	梗合三 平清以	通合一 平东並	通合一 平东端	通合一 上董端
淳溪	həŋ⁵⁵	ɕyŋ⁵⁵	yŋ²²	yŋ⁵⁵	iŋ²²	bəŋ²²	təŋ⁵⁵	təŋ³³
砖墙	həŋ⁵⁵	ɕyŋ⁵⁵	yŋ³¹	yŋ⁵⁵	iŋ³¹	βʰəŋ³¹	təŋ⁵⁵	təŋ⁴³⁵
桠溪	hoŋ⁴⁵	soŋ⁴⁵	ɹoŋ²¹³	ɹoŋ⁴⁵	ɦin²¹³	boŋ²¹³	toŋ⁴⁵	toŋ⁵⁵
东坝	həŋ⁵⁵	ɕin⁵⁵	ɦin²¹	yn⁵⁵	ɦin²¹	bəŋ²¹	təŋ⁵⁵	təŋ⁴²
定埠	həŋ⁴⁵	soŋ⁴⁵	ɹoŋ³²⁴	yn⁴⁵	in³²⁴	bəŋ³²⁴	təŋ⁴⁵	təŋ⁵⁵

	通	桶	铜	动	洞	聋	粽	葱
	通合一 平东透	通合一 上董透	通合一 平东定	通合一 上董定	通合一 去送定	通合一 平东来	通合一 去送精	通合一 平东清
淳溪	tʰəŋ⁵⁵	tʰəŋ³³	dəŋ²²	dəŋ¹⁴	dəŋ¹⁴	ləŋ²²	tsəŋ³⁵	tsʰəŋ⁵⁵
砖墙	tʰəŋ⁵⁵	tʰəŋ⁴³⁵	ɦəŋ³¹	ɦəŋ²⁴	ɦəŋ²⁴	ləŋ³¹	tsəŋ⁴³⁵	tsʰəŋ⁵⁵
桠溪	tʰoŋ⁴⁵	tʰoŋ⁵⁵	doŋ²¹³	toŋ⁵²	toŋ⁵²	loŋ²¹³	tsoŋ³²	tsʰoŋ⁴⁵
东坝	tʰəŋ⁵⁵	tʰəŋ⁴²	dəŋ²¹	dəŋ²⁴	dəŋ²⁴	ləŋ²¹	tsəŋ⁴³⁵	tsʰəŋ⁵⁵
定埠	tʰəŋ⁴⁵	tʰəŋ⁵⁵	dəŋ³²⁴	təŋ⁵²	təŋ⁵²	ləŋ³²⁴	tsəŋ³²	tsʰəŋ⁴⁵

	送	公	孔	烘	红	木	读	鹿
	通合一去送心	通合一平东见	通合一上董溪	通合一平东晓	通合一平东匣	通合一入屋明	通合一入屋定	通合一入屋来
淳溪	səŋ³⁵	kəŋ⁵⁵	kʰəŋ³³	həŋ⁵⁵	ɦiəŋ²²	mə¹³	də¹³	lə¹³
砖墙	səŋ⁴³⁵	kəŋ⁵⁵	kʰəŋ⁴³⁵	həŋ⁵⁵	ɦiəŋ³¹	məʔ³¹	rʰəʔ³¹	ləʔ³¹
桠溪	soŋ³²	koŋ⁴⁵	kʰoŋ³²	hoŋ⁴⁵	ɦioŋ²¹³	məʔ⁴²	təʔ⁴²	ləʔ⁴²
东坝	səŋ⁴³⁵	kəŋ⁵⁵	kʰəŋ⁴²	həŋ⁵⁵	ɦiəŋ²¹	mə¹³	də¹³	lə¹³
定埠	səŋ³²	kəŋ⁴⁵	kʰəŋ⁵⁵	həŋ⁴⁵	həŋ³²⁴	məʔ⁴¹	təʔ⁴¹	ləʔ⁴¹

	族	速	谷	哭	冬	统	松	宋
	通合一入屋从	通合一入屋心	通合一入屋见	通合一入屋溪	通合一平冬端	通合一去宋透	通合一平冬心	通合一去宋心
淳溪	zə¹³	səʔ³²	kuəʔ³²	kʰuəʔ³²	təŋ⁵⁵	tʰəŋ³⁵	səŋ⁵⁵	səŋ³⁵
砖墙	zuəʔ³¹	suəʔ⁵²	kuəʔ⁵²	kʰuəʔ⁵²	təŋ⁵⁵	tʰəŋ⁴³⁵	səŋ⁵⁵	səŋ⁴³⁵
桠溪	səʔ⁴²	səʔ⁵⁵	kuəʔ⁵⁵	kʰuəʔ⁵⁵	toŋ⁴⁵	tʰoŋ³²	soŋ⁴⁵	soŋ³²
东坝	zuə¹³	səʔ³¹	kuəʔ³¹	kʰuəʔ³¹	təŋ⁵⁵	tʰəŋ⁴²	səŋ⁵⁵	səŋ⁴³⁵
定埠	tsuəʔ⁴¹	səʔ⁵⁴	kuəʔ⁵⁴	kʰuəʔ⁴¹	təŋ⁴⁵	tʰəŋ³²	səŋ⁴⁵	səŋ³²

	毒	风	凤	梦	中	虫	终	充
	通合一入沃定	通合三平东非	通合三去送奉	通合三去送明	通合三平东知	通合三平东澄	通合三平东章	通合三平东昌
淳溪	də¹³	fəŋ⁵⁵	bəŋ¹⁴	məŋ³⁵	tsəŋ⁵⁵	zəŋ²²	tsəŋ⁵⁵	tsʰəŋ⁵⁵
砖墙	rʰəʔ³¹	fəŋ⁵⁵	βʰəŋ⁴³⁵	məŋ⁴³⁵	tsəŋ⁵⁵	zəŋ³¹	tsəŋ⁵⁵	tsʰəŋ⁵⁵
桠溪	təʔ⁴²	foŋ⁴⁵	foŋ⁵²	moŋ³²	tsoŋ⁴⁵	ʥoŋ²¹³	tsoŋ⁴⁵	tsʰoŋ⁴⁵
东坝	də¹³	fəŋ⁵⁵	bəŋ²⁴	məŋ⁴³⁵	tsəŋ⁵⁵	zəŋ²¹	tsəŋ⁵⁵	tsʰəŋ⁵⁵
定埠	təʔ⁴¹	fəŋ⁴⁵	fəŋ³²	məŋ³²	tsəŋ⁴⁵	ʥoŋ³²⁴	tsəŋ⁴⁵	tsʰəŋ⁴⁵

	绒	宫	穷	熊	福	目	六	竹
	通合三平东日	通合三平东见	通合三平东群	通合三平东云	通合三入屋非	通合三入屋明	通合三入屋来	通合三入屋知
淳溪	yŋ²²	kəŋ⁵⁵	zyŋ²²	zyŋ²²	fəʔ³²	mə¹³	lə¹³	tsuəʔ³²
砖墙	yŋ³¹	kəŋ⁵⁵	zyŋ³¹	zyŋ³¹	fəʔ⁵²	məʔ³¹	ləʔ³¹	tsuəʔ⁵²
桠溪	loŋ²¹³	koŋ⁴⁵	ʥoŋ²¹³	zoŋ²¹³	fəʔ⁵⁵	məʔ⁴²	ləʔ⁴²	tsuəʔ⁵⁵
东坝	iŋ²¹	kəŋ⁵⁵	ʑiŋ²¹	ʑiŋ²¹	fəʔ³¹	mə¹³	lə¹³	tsuəʔ³¹
定埠	loŋ³²⁴	kəŋ⁴⁵	ʥoŋ³²⁴	zyŋ³²⁴	fəʔ⁵⁴	məʔ⁴¹	ləʔ⁴¹	tsuəʔ⁵⁴

	畜~生	缩	粥	叔	熟	肉	菊	育
	通合三入屋彻	通合三入屋生	通合三入屋章	通合三入屋书	通合三入屋禅	通合三入屋日	通合三入屋见	通合三入屋以
淳溪	tsʰuəʔ³²	suəʔ³²	tsuəʔ³²	suəʔ³²	zuə¹³	miɛ¹³	tɕyeʔ³²	ye¹³
砖墙	tsʰuəʔ⁵²	suəʔ⁵²	tsuəʔ⁵²	suəʔ⁵²	zuəʔ³¹	mieʔ³¹	tɕyeʔ⁵²	yeʔ³¹
桠溪	tsʰuəʔ⁵⁵	suəʔ⁵⁵	tsuəʔ⁵⁵	suəʔ⁵⁵	suəʔ⁴²	nyəʔ⁴²	tsuəʔ⁵⁵	yəʔ⁴²
东坝	tsʰuəʔ³¹	suəʔ³¹	tsuəʔ³¹	suəʔ³¹	zuə¹³	miɛ¹³	tsuəʔ³¹	ɦyɛ¹³
定埠	tsʰuəʔ⁴¹	suəʔ⁵⁴	tsuəʔ⁵⁴	suəʔ⁵⁴	suəʔ⁴¹	nyəʔ⁴¹	tsuəʔ⁵⁴	yəʔ⁴¹

	封	蜂	缝~衣服	浓	龙	重~量	肿	冲
	通合三平锺非	通合三平锺敷	通合三平锺奉	通合三平锺泥	通合三平锺来	通合三上肿澄	通合三上肿章	通合三平锺昌
淳溪	fəŋ⁵⁵	fəŋ⁵⁵	bəŋ²²	nəŋ²²	ləŋ²²	zəŋ¹⁴	tsəŋ³³	tsʰəŋ⁵⁵
砖墙	fəŋ⁵⁵	fəŋ⁵⁵	βʰəŋ³¹	nəŋ³¹	ləŋ³¹	zəŋ²⁴	tsəŋ⁴³⁵	tsʰəŋ⁵⁵
桠溪	foŋ⁴⁵	foŋ⁴⁵	foŋ²¹³	loŋ²¹³	loŋ²¹³	tsoŋ⁵²	tsoŋ⁵⁵	tsʰoŋ⁴⁵
东坝	fəŋ⁵⁵	fəŋ⁵⁵	bəŋ²¹	nəŋ²¹	ləŋ²¹	zəŋ²⁴	tsəŋ⁴²	tsʰəŋ⁵⁵
定埠	fəŋ⁴⁵	fəŋ⁴⁵	fəŋ³²⁴	ləŋ³²⁴	ləŋ³²⁴	tsəŋ⁵²	tsəŋ⁵⁵	tsʰəŋ⁴⁵

	恭	共	胸	拥	容	用	绿	足
	通合三平锺见	通合三去用群	通合三平锺晓	通合三平锺影	通合三平锺以	通合三去用以	通合三入烛来	通合三入烛精
淳溪	kəŋ⁵⁵	ɦiəŋ¹⁴	ɕyŋ⁵⁵	yŋ⁵⁵	yŋ²²	yŋ³⁵	lə¹³	tsəʔ³²
砖墙	kəŋ⁵⁵	ɦiəŋ²⁴	ɕyŋ⁵⁵	yŋ⁵⁵	yŋ³¹	yŋ⁴³⁵	ləʔ³¹	tsuəʔ⁵²
桠溪	koŋ⁴⁵	koŋ⁵²	soŋ⁴⁵	ɪoŋ⁵⁵	ɪoŋ²¹³	ɪoŋ³²	ləʔ⁴²	tsəʔ⁵⁵
东坝	kəŋ⁵⁵	gəŋ²⁴	ɕiŋ⁵⁵	iŋ⁵⁵	ɦiŋ²¹	iŋ⁴³⁵	lə¹³	tsəʔ³¹
定埠	kəŋ⁴⁵	kəŋ⁵²	soŋ⁴⁵	ɪoŋ⁴⁵	ɪoŋ³²⁴	ɪoŋ³²	ləʔ⁴¹	tsəʔ⁵⁴

	俗	烛	赎	属	曲	局	狱	浴
	通合三入烛邪	通合三入烛章	通合三入烛船	通合三入烛禅	通合三入烛溪	通合三入烛群	通合三入烛疑	通合三入烛以
淳溪	zə¹³	tsuəʔ³²	zuə¹³	zuə¹³	tɕʰyɛʔ³²	ʑyɛ¹³	ye¹³	ye¹³
砖墙	zuəʔ³¹	tsuəʔ⁵²	zuəʔ³¹	zuəʔ³¹	tɕʰyɛʔ⁵²	ʑyeʔ³¹	yeʔ³¹	yeʔ³¹
桠溪	səʔ⁴²	tsuəʔ⁵⁵	suəʔ⁴²	tsuəʔ⁴²	tsʰuəʔ⁵⁵	tsuəʔ⁴²	yəʔ⁴²	yəʔ⁴²
东坝	zə¹³	tsuəʔ³¹	zuə¹³	zuə¹³	tsʰuəʔ³¹	zuə¹³	ɦyɛ¹³	ɦyɛ¹³
定埠	səʔ⁴¹	tsuəʔ⁵⁴	suəʔ⁴¹	suəʔ⁴¹	tsʰuəʔ⁴¹	tsuəʔ⁴¹	yəʔ⁴¹	yəʔ⁴¹

附录二 主要发音人信息表

方言点	发言人	性别	出生年月	文化程度	职业
淳溪镇	陈造庠	男	1941.06	高中	退休教师
淳溪镇	吴生虎	男	1947.10	中师	退休教师
河东村	赵不缺	男	1954.07	小学	农民
薛城村	邢华焕	男	1945.09	中专	退休工人
桠溪镇	赵肖放	男	1942.04	大专	退休教师
桠溪镇	王爱荣	男	1975.08	研究生	编辑
观圩村	周桂新	男	1955.09	小学	农民
永庆村	陈林伢	男	1963.09	高中	村干部
砖墙镇	杨保庭	男	1953.04	初中	农民
北埂陈村	陈五头	男	1956.09	小学	农民
大涵村	徐予明	男	1956.11	高中	退休教师
陡门村	许其凯	男	1938.04	小学	退休村干部
港口村	李小生	男	1953.09	高中	退休村干部
仙圩村	俞升福	男	1947.05	初中	裁缝
永成村	史传经	男	1942.07	初中	武术艺人
阳江镇	张绍堂	男	1958.12	初中	养殖业
阳江镇	谷昌前	男	1952.10	初中	退休干部
费家嘴村	刘长刚	男	1949.10	大专	农民
新正村	史训林	男	1953.11	初中	电影放映员
古柏镇	许息兴	男	1962.07	大学	教师
固城镇	李爱华	男	1959.07	大专	小学教师
固城镇	孔聿保	男	1963.11	本科	教师
顾陇村	刘超福	男	1950.04	高中	农民
漆桥镇	诸德贞	男	1956.03	初中	农民
荆溪村	芮行斌	男	1977.10	初中	村干部
东坝镇	吴济英	男	1952.06	初中	农民
傅家坛村	施春红	女	1967.03	初中	村干部
下坝村	魏玉芳	男	1953.08	小学	理发员
定埠镇(高淳)	丁春桃	男	1953.03	中师	小学教师
定埠村(郎溪)	吕壬生	男	1943.05	高中	退休教师

图书在版编目（CIP）数据

江苏高淳吴语语音研究/侯超著.—南京：南京大学出版社，2019.11
ISBN 978-7-305-18253-2

Ⅰ.①江… Ⅱ.①侯… Ⅲ.①吴语—语音—方言研究—高淳县 Ⅳ.①H173

中国版本图书馆CIP数据核字（2019）第249078号

出版发行	南京大学出版社
社　　址	南京市汉口路22号　　邮　编　210093
出 版 人	金鑫荣
书　　名	江苏高淳吴语语音研究
著　者	侯超
责任编辑	石　旻　　编辑热线　025 - 83594071
照　　排	南京紫藤制版印务中心
印　　刷	江苏凤凰数码印务有限公司
开　　本	787×1092　1/16　印张　17.75　字数　342千
版　　次	2019年11月第1版　2019年11月第1次印刷
ISBN	978-7-305-18253-2
定　　价	68.00元

网址：http://www.njupco.com
官方微博：http://weibo.com/njupco
官方微信号：njupress
销售咨询热线：（025）83594756

* 版权所有，侵权必究
* 凡购买南大版图书，如有印装质量问题，请与所购图书销售部门联系调换